文化圈的场域与视角

1929—2009年
青海藏文化变迁与互动研究

鲁顺元 著

中国社会科学出版社

图书在版编目(CIP)数据

文化圈的场域与视角：1929～2009年青海藏文化变迁与互动研究／鲁顺元著.
—北京：中国社会科学出版社，2016.3
ISBN 978 - 7 - 5161 - 7520 - 0

Ⅰ.①文…　Ⅱ.①鲁…　Ⅲ.①藏族—民族文化—文化史—研究—青海省—
1929～2009　Ⅳ.①K281.4

中国版本图书馆 CIP 数据核字(2016)第 018036 号

出 版 人　赵剑英
选题策划　刘　艳
责任编辑　刘　艳
责任校对　陈　晨
责任印制　戴　宽

出　　　版　中国社会科学出版社
社　　　址　北京鼓楼西大街甲 158 号
邮　　　编　100720
网　　　址　http://www.csspw.cn
发 行 部　010 - 84083685
门 市 部　010 - 84029450
经　　　销　新华书店及其他书店

印刷装订　三河市君旺印务有限公司
版　　　次　2016 年 3 月第 1 版
印　　　次　2016 年 3 月第 1 次印刷

开　　　本　710×1000　1/16
印　　　张　32
插　　　页　2
字　　　数　559 千字
定　　　价　118.00 元

凡购买中国社会科学出版社图书,如有质量问题请与本社营销中心联系调换
电话:010 - 84083683

青海省社会科学院资助出版

目　录

图表、访谈个案目录

绪　　论

一　研究意义

（一）理论层面

1. 文化圈概念工具的适用性及其纠正

文化圈可以作为分类不同区域文化、分析文化分布的工具，这是文化圈学派的一大贡献。正如美国学者阿尔弗雷德·克罗伯（A. L. Kroeber）和克莱德·科拉克洪（C. Kluckhohn）所说，这个理论对于研究民族学和文化传播是很有价值的，人们可以从具有相同文化特质的那些民族中间，发现它们形成和发展的历史渊源。但是，文化圈这一分析工具，应当有其适用范围或条件。如果所指涉的范围过大，不同区域文化特质之间的相似性只能说明两地文化有联系，而无法说明相似文化丛的分布形态是圈状的。不仅是早期的文化圈学派，就是新近的文化研究者亦常陷入这个困境。笔者以为，它的适用范围或条件，至少应当包括这样两个方面：一是相对独立的自然地理环境，这种环境必须具备"石头（文化特质）扔出去形成波纹"的自然条件。二是相似或相同的文化特质有一个共同的明确的源头，而且这个源头具有向周边区域辐射的文化力量。从这个角度上说，文化圈只能算是一种特殊的而不是普遍的文化现象。

青藏高原具有形成上述文化圈的适用范围或条件。青藏高原被喻为"地球第三极"和"世界屋脊"，东西长约2700公里、南北宽达1400公里，面积 257.24×10^4 平方公里。[①] 它在地理上的相对独立性体现在，其周边由高山环绕、峡谷深切，即北端抵昆仑山和祁连山脉，南缘达喜马

---

① 张镱锂、李炳元、郑度：《论青藏高原范围与面积》，《地理研究》2002年第1期。

拉雅山脉，西至喀拉昆仑山脉和帕米尔高原，东邻黄土高原、四川盆地和云贵高原，整体上呈中部高，北、东、南部低的地势。高原内部由辽阔的高原面、高耸的山脉、星罗棋布的湖盆、宽广的盆地、众多的内外流水系等组合而成。其中，面积最大且最富有特色的是高原，最著名的是藏北—青南高原，其面积占青藏高原总面积的1/3。按照植被地型学分类，从高原低海拔到高海拔地区遍布着沼泽草甸、疏林草山、灌丛草原、高寒草原、高寒草甸和荒漠草原等。适宜农耕的河谷地带分布在高原的边缘地带，主要有藏南谷地、河湟谷地、洮河谷地等。① 气候条件在区域之间的差异明显，如降水量由东南向西北逐渐减少，藏东南及川西谷地达 600～1000 毫米/年，高原西北不足 100 毫米/年；≥10℃日数在藏东南超过 180 天，而在高原腹地不足 50 天；热量条件同样如此，除藏东南一隅外，高原腹地无霜期短，一般在 100～180 天，在海拔较高的地区，无霜期只有 10 天左右。② 上述地形、植被、气候等从藏北—青南高原向南、向北、向东呈梯级差异性分布，必然对青藏高原地区文化的形成和发展产生深刻影响。

从藏族这个民族共同体形成以后，青藏高原就一直是其主要的活动区域，且曾建立强大的吐蕃政权。吐蕃王朝向周边地区的扩张，主要是东向的扩张，对藏族居住地域的扩大和西藏以外藏族的形成产生了重大影响。吐蕃衰微后，这种影响仍然以历史记忆和宗教信仰为主的形式延续着。"在长期的发展中，很少有其他民族特别是汉族迁入。这使得藏民族共同体及其分布的地域一直没有太大变化，得以完整地延续下来。"③ 如今，藏族仍是青藏高原范围居住面积最广、人口数量最多的民族。据 2000 年人口普查统计，中国 541.6 万藏族人口，分布在 31 个省（直辖市、自治区），其中有 98.86% 的藏族人口分布在全部或一部分属于青藏高原的西藏和青海、甘肃、云南、四川等省（区），藏、青、川三地藏族人口则占五省区藏族人口的 89.32%；有占 92.34% 的藏族人口分布在完全处于青藏高原范围的藏族自治和联合自治地方，见表 1。

---

① 王天津：《青藏高原人口与环境承载力》，中国藏学出版社 1998 年版，第 5 页。
② 张可云：《青藏高原产业布局》，中国藏学出版社 1997 年版，第 67 页。
③ 郭志仪、毛慧晓：《中国五大藏区人口变动与迁移》，《人口与经济》2009 年第 1 期。

表1　　　　　　　　　　　　中国藏族的区域分布

（万人、%、万平方公里）

省（区）	藏族人口		藏族自治地方*面积与藏族人口		
	藏族人口数**	占藏族总人口比	面积数***	占所在省区面积比	藏族人口**
西藏	242.7	48.8	122.8	100	242.72
青海	108.7	20.07	69.04	95.89	86.25
四川	126.9	23.43	24.3	50.6	119.87
甘肃	44.3	8.18	5.08	13.3	39.54
云南	12.8	2.36	2.32	6.1	11.71
合计	535.4	98.86	223.54		500.09

注：*包括藏族与其他民族联合自治的地方（青海省海西蒙古族藏族自治州、四川省阿坝藏族羌族自治州）。

资料来源：**2000年全国人口普查民族资料；***张尔驹主编：《中国民族区域自治的理论和实践》，中国社会科学出版社1988年版，"附录二"。

在青藏高原范围中国行政辖区内，青海省的面积仅次于西藏自治区，其地形地貌、植被、气候等由高海拔到低海拔呈梯级差异性分布的特征更明显。而且，它处在中国西藏与内地的过渡地带，历史上曾是西藏地方政权与中央王朝逐鹿鏖战的重要场所、西藏藏文化与中原文化相互碰撞的主要区域。故可判定，中原文化的影响在距其远近的不同地带，会有所不同；相应地，藏文化的影响也会有所区别。藏文化从其发源地向地理条件更具优势的东部方向辐射，进而形成"波纹"状的文化特质分布形态，就具备了更为有利的自然条件。基于这种特殊性分析，可为文化圈学说正名，以便更好地研究、使用作为分析工具的文化圈。同时，希望通过本书的使用和分析，对文化圈这一工具的误读甚至滥用有所纠正。

2. 为文化变迁和现代化理论的反思提供新的素材

青海不同地域藏文化变迁之所以有很大的区别，是各种因素共同作用的结果。其中，既有地理经济因素，也有文化社会因素。但无论如何作用，都脱离不开微观的个体互动。这种互动有的是直接的、面对面的，比如日常生活中的交往、族际通婚、经济交往等，有的通过媒介信息传播来实现。正是在交往互动中，民族传统文化发生着变迁。这种变化可能因地域、因互动对象、交往强度等的不同而有所不同，因此会在不同地域形成族群传统文化特质保持程度不同的形态，也就是文化圈。基于青海自然、社会环境的独特性，从文化圈的场域和视角，探讨不同因素在各个地域所产生的作用，可以为文化变迁理论提供新的素材。同时，现代化被认为是文化变迁可预见的一个结果。在指导各地社会发展中，现代化作为重要的评价指标被采用。但是，或许因缺乏对青海不同区域，特别是不同藏文化地域之间的整体比较研究，学界就现代化或现代性的讨论仍然未能对青海的政策实践产生实际效应。相反，因为同样的青海自然社会环境特殊性原因，这种整体的比较，可为当前的现代化理论的修正，特别是对现代化（性）的反思提供些许论据。

（二）实践层面

1. 有助于有计划的社会变迁的推进

从历史发展，特别是"民主改革"后的过程看，青海牧区各项建设措施基本上是由国家力量自上而下经政治体系实行并完成的，有计划的社会变迁在社会发展中占据着主导地位。① 文化圈是同一文化特质在不同地域的差异性分布，反映着文化在不同地域的变迁图景，这种变迁的差异主要是受到外来文化的不同影响而出现的。分析文化变迁及形成文化圈的由来，从中找到其特性甚至规律，可更好地把握这种文化的基本走向，从而对如何进一步推进有计划的社会变迁提供借鉴。

2. 有助于不同地区经济社会发展的分类指导

长期以来，青海各级政府在制定经济社会发展规划、指导经济运行时，惯于采用"一刀切"之法，很少兼顾到不同区域文化的差异性。一个惯常的做法是，先在青海东部地区试点，认为成功后，便在广大牧业区推广。其必然后果是，用十分高昂的成本换来十分有限的政策效力，还付出一些难以挽回的代价。20世纪80年代在牧业区仿效并施行家庭联产承包责任制便是突出一例。在社会发展方面同样如此，比如在寺院管理上，很少考虑到不同地域藏传佛教教派的不同；事实上，格鲁派寺院的管理模式是不宜照搬到宁玛派寺院的。厘清不同地域藏文化变迁的独特性，无疑能为制定区域有别（主要是文化层面）、更有益于藏文化传承与发展、更易取得实效的政策，提供直接的理论依据。

---

① 鲁顺元：《论青藏高原牧区社会变迁》，《攀登》2004年第1期。

3. 有助于开阔和谐民族互动关系新建构的视野

青海多民族聚居，民族互动关系具有一定的复杂性。而藏族与其他民族互动关系的和谐在青海整体民族互动关系和谐中具有主导性作用。纵观20 世纪中叶以来青海民族互动领域的突发事件，多数发生在藏文化圈的边界。从微观的角度看，事件多发生在日常交往和经济交换两个特殊的场域。随着边界的变化，突发事件的发生地也有一些变化。这是历史发展的结果，也是藏文化变迁以及民族交往互动的结果。藏族与其他民族互动关系和谐程度的差异，就微观地体现在这种交往互动中。因为民族关系是在民族个体互动中产生的，而处在不同文化特质环境中的个体，在互动中所持有的对他民族成员的看法、认同会有所差异，所产生的互动结果必然不同。所以，以文化圈的场域与视角对青海藏文化变迁进行探究，可以拓宽关于和谐青海民族互动关系研究及其实践的思路和方法。

二　相关文献回顾与综述[①]

（一）对文化圈理论的研究与应用

中国国内，对文化圈理论的分析，多以概论类著作的引介、评价和理论文章的介绍和对其缺陷的分析[②]为主。也有个别研究的视野扩大到全球范围，试图作宏观的或比较的分析，比如对"古代最具历史地位的、与'黄河—长江文化圈'、'印度河—恒河文化圈'相呼应的'地中海文化圈'"的研究[③]，对跨国界的"游牧行国"游牧文化圈的研究[④]，对文化圈层现象形成原因的探讨[⑤]。不过，后者多以汉文化的形成、分布作为证

---

① 本书所引公开刊载论文，因篇幅所限，对观点未作直接引述的不一一列出处，请予以谅解。

② 比如：孟慧英：《文化圈学说与文化中心论》，《西北民族研究》2005 年第 1 期；范梦：《人类文化圈简论》，《山东师大学报》1998 年第 2 期；等等。

③ 比如：陈村富：《地中海文化圈概念的界定及其意义》，《中国社会科学》2007 年第 1 期。

④ 比如：史继忠：《论游牧文化圈》，《贵州民族研究》2001 年第 2 期。该文作者认为，这一文化圈的特点是以"逐水草而居"的游牧经济为其社会基础，以"尚武"的姿态出现，其活动常常伴随着迁徙、贸易和战争，极盛时越出中亚，进入中国、印度、西亚及欧洲。

⑤ 比如：张佳颖：《探讨文化圈层现象形成原因的自然环境因素》《人类历史进程和人文环境对文化圈层现象形成的影响》，《北京工业职业技术学院学报》2007 年第 3 期、2008 年第 1 期。

例，亦可归为文化圈理论应用研究范围。而大多数研究者则把文化圈作为分析工具来使用。

1. 中华文化圈研究

作为分析工具，使用较多的是对中华文化圈、东亚文化圈、汉语文化圈的研究。这3个概念的内涵有所交叉：中华文化圈包含着东亚文化圈，二者是从地域角度划分的，而汉语文化圈是从文化特质角度来划分的。中国文化史学家冯天瑜等的《中华文化史》可谓中华文化史研究的集大成之作，书中不但详尽论述了中华文化（圈）形成的自然和人文生态环境，而且在论及唐代的中华文化发展时，辟"中华文化圈"作专目阐述。①指出：

> 在19世纪西方资本主义势力进入东亚地区之前，东亚世界在地理上以中国本土为中心，在文化上以中国文化为轴心，形成了包括中国、日本、朝鲜、越南在内的中华文化圈，与西方基督教文化圈、东正教文化圈、回教文化圈、印度文化圈并称为世界五大文化圈。

可以看出，该著强调的是儒家文化在中华文化（圈）形成中的作用；把重点放在了文化发展历史的总结上，对中华文化圈的论述着墨不多。

对于何谓中华文化圈，主张文明冲突观的美国政治学者塞缪尔·亨廷顿（S. P. Huntington）从全球性角度对其有所描述②：

> 一个"中华圈"包括朝鲜、越南、琉球群岛，有时还包括日本；一个非汉人的"亚洲内陆地带"包括满族、蒙古族、维吾尔族、突厥人和藏族，出于安全的原因，他们必须受到控制；此外还有一个蛮夷的"外层地带"，"他们只需要朝贡，并承认中国的优越地位"。当代的中华文明正以类似的方式来建构：以汉族中国为核心，包括中国所属的但享有相当自治权的边远省份；法律上属于中国但很大一部分人口是由其他文明的非汉族人所构成的省份（西藏、新疆）；在一定

---

① 冯天瑜、何晓明、周积明：《中华文化史》（第2版，上、下），世纪出版集团、上海人民出版社2005年版，第3—149、495页。

② ［美］塞缪尔·亨廷顿：《文明的冲突与世界秩序的重建》，周琪、刘绯等译，新华出版社2002年版，第181—182页。

条件下将要成为或者可能成为以北京为中心的中国之一部分的华人社会（香港、台湾）；一个由华人占人口多数、越来越倾向于北京的国家（新加坡）；在泰国、越南、马来西亚、印度尼西亚和菲律宾有重大影响的华人居民；以及受中国儒教文化颇大影响的非华人社会（南北朝鲜、越南）。

亨氏立著时，香港尚未回归，现在的香港已经是以北京为政治中心的中国之一部分。新疆并非"很大一部分人口是由其他文明的非汉族人口所构成的省份"，而是汉族人口占相当比重（约占40%）。此自不必赘言。亨廷顿对中国历史上中华文化圈的描述，区别了以中原为中心的东西区域之别，这种区别以文化圈的中心与边缘的关系为尺度。在他看来，20世纪中叶以来的中华文化圈，从中心到边缘，依次为北京、边远省份、西部边疆省份、香港与台湾、新加坡、南亚华人居民和受中国儒教颇大影响的非华人社会。这里，他是以汉族文化或儒教文化的影响为衡量标准的。尽管亨氏扭曲了中华民族和中华文明的特性，但这种对中华文化圈影响面的描述体现了一定的视野。

处在中华文化圈西北边缘的新疆，因为诸多跨境民族的存在及与临界国家民族文化上的紧密联系，其边缘色彩浓厚。为此，有学者以新疆文化为视界中心，比较其与东、西文化的异同，得出"新疆归属于中华文化圈，与帕米尔以西的现代中亚地区，有同更有异"的观点①。可以说，这为亨廷顿对中华文化圈西北边缘的划分，提供了更为明确的证据。

中华文化圈的地域如此广阔，笼统地划分尚可，但要确立一个统一的标准，绝非易事。使用较多的标准或符号是筷子和文字。根据这两个标准，有台湾学者对中华文化圈作了更细致的圈层划分。②

大中华文化的发展模式可能会近似英国，先以中国大陆本土为主，香港、澳门、台湾是第二圈。第三圈是过去受中国文化影响的国家，也包括东亚和东南亚经济发达的国家，例如日本、韩国、越南和

---

① 潘志平：《归属于中华文化圈的新疆》，《新疆大学学报》2009年第1期。
② 谢世涯：《大中华文化圈与汉字的使用》，http://www.zaobao.com/chinese，2004年6月24日。

泰国等。

至于第四圈的大中华经济圈则可涵盖两类，一类是指居住于世界各地的华人华裔，特别是指亚洲以外的华人华裔，他们大都群居于拉丁美洲、欧洲、大洋洲等文化和经济发达的国家，而且都已经归属为所在国的公民，效忠所在国。

大中华文化圈第四圈第二类主要是指非华族人士，包括热爱中华文化或受中华文化影响的人士，也包括跟中国在商业与经贸上有来往的人士。

显然，这个文化圈的地域范围要比亨廷顿的中华文化圈大得多，把地理上跨洋但受中华文化影响的人群亦纳入其中。这里，十分明确地以汉字作为划分中华文化圈的标准。

中国文化由本土而至两岸三地、再扩展到第三圈，第四圈也正在逐渐发展形成中。因此，汉字作为中国文化和经济的载体，其使用价值就显得越来越重要了。

然而，不管是大中华经济圈也好，还是大中华文化圈也罢，就目前的状况来看，我们仍然偏爱使用"汉字文化圈"。不过这个词应该赋予新的涵义，意指过去到现在受到汉字文化影响的国家，以及现在使用汉字的国家或地区，都可概括在汉字文化圈里头。

换言之，汉字文化圈就是"筷子文化圈"，包括了中国大陆、港澳和台湾，也包括了日本、韩国、越南、新加坡和世界各地的华人华裔。

其实，早在20世纪70年代末期，法国汉学家汪德迈（Leon Vandermeersch）就指出汉字和筷子在中华文化圈形成中的重要作用。在汪德迈那里，汉文化圈就是汉字文化圈，他说：

诞生于此（亚洲东部——引者注）的中国文明不仅普照中国本土，而且光耀四邻……我们将这一亚洲地区称为汉文化国家……这一文化区域所表现出的内聚力一直十分强大，并有其鲜明的特点……这一区域共同的文化根基源自萌生于中国而通用于四邻的汉字。所谓汉文化圈，实际就是汉字的区域。汉文化圈的同一即"汉字"（符号 signes——引者：疑为 signs）的同一……这个符号的亚洲是使区别于亚洲其他文明区域的最显著的特点。①

而率先使用了"汉字文化圈"这一术语的是日本学者。20 世纪 60 年代，他们系统阐述了其内涵，探讨了汉字文化圈的形成及其发展历史，给这个概念以学术界定。② 中国国内，20 世纪 80 年代始，有周有光、冯天瑜、陈原等语言文化学家使用此概念。周有光在 20 世纪 80 年代末撰文指出，文字的类型不是决定于语言的特点，而是决定于文化的传播。为此，他分析了中国国内包括不同地区和不同民族文字在内的"汉字型文字"的形成和特点③；21 世纪初，又分别就汉字文化圈在中国、朝鲜、日本、越南的形成和汉字的传播作了系统论述④。他认为，佛教也属于汉字文化圈，华侨散布世界各地，当地如果不以汉字为正式文字，就不属于汉字文化圈；并提出范围略有不同的汉字文化圈。

中国和以汉字为正式文字的国家和民族组成汉字文化圈，具体说，包括中国、朝鲜、日本和越南。新加坡独立后以英文为全国官方文字，以汉字为汉族官方文字，可说是文化圈的飞地。⑤

冯天瑜所认为的汉字文化圈，其内涵更要宽泛，也看到了划分汉字文化圈的多重标准。

"汉字文化圈"包括使用汉字或曾经使用汉字并承袭汉字文化传统的民族与国家……这一以中国大陆为主体，以中印半岛东侧、朝鲜半岛为两翼，日本列岛等地为外缘的文化圈，从泛宗教视角可称之

---

① ［法］汪德迈：《新汉文化圈》，陈彦译，江西人民出版社 1993 年版，第 1—2 页。
② 冯天瑜：《汉字文化圈论略》，《中华文化论坛》2003 年第 2 期。
③ 周有光：《汉字文化圈》，《中国文化》1989 年创刊号。
④ 周有光：《中国和汉字文化圈——汉字文化圈的文化演变之一》《朝鲜文化的历史演变——汉字文化圈的文化演变之二》《日本文化的历史演变——汉字文化圈的文化演变之三》《越南文化的历史演变——汉字文化圈的文化演变之四》，《群言》2000 年第 1、2、3、4 期。
⑤ 周有光：《中国和汉字文化圈——汉字文化圈的文化演变之一》，《群言》2000 年第 1 期。

"儒教文化圈"、"华化佛教文化圈"……这一区域居民的文化共相是：汉字、汉文、儒学、华化佛教、中国式律令制度①，以及中国式生产技术、生活习俗……而汉字千百年间在这一广袤地域是通用的官方文字和国际文字，中国式农业及手工业技艺、儒学、华化佛教、中国式律令均由汉字记述与传播，它们共同组成以汉字为信息载体的"汉字文化"……两三千年间，汉字文化的境内传播和境外传播，形成了覆盖东亚的"汉字文化圈"，这是一个富于弹性的、充满生命活力的人文地理区域。②

台湾学者许介鳞则是以共同的价值体系为划分标准，认为汉字文化圈是以汉文字为媒介而拥有共同价值体系的世界。也有研究者试图总结汉文化圈形成的历史经验，认为它在两千余年的运行历史中，积淀了双向共进、积极主动、和平和谐等重要的历史经验，体现了一种"准共同体精神"。③把文化圈与共同体联系在一起，有走向极端之嫌。

对中华文化圈、汉文化圈的热议，可以看作以儒家文化为靶向的"文化自觉"的表现。一定程度上，此与亚洲经济的复苏有关，学者们试图找到这种经济复苏背后所支撑着的文化力量。更有甚者从信用角度，探讨促进中华文化圈范围部分国家经济高速增长的因素：正是中华文化圈中各国（地区）的高信任度促进了相互合作，最终导致了战后的长期经济增长。④有的直接用亚洲经济圈或亚洲地域经济圈等为切入视角或概念工具进行研究。同时，质疑之声不绝于耳，尤其是对汉（字）文化圈的批评为多。⑤主要认为：一是汉字文化圈割裂了世界各个民族之间的文化联系；二是过于强调文字在文化结构中的位置，忽略了组织文化、制度文化等的作用；三是不宜用汉文化圈来包容各有自身民族文化的中国境内各少

---

① 之前有学者认为，中华文化圈的基本要素为汉字、儒教、中国式法令、中国式科技、中国化佛教。参见高明士《光被四表——中国文化与东亚世界》，载刘岱总主编《永恒的巨流——中国文化新论·根源篇》，生活·读书·新知三联书店 1991 年版。

② 冯天瑜：《"汉字文化圈"刍议》，《吉首大学学报》（社会科学版）2004 年第 2 期。

③ 王雨：《试论汉字文化圈的历史经验》，《社会科学战线》2008 年第 12 期。

④ 杨超、曹雪峰：《文化、社会资本与亚洲经济增长：对中华文化圈的考察》，《生产力研究》2007 年第 10 期。

⑤ 参见聂鸿音《"汉字文化圈"应该慎用》，《语文建设》1996 年第 12 期；石源华、欧阳小刚《"东亚汉文化圈与中国关系"国际学术会议综述》，《世界汉学》2004 年第 3 期。

数民族和东亚周边国家；四是下意识地将中华文化与汉文化画等号，忽略了中华文化的多元性来源，更不利于中国国内民族团结。

笔者基本认同上述批评，尤其是研究中有意无意地把中华文化圈与汉文化圈、汉字文化圈画等号，割裂了中国中原文化与边疆文化、汉文化与各少数民族文化的联系，忽略了中国"各民族共创中华"这个史实。的确，在周有光看来：

> 国家的疆界不等于文化圈的边界，二者不可混为一谈。一个国家可以一部分属于这个文化圈，另一部分属那个文化圈。例如，新疆属于阿拉伯字母文化圈，西藏属于印度字母文化圈。文化是相互渗透的，文化圈的边缘经常是重叠的。①

前述《归属于中华文化圈的新疆》从地缘政治、地缘文化的角度，分析得出新疆文化的不同归属。至于西藏文化，在后面的论述中可以看到，它属于藏文化圈，也是整个中华文化圈的一部分②；而且与儒家文化圈的互动远远多于印度文化圈，一个突出的表现是与儒家文化圈的交界处形成的形色各异的文化层。

要清楚地看到上述研究本身在理论和方法上的不足，还需回到早期的文化圈学派那里。文化圈的核心内涵是各文化特质在不同区域的分布及其联系。这种分布和联系是文化的分布和联系，而文化是"包括全部的知识、信仰、艺术、道德、法律、风俗以及作为社会成员的人所掌握和接受的任何其他的才能和习惯的复合体"③。因此，对文化圈的描述，仅仅考虑到文化的某个要素，必定失之于偏。这是导致史密斯、佩里"埃及中

---

① 周有光：《汉字文化圈》，《中国文化》1989年创刊号。

② 比如：有的从文学角度研究中华文化的区域构成，认为中华文化是由中原旱地农业文化圈、北方森林草原狩猎游牧文化圈、西南高原农牧文化圈、江南稻作文化圈构成的，以中原旱地农业文化圈的汉族文化为中华文化的主体，其他3个分布少数民族的文化圈呈"〔"形围绕在中原文化圈周围；由于相邻文化区之间都有重合部分，遂使11个文化区呈链形勾连，在时空上环环相扣；各文化圈、文化区之间的文化互相辐射，并由经济纽带、政治纽带、文化纽带和血缘纽带连在一起，从而使中华文化呈现出多元一体格局。参见梁庭望《中华文化板块结构和多民族文学史观》，《民族文学研究》2008年第3期。

③ ［英］爱德华·泰勒：《原始文化：神话、哲学、宗教、语言和习俗发展之研究》，连树声译，上海文艺出版社1992年版，第1页。

心说"之极端性的根由。正因为如此，博厄斯（Franz Baos）即便以物质文化这个文化的基础元素为切入点去分类文化并分析文化的分布和联系，也是十分谨慎的。对中华文化圈的研究，所考虑的文化元素，从最初的筷子、文字，到后来的思想伦理、技术、制度、习俗、中国化的佛教等，范围在逐步扩大。但研究者似乎面对一个两难选择：如果考虑更多的因素，所描绘出的文化圈无法囊括在文化上已经有很大变异的中国周边国家和地区，这可能与研究初衷或理论假设相悖；如果考虑因素过于单一，又陷入与文化圈概念本义相悖的境地。两相取舍，从最初的中华文化圈到后来汉字文化圈的研究，只能概而论之，不能深究一些核心命题。在方法上，重史的挖掘，较少涉及当下的情形，尤其是文化"圈"（而不是文化区）①的具体形态，也就无从采用早期文化圈学派所提供的划分方法（标准）。

为走出上述困境，有人提议以采用的标准来命名所要划分的文化圈，比如：如果认为汉字在形成文化圈中的作用突出，就采用"汉字圈"；如果认为儒教（学说）在其形成、发展中居功至伟，就采用"儒教文化圈"；如果说筷子在饮食文化中特色鲜明，就用"筷子文化圈"；等等。这样做，可避免以偏概全，实际上是把中华文化圈（如果确实存在）以不同的标准分解开来研究。但是，基于中华文化影响范围内自然环境的复杂性、文化起源的多元性、政治经济制度的丰富性等情形，就"中华文化圈"的研究，俟民族志、文化志积累到一定程度后，再以"文化圈"综合之为佳。

至于对东亚文化圈（或东北亚文化圈）的考量②，尽管考虑到了文化圈研究的地域属性，但仍以文字这一单一的文化因素划分文化圈，故未能弥补上述不足。

----

① 台湾学者许介鳞认为，汉字文化圈可以说是以汉文字为媒介而拥有共同价值体系的世界，在中国的大地上发展出以同一个表记法为基础的文化地带。参见《汉字文化圈的构想》，ht-tp：//hi. baidu. com/202zhang/blog/item/4db94dde4a909051ccbf1aa9. html。

② 相关成果见：湿金玉：《东方伦理文化圈》，《社会科学家》1989 年第 12 期；汪高鑫：《古代东亚文化圈的基本特征（一）》《古代东亚文化圈的基本特征（二）》，《巢湖学院学报》2008 年第 2、4 期；林龙飞：《东亚汉字文化圈及其形成论析》，《东南亚纵横》2008 年第 8 期；聂鸿英、孙永恩：《汉字在东亚文化圈的复兴与地位》，《东北师大学报》（哲学社会科学版）2008 年第 6 期；贺圣达：《东亚文化圈和东亚价值观的历史考察——以中日韩（朝）为主体的历史分析》，载耿昇等主编《登州与海上丝绸之路：登州与海上丝绸之路国际学术研讨会论文集》，人民出版社 2009 年版，第 296—307 页。

除此以外，文化圈作为分析工具，还被应用到微观的领域，如萨满教传播①、非物质文化遗产保护②、传统民居③、文学批评④、区域经济⑤，甚至企业管理⑥等。对萨满教传播问题的研究中，使用到划定文化圈的形的和数量的标准，这是值得肯定的。在非物质文化遗产保护中的使用，研究者紧密联系文化圈理论与方法，提出"文化圈理论本身，不一定是非常必需的，但却是十分实用的"；并结合联合国教科文组织提出的"文化空间或文化表达形式"，指出进一步利用文化圈概念进行非物质文化保护的必要性。在对管理模式的发展、演变及范围的研究中，认为"从以国家为单位的范围来看，各国的管理模式肯定是不同的；但若从一个大文化圈的范围来看，各国文化若同属一个文化圈，其管理模式肯定会有相同或相似之处。这就为研究管理模式的移植、转移、嫁接提供了更广阔的视角"。如果不作无根据的演绎，只是把它作为理论背景和分析工具，以更清楚地看到社会表象背后的运行逻辑，这样的研究显然十分可取。

如果中华文化圈可以成立，那么基于中华民族文化的多元一体构成，其内部必然存在较小层级的文化圈。学者们对此作了深入的探求，有的提出跨行政区域的文化圈，比如以地理区域为界标划分的西南民族文化圈⑦、海峡文化圈⑧。前者所指大致包括四川西部和东南部、贵州东部和南部、云南大部及广西全境这个地理相对独立、由若干不同的文化地域单元组成、具有强烈的时代差异和地区差异的文化圈。后者指出，在台湾海

---

① 比如：唐戈：《文化圈理论与萨满教文化圈》，《满语研究》2003 年第 2 期。
② 比如：乌丙安：《非物质文化遗产保护中文化圈理论的应用》，《江西社会科学》2005 年第 1 期。
③ 比如：单德启：《冲突与转化——文化变迁·文化圈与徽州传统民居试析》，《建筑学报》1991 年第 1 期；蔡凌：《视野与方法——文化圈背景下的侗族传统村落及建筑研究》，《贵州民族研究》2003 年第 4 期。
④ 比如：殷国明、李江：《批评：对文化圈层间隔的穿越》，《社会科学》2009 年第 7 期。
⑤ 截至 2011 年 1 月 11 日，中国知网（www.cnki.net）篇名包含"经济圈"的论文有 1797 篇，在区域经济方面的应用五花八门。其中涉及西部地区的有：胡林：《构造成都平原经济圈》，《国土经济》（《资源与人居环境》）1998 年第 5 期；谢圣赞：《成都平原经济圈的构建及其产业发展重点研究》，《软科学》2000 年第 1 期；张悦：《西部大开发与成渝经济圈建设的综合研究》，《重庆大学学报》（社会科学版）2001 年第 1 期；李洪惠：《论成都平原经济圈与四川藏区经济的发展》，《理论与改革》2001 年第 1 期；等等。
⑥ 乔春洋：《话说文化圈》，http://www.wowa.cn/Reporter/Article/167016.html。
⑦ 黄鹰：《西南民族文化圈与民族现代化》，《开发研究》1989 年第 6 期。
⑧ 许维勤：《历史视野下的台湾海峡文化圈》，《东南文化》2006 年第 5 期。

峡两岸的闽、台两地，包括广东东部、浙江南部的部分地区，存在一个以本土化的汉文化为主体，以闽南文化为核心，以"五缘"文化关系为纽带，以多元文化共存对话为格局的区域文化圈；并称它是汉族文化南移过程中，应对东南区域特殊的自然地理条件的"新环境的刺激"而形成的一种大陆文化与海洋文化相结合的复合型的区域文化，也是中国东南区域自然积聚的经济社会发展动力之深刻文化底蕴。再如以行政区域为界标的云南文化圈①，其提出者具有地理学背景，把云南文化圈的进化程度同地理环境直接联系起来，揭示了这一地区文化圈的人地关系。以流域为界标提出的黄河—长江文化圈②所指代的是"华夏文化圈"，其范围与前述中华文化圈一致。另有研究者提出以古代文化的联系为划分标准的巴楚文化圈③，以古代石人遗址的地区分布为标准而划定的草原文化圈④。学者们认为，巴楚文化圈存在于中国中部的渝、湘、鄂、黔毗邻地区，是与古老的巴楚文化有着亲缘关系的区域文化圈，有着地域的独特性、各民族文化的同源性及演变的趋同性特性。这些研究为中华文化圈的建构提供了实证素材。

2. 藏文化圈研究

青藏高原作为一个独特的地理和人文单元，受到文化圈研究者的极大关注。研究者在给中国境内的文化作区域划定时，多把青藏高原文化或藏文化或藏传佛教文化作为一个相对独立的形态来对待。

比如，有学者从民俗文化的角度把中国境内的文化圈分为"东北""游牧""黄河流域""长江流域""青藏""云贵""闽台"7 个民俗文化圈。其中，对青藏民俗文化圈是这样界定的：

> 青藏民俗文化圈，范围大致包括西藏的全部，青海一带、四川的西北部、甘肃西南以及新疆的南部。

---

①　彭清：《文化圈研究——云南文化圈透视》，硕士学位论文，中国科学院地理研究所，1988 年。

②　比如：王为群：《黄河—长江文化圈生态文学与环境关怀研究思考》，《兰州交通大学学报》（社会科学版）2007 年第 2 期。

③　比如：曾代伟：《"巴楚民族文化圈"的演变与现代化论纲：以民族法文化的视角》，《甘肃政法学院学报》2005 年第 5 期；《试论"巴楚民族文化圈"的特点——以历史文化的视野考察》，《贵州民族研究》2007 年第 6 期。

④　比如：李肖冰：《远古石人与草原文化圈》，《文艺理论研究》1991 年第 5 期。

这些地方基本上都分布有藏族。青藏民俗文化圈里面，最大的特点就是他们的宗教文化、宗教情结。这从他们的建筑就可以体现出来，布达拉宫那么宏伟壮观，在中国独一无二。然后是广大的藏族民众对于宗教的虔诚也是很少见的，他们的"活佛"有着崇高的地位，这些地方都构成了这个文化圈里一种独特的景观。

另外，藏区的寺院建筑，数以千计。每座寺院的雕塑绘画艺术非常精美。还有藏族的服饰也与别的民族不一样。还有他们的藏医，藏药也是中华民族受保护文化的一部分。藏医有他自己一整套的理论，他跟中医是两个不同的体系，藏药只有在青藏高原才能生长，像"藏红花"、"冬虫夏草"，还有"雪原（莲）花"，这些基本上都是生长在青藏高原。还有一种"藏酥油花"，应该是民族的意识，也是宗教意识的体现：酥油到了冬天凝固了，然后制成各种各样的雕塑，可以维持半年多，到了第二年才融化。①

《西部地区的文化圈及文化版块》区分了中国西部文化圈的形态：由希腊文化、阿拉伯文化、中国中原汉文化和其他文化因子融合而成的新疆伊斯兰文化圈，由中国中原文化、印度佛教文化、雪域高原的苯教文化和其他文化因子融合而成的青藏吐蕃文化圈，由中国中原文化汇合西域其他文化因子融合而成的陕甘儒道释文化圈，由草原游牧文化和藏传佛教相结合基础上融会其他文化因子形成的蒙宁西夏文化圈，由山地农耕文化与来自不同方向的汉族文化结合而成的巴蜀儒道释文化圈，由山地狩猎文化与外来屯堡文化杂合而成的滇黔桂的多神崇拜文化圈。该文认为，在中国西部的各文化圈丛之间，由丝绸之路、唐蕃古道、南古道（亦称南方丝绸之路）、草原之路4条文化通道相联；这4条文化线由古长安开始，向正西、西南、南、北辐射，将中国西部的4个文化圈和世界四大古文化区衔接连贯为一个网络状的整体。② 其中所指的青藏吐蕃文化圈包括现在西藏、青海全境，以及川西阿坝与甘孜、甘肃甘南与天祝、云南迪庆。称青藏文化圈为青藏吐蕃文化圈，这是看到了吐蕃政权及其确立的文化体系在

① 邱国珍：《中国的民俗文化圈》，http://xx.66wz.com/system/2007/10/29/100428136.shtml。

② 彭岚嘉：《西部地区的文化圈及文化板块》，《兰州大学学报》（社会科学版）2001年第6期。在文中，作者主张用文化区或文化板块（而不是用文化圈）来研究文化分布。

形成藏文化圈中的主导作用。但就青藏吐蕃文化圈概念的界定和其范围的划定上，该文作者未能照顾到历史关联与现实呈现之间的关系。

这些完全是从"客位"角度，将藏文化圈囊括于整个中华文化圈而进行的考察。此外，不乏从藏文化本身所作的更深入的探究，体现出多个角度（或标准）——有的从藏文化特质角度，有的则从区域内部角度进行研究，涌现出大量成果。

藏文化圈形成的自然、人文环境，特别是其古代文化基础是学者关注的论题。比如王子文从藏文化起源的角度，提出极地文化的概念，用以确定青藏高原文化的属性。

> "极地文化"的命题标明了研究的地域范围和文化圈范围。这个范围是：以西藏为中心，包括川西、滇北、甘南和整个青海，乃至涉及尼泊尔、不丹、锡金、克什米尔和印度的喜马拉雅山麓等等。为什么划这么大的文化圈？因为整个极地的文化特质基本相同，自然史和社会史的属性也大体相同。①

王子文认为，极地文化的存在，是藏民族在青藏高原这个特殊的地域空间里，不断地为文化生态平衡斗争的结果。他主张"极地文化学"，认为这是研究极地人与极地人生存环境的关系史（自然演变）和极地人与极地人之间的关系史（社会演变）的一门学科。②《极地文化学》一书中，把青藏高原古代文化形态称为极地古文化圈，将其分为 4 个次级文化圈：帕米尔、阿里巨石文化圈，藏·唐古拉旧石器文化圈，卫·横断山新石器文化圈，柴达木河湟极地中原文化衔接圈；提出布达拉文化圈，将其作为承继极地文化圈的形态，并详尽分析了它的形成和特征。③ 王子文甄别吐蕃文化对周边文化同化程度的不同，把朵康诸羌、安（木）多诸羌划入布达拉文化圈，把西域和河西走廊地区划为非布达拉文化圈（或准布达拉文化圈）；认为后者是布达拉文化进入康巴和安（木）多之后，促使广大

---

① 王子文：《极地文化的起源和雅隆文化的诞生与发展》，《西藏研究》1990 年第 4 期。

② 王子文：《极地文化学》，http://www.univs.cn/univs/lzu/minzufengqing，2004 年 9 月 28 日。

③ 见王子文《布达拉文化及其文化圈与非文化圈》（上、下），《西藏艺术研究》1991 年第 3、4 期。

羌系诸部文化变迁而形成的。另有学者对极地文化的地理特征以及多元性与统一性、"超稳定"与"超开放"等特征作了总结。①

"极地文化（学）"论断一经提出，即受到热议，不同意见集中在用"极地"概括青藏高原藏文化的准确性方面。极地文化或布达拉文化圈是否能够代表藏文化圈的确有疑问。如果从藏文化起源的角度谈藏文化圈，那么雅隆文化或可概括其外延。若要"极地文化"立起来，尚需厘清极地古文化圈、布达拉文化圈与藏文化圈三者的关系。

对藏文化圈形成的自然环境的相关研究文章有《浅谈藏传佛教与青藏高原》《寻根溯源的"土壤分析"——关于藏族历史文化的根基初探》等。前者写道：

> 青藏高原这一特异的地理环境在形成独树一帜的藏族文化圈的过程中曾产生过巨大影响。也就是说，藏族文化与青藏高原的地理环境之间有着密不可分的关系。②

后者则说：

> 由于藏族历史文化的内陆性，使得整个民族坚持保留了自己的文化传统，而且以自己的方式向周围发展，在广阔的青藏高原上形成了独特的藏族文化圈。③

此外，《高原地理与青藏文化圈》④ 则把青藏高原这一特殊地理环境下形成、传播的青藏文化圈，形容为"中华民族文化宝库中一颗鲜亮夺目的宝石"，并从高原孕育的牧业文化、雪域文明的摇篮、高原涌生的宗教文化来概括其丰富的内涵。上述把文化圈的描述跟其所依托的自然环境紧密结合起来的研究理路，符合文化圈概念的本义，是应当肯定的。

---

① 丁穷夫：《初论"极地文化"的几个主要特征》（上、下），《西藏艺术研究》1992 年第 2、3 期。

② 尕藏加：《浅谈藏传佛教与青藏高原》，《西藏研究》1998 年第 3 期。

③ 洛加才让：《寻根溯源的"土壤分析"——关于藏族历史文化的根基初探》，《西藏研究》1997 年第 2 期。

④ 尕藏才旦：《高原地理与青藏文化圈》，《西北民族学院学报》1996 年第 3 期。

丹珠昂奔对格萨尔流布问题的研究①，是用文化圈视角比较微观地研究藏文化传播和发展的较早尝试。藏族英雄史诗《格萨尔王传》不单存在于青藏高原藏族中，还流传到中国其他民族，成为蒙古族《格斯尔》、土族《格萨尔》、纳西族《格萨尔》、裕固族《盖瑟尔》。如何理解这种传播？丹珠昂奔认为，藏文化圈的划分和其与"格萨尔"的本质联系，会对从宏观上把握"格萨尔"起到良好的作用；把藏文化圈划分为"藏属民族文化圈"和"藏传佛教文化圈"，其中藏属民族文化圈是借自藏属民族这一概念的，而藏属民族存在于史前历史的研究中。他进一步界定：

> 藏属民族的文化内涵大体上是一样的，它们属于同一古人类，至少在五万年前就休养生息于青藏高原，进入石器文明后……古人类先后有过数次大的迁徙，进入青藏高原东部和南部，形成后来的羌、白、彝、纳西等民族。……藏属民族文化圈以原始文化为形态特征，虽在民族形成后的不同的生存环境和漫长历史岁月中，为不同的文化所感染，但其脉根可说同多于异，是当今世界非常宝贵的文化财富……经过藏族文化的第二阶段苯教文化时期后，藏民族便进入藏文化的第三阶段——漫长的藏传佛教时代，从而逐步形成藏传佛教文化圈。

为此，把藏文化的传播分为两个时期：藏属民族文化的传播期和藏传佛教文化的传播期。并认为，《格萨尔王传》的传播依托于藏传佛教文化的传播，也是在藏传佛教文化圈内进行的。

> 如果以民族划分这一文化圈的范围，可以说它囊括所有流传《格萨尔王传》的民族、地区和一部分不曾见到有格萨尔流传的民族，分布于数个国度。

《格萨尔王传》是藏文化的重要构成元素，以其作为划分藏文化圈的标准来研究藏族文化的传播，是可行的。丹珠昂奔从基本人物及其性格、

---

① 丹珠昂奔：《〈格萨尔王传〉与藏族文化圈——格萨尔之正名》，《西藏研究》1991 年第4 期。

基本内容及其情节、表现形式等方面，分析了在各民族传播的《格萨尔王传》与藏族格萨尔之间的异同，从而确定格萨尔的藏民族属性。从格萨尔这个藏文化特质来说，蒙古、土、裕固、纳西等处在青藏高原边缘地带的民族，是处在藏文化圈范围的。但其中有一个问题值得商榷：《格萨尔王传》是否通过藏传佛教来传播？从纵向角度把藏属民族文化圈与藏传佛教文化圈作为藏文化圈先后接替的发展序列，似乎过于倚重"格萨尔文化圈"、藏传佛教文化圈与藏族文化圈之间的联系。这里同样没能避开学者们研究中华民族文化圈时所存在的以偏概全的问题。

不可否认，藏传佛教是贴着藏族标签的文化元素。探讨藏文化圈，离不开对藏传佛教产生、传播、发展问题的研究。作出此番努力的成果较多，其中《菩提树下——藏传佛教文化圈》[1] 是所能见到的以藏传佛教文化圈（或藏文化圈）命名的唯一著作，其"前言"写道：

> 在历史的波涛长河中，藏传佛教文化不仅浸透了阿里、卫藏、多康三藏大地，还远播到了今天的土族、裕固族、纳西族、普米族、怒族、傈僳族、门巴族、珞巴族、蒙古族、满族地区，以及国外的不丹、锡金、尼泊尔、达拉克、巴基斯坦的巴尔蒂斯坦、蒙古人民共和国、原苏联的中亚和远东地区等，在亚洲中部广袤的高山草原区内形成了一个极富魅力的"藏传佛教文化圈"。

对藏传佛教文化由青藏高原向上述民族、国家或地区传播的历史，在其正文中作了详细论述。难能可贵的是，该著作把藏传佛教文化圈分为一个文化中心，即山南、拉萨为中心的卫藏地区；3 个传播区域：内层区域（主要指在青藏高原以藏族聚居区为主的广大区域）、次层区域（指青藏高原周围从高原向平原过渡的山地丘陵地带）、外层区域（指广袤的蒙古草原和中原汉地的一些圣山名城）。该书作者谨慎地指出：

> 三大层次区域的区别并不意味着有几条明确的界限可划，而只是反映了标准的文化特质在空间上的逐渐递减过程，反映了藏传佛教文化在文化圈内各民族、各地区间传播与发展的过程中，所表现出的既

---

① 扎洛：《菩提树下——藏传佛教文化圈》，青海人民出版社 1997 年版。

有共性又有个性的历史现象。

正文中对历史的追述也是按照上述不同区域来展开的。但这样的论述在藏传佛教史和民族关系史论著中很常见，而且在论及文化圈的外层区域时，只涉及蒙古草原、北京等较少区域，是为欠缺。

研究藏传佛教历史地理，文化圈或文化区概念是绕不过去的。这方面代表性论文有《青海藏传佛教历史文化地理研究——以寺院为中心》[①]《康区藏传佛教历史地理研究——公元 8 世纪—1949 年》[②] 等。前者以所谓教派、历史地域完整性和地理环境及区位 3 个"原则"，把青海藏传佛教文化划为果洛宁玛派、玉树噶举派和河湟、柴达木格鲁派这样 3 个文化分布区。后者也是按照一定标准，尝试把康区（研究中未涉及玉树）划分为康东、康南、康北、德格、昌都 5 个藏传佛教文化区；把青藏高原确立为藏传佛教文化圈的核心圈层，把主要包括国内蒙古、土、裕固、纳西、门巴、珞巴等民族以及国外蒙古人民共和国、不丹、锡金、尼泊尔、印度北部等信仰藏传佛教较为虔诚的地区称为"第二圈层"；把上述两个地区之外的其他有藏传佛教文化因子存在的地区称为第三圈层。与之前的研究相比，这样的研究，在理论与视野上都迈进了一步。

对于当下藏传佛教文化在青藏高原以外区域的基本风貌，王璐通过她的亲访，以藏传佛教圣迹考察的角度，给予了详尽展示[③]。其考察范围包括中国的京、冀、蒙、宁、陕、滇、川、沪、粤等省（区、市）和东北、河西走廊、中原大地、江浙、青海东部等地区，以及喜马拉雅南侧的尼泊尔、印度等；考察对象未局限于藏传佛教圣迹（建筑物等宗教活动场所），而是古今、史论结合，对上述地区宗教人员乃至受藏文化影响的习俗、语言等状况作了或多或少的描述。此外，谈及喜马拉雅山麓的藏族文化，不能不提两部民族志著作，即《藏边人家——关于三代定日人的真实记述》和《珞巴族阿迪人的文化》[④]。前者是其作者在 20 世纪 70 年代

① 朱普选：《青海藏传佛教历史文化地理研究——以寺院为中心》，博士学位论文，陕西师范大学，2006 年。

② 王开队：《康区藏传佛教历史地理研究——公元 8 世纪—1949 年》，博士学位论文，暨南大学，2009 年。

③ 王璐：《走出雪域——藏传佛教圣迹录》，青海人民出版社 2007 年版。

④ ［印度］沙钦·罗伊：《珞巴族阿迪人的文化》，李坚尚、丛晓明译，西藏人民出版社1991 年版。

对"藏尼边界的定日地区"的实地考察记录，展示了"一幅由投机者、游民、并非十分虔诚的僧侣和大胆而精明的妇女所组成的、颇具流动性的、繁荣的社区生活画面"①，对其中诸如藏族婚姻、家庭等"世俗力量"的记述和分析为多且详。后者细致地描述了作为居住在中国珞隅地区的珞巴族阿迪人的生计、家庭、社会、政治、宗教等方方面面，被认为是"第一本全面地描述西昂地区各部落群体的专著"。此外，王璐的《尼泊尔与西藏》《应该对藏传佛教有个全面认识》《尼泊尔境内的夏尔巴人》《尼泊尔的藏文化圈民族习俗》《应该加强对周边藏区乃至藏区周边的研究——从西藏、藏区、藏文化圈谈起》《我所看到的印度》②，王云、洲塔的《印度、尼泊尔藏人文化变迁研究》③，马丽华的《在喜马拉雅以南——中国西藏文化·加德满都论坛纪事》④ 等，从族群分布、宗教、语言文字、习俗、认同等方面，对喜马拉雅南侧藏文化的影响和变迁作了考察。其中，王璐十分明确地把这些地区划归藏文化圈范围，指出：

> 至于藏文化圈，那就更大了，不仅包括与我国藏区内与藏族风俗信仰相同的门巴、洛［珞］巴、夏尔巴等族人，还包括与西藏相毗邻的几个周边国家和中亚地区的许多民族，例如，据调查，仅尼泊尔一个国家，就有藏、夏尔巴、洛［珞］巴、达芒、马南、古容、塔卡利等十五六个属于藏文化圈的民族。另外，在锡金、不丹境内，以及印度、巴基斯坦、缅甸北部地区都有不少民族与藏族文化有着不同程度的密切关系，也应该属于藏区研究的范畴。⑤

从上述著述中，可以看到以藏传佛教文化为主的藏文化从青藏高原向外（特别是向东）"如石头投入水池中形成波纹"那样传播的概略情景。

---

① ［美］巴伯若·尼姆里·阿吉兹：《藏边人家——关于三代定日人的真实记述》，翟胜德译，西藏人民出版社1987年版，"前言"。

② 分别载于《民族理论研究》1994年第2期、《佛学研究》1994年、《西藏研究》1994年第4期、《西藏民俗》1995年第4期、《西南民族学院学报》（哲学社会科学版）1996年第2期、《中国民族》1996年第10期。

③ 载《青海民族学院学报》（社会科学版）2009年第1期。

④ 载《中国西藏》2008年第2期。

⑤ 王璐：《应该加强对周边藏区乃至藏区周边的研究——从西藏、藏区、藏文化圈谈起》，《西南民族学院学报》（哲学社会科学版）1996年第2期。

　　对于藏传佛教文化在中国内地的初始传播，有学者主张这是经由蒙古为联结点而发生的，认为：

　　　　自 13 世纪以后……蒙古对藏传佛教的两次接受……是藏传佛教文化圈向其东部地域的两次大的扩展。……其扩展的结果是导致了藏传佛教文化圈向整个东北部地域的大幅度延伸，并使得蒙藏两大民族在宗教上紧密地结合为一体。①

意在考证，历史上藏传佛教文化向东的延展，是其文明同处"边地半月形文化带"② 基础上的必然结果。这也是在为其藏族文明东向发展的论点提供依据。

　　　　西藏文明东向发展的结果，不但使这一文明逐渐扩散和大体覆盖了整个青藏高原地域，形成了一个整体文化与种族面貌大体一致的藏族文明圈，而且也使这一文明与其东部的中原发生了异常密切的联系，并形成了一种向中原文明倾斜的发展趋势。③

　　对藏传佛教当今在国外的传播，也有不少论文专门论及。比如有学者撰文说：

　　　　今天，藏传佛教的信徒除分布于西藏、内蒙全境、川西北、青海大部，甘肃南部、新疆准噶尔盆地，云南丽江以北各县，宁夏北部，辽宁与黑龙江两省西部以外，还分布于外蒙古、原苏联境内的布里亚特地区、与西藏接壤的不丹、锡金、孟加拉、尼泊尔，以及印藏交界处的广大地区……藏传佛教正为世界上越来越多的人所了解，甚至信奉。
　　　　50 年代末，大批旅居海外的藏族同胞把藏传佛教寺庙也建在了旅外藏胞比较集中的居住地。在印度、尼泊尔、不丹、锡金等国家

---

　　① 石硕：《蒙古在连结西藏与中原政权关系中的作用》，《西藏研究》1993 年第 4 期。
　　② 童恩正：《试论我国从东北到西南的边地半月形文化传播带》，载《文物与考古论集》，文物出版社 1986 年版，第 17～43 页。
　　③ 石硕：《西藏文明东向发展史》，四川人民出版社 1998 年版，第 115 页。

（或地区——引者注），建立起藏传佛教寺庙 145 座……仅噶举派，目前在印度、尼泊尔、不丹，共有 24 座寺院，1000 多僧尼。此外在加拿大、法国、英国、美国、锡金、达拉克也有零星的寺院……分散旅居的藏胞，大多依然在住宅中设有佛堂和佛龛。他们身处异国它邦，仍不放弃自己的信仰，以传统的方式进行宗教活动。①

还有国外学者把不丹中南部地区的门巴族称为"藏族佛教文化圈"边缘群体，并引用《藏汉对照大词典》的说法，称："门巴是个小群体，其语言与宗教和藏族同源，居住于一个南部地区，与不丹邻近，以农业、手工艺和狩猎为生。"②

以上只是对从藏传佛教文化的角度研究藏文化圈的成果略加引述，而单单研究藏传佛教在中国蒙古、土、纳西、普米、傈僳等民族中传播的成果更多，在此不再赘述。

从其他藏文化元素探讨藏文化圈的形态、演变的论著并不多。有从藏语言服务于藏区政治、经济建设的角度提出：西藏自治区"基本上是一个由藏族为主体的单一民族的地区，而且同周边省份的藏族地区接壤，形成了以藏语文为载体的藏文化圈"③。但对这一载体作用如何发挥，并未作深入解释。有学者试图把"藏族传统文化圈"的形成和发展与藏语文的使用和发展结合起来，探讨确立和推行"藏语普通话"问题④，但未能详解二者之间的关系。20 世纪 80 年代初，中国社会科学院民族研究所对藏语在青藏高原藏族中的使用情况做了调查统计：在中国，藏族人口总计为 387 万余人，使用藏语人口占总人口的 85%；并分别统计了藏语三大方言在不同地区使用人口比例。⑤ 牧区、半农半牧区与农区藏族所使用藏语受其他民族语言（尤其是汉语）影响的程度有所不同，这种不同反映了藏文化圈的形态。遗憾的是，鲜有研究者对这种不同作深入探讨。

---

① 姜安：《藏传佛教在海内外》，《西藏研究》1993 年第 4 期。
② 弗兰希恩、坡玛显特：《一个隐蔽地门户的守护者——关于不丹中西部的门巴人初探》，蒲惠民译，《西藏研究》1997 年第 3 期。
③ 闫振中：《对我国民语工作的思考——兼论西藏自治区的民语教学》，《西藏研究》1995 年第 1 期。
④ 丹增伦珠：《对藏文与藏族文化现状的思考》，《西藏研究》1990 年第 4 期。
⑤ 参见中国社会科学院民族研究所《藏语方言图》，香港出版书店出版，同引丹增伦珠《对藏文与藏族文化现状的思考》。

　　从文化圈视角对藏文化的研究还涉及青海东部迄至四川西北部这一青藏高原边缘地域。一般而言，这一地域被称为民族走廊，是在整体上藏汉两种文化互动过程中形成的。其中有北、中、南段之分，分别称为汉藏走廊①、河曲走廊②和藏彝走廊③。民族走廊是民族（文化）互动十分频繁的区域，因此其间形成的文化圈形态错综交织。正如芈一之在研究青海文化时所说：

　　　　在一个文化圈内（或文化系统内）生活的各民族，其文化有共性，也有特殊性。其下又有不同的地域性文化圈。地域性文化圈之下还有较小的文化圈。各个文化圈之间有的交汇，有的重迭［叠］，有的依傍，融汇聚，各具有共性和特性。这样才构成了文化的绚丽多姿、丰富多彩。④

对这些地域藏文化圈的研究，其角度既有从历史、现实的，也有从不同民族的。针对青海东部地区文化的研究，提出过河湟文化圈、青海湖多元文化圈等概念。有从语言文字角度，把河湟地区划分为汉语文化圈（汉、回族）、藏语文化圈（藏族）、蒙古语文化圈（土、东乡、保安族）、突厥语文化圈（撒拉族）；从族际间宗教文化互动关系角度，划分为藏族、土族和汉族之间的互动圈，回族、撒拉族和保安族之间的互动圈，并称河湟地区处在一种"夷夏相交"的文化过渡地带，以中原为中心的人文地理结构中的文化边缘区⑤。还有研究总结，历史上的河湟文化圈除了具有多

---

①　［法］R. A. 石泰安：《川甘青藏走廊古部落》，耿昇译，四川民族出版社1992年版。也有称为河湟走廊的。王明珂称这一地带在公元前200年左右时，就形成"一个生态的、社会的与意识形态的""华夏边缘"。参见王明珂《华夏边缘——历史记忆与族群认同》，社会科学文献出版社2006年版，第72页。

②　先巴：《青藏高原"河曲民族走廊"初探》，《青海民族学院学报》（社会科学版）2008年第4期。

③　李绍明：《"藏彝走廊"研究的回顾与前瞻》，http：//www.bswh.net/，2009年8月24日。

④　芈一之：《江河源文化的形成、发展及其内涵、特色的几个问题》，《江河源文化研究》（一）1994年第1期。

⑤　杜常顺：《论河湟地区多民族文化互动关系》，《青海社会科学》2004年第4期。

元性特征外，还有地域性、互融性和时代性特征。① 对"青海湖多元文化"的界定是：

> 由古代先民、羌人、吐蕃、藏族相传承，并在吸收汉儒文化、鲜羌文化、蒙古族文化、伊斯兰文化的基础上形成的一种独特的多元文化；一种从生产方式到生活方式、从社会制度到风俗习惯、从思想观念到社会实践、从宗教信仰到文学艺术都与湖区生态环境相适应的草原生态文化。②

四川大学中国藏学研究所、四川省民族研究所等单位对藏彝走廊的研究卓有成效，引起国内外学术界的广泛关注。特别是许多民族志成果，可为勾勒藏文化圈东部边缘的大致轮廓提供素材。其中李星星的《藏彝走廊的尔苏文化圈》是用文化圈视角研究东缘藏族文化的成果之一，从语言、人口、姓氏等对这一藏文化次级文化圈作了描述：

> 尔苏文化圈只是藏彝走廊大文化圈中的一个组成部分。从空间地理角度说，尔苏文化圈是大渡河南两江同型大拐弯区域藏、彝、纳文化圈以内。依民族或族群角度而言，尔苏文化圈是在藏文化圈以内。若以语言系属来分，尔苏文化圈又是在藏缅语文化圈以内……与尔苏藏族长期杂居共处的民族除了汉族和彝族而外，还有纳木依、柏木依、木雅等几个藏族支系。从汉藏文化交融的眼光来看，尔苏文化圈正处于汉藏文化相互交融的地区。尔苏文化圈既包容于藏文化圈之内，也为汉文化圈所包容，同时，还与彝文化圈、纳木依文化圈、柏木依文化圈、木雅文化圈相互交融。③

虽然他为此作了比较细致的田野调查，却忽略了对文化传播条件的分析，故无从清晰地看到这一文化圈的形貌。

---

① 丁柏峰：《河湟文化圈的形成历史与特征》，《青海师范大学学报》（哲学社会科学版）2007 年第 6 期。

② 邓清春、张腾：《青海湖多元文化圈探析》，《青海社会科学》2007 年第 2 期。

③ 李星星：《藏彝走廊的尔苏文化圈》，《西南民族大学学报》（人文社科版）2008 年第 4 期。

对藏文化圈边缘地域文化的研究，有助于更加全面地了解藏文化圈的形态和藏文化变迁。学者们对藏文化圈边缘的研究如此感兴趣，其原因可能在：一是研究便利。与青藏高原腹地或偏远地区比较，这些地区经济发达、交通方便、主流文化影响深，研究易进入。二是文化变迁更快。因为文化多元、与他民族的互动更为频繁，文化变迁更为急剧。比如尔苏文化，它受到现代化浪潮的猛烈冲击，"尔苏原生文化正在消失，文化圈的边界正趋于模糊"①。甚至有的区域，其藏族传统文化的传承存在严重危机。

上述青藏高原边缘地域藏文化研究存在一个共同的缺陷：未能给各研究者所指的文化圈一个相对清楚的边界；即便给出了边界，也不能提供明确的论据。所以，就是把文化圈内文化丛的特征说得再全面、把研究的重要性提得再高，也只能停留在无法验证的假设层面。

（二）对文化区理论的研究与应用

1. 文化区研究

作为与文化圈相关，且容易与之混淆的概念，不能不提文化区在中国、青藏高原和青海地域文化研究中的应用。

对中国文化区域划分的努力，由来已久，史家多有论述。比如：

> 以为州异国殊，情习不同。故博采风俗，协比声律，以补短移化，助流政教。②
>
> 凡民函五常之姓，而其刚柔缓急，音声不同，系水土之风气……好恶取舍，动静之常，随君上之情欲。③

意思是说，各地区人民的生活方式、生活习惯受自然环境所制约，从而使各地区风俗文化的发展有着巨大的差异。东汉班固曾明确提出"域分"（即按不同的历史区域划分民俗民风）的概念。进入后学术时代，这种旨趣为文化地理学（或人文地理学）界所热衷，视为研究文化资源的捷径，

---

① 李星星：《藏彝走廊的尔苏文化圈》，《西南民族大学学报》（人文社科版）2008年第4期。

② 《史记》卷24。

③ 《汉书·地理志》卷末。

划分的文化区域也越来越多样。就中国而言，最为宽泛、常见的莫过于南北文化区的划分：中国南北方在饮食、语言、文艺、经济、政治等方面都有区别①。文化地理学界著名的胡焕庸线，则把中国划分为东南部的农业文化和西北部的牧业文化两个区。② 这种不同性质产业文明的分异，代表了汉族集聚区和少数民族集聚区（或曰内地与边疆）的分域③。在此之下，与古代中国七大文化区（秦、三晋、齐鲁、吴、荆楚、巴蜀和岭南）相呼应，分出八桂、八闽、巴蜀、草原、陈楚、滇云、关东、徽州、江西、荆楚、两淮等24个文化区④。青藏文化区位列其中，其周边从北到南分别为西域、陇右、巴蜀和滇云4个文化区。在吴必虎与此类似的文化分区中，是这样描述青藏文化区的：

> 青藏文化区主要包括西藏全区、青海主要部分（西宁及海东地区属黄土高原）、川西北藏区及云南西北隅藏区，其北以新、藏二区（昆仑山主脊线）与新疆文化区相交，其东北基本上沿4000米等高线与西南文化区和中原文化区的黄土高原文化亚区分界。青藏高原上生活的居民主要是藏族，此外还有许多非藏民族。根据这些非藏民族的分布特点，我们可将青藏文化区划分为纯粹的藏族文化亚区和多民族混合的文化亚区两个部分，即吐蕃文化亚区和海西山南文化亚区。⑤

被誉为中国各地"文化地图"的《中国地域文化通览》更是以省区市行政区域界线来划分文化区，所划分出的文化区更多。之所以出现如此多样的文化区域，是因为划分的标准各异，有人口分布、民族聚落、经济结构、山脉河流以及气候特征等⑥。

---

① 胡兆量：《中国文化的区域对比研究》，《人文地理》1998年第1期。
② 胡焕庸：《中国人口之分布》，《地理学报》1935年第2期。
③ 吴必虎：《中国文化区的形成与划分》，《学术月刊》1996年第3期。
④ 俞晓群主编：《中国地域文化丛书》（多卷本），辽宁教育出版社1995年、1998年版。
⑤ 吴必虎：《中国文化区的形成与划分》，《学术月刊》1996年第3期。
⑥ 阎耀军：《文化区域与区域文化性格的识别》，《天津大学学报》（社会科学版）2007年第2期。

上述文化分区，已被纳入中国中学教学范围。下面是一道高中地理试题①：

中华民族的母亲河——黄河流经我国多个地域文化区，其民居、服饰、饮食、风俗等无不体现出鲜明的地域特色。

我国部分地域文化区示意图：

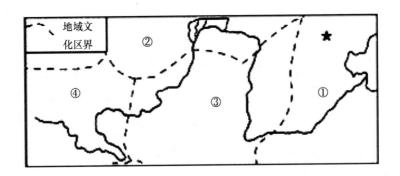

（1）黄河发源地所属的地域文化区名称是_____文化区，这里的传统服饰是_____，它与当地_____的气候特点相适应。

（2）黄河中游河段流经的地域文化区在图上的数码是_____，这里最有影响的地方戏剧种是_____。

（3）河套平原所属的地域文化区名称是_____文化区，这里的传统民居是_____，它非常适合_____生活。

（4）下列各组文化事物中，在黄河流经的地域文化区依次出现的一组是____。（单项选择）

A. 酥油茶—"阿以旺"—吊脚楼—蒙古袍—四合院

B. 碉房—兰州拉面—马头琴—窑洞—评剧

C. "阿以旺"—吊脚楼—蒙古袍—窑洞—京剧

D. 喇嘛寺庙—坎儿井—那达慕节庆—信天游—四合院

---

① http：//www. zujuan. com/quesDetail. aspx？ subject＝gzdl&quesid＝14261，2010 年 1 月 13日。

（5）以上文化景观连同我国其他地区的文化景观反映了我国自然环境的_____和地域文化的_____。

这说明，尽管文化区的划分歧义重重，却已经逐步进入知识（或常识）层面。

民族学人类学界文化区的划分虽以文化元素为标准，但同样各执一词、分类多样。正如 F. 博厄斯所告诫的：以物质文化为根据的文化区与以宗教、社会组织等其他文化方面为依据的文化区并不一定相符，与语言族群的分布亦不一定相符。[①] 博厄斯以物质文化为标准来划分文化区是为了防止把文化现象复杂化。20 世纪 50 年代初，苏联学者提出"经济文化类型"理论。新中国成立前后，中苏民族学者合作，运用这一理论划分和阐释中国及东亚民族地区生态经济文化，并以 20 世纪中叶中国各民族的经济文化状况为基础而整理出经济文化类型的大致框架：采集渔猎、畜牧经济、农耕经济 3 个"文化类型组"以及 12 个亚类；划青藏高原为畜牧经济文化类型组的亚类——高山草场畜牧类型。[②] 在研究过程中，中国学者进一步发展了这一理论，尤其在概念上作了修正，称之为"居住在相似的生态环境下，并操持相同生计方式的各民族在历史上形成的具有共同经济和文化特点的综合体"[③]。同时，对这一理论的具体认识有所深化，研究方法也系统化。有学者认为，这是一种斯图尔德（H. J. Steward）文化生态学的具体类型研究，称为"生态经济文化类型"更为贴切。[④] 宋蜀华则提出中华民族生态文化区的概念，划分出多民族的八大生态文化区，其下又包括若干亚类；其中，青藏高原文化被分割在北方与西北游牧兼事渔猎文化区和康藏高原农业与畜牧文化区中。[⑤] 上述区分方法强调生产力水平、自然环境条件，注重物质文化形态。

① 宋蜀华、白振声主编：《民族学理论与方法》，中央民族大学出版社 1998 年版，下同，第 35 页。

② 林耀华：《民族学研究》，中国社会科学出版社 1985 年版，第 104—142 页。

③ 林耀华主编：《民族学通论》（修订本），中央民族大学出版社 1997 年版，下同，第 86 页。

④ 祁庆富：《中国少数民族传统文化结构分析》，载宋蜀华、陈克进主编《中国民族概论》，中央民族大学出版社 2001 年版，下同，第 158 页。

⑤ 宋蜀华：《人类学与研究中国民族生态环境和传统文化的关系》，载周星、王铭铭主编《社会文化人类学讲演集》（上），天津人民出版社 1996 年版，第 412— 425 页。

青藏高原内自然生态环境条件复杂、文化构成多样，就中国范围，以不同的标准划分，青藏高原的文化区归属难免出现不同结果。学术界倾向于把青藏高原作为一个单独的文化区看待，这与对其文化类型的定位有关。除了前述"极地文化"（以自然环境条件为主要标准）、孤岛文化（以文化传播为标准）等以外，最为认可的是青藏文化或青藏高原文化。"中国地域文化丛书"即以青藏文化命题，以藏文化为重点，兼及高原南缘诸族及蒙古、回、土、撒拉等民族文化，详解了它的文化构成。① 青藏高原文化这一命题则更多是强调高原地理因素在文化形成中的作用。陈庆英认为，青藏高原文化（或青藏文化）有它独有的特征和内在的联系。

> 它的文化具有许多与高原以外的其他地域明显不同的特征……作为基础文化的共通的内容……青藏高原是黄河、长江流域农业文化和北方草原游牧文化、中亚沙漠绿洲文化、南亚印度文化的一个重要汇合点，它具有若干综合性文化的特征。……作为一种学术研究的对象并且可以大致规定其范围的青藏文化，是指历史上活动在青藏高原上的各个民族的传统文化的综合，是这些民族所创造的物质财富和精神财富的总和。②

他还说：

> 作为一种地域文化，青藏文化包含了……高原居民各自的民族文化。……无论是世居高原的民族还是迁入高原的民族都对青藏文化的发展起了重要的作用，不过从历史看，藏族文化显然是青藏文化的主体和代表，在一般情况下人们所谈论的青藏文化指的是藏族文化。

他从人口和居住地域面积、历史发展以及文化形成角度论证这一观点。

2. 对青海区域文化定位问题的讨论

对青藏高原范围青海文化定位问题，经过了长期讨论，观点纷呈，有"江河源文化""三江源文化""青藏高原安多文化""西羌文化""高原

---

① 张云：《青藏文化》，辽宁教育出版社 1998 年版，下同。
② 陈庆英：《简论青藏高原文化》，《青海社会科学》1998 年第 4 期。

丝绸之路文化""中华昆仑江河之源文化""青唐文化""青海高原文化"
等①，较为集中的是江河源文化。1992 年，成立青海江河源文化研究会，
创办《江河源文化研究》刊物。芈一之在该刊撰文肯定用江河源文化代
称或代表"青海省"的准确性和科学性。② 也有人提出反对意见，认为在
概念上不能把"江河源"理解为就是青海省，而是泛指长江、黄河的源
头，也包括源头地区主要分支流域。产生这些分歧的因由同样是各自所持
的划分标准不同：是青海古代文化、青海历史上某一特殊时期文化还是自
然生态属性或是其他。事实上，青海历史上区域文化十分多元，有学者指
出这种多元性表现在：农耕经济和草原游牧经济共存、统一的政治制度和
特殊的管理制度共存、多民族聚居和相互融合、多种文化风俗与宗教共
存③。这样，从文化角度定位一个历史上文化多元的区域的现代形态，就
存在很大难度。

　　文化定位问题，多是史家热议的论题，但是定位不能仅仅停留在历史
簿上，更要落脚到现在的文化分布格局上，以古为今用。再者，既然盖棺
定论难，明确多元区域则易。对青海的文化分区，最先起源于地理和经济
角度的划分。"文革"前由中国科学院编著的"中华地理志经济地理丛
书"，把青海划分为西宁、海北、柴达木、海南黄南、玉树果洛共 5 个地
区④。这种没有脱离开行政区划的划分过于简单化。中国省区"经济地理
丛书"之《青海经济地理》把青海分为东部区、柴达木盆地区、环湖牧
农区和青南高原牧区。⑤ 这种划分法长期为政府制定政策、决策所用。
《青海省志·自然地理志》对此进一步细分为：阿尔金—祁连山地区、拉
脊山地与河湟谷地区、柴达木盆地地区、鄂拉山地与共和盆地区、东昆仑
山地区、黄南山地高原区、青南高原区和唐古拉山地区。⑥ 更有纯粹从经
济开发的角度所作的划分，比如把青海划分为东部综合经济区、柴达木盆

　　① 崔永红：《青海历史文化的产生及演变》，《攀登》2006 年第 5 期。
　　② 芈一之：《江河源文化的形成、发展及其内涵、特色的几个问题》，《江河源文化研究》
（一）1994 年第 1 期。
　　③ 王昱：《论青海历史上区域文化的多元性》，《青海社会科学》1996 年第 6 期。
　　④ 胡序威、刘再兴等编写：《西北地区经济地理》（陕西、甘肃、宁夏、青海），科学出版
社 1963 年版，第 160—173 页。
　　⑤ 史克明主编：《青海经济地理》，新华出版社 1988 年版，第 154—191 页。
　　⑥ 青海省地方志编纂委员会编：《青海省志·自然地理志》，黄山书社 1994 年版，第 269—
287 页。

地资源开发经济区、草原牧区生态保护经济区共三大经济区，经济区内根据行政区域、自然地理条件、社会经济发展、历史发展及民族宗教文化等地域的差异性和相近性，划分为 10 个经济小区。① 这是根据青海生态环境保护与建设、经济与社会发展的形势所给出的经济文化分区。又有研究者把自然地理与文化要素（包括生产方式、语言、主要民族、宗教信仰、古文化）结合起来进行分区，分为昆仑山、祁连山、唐古拉 3 个文化区，又从中分出昆仑山文化副区与昆仑山文化核心区、河湟谷地文化副区与祁连山山地文化副区、康巴文化副区与安多文化副区这样 6 个文化亚区。这种分区方法十分注重自然地理环境的山脉分布特征及其空间分异，认为青海高大山脉的内在特征是其物质基础、这些山脉的走向决定青海古文化的演变和交流方向、山脉文化的主体具有同源性。② 这一明显具有人文地理研究视角的划分法，为青海文化分区开拓了思路。

　　青藏高原自然地理环境对民族文化尤其是藏文化的形成和发展起着毋庸置疑的影响。但是，或许囿于学科局限性，人文经济、地理角度的划分虽然试图纳文化因素于其中，但仍然存在重经济、地理轻文化的问题。与文化定位问题相联系，青海文化分区也是文化学界的论题。有研究者从文化与地理的关系切入，将青海分为柴达木盆地文化、河湟文化、江河源头文化、青海湖文化 4 个文化地理单元（"四大文化圈"）③。从中仅由部分文化特质的演化史角度所解释的文化特点（圈）看，称之为文化区更为恰当。也有对青海藏区作文化分区的，认为青海藏区存在着青南、环湖、海东河湟 3 种"生态·文化区域"，认为这些区域的生态环境、生活方式有着十分明显的区别④。按照这种空间划分法，还有划青海为多种文化相交融的柴达木盆地绿洲文化、青南高原草原文化和河湟多元文化。更从生态发展角度，把青藏高原（包括青海）划分为自然保护区、生态—人文保留区、生态农牧业区和经济开发区。⑤ 这种文化分区，类似于自然保护

---

　　① 张忠孝：《青海综合经济区划探讨》，《青海社会科学》2006 年第 3 期。另见张忠孝编著《青海地理》，青海人民出版社 2004 年版，下同，第 402—419 页。

　　② 刘峰贵、王锋等：《青海高原山脉地理格局与地域文化的空间分异》，《人文地理》2007 年第 4 期。

　　③ 李泰年：《青海的文化地理单元》，《青海民族学院学报》（社会科学版）1998 年第 1 期。

　　④ 南文渊：《青海藏区不同的生态·文化区域特点及其发展前景》，《西藏研究》1997 年第 2 期。

　　⑤ 南文渊：《青藏高原生态区域和重点开发战略探讨》，《青海社会科学》2001 年第 6 期。

区的功能区划。为了统一意见，达成共识，青海知识界曾先后两次召开学术研讨会或论坛，集中讨论文化定位和分区问题，但均未达成共识。

与青海相邻、文化上联系紧密的甘肃藏区，其藏文化是否能自成"区域"？有研究者对此给出了回答：甘南草原和河西走廊南山地区（包括天祝藏族自治县、肃南裕固族自治县、肃北蒙古族自治县）是甘肃省藏传佛教的两大分区；由于不同的历史经历，两区在信奉、传播藏传佛教的过程中表现出不同的特点；从文化结构上来看，以藏传佛教为核心的宗教文化在甘南地区占据牢固位置，而河西走廊南山地区则具有文化多元化倾向。① 显然，这两个地域与其相邻青海的地域，在文化上同多于异，大致可归为同一文化区域。

综上所述，虽然文化圈理论的研究和应用声浪极高，但总体而言，有滥用之嫌。比如文化圈与文化区不分，把文化之间的影响视为传播；再如把文化圈推而广之，只要看到有文化特质的相似性，就认为形成了文化圈，全然不顾形成文化圈的条件。这样说来，回到经典、重温经典、研究经典，回味早期文化圈学派的努力和目标，就显得十分必要。正如有人类学者提出的那样：

> 尽管比其前辈更加专业化的新一代人类学家在各种新的经验环境中尝试进行探索，早期人类学家面临过的困惑和难题仍然还是这个学科的中心问题。②

比较而言，文化区概念不强调文化区域内部不同文化特质之间的联系和不同区域之间的文化传播，因此在用文化区来分析文化分布现象时，所遇到的困难没有使用文化圈那么多。只要明确了分析衡量标准，并且这个标准在量上达到一定程度的覆盖，就可以给定这一文化区的基本形态，定位也是顺理成章的。但对于青藏高原（或青海）藏文化形成、发展而言，这一概念工具的适用性和解释力远比文化圈逊色。

---

① 阎天灵：《试论藏传佛教文化区域特征形成过程中的文化接触因素——以肃南藏传佛教文化区为例》，《西北史地》1999 年第 1 期。

② ［挪威］托马斯·许兰德·埃里克森：《小地方，大论题——社会文化人类学导论》，董薇译，周大鸣校，商务印书馆 2008 年版，下同，第 35 页。

（三）对青海藏文化变迁与现代化的研究

中国国内学者对民族文化及其现代化的宏观研究，多把民族文化变迁过程置于中华民族形成与发展的历史长河中，探讨中华民族凝聚力的形成与发展，儒家文化与少数民族文化的关系，民族文化融合的意义、途径、过程以及市场经济条件下的民族文化关系等问题。对民族文化变迁的专题研究主要以实证研究为主，通过对民族文化某一侧面的考察，提出其发展的一般趋势，主要集中在居住格局与民族人口迁移、族际交往和族际通婚、民族语言变迁、宗教信仰、民族意识等方面。尤其实证研究成果数量可观。但在不同时期，在理论与实证方面各有偏颇，注重个案研究而忽略理论概括，加之研究领域局限和方法欠缺，民族文化变迁与现代化研究方面具有突破性的成果并不多见。

有关青海藏文化变迁与现代化的研究，有些体现于一些综合性的论著中。首先应该提及的是丹珠昂奔的《藏族文化发展史》，它被称为是一部整合藏文化研究繁细、全方位揭示藏族文化历史脉络的著作[①]。全书分藏族的史前文化、苯教文化、藏传佛教文化、社会主义藏族新文化4编，从物质文化、制度文化、精神文化3个层次架构出了源远流长、内涵精博的藏族文化体系，廓清了藏族渊源及流变。该书作者把20世纪中叶以来藏族文化称为社会主义藏族新文化，将其发展过程分为初萌时期（1949—1965年）、挫折期（1966—1976年）和发展期（1977—1997年），揭示了社会主义藏族新文化的基本内涵和民族精神；认为这样一个时代的到来，"从根本上改变了藏族文化原来的流向，而使之进入一个新的历史发展时期"，"它是一种新兴的文化，以示与藏族传统文化的区别"[②]。显然，传统与新兴（现代）文化，在一个时间范畴里，并不能作泾渭分明的断裂。这种宏大的藏族文化史建构，有助于笔者作微观考察时始终坚持结构性和总体性的立场而不过分拘泥于局部。

价值观作为精神文化的重要组成部分，对民族文化变迁和现代化具有重大影响。《转型期西北少数民族居民价值观的嬗变》[③] 用实证的方法，

---

① 戴发望：《读〈藏族文化发展史〉》，《中国藏学》2001年第3期。

② 丹珠昂奔：《藏族文化发展史》（下），甘肃教育出版社2001年版，下同，第1074页。

③ 赵德兴等：《转型期西北少数民族居民价值观的嬗变》，人民出版社2007年版，下同。

以社会转型为时间向度，以西北地区的 6 个少数民族为调查对象，对其经济、法律、信仰、婚姻等的价值观作了综合性、开拓性的调查研究。该书发现："从总体上讲，西北少数民族价值观的总体变化趋势和全国一样，正在从传统走向现代。但由于经济、社会、文化发展的不平衡和民族历史文化的不同，西北少数民族价值观的变化也存在地域性和时序性差异。"就藏族价值观也从经济、法律、信仰、婚姻等方面，对西北（青海和甘肃）藏族传统价值观与现代价值观作了比较分析，得出若干藏族价值观变迁的结论。书中论据主要是问卷调查数据材料，这在青海文化变迁研究史上是比较少见的。但由于其样本总量（针对西北藏族的有 176 个样本）限制，调查个案的代表性和结论的可信度值得怀疑。其就藏族经济、信仰、婚姻价值观的调查数据可作为检验本书问卷样本总体数据的一个参照依据。

从 20 世纪末青藏高原地区自然生态地位逐渐受到世人重视伊始，人与自然环境的关系问题就成为了不同学科讨论与研究的焦点之一。与上述价值观论题有关的著作是《藏族生态伦理》。该著作梳理了高原藏族及其居住区特有生态系统以及生活方式、游牧方式、审美观等存在的伦理依据，对如何协调现代生态伦理学与藏族传统生态伦理的关系，提出了自己的见解。该书作者还专门就青海藏族传统游牧方式和农耕文化所具有的与自然生态环境相适应的一面作了深入分析。其中所得出的"藏族传统生态伦理文化的保护与高原自然环境的保护应该统一起来"，并"建立藏区自然生态环境和人文生态环境的保护体系"[①] 的结论，是当下制定、施行环境保护政策中往往被忽视的。

《藏族生态文化》更是围绕生态论题，从观念（宇宙观、生命观、地域观）、动植物分类以及藏医药、能源利用、自然崇拜、习俗、生态保护行为等方面，对藏族生态文化作了比较系统的讨论。其主体部分对"藏民族师法高原的历程和适应环境的程度"[②] 的揭示，可以启发更深入地探讨青海藏文化变迁过程中人及社会与自然生态环境关系的演变问题。

专门对青海藏族文化社会变迁与现代化的研究，从 20 世纪 80 年代初期就已经开始，论文数量众多。研究者从历史和现实、宏观和微观多种视

---

① 南文渊：《藏族生态伦理》，民族出版社 2007 年版，第 341—344 页。
② 何峰主编：《藏族生态文化》，中国藏学出版社 2006 年版，第 13 页。

角对其作了探究。从宏观层面谈的，有星全成自80年代初开始发表的一系列论文，包括《藏族文化传统与藏区现代社会》《论藏族文化的现代化问题》《关于近年来藏族文化研究中的几个问题》《藏族文化现代化转化之可行性研究》《再论藏族文化传统与藏区现代社会》《三论藏文化传统与藏区现代社会》等近20篇，对藏文化变迁及现代化问题作了比较系统、全面的讨论。2002年出版的《藏族传统文化及其现代化》是其对这方面研究成果的一个总结。此外，还有尕藏才旦的《藏区现代化过程中的障碍及其对策思考》《藏族传统文化现代化的主体性研究》及桑杰端智的《藏族传统文化的个性弊端与现代化》等，从不同角度，大多抱着传承而不泥古的立场，初步回答了民族传统文化在外来现代性冲击下如何走向现代化的问题，涉及世俗化、民族精神、地方性知识、民族基本人格等研究文化变迁与现代化时所应涉及的基本概念或理论。

从具体的文化要素着手的，如蒲文成的《藏传佛教文化的历史变迁与藏区社会进步》《河湟地区藏传佛教的历史变迁》，洲塔等的《藏传佛教世俗化研究中的几个理论问题探析》《论藏族社会转型过程中的宗教世俗化问题》，切排等的《浅谈现代化背景下的藏传佛教世俗化问题》，嘎·达哇才让的《藏区现代化过程上宗教世俗化的趋势》，马林等的《青藏铁路沿线藏区农牧民思想观念的变迁》《青藏铁路沿线农牧民宗教信仰现状评估》等，从文化的核心层入手所作的较深入的研究；拉毛措的《论藏族妇女地位的变迁》、刘成明的《青海人口分布格局及变迁》等从婚姻、交换、规范、人口等文化的中间层面或表层入手作了探究；更有对具体的文化特质的演化进行微观分析的，如蒲文成的《经幡源流刍议》等。

以上是或宏观或集中从宗教、人与自然的关系等方面，专门对青海藏文化变迁与现代化的讨论。此外，很多研究旨趣在某一地域藏族文化现状与变迁的调查、讨论上，这些地域（或族群）有果洛、河湟、丹噶尔、华热、热贡、卓仓等。比如，邢海宁的《果洛藏族社会》① 在长期的实地调查基础上，对果洛的历史、藏族部落分布及组织系统（"民主改革"前）、传统的游牧经济、婚姻制度、法律规范以及宗教状况作了比较全面的总结，至今仍然是研究果洛藏族文化必备的参考书。王恒生主编的

---

① 邢海宁：《果洛藏族社会》，中国藏学出版社1994年版。

《中国国情丛书——百县市经济社会调查·湟中卷》① 主要利用统计资料，分析了湟中县这个多民族分布地区的社会分层、社会保障等，是了解当时多民族的湟中社会发展情况不可多得的材料。李臣玲的《丹噶尔藏人社会文化变迁研究》② 从政治、经济、饮食、服饰、居室、节日、婚姻、生育、丧葬和宗教等方面，对长期处在农牧文化交汇之地、黄土高原与青藏高原过渡区的青海湟源藏人的文化变迁作了较为全面系统的研究，解释了其所具有的民族文化交融性和地域文化特色，以及在现代化冲击下表现出的"全面性、不均衡性、双向多元性及民族外在表象的弱化和民族自觉性"等特点。华热、热贡、卓仓等都是以部落命名的地域。就华热（锐）文化，代表性研究论著是乔高才让、洲塔的《华热藏族史略》③，该著作不但对华热藏族的由来史作了追溯，而且对华热藏族文化的基本结构和特点作了总结。热贡文化以热贡艺术而闻名。马成俊等的《神秘的热贡文化》④ 是从民间文学、原始信仰、藏传佛教、绘画艺术、服饰、婚丧礼仪、藏戏、语言等方面对这一地域文化进行全面梳理的首部中文著作；发现热贡文化形成中自然地理环境和人文社会环境所产生的重大影响，认为这一"文化模式"具有多元性、宗教性和融合性特点。卓仓文化因其独特的"骨系婚姻制度"而备受学术界青睐，其相关文献将在本书第五章作专门回顾。此外，不乏就某一藏族村落所作的周到、细致的文化描述，比如宗喀·漾正冈布等的《复活的记忆——却西德哇传统村运会的应用人类学研究》、桑才让的《藏汉交界地带的藏族文化——以青海省化隆县塔加村为例》、苏延寿的《家西番及其信仰习俗——青海宗喀地区家西番人的信仰现状分析》等，从中可以看出，藏族传统文化在分处不同地域的村落如何应对现代化的冲击，其村民的民族、民俗记忆又是在学者调查、引导下如何被发现、复活的。

　　以上著述是在笔者研究中用以弥补方法论上的些许缺陷而依借的重要参考。纵览对青海藏文化变迁与现代化的研究文献，可以看出，多数限于对藏族某单个族群文化或局部地域文化的研究，而从地域差异性比较的角

---

　　① 王恒生主编：《中国国情丛书——百县市经济社会调查·湟中卷》，中国大百科全书出版社 1996 年版，下同。

　　② 李臣玲：《丹噶尔藏人社会文化变迁研究》，博士学位论文，兰州大学，2006 年。

　　③ 乔高才让、洲塔：《华热藏族史略》，甘肃民族出版社 1998 年版。

　　④ 马成俊等：《神秘的热贡文化》，文化艺术出版社 2003 年版，第 8—21 页。

度，综合考察并加以理论概括的成果鲜见。作出这样尝试的有刘夏蓓的
《安多藏区族际关系与区域文化研究》①，该书尽管对安多区域文化的特征
作了总结，但或许囿于选题，并未对所分类的河曲、河湟、河西文化区
（这种分类亦存在商榷之处）倾注过多的笔墨。而作出相对独到的地域文
化（变迁）比较研究，一个重要前提是对青海藏族文化整体作出明确的
地域分别。

（四）对民族与文化互动关系的研究

作为民族与文化互动的呈现状态和观察维度，民族互动关系的研究是
民族学、社会学研究的重要内容。近代西方学术界，运用定性与定量相结
合的方法研究民族互动关系，架构起了一套较完整的族群社会学理论体
系。20 世纪中叶以来，中国历史学、人类学、民族学等学科，都把民族
互动关系的研究视为服务社会、资政建言的重要途径，取得大量研究成
果，其中不乏西部、西北、甘青、青藏地区民族互动关系研究的成果。

青海民族互动关系的早期研究，多集中在对其历史的梳理上。这方
面，代表性的著作有《青海民族关系史》②及对青海民族互动关系多有涉
及的《汉藏民族关系史》③《蒙藏民族关系史略——十二至十九世纪中
叶》④等。其中，《汉藏民族关系史》对汉藏文化的互动与交融关系作了
阐发，从中可以看到青海汉藏民族互动关系的历史和现实基础。此外，还
有专门研究青海民族关系史的论文，比如蒲文成的《藏传佛教进步人士
在我国民族关系史上的积极作用》、孔祥录的《青海新型民族关系形成述
略》、索端智的《青海民族关系发展的趋势及对策》等。这些研究成果多
属于民族互动关系回溯和对其所作的宏观分析。当然，也有过对青海民族
互动关系所作的宽泛调查。比如，早在 1989 年，青海省民族宗教事务委
员会组织的调查组，对青海海东、海西的一些地方"新时期"民族互动
关系中出现的一些新问题进行了调查，从中发现诸如地方与当地群众的关
系处理不当、过去的一些优惠政策名存实亡、基本投资形式改变带来的困

---

① 刘夏蓓：《安多藏区族际关系与区域文化研究》，民族出版社 2003 年版。
② 谢佐等：《青海民族关系史》，青海人民出版社 2006 年版。
③ 蒲文成、王心岳：《汉藏民族关系史》，甘肃人民出版社 2008 年版。
④ 陈庆英、王辅仁编著：《蒙藏民族关系史略——十二至十九世纪中叶》，中国社会科学出
版社 1985 年版。

难、民族之间由于多种原因引发的矛盾、干部配置、杂散居少数民族的平等权利保障等影响民族互动关系的实际问题。①

近年来，开始有了对青海民族互动关系更丰富的实证调查，这类成果从数量上看，比较集中于移民人口和群体分布较多的青海海西地区。比如何玲等的《对青海移民地区民族宗教问题的思考——以海西州为例》、韩官却加的《青海海西移民地区民族宗教问题的调查与研究》，通过实地调查，对移民社区不同民族文化碰撞而引发的民族宗教问题作了解析。这些调查报告提供了一个信息：在个别村庄汉藏群众对回族占用耕地作坟园以及在村中心修建清真寺的计划，表现出强烈不满。刘瑶瑶的《青海海西州汉族移民文化变迁及民族关系研究——以乌兰县铜普镇四个移民村为例》则从汉族文化变迁的角度，对当地影响民族互动关系的因素、民族互动关系特点作了研究。此外，研究者开始尝试使用民族社会学研究民族互动关系的新范式，对青海各地的民族互动关系进行考察。比如，穆殿春等的《青海藏区和谐民族关系探析——以海北藏族自治州刚察县为个案》是以个案为例，围绕居住格局、通婚、职业、宗教等因素，就现代化进程中青海藏区和谐民族互动关系所作的考察。祁进玉的《青海藏区民族关系追踪研究——以青海省黄南藏族自治州同仁县为个案》，同样是以语言使用、族际交往与居住格局、族际接触与宗教认同意识、民族认同感与地域认同意识等维度，对青海民族互动关系所作的实证研究。还有金颜等的《论民族关系与青海藏族自治地方的社会稳定》、汪春燕的《从人口学角度看青海民族关系问题》、李加才旦等的《当前青海藏族自治地区民族关系探析》等论文，从不同的侧面对青海的民族互动关系作了大略的评价、分析。

上述切入和谐命题成果的出现，有其特定的政治背景。2005 年中共中央民族工作会议将"和谐"归结为中国民族关系的构成要素后，中国"民族理论界"及时召开了"构建社会主义和谐社会与民族关系"专题研讨会，认为民族研究必须高度重视新阶段存在的民族矛盾及其新特点，要总结经验和教训，有跟踪研究和个案分析，有前瞻性研究，以应对涉及民族问题等事件的挑战。构建和谐民族互动关系问题遂成为民族问题研究的

---

① 民族关系调查组：《我省海西·海东地区民族关系调查报告》，《青海民族研究》（社会科学版）1991 年第 1 期。

热点，产生一批研究成果，如郝时远的《构建社会主义和谐社会与民族关系》《在差异中求和谐、求统一——以多民族国家族际关系和谐为例》、毛公宁的《对当代中国民族关系的几点认识》、杨荆楚的《论构建社会主义和谐民族关系》、庄聪生等的《构建社会主义和谐民族关系面临的新挑战》① 以及《光明日报》刊发的《构建和谐的社会主义民族关系》（2006年12月18日）、李大健的《论发展民族关系与构建和谐社会》等。这些成果在理论上对民族互动关系的和谐命题作了初步交代。大致说来，针对和谐民族互动关系的研究主要集中在三个方面②：一是对和谐民族互动关系内涵和特征的讨论，二是对影响和谐民族互动关系的不利因素的研究，三是对和谐民族互动关系实现路径的探讨。

　　虽然藏穆关系在青海民族互动关系中地位十分突出，但或认为其有敏感性，鲜有研究涉及这一主题。段继业的《论青藏高原的藏穆关系》提出"藏穆关系"命题，是这方面的开山之作。文中对藏穆互动（关系）的动力、根源和基础、发展趋势作了深入分析，指出"经过明清以来的长期互动，尤其是近20年来双方频繁的经济文化交流，藏穆之间的关系已经成为一种日常的、持久的、稳定的社会关系"③。马进虎的《河湟经济结构中的民族分工与协作》《河湟地区回族与汉、藏两族社会交往的特点》等分析了河湟这个极具多元特征的文化地域里不同民族、不同群体社会互动的一些特点。刘晨光的《青藏高原地区藏族与回族经济合作深层次分析》、张为民等的《甘、青两省回藏贸易问题探讨——也谈青藏高原的途径问题》、穆兴天的《近十年来青海藏与回、撒等民族关系态势研究》《解决青海民族矛盾、冲突的经验教训与对策建议》④ 等主要对青海或青藏这个特殊地理范围内民族层面的社会互动关系，特别是对其中出现的冲突事件作了分析，就如何促进民族文化之间良性互动问题提出了对策。

　　上述研究成果中有不乏在视角和方法上的独到之处，是研究青海民族

---

　　① 《学习时报》2006年12月25日A3版。

　　② 张立辉、赵野春：《和谐民族关系研究综述》，《西南民族大学学报》（人文社科版）2008年总第208期。

　　③ 段继业：《青海社会文论》，青海人民出版社2001年版，第77—91页。原文见《民族研究》2001年第3期。

　　④ 分别载于《青海研究报告》（内部）2005年第2辑、2009年第6辑。

互动关系时需要借鉴和参考的。但是，基于将在下文的分析中看到的青海民族人口、分布及民族互动总体特点等实际，对青海民族互动关系的研究不能忽略藏文化变迁的影响，特别是地域差异所呈现出的不同场域中民族互动关系及民族关系问题的不同特点。这种视角下的分析，会对青海和谐民族互动关系及其构建提供不同的阐释和思路。

三　研究设计

（一）思路与逻辑

1. 研究思路

历史上，青海是藏汉民族文化大规模、群体性互动交流的大舞台，在藏族文化形成发展史上具有十分重要的地位。进入 20 世纪，青海始有多民族聚居，其中藏族人口分布的地域最为广阔、世居时间最久远。从整体看，青海人口分布从东部的黄土高原与青藏高原的连接处，到西部的青藏高原腹地，密度逐步降低，而藏族人口聚居程度逐步提高；相反，汉族和其他民族人口分布逐步减少。由于青海政治经济文化中心处于其东部地区，而且主流文化及全球文化的传播大多来自其东方，因此从青海东部地区到其腹地，主流文化或西方文化的影响程度大为不同。在民族个体互动中，因地域、互动对象、强度等的不同，在不同地域形成族群传统文化特质保持程度不同的状态。这样，在历史和现实动因的双重作用下，不同地域藏族文化变迁和社会发展就出现了差异性。主要基于自然生态条件，这种差异性所呈现的空间形态便是文化圈。民族互动关系是社会互动的一种独特形式，是在民族个体互动基础上产生的。民族互动的范围愈广、频度愈高，民族互动关系就会愈复杂，出现民族互动关系问题的概率就愈大。在文化圈的边界地带，就具有这样的互动条件；随着文化圈边界的变化，民族互动关系就会有不同的呈现。因此，从青海藏文化圈这一视角和场域去探寻用以引导青海民族互动关系更加和谐的思路和方法，是一条必需而又重要的路径。这种探索可以是由古至今的，但自 20 世纪中叶以来，青海藏文化变迁和文化圈演化在新的民族发展理念指导下，呈现出纷繁剧烈的态势，用历史追溯与个案分析相结合的方法，系统、深入总结政策及环境变化的影响，可以为青海现代化发展与和谐民族互动关系构建提供更加有力的借鉴。

2. 研究逻辑

为了实现不同地域文化变迁及文化圈演化比较以探讨推进现代化发展与民族互动关系和谐的目的，本书基本在历时和共时两个逻辑线上展开。自然社会环境尤其是自然环境是相对稳定的，这样考察文化变迁和文化圈演化就有了一个可参照的坐标。这种考察，主要是历时性地进行。考虑到在 20 世纪中叶以后，藏族文化经历了较长时期的结构稳定性，而文化结构的改变，很多是在有计划的变迁指引下发生的，比如不同时期实施的"民主改革"和"宗教改革"分别使藏族传统的政治结构和宗教与社区的关系等发生根本变化。因此，笔者的研究视民国时期藏族文化为文化"传统"，并将其作为文化变迁的对照初始点。当然，这种对民国时期藏族文化所持的静态的观点难免有失偏颇，而且因资料所限，文化的各个方面也不可能作出一一对照。这是应当指出的。为弥补这一缺陷，就各文化层面作横向比较时，综合利用问卷和访谈资料，兼顾不同区域藏文化纵向变迁的讨论。在访谈对象的选择上，尽可能以代表性个案（村）中的年长者为对象，也是为挖掘文化变迁的纵深度、更多地了解文化变迁全貌的需要。不同地域文化特质的差异性，不但是自然社会环境差异的反映，也是文化互动的结果。比较这种差异性，主要是共时性地展开。在研究中，历时性与共时性角度交叉使用，但重点仍然在共时性地比较不同地域文化上。

无论是历时性地考察文化变迁，还是共时性地比较地域间文化异同，都涉及文化分类问题。文化内涵极广，学术界对其分类歧义众多。比较常见的是物质文化与精神文化的二分法，而在物质文化与精神文化之间，是否可分出制度文化、组织文化和行为文化等，故产生不同的分类方法。比如，美国社会学家奥格本（William Ogburn）将文化划分为物质文化和非物质文化，然后将非物质文化分为精神文化和调适文化①。功能学派创始人马林诺夫斯基（B. K. Malinowski）根据文化的功能，将其分为物质文化、精神文化、语言和社会组织。在华人文化学界，费孝通、余英时、李亦园、冯天瑜等学者的划分法有较大影响。② 从中可以看到，对文化至少

---

① ［美］威廉·奥格本：《社会变迁——关于文化和先天的本质》，王晓毅、陈育国译，浙江人民出版社 1989 年版，下同，第 106—108 页。

② 参见宋蜀华、陈克进主编《中国民族概论》，第 142—143 页。

应该分为物质文化与精神文化的认识是相同的。本书拟在此二分法之下，与藏族文化结构特点相结合，选取生计方式、语言文字、服饰婚姻、宗教信仰四大方面对藏文化变迁及其地域差异性进行比较研究，也就是从物质文化、调适文化和精神文化 3 个逻辑层次分别展开论述。从功能的角度说，生计方式是藏文化结构中对变迁起决定性作用的因素；语言文字和服饰婚姻文化起着规范和调适作用；宗教信仰作为藏文化的内核，属于精神文化范畴。

本书主张，在自然、人文、社会生态三者之间存在着紧密的关系，基于高原自然生态环境的极端脆弱性，特别强调自然生态演化在文化变迁中的重要性。具体言之，随着高原地区自然生态环境的演变，藏文化生态也随之发生了剧烈演变并在很大程度上导致藏文化加速变迁。文化圈形态的变化是文化变迁的结果。不同地域自然社会环境的不同，导致其文化变迁路径的差异。而藏文化变迁所呈现的地域之间的差异所反映的形态变化就是藏文化圈的演变。因自然、人文和社会生态不同，民族互动关系在不同文化圈的呈现就有区别。而民族互动关系问题微观地发生在藏文化圈的边界这一曾被忽略的独特场域，并随着文化圈圈层的多元化其呈现亦会有所变化。这样，主要从藏文化内部寻找到的推进现代化发展以及和谐民族互动关系构建的思路和方法，就具有静态性和动态性结合、现时性和前瞻性结合的特点。

文化圈既是文化变迁的结果，又是文化变迁的可观察场域。在论及文化变迁时，所涉及场域更多作为一个地域概念，是强调高原这一特殊的地理环境在藏文化变迁中的作用。在论及民族互动关系时，所涉及的场域更多作为一个关系或社会互动概念，是强调在一个特殊的地理环境中，不同社会群体及其文化的互动在场域形成并发挥作用中的地位。对场域作出这样的理解，是更为符合这一概念的本义的。需强调的是，文化变迁是不同文化互动中的变迁（除文化自身的突变、革新外），看不到这一点，所阐述的文化圈就有可能滑向环境决定论的渊薮。

（二）理论与框架

1. 面向的主要理论

（1）与文化地域分类相关的理论

与文化地域分类相关的理论除前文所述"经济（生态）文化类型"

以外，还有文化圈学说和与之相联系的"文化区"。文化圈学派（Culture Circle School）是形成于 19 世纪末 20 世纪初的民族学人类学理论流派。它是作为古典进化论学派的第一个对立面而出现的①，也是面向语言学派从语言的同源角度说明文化相似性的局限而产生的②。这一学派的理论先驱是拉策尔（F. Ratzel），主要代表人物有德国的格雷布内尔（F. Graebner），奥地利的施密特（W. Schimidt）、科佩斯（W. Koppers）。此外，弗罗贝纽斯（L. Frobenius）、安科尔曼（B. Akermann）、里弗斯（W. Rivers）以及把该学派引向极端的史密斯（G. E. Smith）、佩里（W. J. Perry）等，对这一学派的发展作出过贡献。它从产生到逐渐被其他学说取代，经历了拉策尔的理论开创、弗罗贝纽斯的从理论到方法的再发展、格雷布内尔和安科尔曼对理论的丰富和应用，到 20 世纪 40 年代主要经施密特对其理论与方法的推进使之达到顶峰这样 4 个阶段③。对这一学派名称，有各种提法，比如"德奥学派"、"德国文化圈学派"（或文化圈学派）、"文化历史学派"等。中国民族学家杨堃将这一学派分为"德奥历史学派"和"英国传播学派"，并将之与以博厄斯为代表的"美国历史学派"统称为历史学派。④ 还有中国学者直接称之为"文化传播论"或"文化圈理论"或"文化圈学说"。

文化圈学派有鲜明的理论学说和方法论，其共同的理论主张是，人类文化的类似性可以用文化传播（diffusion）的概念来解释。具体言之，每一种文化现象都是在某个地点一次产生的，其后便开始向各个地方传播；各民族的文化并不都是自己创造的，而是从世界上传播着的各种文化现象中"借用"了某些东西，并在一定的地区内，若干文化特质（或因素，即 culture tract）构成一定的文化圈。⑤ 这一理论主要特点如下：一是基于地理环境对文化形成的决定作用及这种作用的结果，提出文化圈（culture circle）和文化层（culture stratum）的概念。在这一学派初传者那里，文化圈亦称为文化丛（culture complex），意在表达特定文化丛结合的特定空

---

① 夏建中：《文化人类学理论学派——文化研究的历史》，中国人民大学出版社 1997 年版，下同，第 54 页。
② 孟慧英：《文化圈学说与文化中心论》，《西北民族研究》2005 年第 1 期。
③ 乌丙安：《非物质文化遗产保护中文化圈理论的应用》，《江西社会科学》2005 年第 1 期。
④ 杨堃：《民族学概论》，中国社会科学出版社 1984 年版，第 82—90 页。
⑤ 宋蜀华、白振声主编：《民族学理论与方法》，第 25 页。

间，体现一定区域内文化要素在历史上和地理上的关系。而文化层是指两个文化圈接触或相交时的相互重叠部分，表现了处于一个文化中的不同特质所显示出的时间上的先后顺序。二是提出人类文化产生和发展有若干个中心。认为人类文化史只是几个文化圈在地球上移动的历史，是它们之间彼此机械地结合的历史[①]，并提出埃及中心说和印度来源说。三是认为战争、民族迁徙、文化经济的交流等促成了文化传播，提出文化要素（特质）只有通过人才能传播。

文化圈学派的前两位主要代表人物在使用文化圈概念时所牵涉的内容不大一样。[②]了解其不同，有助于深入理解文化圈这个关键概念。格雷布内尔指的文化圈概念主要指文化特质在地理空间上的分布，其中的文化特质多侧重于物质文化，而且此概念的独立性很小，指一定历史条件下区域文化特质细目的总和。施密特所说的文化圈更注重从两地相关的文化丛或文化圈中推导出文化相关的时间性，包括物质文化以及社会生活、道德、宗教等各种文化范畴在内，指功能上相互关联的各种文化特质所构成的有机体。

如何防止对文化传播现象的主观武断进而准确地观察文化圈的形态，或者说如何确定不同区域文化特质在承接上的联系性，文化圈学派提出形的标准、量的标准、连续的标准与亲缘关系程度的标准这样几个衡量尺度。"形的标准"即有着共同外形（形态和形式）的事物来自同源。"量的标准"是指相似事物的量的增加，是大量事物的相同，"多个相似性要比单个相似性更有说服力"（施密特）。"连续的标准"（或关系程度标准）指的是如果越接近两个相互隔绝的主要地方，相似点在质与量两方面越增加，就可说明这些相似性是由于这两地曾有历史联系。[③]"亲缘关系程度标准"指相互隔离的两地文化，其文化因素形的类似程度之别和数的多寡程度之别，构成亲缘关系之别。此外，值得一提的是，在方法上，里弗斯补充、发展了摩尔根的亲属称谓调查法，创造了谱系调查法，这是对文化圈学派方法论的有益补充。上述文化圈学派不同于之前进化论学派的研究方法，是为后来的批评者得到较多肯定和得以使用的重要

---

① ［苏联］C. A. 托卡列夫：《外国民族学史》，汤正方译，中国社会科学出版社 1983 年版，第 169—170 页。

② 司马云杰：《文化社会学》，中国社会科学出版社 2001 年版，下同，第 191—192 页。

③ 夏建中：《文化人类学理论学派——文化研究的历史》，第 61 页。

原因。

持不同意见的学者从一开始就对文化圈这一概念在建立文化史的准确性方面提出疑问，引起许多争议。① 文化圈理论共同的本质缺陷是把文化现象与其创造者分割开来，没有看到作为创造者的人的作用及其社会的作用。② 而且，它忽视了文化现象自身的变迁，否定历史对它们所发生的作用，主张的是传播引发的文化退化观。③ 文化圈学派亦在不断克服理论局限，使自己的结论更具调和的色彩。但是，到 20 世纪 20 年代，开始受到英国社会结构论的整体挑战。20 世纪 30 年代，美国的"文化模式"（形貌论）也加入挑战者阵营。这两个挑战者都认定文化研究者必须考虑文化自身的主体和能动性，即承认社会文化有选择、拒斥及整合外来文化要素的能力。④ 文化圈学派的代表人物科佩斯也早在 1931 年就指出过"文化圈学说的危机"，1952 年又进一步认识到"危机确实开始赤裸裸地呈现出来"。不过，在众多批评之中，切中要害的莫过于认为"文化圈"概念发展过程中企图以空间（文化分布）取代时间（文化历史）。⑤ 比如，着重生态研究为取向的斯图尔特（J. Steward）就批评文化圈的研究对文化圈与自然区（natural areas）之间关系的处理过于简单化。另外，比较尖锐的意见是，文化圈的中心与边陲之间的关系是随着时间而有所改变的，即使是相似的文化在不同的区域内也会因不同的时间而有所变异，更何况共有相同文化特质的团体也可能分属不同的文化区。第二次世界大战以后，这一学派的继承人黑克尔（J. Haecker）和格尔登（R. Heine Geldern）基本放弃了"文化圈理论"，主张研究具体的社会和文化，承认各族人民及其文化的独立发展；并开始怀疑早期文化圈学派所认定的一系列采集狩猎部落的原始性，从而对施密特以此为基础而作出的结论提出了挑战。然而，他们并不完全否定其前辈部分反科学言论，仍继续片面强调"传播"和"借用"的作用，坚持原始一神论和私有财产自古就有的学说。其后，这一学派已完全丧失过去的影响，自从格尔登和黑克尔分别于

---

① 司马云杰："文化圈"词条，参见覃光广、冯利、陈朴主编《文化学词典》，中央民族学院出版社 1988 年版，下同，第 120 页。

② 黄淑娉、龚建华：《文化人类学理论方法研究》，广东高等教育出版社 2004 年版，第 73 页。

③ 孟慧英：《文化圈学说与文化中心论》，《西北民族研究》2005 年第 1 期。

④ 庄孔韶主编：《人类学通论》，山西教育出版社 2002 年版，第 48 页。

⑤ http://www.sanmin.com.tw/DMForTeacher.

1968 年和 1973 年逝世后，未再出现比较著名的代表人物。①

　　但文化圈学说并未就此销声匿迹，其影响依然存在，特别是其文化在传播中形成与发展的观点为不同的社会人文学科所认同。较早如埃德蒙·利奇（Edmund Leach）所主张的：文化是人类的交往（传播）系统；文化不但是传播的结果，而且其赋予人们对于限制传播的源于共享的文化因子认知的特殊能力。② 其更加微观地对传播现象的文化解码，多少含有社会学社会互动论的要义。作为 20 世纪中叶以来的发展趋势之一，社会学理论从 20 世纪 70 年代以后呈现出地理学转向（或空间转向）：一方面，"现代性架构下认识到空间与社会的互动对于研究社会结构与社会过程的重要性"；另一方面，"采用一系列的地理学概念和隐喻来探索日益复杂和分化的社会世界"③。与此相对，人文地理学则从 20 世纪 80 年代以来出现"文化转向"，产生文化地理学，"令本来就相当人文化的西方地理学，向社会人文渊薮中又深了一步"④。人文地理学与文化圈学说存在同源异流的关系，二者皆从德国地理学家拉策尔所开创的"人类地理学"那里汲取营养。社会学人类学与地理学这一含有些许殊途同归意味的转向，并不能完全说受到文化圈学说的影响，但也部分地佐证了文化圈学派基本假设观点的现代意义。美国生物地理学家贾雷德·戴蒙德（Jared Diamond）更是用传播论的利器剖析世界文化的起源和流变。在他看来，"新月沃地"是世界文化的发源地，随后向其他地区传播，传播的动力是"枪炮、病菌与钢铁"，这也是世界各地现代文明发展程度迥异的原因。他把其中的观点归纳为：

　　　　不同民族的历史遵循不同的道路前进，其原因是民族环境的差异，而不是民族自身在生物学上的差异。⑤

---

①　http://www.chinabaike.com/article/baike/1049/2008/200807191557234_2.html。

②　［英］E. 利奇：《文化与交流》，卢德平译，华夏出版社 1991 年版，第 10—19 页。

③　何雪松：《当代西方社会学理论的十大趋势》，《社会学》（人大复印资料）2004 年第 8 期。

④　唐晓峰：《文化转向与地理学》，《新华文摘》2005 年第 5 期。

⑤　［美］贾雷德·戴蒙德：《枪炮、病菌与钢铁——人类社会的命运》，谢延光译，世纪出版社集团 2006 年版，第 16 页。他指称"新月沃地"为"西南亚"，实际范围与历史上的"两河流域"相当，处在地中海东岸，与黑海、里海、波斯湾相围的一部分区域。

其立论与著述为其赢得了极高的学术声誉和社会影响。

　　文化圈理论和方法的倡导者在构筑理论体系的同时，也用之研究世界各地文化的联系。最早如拉策尔试图用把文化特质标在地图上的方法，描绘出一幅人类及其文化的地面分布图，并从各地区文化特质的相似形态中，推测它们历史上的联系。弗罗贝纽斯的《非洲文化的起源》划分出非洲文化圈，并分出"西非文化圈"和两种"亚细亚文化圈"（较早的"印度文化"和较晚的"闪米特文化"），此外还发掘出非洲最古老的文化层——"尼格罗文化"。格雷布内尔的《民族学》列举了连续 6 个文化层。《大洋洲的文化圈和文化层》一文把澳大利亚和大洋洲划分为八大文化圈，认为每个文化圈都是由 5～20 个特质（或因素）构成的。施密特更是进一步强调文化圈的进化发展阶段，列出了他的文化圈发展图式①。以至后来史密斯、佩里和德国东方学家本菲（T. Benfey）等人提出极端的文化圈学说。这一学派多通过实地调查和研究或用实证资料说明文化特质的起源、相似或差异性呈现。

　　但是，究竟何为文化圈形态，上述学者并没有达成鲜明的共识。后来，"美国人类学之父"博厄斯的学生克拉克·威斯勒（Clark Wissler）给出一个形象的比喻：复杂的文化要素很少独立产生，一旦出现发明，就会以发源地为中心向外扩散，"就像一块卵石投入平静的池水，形成一个一个向外扩散的波纹"②。他分析分布在文化圈的中心到边缘的文化特质的产生年代，并区别了自然传播和人为的（或有计划的）传播这样两种传播形式③。从克拉克·威斯勒的这个解释看，实质上，早期的文化圈学派所给出的，充其量是各个文化特质所传播的路线，而对这些文化特质在传播过程中怎样形成圈（而不是线），形成怎样的圈的问题，文化圈学派始终未能给出一个十分清晰的答案。所以说，其所致力于研究的文化圈，只是文化"线"而已。

　　与文化圈学派的理论渊源——人文地理学所遵循的研究路向相同，

---

① 参见宋蜀华、白振声主编《民族学理论与方法》，第 27—28 页。

② ［美］克拉克·威斯勒：《人与文化》，钱岗南、傅志强译，商务印书馆 2004 年版，第 95 页；［日］绫部恒雄编：《文化人类学的十五种理论》，中国社会科学院日本研究所社会文化室译，国际文化出版社 1988 年版，第 20 页。

③ "当代英国文化研究的重要奠基者"威廉斯将之称为操纵式传播（manipulative communication）和分享式传播（participatory communication）。参见［英］威廉斯《关键词：文化与社会的词汇》，刘建基译，生活·读书·新知三联书店 2005 年版，第 73 页。

它在解释世界文化的差异时所考虑的一个重要因素是不同文化所处自然地理的差异性。文化圈学派的倡导者在作这样的努力时，所考察的是不同的文化特质在不同地域之间的传播，因此采用了不同的标准。基于不同文化所处自然地理条件千差万别，所以要给出这些文化传播、发展的圈状图式，如果没有广泛、全面的民族志作支撑，是很难实现的。正如博厄斯所说，只有把世界上具有代表性的文化中所能观察到的典型现象，都包罗无遗地纳入一个规定的序列而加以概括，才能称为普遍规律。① 这是对文化圈学派再客观不过的评价了，也为后来者指明了使用文化圈工具的可行方向。

文化区（culture area）是以博厄斯领衔的美国历史学派（亦称历史特殊论学派）针对文化圈提出的一个核心概念②。博厄斯等人旗帜鲜明地反对文化圈学派，尤其反对"埃及中心论"，认为外表上彼此相同的现象，可能有根本不同的来源和功能，不是任何相同性都可以说明"历史联系"或一个民族从另一个民族汲取。博厄斯提出文化区的本意是根据不同的文化特征来划分地理区域，目的是为了便于物质文化的分类。他强调，文化区与文化圈是有区别的，前者突出的是文化特征上的相似，基本上不涉及传播的过程或轨迹；后者突出的是共同的历史传统，把它与文化的起源联系在一起。他还提出"文化中心"（culture center，指一个区内表现其文化要素最浓的中心地区）与"文化边区"（指一文化区内远离文化中心、表现其要素较淡疏的边缘地区）的概念。③ 其中所指的中心和边缘，是对同一文化区内文化特质的分布情况而言的；不同的文化区，在文化起源上可能是相对独立的。故博厄斯及其弟子用文化区概念证明其历史特殊论或人类发展平等说（文化相对论的源头）的正确性。后来，美国人类学家赫斯科维兹（M. Herskovits）、克鲁伯（Alfred Kroeber）等皆对文化区作出概念界定。美国地理学家斯潘塞（J. E. Spence）和托马斯（W. L. J. Thomas）于1978年提出文化大区、文化区和文化副区的划分依据，以与地域等级系统相对应。文化特质在地域上的分布称为文化源地，文化复

---

① 宋蜀华、白振声主编：《民族学理论与方法》，第33页。

② 有人认为最早对"文化区"作理论上的定义并影响较大的是克拉克·威斯勒；也有人认为最早提出这一术语的是梅森（O. T. Mason），其文《环境对人类产品或艺术的影响》（1895年），将美国印第安人居住区划分为18个文化区。

③ 夏建中：《文化人类学理论学派——文化研究的历史》，第75—76页。

合体对应于文化副区，文化体系对应于文化区，相关的文化区集合则成文化大区。① 由于划分文化区时所持标准不一，如有的以宗教信仰、有的以经济结构、有的以价值系统测量，然后在这一分类基础上，以文化区为一个文化单位进行比较研究，故有人批评上述种种分类法是以静态的形式去框套动态的文化，忽视时间的幅度。② 后来，在使用文化区时，大多数人把它当作文化分类时的工具使用，而不把它作为一个分析性概念去全面探讨文化。

为了弥补文化区概念在解释历时性文化特质地域分布差异上的缺陷，后来的学者进一步利用统计分析方法，发展出"年龄—区域的假设"（age – area hypothesis），以检验不同"文化区"的时间顺序，用以指文化存在的时间性和空间性。美国历史学派认为，"文化中心区的文化特质最明显，离中心越远，特征便越不明显，甚至不能代表此文化区的文化特征"这个文化圈理论的命题是模糊的。博厄斯提出，某种文化现在发达的区域不一定就是历史上此种文化的发源地或中心；最古老的事物，无论语言、习俗、礼仪等所留下的遗迹往往不在原中心发源地而在偏远的地区。③ 这一看似是对文化圈理论的颠覆，实则是对文化圈理论的补充。与文化圈比较，文化区是完全不同的概念。在非中心发源地，而是在远离中心的偏远地区遗留该文化最古老事物的现象，只是文化圈演化的结果。如果在民族志层面存在这样的文化区，只是说明划分文化区的标准不同而已，体现了两种完全不同的研究视角和范式，或许能说明这个地区不存在文化圈。按照美国历史学派的观点，既然文化区内部存在文化中心与文化边缘之别，那么其中所呈现的就是文化圈形态。从这个角度说，文化区是缩小了的文化圈。综上所述，可用表 2 区分这两个外延有所交叉的概念。

（2）文化变迁与现代化理论

文化变迁又称为文化变异，是"或由于民族社会内部的发展，或由于不同民族间的接触而引发的一个民族文化系统，从内容到结构、模式、

---

① http：//www. hudong. com/wiki/.
② 司马云杰："文化区"词条，参见覃光广、冯利、陈朴主编《文化学词典》，第 113—114 页。
③ 宋蜀华、白振声主编：《民族学理论与方法》，第 35 页。

风格的变化"①。这个常为中国民族学人类学界所用的文化变迁概念，包含了对西方早期民族学理论的兼容和杂烩，也包含了对社会学应用民族学人类学文化变迁概念的综合。正因为如此，这个概念才具有广泛的应用价值。理解这一点，对于找到藏文化变迁及其地域差异性形成之间的关系十分重要。

表2　　　　　　　　　　　　文化圈与文化区概念比较

比较尺度	文化圈	文化区
所要突出的内涵	共同的历史传统	文化特征上的相似
文化形成的主要动力	传播	单独或平行发明
研究文化的目的	不同圈文化的共性	不同区文化的差异性
作为分析工具	联系	区别
划分标准	综合各种因素	以物质文化为主
使用空间	较大的空间和持久的时间	狭小

从民族学诞生之日起，民族学家就十分重视对文化变迁的研究，以说明文化发展的普遍特点，找到文化演进的一般规律。这是民族学人类学的终极关怀点或终极目标。正如有学者所称：

> 研究的重要性主要地并不在于他们的历史的或地理的解释力量，而是在于他们帮助我们从最广泛的意义上去理解社会生活的差异之处和共同之处，他们帮助我们了解人类生活形式的比较性知识。②

但是，民族学人类学诸学派就文化发展变迁动因所持立场和观点不尽相同。比如，早期进化论者主要从纵向角度，借引生物进化论学说，研究和涉及的主要是历史上的文化变迁。传播学派着重研究文化的横向散布，认为"各族的联系及其文化的融合，是发动各种导致人类进步的力量的主要推动力"。功能论者承认文化的变化是通过其功能的变化、消失和替代

①　林耀华主编：《民族学通论》（修订本），第396页。
②　［挪威］托马斯·许兰德·埃里克森：《小地方，大论题——社会文化人类学导论》，第47页。

来实现的。"从相邻民族那里采用或'借来'的元素，一般说来要在适应现在体系的过程中经过重新加工和改良。"博厄斯领衔的历史学派谨慎地继承和发展文化圈学说，提出意在修正文化圈理论的文化区和"年代—区域"概念。新进化论则强调人类生存于其中的物质环境特别是技术对文化变迁的促进作用。因此，从学术流派的角度说，这一学科达成"一般规律"、实现终极目标尚需艰辛探索。

进入 20 世纪 70 年代，文化变迁研究成为民族学人类学的热门话题，研究领域、学术视野不断扩大，注重把文化与社会、自然、社会个体等诸多因素综合起来研究。而且，更多地关注作为一个动态系统的文化过程，把历时性与共时性结合起来，从而揭示文化的演进轨迹和变迁过程。迄今，在文化变迁规律、动因以及更加有效的研究方法等方面，已经形成一定范围的共识。比如，在文化变迁动因问题上，有默多克（G. P. Murdock）的六原因说，普洛格（Fred Plog）、贝茨（Daniel G. Bates）的六动力说；主张更加微观地考察文化变迁的动因，更加注重研究文化变迁的实际过程而不是结果。这一点，已被中国国内学界很好地运用。

综观以上，有两个问题是讨论的关键：一个是文化变迁的动力，另一个是文化变迁的后果。早期（古典）民族学人类学派是因为就"什么导致或怎样导致文化的变迁"争执不下，才产生了学派分歧。后者来自至今仍然悬而未决的文化内涵的争议①。或许基于此，美国人类学家伍兹（C. W. Woods）倡议把研究从文化变迁的后果转向其实际过程。

> 人类学家和其他社会学家再也不能扮演一个被动的角色，仅仅研究变迁的后果了。越来越多的人接受了这样的见解，即我们必须应用自己的特殊知识和技能以减轻诸如发展、现代化、工业化和都市化等世界范围的事件所普遍产生的破坏性影响。要想在这方面取得成功，我们首先必须通过较为系统地、多学科地、理论上相关地研究各种不同的环境，来进一步加深我们自己对变迁的实际过程的理解。只有这样，有用的预见性的理论才能逐渐形成，才能够指导易于向新的技

----

① 就文化的外延，似乎分歧不多，多数认为它不是单一的，的确是一个复杂的整体。比如，阐释人类学家格尔兹认为文化是"一个综合的整体"和"意义体系"。

术、生活方式和观念形态转变的变迁项目。①

　　但是，无论研究如何转向，都无法回避上述"什么"和"怎样"的关键论题。于是，概念上的不统一仍然存在，"文化这个词仍然从根本上带着模棱两可的意思"②。阐释人类学家格尔兹（C. Geertz）认为，"文化"这个术语"因为它的多义性和模糊性，目前在社会学人类学圈内名声不好"。主张对文化事象进行"深描"的他提出了自己的文化概念。

　　　　它表示的是从历史上留下来的存在于符号中的意义模式，是以符号形式表达的前后相袭的概念系统，借此人们交流、保存和发展对生命的知识和态度。③

这一概念显然比泰勒等人的更为抽象且缺乏可操作性。
　　文化变迁概念正是在这样的概念基础上被界定的。国外有人类学家认为文化变迁一般指：

　　　　由于内部的发展，或由于具有不同生活方式的人们之间的接触，所引起的一个民族生活方式的任何改变；个人指导行为习惯上的改变。④

强调"内部的发展"，就是认可文化进化的动力；强调"具有不同生活方式的人们之间的接触"，意在认可文化特质的传播在文化发展中的作用。与中国学者所界定的文化变迁的结果所不同的是，西方人类学认为文化变迁的结果是生活方式和"个人指导行为习惯"的改变。

----

　　① ［美］克莱德·M. 伍兹：《文化变迁》，何瑞福译，河北人民出版社1989年版，下同，"原序"。
　　② ［挪威］托马斯·许兰德·埃里克森：《小地方，大论题——社会文化人类学导论》，第9页。
　　③ ［美］克利福德·格尔兹：《文化的解释》，韩莉译，林振义校，译林出版社2008年版，第95页。
　　④ ［美］克莱德·M. 伍兹：《文化变迁》，第120页。

对社会变迁（social change）的研究是社会学家最感兴趣的领域之一。① 问题是，社会学对"社会"的界定也莫衷一是，而社会学所用的文化概念多是从民族学人类学那里"舶"来的，社会变迁与文化变迁又很难区别。故社会学家在研究社会变迁时，干脆不加区分地称之为"社会文化变迁"或"社会和文化变迁"。比如，奥格本（Willianm Ogburn）认为"社会变迁主要是甚至决定于文化变迁"，主张在研究社会变迁时采取"迂回"的策略：

> 即使从社会进化的角度来考虑，研究文化的变迁比研究社会的变迁是一个更好的方法，因为生物因素的影响是可以清楚看到的。②

与民族学人类学不同的是，社会学研究文化变迁更注重当下的情形，看重对文化变迁的动因、过程等的考察。比如，奥格本给出了文化变迁的4个动因，即发明、积累、传播和调适，并指出"物质文化是现代社会变迁的源泉"③。波普诺（David Popenoe）在研究社会和文化变迁时，给出"社会学家和人类学家已经注意到的社会变迁的七种主要原因"④：物质环境（如自然灾害）、人口（数量和结构的变迁）、技术（为了现实目的而利用知识和工具对环境进行控制）、非物质文化（比如马克斯·韦伯所指的新教价值观和信仰对社会的影响）、文化进程（创新）、经济发展（现代化）、有目的地促进变迁。

中国社会学界也是如此。"文革"后费孝通主持编写的中国首部社会学教材是这样界定社会变迁的：

> 凡社会制度（包括社会的根本制度和各种具体的制度）、社会结构、社会组织、人口、人的环境以及道德、法律、哲学、宗教、文学艺术、风俗习惯、时尚等一切社会现象的突发的、急剧的变化，或演

---

①　[美] 戴维·波普诺：《社会学》（第10版），李强等译，中国人民大学出版社1999年版，下同，第621页。

②　[美] 威廉·奥格本：《社会变迁——关于文化和先天的本质》，第30页。

③　同上书，第138页。

④　同上书，第621页。

进的、缓慢的变化，都叫做社会变迁。①

这个界定所指的变迁内容包罗万象，涵盖了文化和社会内涵的方方面面，但主要内容还是文化方面的。随后的社会学教材多概而论之，比如称其为"一个表示一切社会现象，特别是社会结构发生变化的动态过程及其结果的范畴"②，这实际上是指代（社会）现代化过程，所列社会变迁的动因与波普诺的 7 个方面基本相同。

综上所述，无论是文化变迁还是社会文化变迁，所"变"的既是文化特质又是由这些文化特质组成的结构或系统；所谓"量变到质变"，结构和系统的变化是由不同文化特质的变化带来的。这两种情形实质上是变迁的最终结果，更是需要区分的，却未能引起文化变迁研究者足够的重视。在中国，这种后果可能在某种程度上是由侧重研究政策的民族理论界与侧重研究具体社会事实的民族学、社会学界之间"老死不相往来"造成的。研究民族及民族政策演变、发展、消亡规律的"民族理论"认为，民族同化是伴随着民族发展始终的必然现象，而民族融合、消亡是民族发展的必然结局。其所指民族同化是一个或几个民族的人们失去自己的民族特征，接受或取得了另一个民族的特征，变成这个民族的组成部分的现象；民族融合则是世界上一切民族差别的消失，一切民族的最终消亡，人类从此不再划分为民族的现象。③ 民族融合会不会出现，另当别论，但民族同化现象是历史上和现实中经常发生的，最明显的莫过于中国历史上影响较大的几个民族（如氐、突厥等）后来的销声匿迹。

美国学者戈登（M. M. Gordon）、辛普森（G. E. Simpson）等对同化作了更加细致的划分。作为民族互动的过程和结果，戈登详细区分了适应（adaptation）、同化（assimilation）、合并（amalgamation）、整合（integration）等之间的区别和联系。④ 辛普森认为，如果将群体的互动结果视为一条连续的直线，完全隔离与完全同化可视为处于这条直线的两端。范

①　《社会学概论》编写组：《社会学概论》（试讲本），天津人民出版社 1984 年版，第 48 页。

②　郑杭生主编：《社会学概论新修》，中国人民大学出版社 1994 年版，第 375 页。

③　刘锷、何润：《民族理论和民族政策纲要》，中央民族学院出版社 1989 年版，第 18—22 页。

④　［美］M. 戈登：《同化的性质》，吴晓刚译，载马戎主编《西方民族社会学的理论与方法》，天津人民出版社 1997 年版，下同，第 91—112 页。

德尔·赞登（V. Zanden）区分了单向同化（unilateral assimilation）和相互融合（reciprocal fusion）。① 这种区分，试图把戈登的概念纳入同化范畴。如果用一个词指代上述概念所称的不同群体互动中发生的文化特质聚集度、形态等的变化，那么适应、同化、合并、整合可分别用接受（或采纳）、融入（或取代）、生成、并存来指代。上述学者还区分了行为同化与结构同化、单向同化与相互融合、完全隔离与完全同化②等概念。不过，这种研究多以美国的文化现象为事实根据，对概念的解释多有局限性。比如就同化的解释，认为它是指具有不同种族和民族背景的人，在一个更大的社区生活中，摆脱原有民族背景和文化的束缚而相互交往的过程。这显然是就移民群体和移民社区来说的。比较而言，美国芝加哥学派代表人物帕克（R. E. Park）和伯吉斯（E. W. Burgess）对同化的定义更具借鉴价值：

> 同化是指不同的人和群体，通过分享彼此的经验和历史，使自己获得对方的记忆、情感和态度，并以此和他们在共同的文化生活中联结起来的一种相互渗透和相互融合的过程。③

那么，文化变迁是不是文化持有者所属的民族群体被他民族同化或族群性普遍消失的一个过程？在民族学人类学那里，把不同民族或群体之间相互采借文化特质，以丰富和完善自己文化结构的现象称为文化涵化（acculturation）。这个概念与上述戈登所指适应的含义相同。文化涵化同样是普遍存在的，诸如中国各民族民族性"你中有我，我中有你"的特征便是涵化的结果。这样，可以把涵化、同化以及或许会出现的融合（即戈登等所说的"合并"）和民族消失（即上文指的完全同化）视为民族（文化）交往互动过程中必然或可能出现的几种结果。这是就横向而言的。从纵向来说，上述几种文化交往互动的结果因文化特质结构性的流

---

① ［美］G. 辛普森：《民族同化》，梁雪峰译，载马戎主编《西方民族社会学的理论与方法》，第 408—409 页。

② 辛普森提出："完全同化，意味着人群中已不再有基于种族或民族观念而相互隔离的社会结构。"

③ 转引自［美］G. 辛普森《民族同化》，梁雪峰译，载马戎主编《西方民族社会学的理论与方法》，第 409 页。

动方向而异。笔者用图 1 表示这种关系。

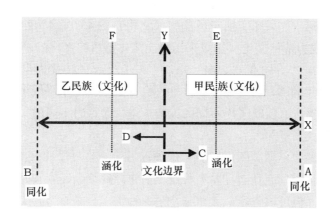

图1　民族互动中文化的可能变化

　　一个民族（如甲，下同）的文化特质为他民族（如乙）所采借，亦即 Y 线向 B 线方向移动（如 D）：如果处在 Y 线与 B 线区间（如 F 线），那么其后果为涵化；如果 Y 线与 B 线重合，则乙民族（文化）为甲民族（文化）所同化。这样意味着甲民族文化特质覆盖范围向乙民族的扩展；反之亦然。如果甲民族（文化）与乙民族（文化）互动中，二者文化特质成为一体或一种文化结构体系，即 Y 轴所代表的文化边界消失，则表明两个民族的文化融合或民族融合。这就意味着甲民族文化特质分布范围与乙民族重合。假如把这种情形置于整个世界范围，如果全部民族之间 Y 线消失，则表明民族消亡。

　　当然，图 1 只是表示民族文化互动中可能发生的变化，是一种"理想类型"；事实上，一个民族可能的互动对象会有多个（尤其在现代社会），其结果必然更复杂。

　　奥格本在阐述文化涵化时，提出文化堕距理论：

　　　　通常来说采纳物质文化和技术新成果的速度是十分迅速的，这是因为人们可以很容易地指出新技术优于传统方法的方面。然而采纳为适应新技术而进行修正的非物质文化内容的过程，是往往要比前者慢得多，奥格本称之为文化滞后（culture lag），它是指新技术的采纳和与之相应的非物质文化的补偿性变迁之间的非协调期。[①]

应用这一理论，如果图 1 所示甲民族（文化）的 45°半区为物质文化，把负 45°半区视为精神文化（这里采用物质文化与精神文化的结构二分法），那么 E 线在向 A 方向或 B 方向（取决于双方文化的传播力量或采借和被采借的数量）的移动会有错位，往往不会在上下同一水平线上移动；F 线亦然。这种错位，反映了用不同的标准衡量，会得出不同的文化圈形态的情况（如后文所述）。

必须看到，不像美国那样的"熔炉"社会，在一个多民族国家社会，现代民族文化变迁究竟会在多大程度上最终导致某个民族被完全同化，仍然不能定论。但可以肯定，文化涵化是一种常态，必然引起文化变迁。

综上所述，可作如此结论：文化变迁必然导致文化特质地域分布的差异性（如文化圈和文化区），也就是说文化圈是文化变迁的结果；历史地形成的文化特质地域性差异的变化即文化圈形态的演化是文化变迁在结构上变化的反映，同时会规制文化变迁的性质。这样说来，通过文化圈的视角和场域来考察文化变迁，就是找到了一条摆脱微观方法之拘泥的途径。

现代化（modernization）作为文化变迁的一个结果看待，是"社会发展、变迁所演化而来的一个完整的现代社会体系"[②]。在社会学那里，现代化是围绕社会现代化来建构的。社会现代化作为发展社会学的主要议题，一般视为人类社会由传统社会到现代社会的转型过程。对于社会现代化理论，英国学者安德鲁·韦伯斯特（Andrew Webster）总结为如下要点：包含多学科内容，涉及价值体系、个人的进取心和资本积累等命题；价值观的转变是社会变革最重要的前提条件；西方工业发展的历史被看成是在全世界的发展中普遍见到的；改变传统行为模式的社会变迁，是在现代化的推力下发生的；"靠传播而现代化"的过程不妨碍第三世界本身各种特征的发展；不同的社会处于不同的发展阶段，因为它们在输入现代化特征方面有成功性大小之差。[③] 中国学者罗荣渠对现代化"内涵"的概括

---

① ［美］戴维·波普诺：《社会学》（第 10 版），第 622 页。

② 司马云杰：《文化社会学》，第 576 页。

③ ［英］安德鲁·韦伯斯特：《发展社会学》，陈一筠译，华夏出版社 1987 年版，第 31—32 页。

与此相近。① 其中，工业化作为现代化的一个目标和内容，是被现代化理论最为强调的现代化属性。在美国社会学者戴维·波普诺看来，社会现代化的构成要件所涉及范围几乎囊括了社会学研究的诸多领域，比如经济关系分离、工人与其工作关系的改变、产业转型、职业角色的丰富化、管理组织化、地域和社会流动增加、分层体系变化（先赋地位趋向于被自致地位所取代）、家庭结构核心化、社会控制正式化、理性化、文化大众化、中央集权化体制政治权力发展、人的心理和价值观的变化。② 这与 20世纪 60 年代欧美和日本学者共同提出的从人口、商业服务、环境、教育、管理等社会领域角度的现代化标准比较，更具有社会学学科色彩。"现代性"（modernity）就是现代化的构成要素或特征，"乃是现代化的结晶，是现代化过程与结果所形成的属性"③。

　　早先的现代化理论把现代性"广泛地运用于表述那些在技术、政治、经济和社会发展诸方面处于最先进水平国家的共有的特征"④；也就是认为，西方国家当前的发展模式，是非西方国家所必然要经历的阶段，因此其现代化的社会特征是非西方社会所应逐步具有的。这正是现代化理论为世人所诟病的一个重要原因。有学者称："传统现代化理论的首要误区就在于把发展中国家的今天类化于西方发达国家昨天所走过的某一阶段的历史。"⑤ 批评者认为，这是西方中心主义的一种反映。尤其在西方工业化或后工业化发展面临严重的生态、经济、文化危机以及人与自我关系紧张之际，对现代化理论的批评之声甚嚣尘上。反映到现代化理论研究中，较为突出地表现为东亚现代化研究范式由美国学者费正清提出的"冲击—回应"向"非西方化"的整体转换。这是"在批判'西方中心主义'的前提下，充分挖掘、动员'本土资源'与西方理论进行直接的沟通、互动和对话，在全球化的场景之下实现新的理论综合"⑥。依附理论与世界

---

　　① 罗荣渠：《现代化新论——世界与中国的现代化进程》，北京大学出版社 1993 年版，第8—16 页。

　　② ［美］戴维·波普诺：《社会学》（第 10 版），第 634—636 页。

　　③ 陈嘉明：《"现代性"与"现代化"》，《新华文摘》2004 年第 4 期。

　　④ ［美］C. E. 布莱克：《现代化的动力：一个比较史的研究》，景跃进、张静译，浙江人民出版社 1989 年版，第 5 页。

　　⑤ 赵利生：《现代化、西化及其它——现代化问题的方法论思考》，《社科纵横》1997 年第2 期。

　　⑥ 田毅鹏：《非西方化：东亚现代化研究的新取向》，《光明日报》2003 年 7 月 8 日 B3 版。

体系理论也是在与早期现代化理论的对话中产生的，反映了对不同现代化道路和多样化现代化目标的探索。实际上，不止是世界范围东西方、南北半球现代化理论与实践中存在"先入为主的偏见"和中心主义，在中国东西部社会现代化实践中同样存在类似的问题。为此，有研究者提出西部民族地区不一定全部以工业化为标志、非走工业化道路不可，而应因地制宜，以经济文化类型的多样化为思考问题的导向。

文化现代化问题在现代化理论那里一直是不被重视的。如果就文化与社会作严格的区分，如前所述，在现代化理论研究者所列举的现代化诸构成要素、发展目标中，多数与文化现代化密切关联。文化现代化对现代化发展的重要意义不言而喻。很多学者对其中的关系有过深入探究，最为突出的莫过于马克斯·韦伯对新教的世俗禁欲主义伦理与西方国家现代化关系的诠释。在中国现代化理论与实践中，同样存在对文化现代化研究的忽视，正如费孝通所总结的那样：

> 最近二十年的发展比较顺利，有些人就以为一切都很容易，认为生产力上来了就行了，没有重视精神的方面。实际上，我们与西方比，缺了"文艺复兴"这一段，缺乏个人对理性的重视，这个方面，我们也需要补课，它决定着人的素质。现代化的发展速度很快，没有很好的素质，就无法适应发展要求。这是个文化问题，要更深一层去看。①

中国的文化现代化研究在 20 世纪的后 20 年最为活跃，经历了自由主义流派、现代新儒家流派、马克思主义流派以及后现代主义流派四个阶段。② 这些研究多集中在侧重于儒家文化的中国传统文化的研究、反思和评价。在现代化理论研究中，"正式提出'文化现代化'的概念，或将文化现代化明确列为一个专门领域制定具体指标体系的，并不多见"③。相对而言，或许受到社会现代化理论重视对人的现代化研究（以美国社会学家阿莱克斯·英格尔斯为代表）的影响，中国学术界对人的现代化研

---

① 费孝通：《"三极两跳"中的文化思考》，《读书》2001 年第 4 期。
② 李武装：《中国"文化现代化"研究的四大流派及其方法论回观》，《探索》2010 年第 3 期。
③ 陈依元：《现代化、文化现代化、文化现代化指标体系》，《福建论坛》（经济社会版）2000 年第 10 期。

究更为常见。在文化现代化研究中，亦多倾向于此。比如有学者认为，"文化现代化有其特定的价值指向和精神追求，这是包蕴并体现着现代民主精神、公平正义精神、效率意识、契约精神、公民意识、法制精神，等等"①。这是把文化与人的心理、价值等同起来的看法。

从大的方面看，在中国文化现代化的未来指向问题上，大致存在两种观点：一种是综合的观点。司马云杰的《文化社会学》用"新的综合"来标示中国文化现代化的未来。他认为，这种综合不是新旧文化的杂糅，不是中、西文化的调和，不是世界各民族文化机械的拼凑，而是：

> 在中国现代化的过程中立足于民族文化的浓厚基础，并从现实生活中吸取激情，不断地选择、融化、重组、融合世界各民族优秀文化的特质而实现的新的文化"突变"，由此产生出与中国现代化相适应的文化新特质、新结构、新体系。②

另一种是"和而不同"的观点。费孝通提出的这个观点，与其"文化自觉"的思想相贯通。他认为：

> 文化自觉就是生活在一定文化中的人对其文化有"自知之明"，明白它的来历，形成过程，所具有的特色和它发展的趋向，不带任何"文化回归"的意思，不是要"复旧"，同时也不主张"全盘西化"或"全盘他化"。自知之明是为了加强对文化转型的自主能力，取得决定适应新环境、新时代文化选择的自主地位。③

文化自觉是为了"创建一个和而不同的全球社会"，使之成为"现代社会发展的一项准则和一个目标"④。费孝通称：

---

① 李宗桂：《"文化学"建设与文化现代化》，《中山大学学报》（社会科学版）2005 年第 6 期。
② 司马云杰：《文化社会学》，第 624 页。
③ 费孝通：《反思·对话·文化自觉》，载马戎、周星主编《田野工作与文化自觉思》，群言出版社 1998 年版，第 52—53 页。
④ 费孝通：《"三极两跳"中的文化思考》，《读书》2001 年第 4 期。

人们所处的地理环境和文化所形成的历史背景和原因的不同，才造成了文化上的不同差异。在世界一体化的今天，我们不是要消除这种差异，而是要从更深刻的意义上去认识这种差异。……随着通讯和交通的迅速发展，人们的空间距离越来越近，地球也越变越小，地球村的概念也开始出现。但越是这样，我们越是要注意我们自己传统文化的特点，要在"和"的背景下找到我们民族文化的自我，并真正认识自我……①

和而不同的主张是对西方"文化霸权"②的有力回应，与文化相对论如出一辙，符合民族文化多样化发展的诉求。正如有学者研究西藏文化时所指出的那样：

现代化可以确定某些统一的经济指标或人文指数，但是现代化决不是只有一种模式。现代化与民族文化的多样性是不矛盾的。③

（3）民族（族群）互动关系理论

民族关系是当今社会学、民族学等学科研究的一个热点问题。对于以这两个学科的交叉学科而出现的民族社会学，甚至有学者主张把民族关系作为其主要甚至唯一的研究对象。在考量民族关系特别是分析影响民族关系的因素时，学术界已经形成了一些相对成熟的研究模式。比较常见的是把语言使用、人口迁移、居住格局、族际通婚、族群意识等作为变量，考察它们与民族互动的关系，从而涌现出大量的研究成果。一般把这些变量作为衡量民族关系状态的指标来分析使用，但事实上，其中的很多因素也是影响民族关系的重要变量。相对这些可操作性的变量指标，研究者也指出可从历史、社会制度、经济结构、偶发因素、政策以及体质、人口、族群分层、宗教、心理、族群交往、媒体、外部、主导族群等因素来考量民

---

① 费孝通、方李莉：《关于西部人文资源研究的对话》，《民族艺术》2001年第1期。

② 指"西方国家把其物质生活方式、人生观和价值观作为一种普世的行为准则加以推行，赋予自己在文化上的支配地位"，参见孙晋忠、晁永国《全球化时代的西方文化霸权》，《光明日报》2001年12月18日C4版。

③ 郝时远：《人类学视野中的西藏文化》，《新华文摘》2001年第5期。

族关系的变化趋势。① 这种借鉴和实证研究，无疑是对丰富、发展民族社会学富有开拓性的探索。

（4）场域理论

对于场域（field）这一概念，布迪厄（Pierre Bourdieu）是这样界定的："从分析的角度来看，一个场域可以被定义为在各种位置之间存在的客观关系的一个网络（network），或一个构型（configuration）。正是在这些位置的存在和它们强加于占据特定位置的行动者或机构之上的决定性因素之中，这些位置得到了客观的界定，其根据是这些位置在不同类型的权力（或资本）——占有这些权力就意味着把持了在这一场域中利害攸关的专门利润（specific profit）的得益权——分配结构中实际的和潜在的处境（situs），以及它们与其他位置之间的客观关系（支配关系、屈从关系、结构上的对应关系，等等）。"② 从这一界定看，场域有着不同于地域、地区等的特定内涵和外延，也就是不同社会分层结构中的行动者所产生的各种关系的存在位置。在理解这一概念时，可以将其设想为一个运作、争夺空间，也包含一种投入（investment）。③ 与地域概念相比较，场域不但更加微观，而且更强调内部的关系。场域中行动者之间的关系是基于权力或资本的。故而权力、资本成为布迪厄所关注的另两个核心概念。

2. 研究框架

本书拟分十部分展开。绪论部分对研究意义、思路、方法及所依借的理论等作一介绍和评论。其中，对研究理论的评析主要从历时的文化变迁与现代化理论，共时的与文化地域分类相关的文化圈、文化区、经济文化类型等相关理论，以及历时性和共时性相结合的民族互动关系理论三方面来进行。该部分对文化圈理论、文化变迁理论和研究方法着墨更多，意在：从经典那里找寻营养，厘清文化圈与文化区的区别与联系；强调文化变迁何以可能促成文化圈演化；体现问卷调查样本的代表性和如何从不同资料相互印证来论证共时性和历时性交叉这个相对复杂的命题。笔者深

---

① 马戎编：《西方民族社会学的理论与方法》，第20—23页；马戎：《社会学的族群关系研究》，《中南民族大学学报》（人文社会科学版）2004年第3期。

② ［法］皮埃尔·布迪厄、［美］华康德：《实践与反思——反思社会学引论》，李猛等译，邓正来校，中央编译出版社1998年版，下同，第133—134页。

③ 杨善华、谢立中主编：《西方社会学理论》（下卷），北京大学出版社2006年版，第168页。

知，对一项研究课题来说，方向和方法是至关重要的。

第一章简要介绍青海藏文化变迁的自然生态环境和社会环境，意在强调藏文化变迁和藏文化圈形成中的环境特殊性。就自然生态环境及其变迁的描述，对其特点和脆弱性总结从略，重点放在了对自然生态环境变迁的梳理，这是因为考虑到自然环境变迁不但是文化变迁与互动的基础条件还是其重要内容。同时，把通过分层随机抽样得来的 17 个个案（村）的详细情况介绍内容放在这一章。这是因为这些个案是本书研究样本的分布地，也是访谈资料的主要来源地，这些资料在诸多论据中起着支柱作用。因此，笔者把村情视为变迁和互动的部分环境。

从第二章开始，用 5 章的篇幅，依次从人口、生计方式、语言文字、服饰婚姻和宗教信仰等方面，对藏文化变迁、不同文化特质在不同地域差异性分布所呈现的文化圈形态分别作出讨论。这种讨论同样在历时性和共时性视角交叉进行。

第七章对藏文化变迁与文化圈演化特点及主要动因作一总结，以对导论部分介绍的各个理论有所回应。为了避免与前文重复，这一章对所提出的特点及其成因并没有详论，基本上是提纲挈领的。但它在整个框架中起着承上启下的作用。

在第七章总结的基础上，第八章对青海民族文化互动及其中存在问题进行了分析，主要围绕特点、场域、记忆、身份这样几个关键词来展开。对文化圈不同圈层及边界民族互动关系问题的呈现，是从相对宏观的角度看藏文化变迁与民族文化互动的关系；对民族互动关系问题发生场域的分析则是对这一关系的微观分析。其中，始终没有脱离对 21 世纪中叶，特别是 20 世纪 90 年代以来民族互动领域的矛盾冲突事件的解析。专门把历史记忆拿来分析，是因为这个因素不但在我们调查中留下深刻印象，而且其地域间差异明显并影响着民族认同。之后，为着重对藏穆关系问题有深入解析，选择了 1 个处在藏文化环境中的回族家族口述史，对回族民族身份的传承作出比较详尽的阐释。

本书的结尾部分，围绕藏文化变迁、藏文化圈演化与民族互动关系的变化，就进一步发展促进青海藏文化良性变迁及和谐民族互动关系提出补充性的对策建议。

（三）方法与资料

1. 研究方法

（1）适宜的剖面选择

在弄清纵跨近一个世纪的藏族文化变迁时，首先遇到的方法论难题是比较剖面的选择问题。假设在某一个时段的文化结构是静态的，那么将现在的文化作为变迁了的结果，只有与之前一个时间段的文化形态作比较，才能得出哪些有变化、哪些相对没有变，进而描述出文化特质地域性分布形态及其变化。基于此，在研究文化变迁时，采用比较常用的两种方法即返原和重复。前者指查阅历史文献和让社区的人追溯往事的方法，实现变化发生后重新还原变迁的过程。后者就是跟踪调查，通过前后调查研究资料的对照、比较来揭示文化变迁。比较熟知的如费孝通对江村的多次再访，以及朱云云等对江村、德里克·弗里曼（Derek Freeman）对萨摩亚、张宏明对禄村、庄孔韶对金翼黄村、滕星对凉山彝家、周大鸣对凤凰村的追踪调查等。把这种方法应用到藏文化变迁的研究时，遇到了一个无法回避的难题，即相对缺乏对 20 世纪初期某一时段青海藏族文化的深度研究。退一步说，即便有这样的研究成果，如果这些成果所选择的点不具有代表性而且其数量难以覆盖整个青海藏族聚居区，那么即便追踪调查，也无法描绘出青海藏文化及其变迁在不同时期的结构形态。

所幸的是，民国时期不同专业背景的研究者对青海民族文化做过一些综合调查。这些调查成果，给我们展示了当时民族文化分布的概略情景。民国 18 年（1929 年）青海建省，无论是在青海发展史还是青海学术发展史上，都具有划时代的意义。对青海发展史而言，建省意味着真正把青海纳入中央统一的管理体系（而非控制范围），虽然这种管理仍然存在着一些盲点，但相对于历史上的统治机构或派出机构（多具有羁縻、相对自治性质），其效力大为增强。正是在这样的政治条件下，官方加强了对青海经济社会文化诸多方面的调查统计。一大批考察家在极其困难的条件下，对包括青海在内的西北进行了考察，对一些突出的社会问题进行了详细记载和独到的剖析。[①] 这些记载和剖析的成果数量和研究深度与之前多

[①]　尚季芳：《国民政府时期的西北考察家及其著作述评》，《中国边疆史地研究》2003 年第 3 期。

为"游记"类成果比较，是史无前例的。1929 年，可以称得上青海现代学术史的发端。因此，本书以 1929 年为剖面，与当今的民族文化现状作比较分析。

本书把藏文化变迁与互动的截点放在 2009 年，其理由是：第一，主要的社会调查于 2010 年进行，无论是政府统计还是调查对象追忆，都是从 2009 年回溯的；第二，书中利用的大量综合统计数据，比如对宗教寺院的普查数据，也以 2009 年为时间点；第三，若言文化也有生命周期，一甲子算一个轮回，1929—2009 年的 80 年是一甲子另 20 年，2009 年就是这一轮回的青年期，拿这个时间点回望文化走过的路，或许是恰当的。在说明变迁的"现在时"时，书中就利用了这一时间点之前的数据，如2000 年人口普查数据。

为弥补各种调查研究方法本身的缺陷，采用宏观（系统）与微观（行动者）、问卷调查与个案访谈、文献资料应用相结合的方法进行研究。

（2）调查步骤

本研究起于 2007 年，在着手调查之前，做了长时间的文献资料准备和试调查工作。主要查阅民国时期的调查资料、游记，20 世纪五六十年代民族现状调查（包括"五种丛书"），北京大学、中国藏学研究中心等及地方研究机构的文化普查和专题调查，各地"文史资料选辑"，20 世纪 80 年代以来的相关研究论文、专著等，此为第一步。试调查主要是就拟定的问卷，在小范围作三番调查，征询专业人士、从事藏文化相关领域研究和藏族聚居区实际工作者等的意见，发现问卷设计缺陷，并加以修改、完善。

第二步是搜集人口统计资料，重点是民族宗教部门的调查汇总。掌握人口（包括宗教从业人口）数量、地理分布、城乡及行业结构等，从而在宏观上对文化变迁有所把握。然后，对 1949 年以来民族互动关系领域的突发事件，试图从发生时间、发生地点、事件简称、简要经过、参与人员、处置方法及其效果等方面，对其进行梳理，以便把对藏文化变迁、文化圈研究的最终落脚点之一放到民族互动关系问题上。

第三步是用访谈（包括对村社耆老的访谈）方式，获取口述资料（史），重点放在有研究专长和兴趣的官员、学者，尤其以生长地社会文化变迁研究见长的学者，以便结合其研究成果，对其来源地域藏族文化变迁和现状有总体掌握。特别是对州县相关人员给予了特别重视，因为"他们中的绝大多数人都有丰富的农村牧区工作经验，常年和农牧民群众打交道，对农牧民的生存状态有十分感性的认识，对农村牧区的社会变迁有着深切的观察体会，对农牧民有着一份比一般城里人更深的感情"①。通过对他们的调查了解，掌握了大量的州或县文化变迁和分布特点的总体情况。

笔者访谈中（平安）

第四步是选点入村抽样调查。这是调查重点所在，于 2010 年 4—12 月间进行。调查问卷涉及基本情况、生计方式、语言文字使用、宗教信仰、风俗习惯、民族认同、民族互动关系共 7 个方面 122 个问题，其中有近 1/3 的问题又分为若干小问题。这 7 个大的方面，尽管未能周全文化的全部内涵，但基本可以涵盖文化的基本结构。问卷填答形式因地而宜，对有一定文化水平的受访者尤其是国家干部，采用自填式问卷方式，对普通农牧民则采用访问式问卷方式。问卷未能包括的内容，以文献资料和重点访谈内容加以弥补。在入村作抽样问卷调查的同时，采取结构式访问与无结构式访问相结合的方法，对村中耆老（主要是退休老干部、宗教人士、教师、现任村干部等）作重点访谈，作为问卷调查的补充。这种访谈主要从中观的角度，根据村社特点，有选择地了解家庭结构、婚姻史（圈）、迁移史、收入结构（生计）、消费、固定资产、劳动力流动、教育状况、生育情况、语言使用、民族交往互动情况等。在条件允许的情况

---

①　段继业主编：《青海农牧民的生活状态》，青海人民出版社 2005 年版，"后记"。

下，访谈所涉内容范围不拘泥于调查村，而是适当向周边地区扩展，有的调查者甚至愿意把话题扩大到整个青海乃至全国，体现出民间力量的国家观念和对中华民族文化的认知。

第五步是对民族互动关系领域突发事件地区个别当事人的访谈，这个步骤基本与第四步同时进行。这些事件影响较大，村（牧）民对之印象深刻，加之政府一再强调维护稳定的重要性，事件虽已成过去，仍然十分敏感，因此多数人不愿重提。这样，总体而言，对处在这些事件旋涡中的当事人的调查效果不甚理想。

第六步是整理访谈材料、录入问卷以及撰写。整理访谈材料的工作，在入村抽样调查时开始，采取边访谈边整理的方法，以便及时发现问题，再作深入了解。调查结束后，对整个访谈资料进行综合整理，对其进行整理、分类、编目。在对问卷进行编号的过程中，对特别雷同而疑为"自填"的问卷和填答极不完整的问卷作再一次剔除。为了分析方便，对问卷中个别问题进行拆分，并分解多项选择题，制作出包括 401 个问题的问卷数据录入模板。

（3）样本选择

样本选择的科学性如何，很大程度上决定调查环节的成败。这里的科学性，主要是指所选调查点和样本的代表性，也就是掌握了所选点的基本情况后，就可推而广之，从而反映出调查点所在区域的整体情况。这样，若干个样本整合起来，所表现的文化变迁与互动及其特点，就可以使"所选择的样本最大限度地代表总体"[1]。本研究的抽样基本上是在两个层面展开：一是以村为抽样单位来选择调查个案；二是入村后以户或个体（户主）为抽样单位来选择问卷对象。受调查者（包括干部）的藏族身份以身份证上的"民族"为准。青海藏族人口 2010 年达到 137.5 万，分布在 6 州 1 地 1 市；按平均家庭规模 3.4 人/户（青海）计，组成 40 多万个家庭。原计划在藏族人口相对较少的西宁市，选择一个调查点，其他 7 个州（地）各选择 3 个点（2 个农村牧区农牧民调查点和 1 个城镇干部调查点），每个点样本容量为 30 个（户）以上，这样，样本总规模至少为 660 个。但由于 2010 年玉树州发生"4·14"地震，只好放弃在玉树的调查，以笔者于 2007 年的初步调查和文献资料来代替，可谓一大遗憾。鉴于海西州藏族人口较少、

---

① 林聚任、刘玉安：《社会科学研究方法》，山东人民出版社 2004 年版，第 128 页。

分布面积也小，将个案减少为 1 个。考虑到对调查研究对象总体的了解程度，以及时间、人力、财力等具体条件，17 个调查点的选择并没有按照严格的随机抽样原则来进行，而是采用先征询当地从事民族、宗教、统战、农牧、文化、民政以及政策研究者意见再确定调查点的方法。征询前，首先确立这样几个选择原则：分布地域上，尽可能在不同地区（州）农业区域和牧业区域各选一个点，也就是生计方式不能雷同；地域上不能相连；尽可能照顾到初步判断到的文化的地域性分布差异；针对干部的样本尽可能覆盖到不同级别的行政事业单位及其藏族干部。这几个原则，也是征询时着重强调的。征询是在对省、州各相关部门及有研究背景的人的访谈中同步进行的，同时根据不同的受访谈者提供的宜选择个案（村），依所确定的原则不断调整，目的是使个案（村）和样本具备代表性。在省、州所确定的调查村只是初步的，调查至县后，对有的点又据实作了进一步调整。这是样本选择的第一步，即调查乡（牧业区）或村（农业区）的选择。这个过程基本上按分层随机抽样的方法进行。

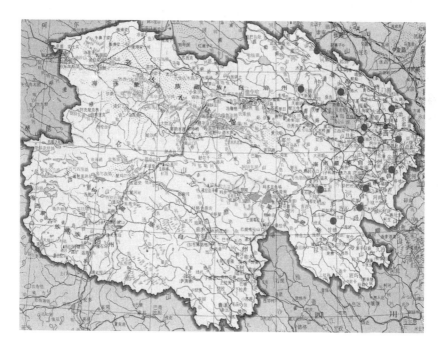

个案（村或牧委会；图中黑色圆点）分布

风雪中的牦牛群（玛沁）

　　进入乡、村后，如何确定问卷分布是样本选择的第二步。因人口规模不等，一般采用在农业点驻村，站在村或牧委会的角度选社；在牧业点驻乡，站在乡选择代表性的村或牧委会的办法。因此，在一个人口规模较小的牧业村，一般以若干村为抽样框来选定调查点，多由两个村或社来代表这一区域；在一个人口规模较大的农业村，一般以乡为抽样框来选定调查点，多由一个村来代表。至于入乡、村后的具体抽样问题，笔者因时、因地采取了不同的方法：一是等距抽样。如在果洛州当洛乡的问卷就是这样开展的。该乡有 12 个社，遂选择其五社和十社为问卷调查点。但调查时，牧民居住在夏季草场，十分分散，五社牧民所游牧地极其偏远，又恰逢雨季，路面多为沼泽地，车辆难行，所以问卷改在与之相邻的四社进行。在人口居住相对集中的农业点，主要采用以村户主登记册为抽样框，按户主等距抽样的办法。二是立意抽样。等距抽样中常遇到的一个问题是，抽到样本家庭或无人或主人不在家——最初的试调查显示，藏族妇女对家庭的总体情况不甚了解，选择主观问题时多数选择"不清楚"。这种情况下，做完在家的男户主的访问式问卷后，由村干部根据已填答问卷的总体情况，综合考虑家庭经济条件、家族、所在村社等因素，重新选择样本作入户问卷以补无户主或无人户样本之缺。在调查员组成上，在牧业点，多数由专门聘请的懂藏汉双语的调查员进行问卷；在个别乡镇（如海北州刚察县哈尔盖镇），由乡镇政府指派的政府职工协助调查；在农业点，由在村且具有一定文化程度者（主要是学生）担任调查员。回收由后两者所作的问卷后，对填答不完整的问卷，让调查员回访，以作补充调查。总体而言，专门聘请的调查者所作问卷质量较高，亦能从中掌握问卷涉及内容以外的情况。临时聘请的调查员所作问卷中废卷较多，对之只能割舍。三是偶遇抽样。牧业点的牧户居住分散，而且牧民极具流动性，一般情况下，男户主"闲着没事干，骑着摩托到处转"，即便费尽周折到了帐房，也可能因户主外出而扑空。但牧民生活有一大特点，一旦看到某个帐房前停着外来的汽车，便会骑着摩托车蜂拥而至。这就给调查带来了极大便利。在有的村，如兴海县纳洞、切卜藏村，调查时，恰逢牧民参加赛宗寺法会，这就给调查提供了"毕其功于一役"的机会。在海西州天峻县快尔玛乡的问卷调查，也是利用牧民参加牧业合作社会议的机会进行的。

此外，针对干部的问卷，最初确定的对象是调查点所在乡镇，每个州两个乡镇各用 15 个样本。但在牧业区乡镇遇到两个难题，一是藏族干部人数不足，二是干部国民教育文化程度普遍不高，很难理解问卷中问题的含义，故无法自填问卷；而单独访问，又缺少足够的时间和耐心。无奈之下，只能退而求其次，把调查放在州、县（为主）党政机关。样本主要分布在与农牧民生产生活关系更密切的部门，比如民族宗教局、统战部、农牧和林业局、司法局、民政局、人口与计划生育局、卫生局、教育局、三江源办公室、扶贫局（办）、文化局及党委、政府等。

（4）问卷数据分析

利用 SPSS 软件，对问卷调查数据进行分析。所采用的分析汇总方法主要有频率、探索、交叉分析，以及描述统计及多重响应分析等。

2. 资料来源

（1）抽样调查数据

问卷分布及回收。如表 3 所示，样本总规模为 565 个，其中访问式问卷 226 个、自填式问卷 339 个。自填式问卷中，有 251 个为有效样本，加上绝大多数有效的访问式问卷，有效样本数占总样本量的 84.25%。相对而言，无效样本主要集中在针对干部的问卷。

表3　　　　　　　　　　样本容量及分布情况　　　　　　　　　（份）

州/地/市	农牧/机关	乡镇/机关	村社/机关	访问式问卷 共计	访问式问卷 有效	自填式问卷 发放	自填式问卷 回收	自填式问卷 有效	有效问卷合计
西宁	农牧	湟源县日月藏族乡	小茶石浪村	3	3	30	30	28	31
海东	农牧	平安县巴藏沟回族乡	上郭尔村			11	11	11	35
			堂寺尔村			9	9	9	
			下郭尔村	6	6	9	9	9	
		互助县南门峡镇	北沟脑村	3	3	29	29	28	31
果洛	农牧	玛沁县军功镇	赛什托社	12	12	4	4	4	31
			麻什堂社	15	15				
		玛沁县当洛乡	五社	15	15				32
			十社	17	17				
	机关	当洛乡	当洛乡			17	16	15	15
		军功镇	军功镇			15	0	0	
海南	农牧	共和县龙羊峡镇	瓦里关村	30	29				29
		兴海县子科滩镇	纳洞村	6	6	10	8	8	29
			切卜藏村	15	15				
	机关	龙羊峡镇	龙羊峡镇			15	10	10	29
		共和县	共和县			15	15	13	
		兴海县	兴海县			12	8	6	
黄南	农牧	同仁县隆务镇	四合吉社区	3	3	30	23	23	26
		泽库县和日乡	和日村	26	26	5	5	5	31
	机关	隆务镇	隆务镇	2	2	12	12	8	29
		同仁县	同仁县			12	11	10	
		泽库县	泽库县			17	12	11	
海西	农牧	天峻县快尔玛乡	九社			13	9	9	26
			二社	17	17				
	机关	天峻县	天峻县			30	29	12	12
海北	农牧	刚察县哈尔盖镇	环仓村	17	17				35
			贡公麻村	16	16	2	2	2	
		祁连县扎麻什乡	郭米村	19	19	12	12	12	31
	机关	哈尔盖镇	哈尔盖镇	2	2	15	11	6	24
		祁连县	祁连县	2	2	15	14	14	
合计				226	225	339	289	251	476

　　有效样本的基本情况。受调查者年龄集中在 25～59 岁之间；其中 35～44 岁之间人数最多（见表 4），在农牧区，这部分人一般是家庭中的主要劳动力，在文化传承上，肩负着承上启下的重任。

　　受调查者性别以男性为多。在牧区，受调查对象多为男性户主。占回答有效样本[1] 18.1% 的女性（见表 5），则多为农村和城镇藏族女性。这种以藏族男性为调查重点对象的选择，是藏族妇女在社会经济中的地位[2]决定的。可以说，问卷反映的主要是藏族男性对藏族文化的认知和文化观。婚姻状况则是：已婚者占回答有效样本的 75%，未婚者占 18.92%，离婚、丧偶、分居者所占比例分别为 1.8%、3.38% 和 0.9%。

表4　　　　　　　　　有效样本反映的年龄构成　　　　　　　（例、%）

缺失：3		年龄段	计数	百分比
标注的值	1	24 岁以下	41	8.6
	2	25～34 岁	123	25.8
	3	35～44 岁	151	31.7
	4	45～59 岁	110	23.1
	5	60 岁以上	47	9.9

表5　　　　　　　　　有效样本反映的性别和婚姻　　　　　　　（例）

缺失：32		婚姻状态					合计
		未婚	已婚	分居	离婚	丧偶	
性别	男	59	286	2	2	9	358
	女	25	47	2	6	6	86
合计		84	333	4	8	15	444

　　调查对象主要集中在农牧民（就自我认知看，农民占回答有效样本的 30.7%，牧民占 30.5%），行政事业单位干部占 22.9%；还有占 5.6%

---

　　① 为了更准确地表述，在本书使用中，单称"样本（数）"则指 N（即 565，书中单独使用的"台账"等除外），476 个样本称为"有效样本（数）"或"总有效样本（数）"，而"回答有效样本（数）"指分问题或分项回答中缺失项以外的样本（数）。
　　② 拉毛措：《青海藏族妇女在社会经济生活中的地位与作用》，《青海民族学院学报》（哲学社会科学版）1995 年第 4 期。

的被征地农民，他们一般居住于城乡接合部，这些区域的藏文化变迁体现藏族文化在城市化背景下不同于农牧区的特点。受调查者的职业分布（见图2）涵盖了农牧业、工业、专业技术、行政事业、商业等行业；此外，调查还对宗教人士（占回答有效样本3.5%）给予了特别关注，这个群体包括在寺僧侣、佛教或苯教居士，前者集中于兴海县赛宗寺、共和县当家寺、玛沁县喇日寺，后者散布于各个调查点。

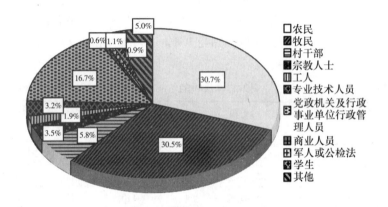

图2　有效样本反映的职业分布

农牧民中，为文盲、小学文化程度的居多，较高学历的受调查者主要是国家公职人员，见表6、表7。

表6　　　　　　　　　　　**有效样本反映的文化程度**　　　　　　　　　（例）

文化程度	农牧民	城镇	征地农民	合计
文盲	101	2	4	107
小学	131	1	6	138
初中	72	8	4	84
中专（中技）	8	8	1	17
高中（职高）	14	3	6	23
大专（高职）	5	31	4	40
大学本科	8	45	1	54
研究生以上	0	1	0	1
合计	339	99	26	464

表7					不同职业受调查者受教育程度				（例）
缺失：16	文盲	小学	初中	中专（中技）	高中（职高）	大专（高职）	大学本科	研究生以上	合计
农民	28	66	40	4	3	0	0	0	141
牧民	64	45	20	2	5	2	2	0	140
村干部	4	13	8	1	1	1	0	0	28
宗教人士	2	4	6	0	2	1	1	0	16
工人	1	2	0	1	2	2	1	0	9
专业技术人员	1	1	1	3	1	6	2	0	15
党政机关及行政事业单位行政管理人员	0	0	2	5	2	23	43	1	76
商业人员	2	0	0	0	0	1	0	0	3
军人或公检法	0	0	0	1	0	2	1	0	4
学生	0	2	1	0	0	0	2	0	5
其他	7	5	4	1	5	1	0	0	23
合计	109	138	82	18	21	39	52	1	460

在问及"你有宗教信仰吗"时，占回答有效样本85.2%的受调查者回答"信一种宗教"，占11.1%的人回答"信仰多种宗教"，占3.7%的回答"不信宗教"。其中，92.4%的受调查者回答信仰藏传佛教；回答信仰其他宗教，如山神、地方神、家神者分别有139、34、31例。这也印证了藏族特别是藏族农牧民多数信仰藏传佛教的事实。从调查情况看，农牧民对自己的信仰并不避讳；但可能由于问卷设计的缺陷，农牧民对其他信仰的称法并不统一，因此多数只选择了藏传佛教这个主要的信仰。其实，在调查点，诸如祭拉则或俄博等的山神信仰活动是比较普遍的，有些家庭还供奉家（族）神和地方神。仅有的选答"其他信仰"者，多是在调查员的解释下所作的回答。而国家公职人员对自己的宗教信仰讳莫如深，多不愿正面作答。对于"政治面貌"，有87.8%的受调查者作出了回答，"无党派"居多。回答有效样本中，政治面貌与身份为中共党员的，农村、城镇户籍的分别占23.3%和63.4%；无党派者，农村、城镇户籍的分别占68.3%和17.2%。征地农民中，为无党派的占44%。

（2）访谈材料

尽管在问卷调查中，尽可能地通过专门聘请的专业人员作访问式问卷、采用体现代表性的样本抽样等措施，进行比较严格的质量控制，但由于青海藏族地域分布广泛、分布地域社会经济条件差异悬殊等原因，无法预料并有效防范一些实际问题。加上人力、财力限制，40 多万户中抽取560 多个样本，此数量略显不足。庆幸的是，在青海藏文化圈不同文化带内部特别是在同一文化带的各个文化区域内，藏文化具有基本相同的属性。这是如此看重问卷调查内容并把它作为说明论题的重要依据的原因。

"俄博"仰视（湟源）

为了弥补问卷说明问题的不足，笔者作了大量、翔实的访谈。大体上，访谈对象是这样分布的：在省（即西宁）具有相关研究背景的人数约为10 人，主要供职于研究机构；每州具有相关研究兴趣的人员 4 ~ 5人，分散在政策研究室、地方志编纂委员会办公室、民族事务委员会（宗教局）、统战部、教育局、农牧局、民政局等党委、政府部门或机构；每县具有相关兴趣的人员 2 ~ 3 人，主要在民族宗教局、统战部和地方志编纂委员会等部门或机构；在乡一级机构，主要接触乡镇党委政府的主要领导或分管领导，了解全乡经济社会发展方面的基本情况；村一级访谈对象主要为村中耆老和退休并长住村或牧委会的老干部（包括村干部），每村 2 ~ 3 人。这样，就形成了访谈内容范围由大到小、由综合到具体、由简略到详细的层次。在省、州、县对相关人员的访谈，其主要目的：一是确定调查点（乡或村）；二是从不同高度和层次掌握藏族文化的地域分布特点、变迁与互动规律。到乡村，就对具体问题作进一步明确的了解。具体"进入"方法，有的借助青海省社会科学院地方研究所，有的利用亲友的熟悉关系，有的经领导疏通，不一而足。总体看，访谈比较深入，获得了约40万字的珍贵的第一手资料。

（3）党委政府文献、数据

其一是志书。1958年，青海省志编纂委员会成立，省长任主任，抽调各系统20余人编写省志。1961年，青海省志编纂委员会内部发行《青海省志·青海历史纪要》铅印本，是为新编《青海省志》第一卷。1961年，省志编委会被撤销。该时期，只编纂了一批专业志志稿，但市县并未开展修志工作（1958年至1961年，化隆县委、县政府组织人员编写《化隆概况》，未及完稿而罢修。"概况"体裁不类志书）。青海各州县的第一轮全面修志工作是在20世纪80年代后半期开展起来的，州县志大多在20世纪90年代初期出版，所反映的内容多是20世纪80年代的情况，提供了一个与20世纪中叶前和当下的民族文化分布情况进行比较的时间点和详细内容。各级地方志编纂机构编纂者多是地方文化专家，笔者每每叩门拜访，不但能得到总览全局又不失深刻洞察的畅谈，而且无不获赠即地新方志，不禁令人感激涕零。但各方志多对民族宗教方面具体情况的记述略之又略，此一缺憾也！各地新一轮修志工作已于2006年启动，期望为后世立志，不留太多遗憾。

其二是调查研究报告。最近几年，各级党委政府大兴调查研究之风，不但专门的政策研究机构每年开展多次专题性调查，而且各个部门也把调查当作落实、制定政策的一个必要环节。从中可以发现藏文化变迁与互动的整体环境和政策层面的文化变迁动力。

在各种调查研究报告中，尤其要提及的是相关部门对民族宗教现状的普查汇总资料及研究报告。党委政府组织，就文化现状作调查，是中国国情下较易实现的对现状的掌握方式。被称为"努力开拓民族学的应用研究"的20世纪50年代民族社会历史调查，便是这方面的成功范例，为学术发展积累了丰富的资料，为政府制定少数民族地区社会改革方针政策提供了依据。其中之"概况"，对掌握20世纪80年代初青海民族自治地方经济社会文化情况，是不可或缺的参考材料。

约在2005年始、2006年基本完成的对"民族问题五种丛书"之中国少数民族自治地方概况丛书的修订工作，重点补充20世纪80年代初以后民族自治地方经济社会发展方面的内容，"更全面系统地反映当地历史、地理、民族、政治、经济、文化，展示山川风貌、物产资源、建设成就和发展前景"。因其体例与20世纪80年代出版的"少数民族自治地方概况丛书"一致，这样便于作比较研究。但其中也存在一些问题，比如：过于追求大而泛，投入的人力（尤其是学术研究人员的参与）不够，对一些情况、数据缺乏深究，漏洞不少；单就少数民族人口数据一项，多使用统计部门的日常统计数，缺乏准确性。事实上，在多数乡一级政府，向来没有分民族统计的习惯，往往"眉毛胡子一把抓"，日常上报的少数民族人口数、牲畜头数等多是估算数，且掺杂着水分和过多的主观内容。鉴于此，仅把这些资料作为问卷和访谈资料的有益补充来使用。

拉萨"3·14"事件及其波动发生后，为更好地开展寺院"清理整顿"工作，相关部门充分调动人力、物力，在青海省范围对宗教（包括寺院、僧侣等）现状作了一次全面、深入的普查，大多数普查数据是真实而有效的。为了避免出现不必要的麻烦，笔者在引用这些资料时，隐去了提供者所在的部门或姓名，并且在能准确说明问题的前提下，对数据作了一些"去密"处理。

此外，1996年青海省委统战部和省宗教局组织开展的青海省宗教调研，是一项颇有成效的类似调查。内容涉及当时青海省宗教形势的分析与评估，关于宗教政策、法规的贯彻执行，宗教界爱国人士队伍的培养、教育，宗教工作部门队伍建设等情况。其中，对藏传佛教的调查为详，包括转世活佛、未经政府批准认定的活佛转世灵童、未经政府批准修建或开放的寺院、寺院民管会、僧侣、寺院管理工作、寺院自养活动、信教群众的宗教负担、境外敌对势力渗透等多个方面的状况，还有对其中存在问题的查摆与评估、原因分析、处理意见以及政策性建议，可以说该成果全面、系统地反映了20世纪90年代后半期青海宗教现状和宗教工作情况。时过境迁，文化历史毋必尘封，在考察青海藏族宗教文化的变迁与互动时，将其作为重要的参考史料。

其三是各级政协的文史资料选辑。旨在"匡史书之误、补档案之缺、辅史学之证"的政协文史资料，尽管有些过于突出揭露和批判的意图，却是研究20世纪中叶以来历史不可或缺的材料。青海文史资料的访问、调查、核实、征稿、编辑等工作始于 1963 年，20 世纪 60 年代即编印了前 4 辑。"文革"开始，文史资料工作被迫中断。1979 年恢复文史资料工作，直至 1982 年继续编印了第五、六、七、九辑。到 2010 年，《青海文史资料选辑》总共编印 24 辑。各州县也同步编印了辑数不等的"选辑"，如海西州自 1988 年创办《海西文史资料》，已出版 16 辑。这些辑书，都是内部编印，也有藏文版的，其中除了近两年再印的外，大多因印刷量小、年代久远，只有从私藏书籍中复印得来。编印文章多是亲历者的回忆、口述史料，其中的部分文章涉及 20 世纪四五十年代青海藏族文化的概貌，从中可觅得青海藏文化变迁互动的蛛丝马迹。

其四是各级政府或部门的工作报告。此类资料多属官样文章，但也不乏资料价值。纵向看，早期的工作报告比较能贴近实际，多少反映当时的社会实际，是在应用中较侧重的资料，从中可以看到藏文化变迁与互动的政策带动因素。

此外，还注意到地名志、地方创办的期刊、个人著作等不易在图书市场和图书馆见到的文献资料。但各地财力各异、文化研究氛围不一，搜集到的类似资料数量不多，但不啻多了一份可参考的资料。

此外，本书中还应用到可信度比较高的政府统计数据，如个别乡镇计划生育台账。因为从 20 世纪八九十年代以来，严格落实计划生育政策，乡镇计划生育工作人员配置、设备更新、办公场所改善等方面为其他专项工作难望其项背。在这样的有利条件下，乡镇对婚育人口情况的掌握是真实而可信的。这为分析婚姻文化提供了难得的数据。

（4）相关文献和研究成果

一是民国时期的调查文献。主要通过《青海省地方志编委会藏民国时期（1912—1949）档案资料目录》（内部编印）、《馆藏青海文献目录》①、《青海省档案馆所存西藏和藏事档案史料目录》② 3 本索引书，查找到民国时期相关青海藏族文化方面的报告、表、册、办法、日记、条例、志等的目录近 300 条。这些成果散见于民国时期的《新青海》《新亚细亚》《西陲宣化使公署月刊》《边疆通讯》《西北公衡》《西北言论》

---

① 青海省图书馆编：《馆藏青海文献目录》，青海人民出版社 1988 年版。

② 青海省档案馆、中国藏学研究中心编：《青海省档案馆所存西藏和藏事档案史料目录》，中国藏学出版社 2002 年版。

《开发西北》《新甘肃》《西陲史地研究》等学术色彩浓厚的报刊。其中所存多为胶卷、油印本，有的编排体例不一、字迹难辨，查借成本高、难度大。"青海省地方志编委会藏民国时期档案资料"是该会撰写地方志时从南京、兰州等地档案馆复印得来，查借难度相对较小。因此，在三者中，以此为重点，兼顾其他篇目，获取的《青海人文地理志》《甘宁青经济纪略》《青海各县县政调查表》等分量较大的调查成果，能基本反映中华民国时期青海藏族文化的基本构成和地域分布。有不少文字不长的篇目，为《西北民族宗教史料文摘·青海分册》（上、下）①、《西北民族宗教史料文摘·甘肃分册》② 所收录；内分总论、历史地理、政治军事、民族研究、宗教信仰及活动、文化教育、生活习俗和人物而汇编，尤其关于藏族政治、文化的著述为多。在上述史料中，不乏李安宅、俞湘文、马鹤天、周希武、张其均、丘向鲁、魏明章、李式金、吴均、庄学本等治地方文史地之名家著述及真知灼见。《青海风土概况调查集》③ 则是一本资料专集，所收的 19 种资料均是 20 世纪二三十年代所编写的有关青海各地以一定的行政区域为中心的风土概况调查记，资料内容较为翔实、可靠，本书亦将其作为考察民国时期各地风土人情的参考资料。此外，还应用到一些篇幅较长的民国时期较出名的游记、专著等，如顾执中、陆诒的《到青海去》，曹瑞荣的《青海旅行记（附玉树志略）》，俞湘文的《西北游牧藏区之社会调查》，周希武的《玉树调查记》等。在那样的时代背景和交通条件下，30 多年时间里，对甘、青偏远地区地理及经济社会文化如此孜孜挖掘，其探索精神是需要后来者继承的。本书综合应用这些资料，以便对 20 世纪中叶前青海藏族文化及青海民族文化格局有个明确、清楚的描述。上述篇目后文引用中将一一列出，在此不赘注。

　　二是中国知网的研究成果。20 世纪中叶特别是 20 世纪 80 年代初以来，中国包括藏学在内的各个学科迎来了新的春天，得到长足发展。青海藏族聚居地区和藏族文化，作为藏学研究的重要对象，研究成果丰硕，从其中的一些成果可以概览藏族文化在不同时期的形态。检索相关论文成

---

① 甘肃省图书馆书目参考部编：《西北民族宗教史料文摘·青海分册》（上、下），甘肃省图书馆 1986 年版，下同。

② 甘肃省图书馆书目参考部编：《西北民族宗教史料文摘·甘肃分册》，甘肃省图书馆 1984 年版，下同。

③ 王昱、李庆涛编：《青海风土概况调查集》，青海人民出版社 1985 年版，下同。

果，主要应用到两本工具书：《中国藏学论文资料索引（1872—1995）》和《中国藏学论文资料索引（1996—2004）》①。前者收集了 1872—1995 年 124 年间公开或半公开发行的各种报纸杂志上刊载的有关藏学方面的论文和有参考保存价值的资料目录 26000 余条，涉及报刊 500 余种，其中包括藏文刊物 10 余种，同时还收录有 45 种 100 余册藏学论文集论文目录和香港、台湾藏学论文目录 1000 余条。后者收集了 1996—2004 年国内报刊杂志上刊载的藏学研究论文和具有参考价值的资料 1400 余条，涉及报刊 900 多种两万余册。两本书反映了中国现代藏学研究的成果和历史全貌。通过此工具书，从中国知网（http：//www.cnki.net）检索到 1987—2009 年的相关藏族文化的研究论文 2392 篇，其中专门论及青海藏族文化的论文 1500 多篇。其中的一些论文，在方法上缺少严谨性，研究深度和可信度不够，参考时必须谨慎；但也有一些深入的研究报告，能够为本研究提供切实的依据和支撑。

三是研究专著。20 世纪中叶以来关于青海藏族文化方面的专门论著中以宗教、部落研究为多，亦最具特色，从中可以看到宗教信仰和部落组织与规范对藏族社会的巨大影响及其变迁。

---

① 刘洪记、孙雨志编：《中国藏学论文资料索引（1872—1995）》，中国藏学出版社 1999 年版；永青巴姆编：《中国藏学论文资料索引（1996—2004）》，中国藏学出版社 2006 年版。

第一章　变迁与互动的环境

从文化圈场域和视角研究藏文化变迁及互动，意在强调高原内部不同地域藏族文化之间的联系，这样也能够避免因标准不同所出现的矛盾。青海藏文化圈是青藏文化圈和青藏高原藏文化圈中形态最为完整的一部分。这种完整性及青海藏文化变迁与互动，是以青海特殊的自然生态环境为基础的。同时，作为本书命题的主要论据来源，代表性个案的情况，也是藏文化变迁与互动的重要环境依据。

第一节　自然生态环境及其变迁

自然地理环境是文化存在和发展的物质前提。虽然布迪厄一再强调场域是一种关系网络而非地理空间，但是抛开了地理空间谈关系网络显然成了空中楼阁。过多地强调自然环境在文化形成和发展过程中的作用，有陷入环境决定论之虞，但是这种作用是毋庸置疑的。马克思说过："我们每一个人都是更多地受环境的支配，而不是受自己意志的支配。"[1] 环境因素支配着人们的生活方式、生产方式、行为模式等。在民族学诸理论中，文化圈学派的理论渊源是人文地理学，文化圈成立的主要依据是自然地理环境。在文化圈学派之后兴起的文化唯物主义、（新）文化生态学，都强调自然环境和物质条件在产生地域文化差异中的重要性。在以社会心理学角度考察文化与环境关系的学者看来，"一个社会的价值观、信念和习俗涉及的不仅是'内心的'和'行为的'过程；文化出现在物和物质环境

---

① 《马克思恩格斯选集》（第 4 卷），人民出版社 1995 年版，第 373 页。

中"①。自然环境与文化的关系如此紧密，但在讨论中动辄把它引入环境决定论，有学者认为这是因"环境话题本质上是政治的，它无疑会受到特权阶层的影响，因此，在大量的'表述宣传'（expressive propaganda）中，环境话题往往会受到抵制"②。这样说来，"人们认识、思考和感知其周围世界的复合体"这个文化定义就更多地体现了自然环境在其中的作用。所以，有必要对青海藏文化变迁的自然地理环境作一交代。显然，自然地理环境及其演变在一定程度上反映着文化及其变迁。

一　生态环境特点

青海自然地理差异悬殊，具有地域分异性和相对独立性特征。其具体划分法大体有两种：一是把祁连山地区、海南台地、柴达木盆地和青南高原当作一级区域，其中分为若干个亚区；二是分为祁连山地区、柴达木地区和青南高原 3 个区域，其中分若干个亚区。各个区域地貌差异明显，在气候、资源、水文等各个方面都存在着明显的边界。整体而言，青海自然环境体现出如下主要特征。

（一）高山、盆地、河谷连续或相间分布

大体上，青海由南部的高原面、西中部的盆地和东部的宽谷 3 种地貌组成。青南高原南隔青藏高原的隆起中心，与西藏藏北高原毗连，是绝对高度大、相对高度小的高原面最完整的区域。柴达木盆地西、西北部分别与南疆盆地、河西走廊相接，东北、东部分别与祁连山地相接，其边缘至中心呈戈壁—丘陵—平原—沼泽—湖泊环带状分布，系典型的封闭高原盆地（中国第二大盆地）。东部大通河、湟水、黄河三大谷地，处在中国地势的第一、二阶梯及青藏高原与黄土高原的过渡带，河流比降大，河谷与高山、盆地相间分布，是青海省水浇地、坡耕地集中分布区。

（二）地势高耸，地形呈"马鞍"形

青海平均海拔 3000 多米，海拔 5000 米以上的面积占到青海省总面积的 60.93%，海拔 3000 米以下的面积仅占 15.42%。唐古拉山、东昆仑山、阿尔金山—祁连山三大山系构成青海的地貌骨架。地貌的基本格局呈

---

① ［美］欧·奥尔特曼、马·切默斯：《文化与环境》，骆林生、王静译，东方出版社 1991 年版，第 6 页。

② ［英］凯·米尔顿：《环境决定论与文化理论：对环境话语中的人类学角色的探讨》，袁同凯、周建新译，民族出版社 2007 年版，第 276 页。

北西—南东走向。唐古拉山脉是内部高度和比高最大的山脉。自南自北，由青藏高原腹地渐次进入边缘地带。阿尔金山—祁连山北坡地形陡降，形成青藏高原东北缘的终端。青海中部，自西向东分布着柴达木盆地、哈拉湖—青海湖盆地、茶卡—共和盆地、门源盆地、河湟盆地等，基本形成南北高、中间低和自西向东间有湖盆与谷地串接的区域状、片状与带状的"马鞍"地形。

（三）高原大陆性气候

青海虽处在中纬度地带，但受海拔高度、地形等下垫面的影响，季风气候仅能波及东南部长江、澜沧江、雅砻江出境一带，气候表现出寒冷、干燥、少雨、多风、缺氧，日温差大，冬长夏短，四季不分明，气候区分布差异大，垂直变化明显等特点。年均温 5.8～8.6℃，分中部谷地、盆地暖区和南北高原、山地冷区。青海各地太阳年总辐射量在 140～177 千卡/平方厘米之间；年平均降雨量 300 毫米，只有 2/3 的面积超过 400 毫米，1/6 的面积超过 500 毫米。大部分地区平均风速都在 3 米/秒以上；年平均大风（指风速为 17.2 米/秒的八级以上的风）日数以青南地区西部最多，祁连山地和青南地区东部次之，柴达木和东部河湟谷地最少。

（四）极其丰富的资源

青海水能理论蕴藏量占中国的 3.3%，占中国西北地区的 27.8%；主要分布在黄河、通天河、扎曲、解曲等河流。尤其是黄河干流龙羊峡至寺沟峡河段，水电具有资源相对集中、坝址条件优越、距离负荷中心较近、淹没损失小、单位千瓦造价相对较低的优点，被誉为水电中的"富矿"，是国家重点开发区之一。青海植物物种具有一定的复杂性和多样性，动物物种也较丰富。据中国科学院西北高原生物研究所 20 世纪 80 年代调查统计，青海有维管植物约 2483 种，分属 114 科、577 属。[①] 青海野生植物共有 2000 余种，其中经济植物 1000 余种、药用植物 680 余种、名贵药材 50 多种。初步查明，省内陆栖脊椎动物达 270 种，占全国的 12.5%，其中一类保护动物有 20 种（鸟、兽）、二类保护动物 39 种（鸟、兽、两栖、鱼类）。据 20 世纪 90 年代初粗略统计，青海可供开发的国家级（大型）自然、人文、复合旅游资源分别达 5、12 和 7 项，省级（中型）三种旅游资源分别有 34、812 和 15 项，此外还有不胜枚举的州县级（小型）可

---

① 周立华等：《青海省植被图·说明书》，中国地图出版社 1987 年版。

开发的旅游景点（区）。① 这些资源数量多、类型多、价值高、开发潜力大，富有浓郁的民族和地方特色，且与藏文化的发展息息相关。青海常规能源以石油、天然气为优势资源，主要集中在柴达木盆地。新能源再生能源资源中，太阳能在中国仅次于西藏，属第二高质区；风能可利用地区占青海省面积的80％以上。盐湖资源集中分布于柴达木盆地，仅氯化钾储量就达4.4亿吨，占中国的97％；氯化钠储量3200多亿吨，可供全世界人口食用1万多年。

二　生态系统的脆弱性

与中国水土流失问题的研究所称"我国生态环境的脆弱带"② 相比，青海兼有干旱、少雨及易引起水土流失的物质基础，高寒、缺氧而下垫面物理属性差和地质活跃等生态脆弱性特征。根据生态环境质量背景、人类影响程度、人类适度需求 3 类及若干个具体指标进行的综合评价，青海生态环境质量属十级，在全国排在末尾，总体质量最差。③ 可以说，青海是青藏高原诸省（区）中，生态环境最为脆弱的一个区域。

（一）适宜人类规模居住并进行高强度、密集型生产活动的地域小

耕地、可利用草地、林地、有鱼水面积约占青海省土地面积的48.5％，其余大半为石山、雪山、冰川、沙漠、戈壁、盐沼、冻土等。也就是说青海省一半以上的地方基本无人且无法居住。另外，占青海省总面积53.5％的草原，宜牧不宜耕，不能承载大量人口；占青海省总面积5.5％的林地和宜林荒地，虽有人居住，但数量有限。农牧业人口的增长，势必与自然生态环境对人口极其有限的承载力发生尖锐的矛盾。

青海耕地集中分布于东部地区，不仅数量少（占青海省土地总面积的0.95％），而且质量差。旱地面积占总耕地的68.98％，水浇地仅占28.7％，其中，有52％的耕地是中低产田。旱地大都是坡地或经人工修整的山地梯田，多数在山地阳坡或半阳坡，只靠天然降水维持农作物生长的水分需要。因耕地大多处在水土保持的敏感区域，拓荒或不适当耕作往

① 参见张忠孝编著《青海旅游资源》，青海人民出版社 1992 年版，第 40—49 页。
② 指我国水土流失集中的重点地——大兴安岭—太行山—雪峰山一线以西，青藏高原及蒙新干旱区以东地区，大致包括陕、甘、晋、蒙、青、宁等省（区）。
③ 青海省环保局：《中国西部生态环境调查：青海省生态环境现状调查报告》，2001 年内部编印。

往成为水土流失的主要诱因。农作物产量低，而且极不稳定，农作物抗御自然灾害的能力低下。

贫瘠的山旱地（湟源）

（二）光热条件限制着植被的生长

青海大部分地区降水少而蒸发量大，气候干旱、缺氧，这对植被生长极为不利。比如，速生的青杨从育苗到成材的时间（经济成熟期）要 20~30 年。原始天然树种云杉、圆柏和冷杉就更漫长：青海云杉成熟龄为101~120 年；分布最广泛的祁连圆柏的成熟龄在 170~340 年之间，分布在柴达木盆地的圆柏一般长到能利用时在 300 年以上。这些树种都是对青海生态环境具有一定适生性的乔木树种，一旦因采育失调而使环境发生大面积退化，短时间内难以甚至根本无法恢复。

（三）相对区域性分布的极不稳定的生态子系统

由青海西北向东南依次呈现出荒漠、草原和森林3 种基本植被类型。在盛行偏西风的情况下，若西部荒漠生态系统发生逆转，极易引起草原、森林生态系统连锁恶性反应而恶化。森林（包括灌木林）集中分布在东部山地和青南高原东南边缘。森林分布异常破碎，呈片状或带状连续分布。林地质量一般较差，土壤浅薄，含砾石较多。这种状况使森林的生态作用不易得到最大程度的发挥。草地面积虽较大，但牧草生长期短，草群成分简单，植株低矮，第一性生产力低下。草地生态系统的稳定性、抗干扰能力以及自我修复能力较低。在过牧的情况下，过度地采食，容易使牧草的再生性减弱，草地植被随即发生退化，导致生态系统失去平衡。据研究，高原湿地的不稳定主要与冰冻圈的冻融变化相关，湿地生态与冰冻圈是外界干扰最为敏感的生态系统。①而高原湿地的一半是由于大片连续分布的多年冻土阻碍水分下渗，导致地面过湿或积水而形成的。因气温升高，高原冻土呈区域性退化状态，进而使湿地处在退化性演替（如沼泽→沼泽化草甸→草甸或草原化草甸）中。

（四）成沙的气候条件和物质基础

研究表明，沙尘暴发生一般需要强劲的风力、不稳定的大气层结构、丰富的沙尘源3个条件，缺一不可。整体而言，青海植被保存得相对完好，故青海尚未成为中国境内沙尘暴重点源区。但因具备沙尘暴发生的风力和大气条件，植被一经发生区域性退化，青海就有可能成为沙源。特别是其广大西部、西北部地区，风力强劲，气候高寒，土层薄，是一个潜在的沙源。大面积湿地和相对完好的植被，支撑着这些区域生态系统的相对平衡。

三　生态环境的演变

（一）森林植被环境的演变

自从有了人类活动，特别是在河湟谷地有了农业生产，加之高原地理、全球气候变化等的影响，高原植被环境总体上沿着"森林（包括灌木）—草地—耕地—沙地"方向演替。

森林面积的萎缩，是高原植被环境演变的一个缩影。史料记载，秦以前，青海湖区为"少五谷，多禽兽"的林莽环境。汉宣帝神爵元年（公元前61年），后将军赵充国上书屯田，在湟水流域采伐木材大小6万余株，说明当时湟水流域森林环境状况极佳。到明代，西宁一带还是"木则柳生株万，松挺万丈……微风起而树香，晨曦而草馥"②的草木繁盛景象。时至清雍正八年（1730年）建筑循化城时，附近已无木材可伐，需从200里外伐木。到清乾隆十二年（1747年），"盖湟中诸山，类皆童阜"，出现大面积荒山，修建河历桥（在今西宁小桥口）时，不得不"取

---

① 秦大河、丁永建：《冰冻圈变化及其影响研究——现状、趋势及关键问题》，《气候变化研究进展》2009年第4期。

② （明）李素：《西平赋》。

巨木于远山"①。此时森林已显破碎，林线已退缩到黄河各支流支沟的上段；但仍有较多的残留林分，湟水流域的小片林有翠山等 15 处。这些森林被形容为"草木畅茂""树木阴翳""多产林木，夏秋望之蔚然"②。黄河上段、大渡河上游和通天河、澜沧江流域的森林，尚处在原始状态。1914 年前后，"囊谦、苏尔莽等地，间有森林，皆天然松柏，可供建筑"③。湟源一带"在县西八十里……连延至日月山，苍翠可爱"，1919年还是"林木层层排列如梭……前后引三十余里皆在阴翳之中"④。民国20 年（1931 年）记载，青海玉树、果洛、海西、海北地区及大通、湟源县均有大片林区，有些地区的天然林木极盛，为"千百年前之故物也"⑤。

从清末到马家军阀统治青海时期，特别是马家军阀设厂伐木从中牟取暴利，滥伐达到疯狂地步，青海的森林进入一个大衰退阶段，特别是湟水河、青海湖周围和大通河的森林消蚀明显。湟水流域小片林的范围进一步缩小。民国 23 年（1934 年）青海省政府统计，青海森林面积为 145.64 万余公顷，占当时青海总面积的 2%⑥。

20 世纪中叶后，滥伐现象一直未断绝。有文献称，1951—1985 年的多数年里，商品材数量多于采伐量，这种采伐实际上是一种按需采伐，其中，"文革"前期是木材采伐的最高峰。到 1971 年，滥伐、超计划指标采伐现象到了非常严重的程度，表现在：生产计划层层加码，指标节节翻番；随意"清林"；以伐材搞协作⑦。到 1978 年，青海省 38 个县中，境内有森林乔木资源的县皆在滥伐（不产木材的县有 18 个），有 14 个县外销木材，6 个县"自给自足"。

20 世纪 80 年代以后，逐步强化了择伐、间伐和迹地更新。但受指导思想左右，加之自然生态系统脆弱性所致，滥伐频频发生，大面积采伐迹

---

① （清）杨应琚编纂：《西宁府新志》，青海人民出版社 1988 年版，下同，第 952 页。

② 青海省地方志编纂委员会编：《青海省志·林业志》，青海人民出版社 1993 年版，下同，第 2 页。

③ （民国）周希武编著：《玉树调查记》，吴均校释，青海人民出版社 1986 年版，下同，第 91 页。

④ 转引自古岳主编《忧患江河源》，民族出版社 2000 年版，下同，第 203 页。

⑤ （民国）刘郁芬修、杨思等纂：《甘肃通志稿》，载王昱主编《青海方志资料类编》，青海人民出版社 1987 年版，下同，第 219—221 页。

⑥ （民国）赵长年：《青海森林问题》，《新青海》1935 年第 3 卷第 1 期。

⑦ 参见青海省地方志编纂委员会编《青海省志·林业志》，第 140—141 页。

地亦未得到及时更新。1985—1999 年间，青海省近 180 万立方米的天然林木被伐，这比之前 36 年的采伐量还要多。历年所伐木材中，原始天然林区的占 78%，次生林区的占 22%，树种以云杉为主（占 91%），其他为桦、杨、圆柏。虽然约有 1/3 的国营林场每年能正常开展一些营林活动，但荒山造林的成活率、迹地更新的保存率都很低，致使森林资源恢复的进展始终缓慢。到 1985 年，青海省内用材量占总采伐量的 31.8%，其他木材以原木形式运往省外。省内木材（原木）外运量 20 世纪 50—70 年代比 80 年代高，省内木材主要用于坑木和电柱。20 世纪 80 年代省内年用材量超过 1 亿立方米，其中民用材、加工用材用量年增幅在 10% 以上。

　　青海境内樵采木材用于燃料，最早可追溯到距今 7000 年左右的中石器时代。贵南县拉乙亥文化遗址就存有木炭。14 世纪中叶，开始有烧煤的传说。清雍正年间，宗务山多林木，循化"城内外人日用材薪亦取给焉。浮河作伐，顺流而下，高可一二丈，围皆三四寸许，坚实不浮，斧以斯之，悉供烘火，移之内地，皆屋材也"[①]。在 1947 年，青海大部分地区烧火取暖仍以烧柴为多。随着人口增长、生产工具改进，滥樵呈愈演愈烈之势。城镇居民、乡村民众、部队官兵、学校教师等伐之樵之，对森林资源的破坏甚剧。据 1980 年调查，乐都县因樵柴破坏植被面积约 1 万公顷，相当于 1956—1979 年这 24 年里治理水土流失面积的 12 倍；平安县脑山地区的乡村，每年从阴坡樵采 200 多吨，20 世纪 80 年代的头 3 年累计约 0.5 万公顷脑山森林被毁，相当于该县同期治理水土流失面积的 91.5%。20 世纪 90 年代，化隆县种草植树任务为 2 万亩，而每年被毁掉的植被面积竟达 3 万亩；互助"九峡"地区原植被良好的区域，到 20 世纪 90 年代中期，大片林木被砍伐作烧柴，仅其中的唐日峡和水磨峡地区的灌木林就减少了 6 万~7 万亩；大通宝库林区毁于砍烧柴的面积达 4 万亩以上。[②]以乔木林为对象的滥樵，催使青海东部林地由乔木林到次生林（灌丛）再到草地或秃岭演替，森林分布地域从川水到脑山次第萎缩。

---

　　① （清）龚景瀚编、李本源纂修：《青海·循化厅志》卷 2，成文出版社 1968 年版，第 33 页。

　　② 以上数据资料散见于青海省环保局：《中国西部生态环境调查：青海省生态环境现状调查报告》，内部编印，2001 年；古岳主编《忧患江河源》。

储备的烧柴（玛沁）

如果说青海东部地区"大范围的秃岭沟壑基本上是在近 100 年内形成的"①，那么柴达木盆地、青南地区及海南台地森林（包括灌木）的大面积损毁则主要是 20 世纪中叶以后的事。早在民国时期，毁林种植活动就开始向海南台地和柴达木盆地延展，柴达木盆地的察汗乌苏、香日德、希里沟、德令哈等地形成小片农业区。民国政府在柴达木设立专事垦务的机构，"诱导内地人多地少、人满为患之地无耕地农民迁移柴达木"②。随后，这些地区的人口飞快增长，森林自然地遭到大面积砍伐而迅速演变为耕地或荒漠化土地。乔木林残存或基本消失的柴达木盆地、共和盆地等，大开发后，尚大面积分布的灌木林（丛）成为滥樵对象。而且滥樵行为主体范围更宽广、数量更庞大，包括机关、厂矿、驻军、农场等的几十万人口纯粹地樵柴，以解决烧火、取暖问题，对沙区植被的破坏非常严重。1958 年，仅格尔木地区滥伐烧柴就达 700 万公斤，每天平均外运烧柴 30 汽车；东至大水河 60 公里、西至大灶火 90 公里范围内以及敦格公路两侧的林木，在这个时期已基本砍伐殆尽。③ 到 1964 年，柴达木盆地被破坏的沙区植被达 55 万亩。

---

① 古岳主编：《忧患江河源》，第 204 页。
② 柴达木垦务局：《柴达木垦务计划大纲》，1945 年，转引自张嘉选《柴达木开发史》，兰州大学出版社 1991 年版，下同，第 60 页。
③ 青海省农林厅：《关于沙区植被破坏情况的报告》，1963 年，转引自青海省地方志编纂委员会编《青海省志·林业志》，第 74 页。

"文革"期间，出现更严重的大量砍伐沙区林木、破坏沙区植被的情况：由手工操作发展到用拖拉机、推土机、汽车等机械采挖、拉运，有的单位还用炸药炸取。几乎所有的机关、驻军、农场都建有自己的专业打柴队，其中，农建四师的专业打柴队人数达几百人。格尔木地区每年砍挖数增长到 2000 万 ~ 2500 万公斤，有的单位还长途贩运，搞协作。砍挖范围，由原来的 100 公里长发展到 240 公里长（大格勒—乌图美仁），宽度 20 ~ 50 公里，被破坏沙区植被面积达 500 万亩。诺木洪地区 600 万亩柽柳林被砍伐殆尽，乌兰、都兰县境内的梭梭林也遭到严重破坏。① 到 1978 年 10 月，格尔木地区 1125 万亩沙区植被中有 900 万亩遭到严重破坏，都兰县 780 万亩沙区植被被破坏了 630 万亩，乌兰县 660 万亩沙区植被被破坏了 450 万亩。1985 年后，柴达木盆地内城镇和居民点周围 30 ~ 60 公里、公路两侧数千米范围已无柴可打，机关、部队、厂矿等不得不自运煤炭作燃料；进入柴达木盆地的打工者只能砍挖红柳、柽柳等固沙植物的树根为薪。

共和盆地、环湖地区情况与此相似。到 1964 年，海南共和、贵南一带每年被砍挖的沙生植被面积达 60 万亩。20 世纪 50 年代初，海晏县有灌木林 4.93 万公顷，到 1982 年被砍伐和毁坏（主要用作燃料）的灌木林地达 1.2 万公顷。

粗略估算，在滥伐的高峰期，青海每年充作燃料的乔灌木及其根系在 5 亿公斤以上，等于砍掉近 100 万亩灌木林。

残存于除可可西里地区、江河源和柴达木盆地北部的风蚀残丘之外广大地区的森林（包括灌木林），成为维系青海自然生态平衡的一道屏障。据 1998 年青海森林资源连续清查第三次复查，青海林业用地面积占青海总面积的 4.68%，其中有林地面积 30.88 万公顷，森林覆盖率为 2.65%（包括 0.35% 的乔木林、0.03% 的四旁树及灌木林），活立木蓄积量为 3728.46 万立方米（包括林分、疏林、散生木、四旁树）。灌木林分布上限达 5000 米，南部的玉树澜沧江流域江西、白扎林区的乔木林分布于海拔 3600 ~ 4200 米的垂直带内。有林地平均每公顷蓄积量为 125 立方米，在中国仅次于西藏、四川和新疆。青海林分面积（30.52 万公顷）和蓄积

---

① 青海省农林局：《给省革委会的报告》，1971 年，转引自青海省地方志编纂委员会编《青海省志·林业志》，第 75 页。

量（3270.36 万立方米）中，天然林分别占 91.67％ 和 91.92％；防护林分别占 86.63％ 和 89.695。大部分森林分布在江河上游或水土流失重点区，具有极端显著的涵养水源、保持水土、防风固沙、固碳供养等生态作用。

黑河谷地残存的原始林（祁连）

（二）耕地的消长

屯田是封建国家组织劳动力垦种国有土地，以供给边防所需为主要目的的农业生产形式。① 历史上的屯田与垦殖是联系在一起的，就是把草原当作"荒地"，向森林、草原要耕地。在青海，此举发端于西汉"军屯""民屯"，但其有效范围未超过湟源以东的湟水两岸和大通河下游地区。此后，在大起大落中，屯田范围总体上向黄河和牧业地带延伸。至明末，湟水流域的耕地面积达到 4.67 万公顷，贵德以下的黄河流域和大通河流域的耕地面积也显著扩大。清代以后，农业用地开发从河湟河谷逐渐向低山丘陵和中山地区扩展；至乾隆年间，青海东部西宁府和循化厅等地的耕地面积达到 28.67 万公顷，其中水浇地约有 3.33 万公顷。

民国时期，出于减轻中国东部地区人口压力、安置大量编余军人、解决中国东南地区人口贫困等缘由，南京国民政府在中央成立垦务委员会，将西北划分为察绥区、甘宁青区、新疆区和外蒙古区，并成立专门的 4 个

---

① 崔永红：《青海经济史·古代卷》，青海人民出版社 1998 年版，第 49 页。

垦务局，其中西北甘青宁垦务局专司"甘宁青区，宁夏以西宁夏青海甘肃省内荒地"，青海建省后亦成立垦务总局（后与青海财政厅合并，改名为青海省财政厅清赋总处）①。当时的垦殖专家认为，内地各省"各种恶势力根深蒂固"，唯西北各省"犹如璞玉素笺，任吾刻画，黄金政治均可随时而收功"②。20世纪30年代，中国国内有人主张"以青海为中心论"，认为青海不但在国防上具有重要地位，而且幅员广大、土地肥沃、草茂水丰、矿藏丰富，又具有开发的环境条件，故洞察西北，"只有青海，尚属完璧无瑕"，若"努力经营收效甚速，以此为起点，开发西北，始可实事求是，培植推行，较易为力"③，为"巩固边防，融化蒙族，蜚行政令，增加生产计，仍应办理屯垦"④。采取"诱导""迁移"之策并"给予最大便利，保障他们乐意前赴拓荒"⑤，以解决农业劳力问题。1945年，改建柴达木屯垦督办公署为更规范化的柴达木垦务局，随即抛出"垦务大纲"，把垦田和移民当作"中心工作"。民国时期，有史料记载的青海大规模垦荒发生过两次：1927—1934年，垦荒1.90万公顷；1938—1939年，垦荒5.03万公顷。到20世纪中叶初期，青海有耕地682万亩，其中牧区耕地50万亩。

如果说20世纪中叶前对青海水热条件匹配较好地区的垦殖尚未超越高原农、牧、草生态阈值，并为高原现代农业发展奠定了一定的基础，那么之后的垦殖因组织性强、规模大，多数垦殖区水热条件匹配不佳，垦殖则加剧了当地乃至整个青海自然生态环境的恶化。

"文革"前期和20世纪80年代是20世纪中叶后垦殖规模最大的两个时期。1958年召开的青海农垦会议决定：5年内开荒1000万亩、办农场300个。1959年，提出年内开荒250万亩。1960年，又提出800万亩的开荒计划要求；为了完成此任务，抛出"以开荒为纲""使牧区成为主要的农业基础"的口号。"大跃进"期间，在青海牧区开垦冬春草场573万亩，从环湖地区一直垦到通天河畔。其中：海南州新开草原140万亩（1958年全州耕地面积为29.77万亩，1960年增加到171.34万亩）；海北

---

① 蒋超群：《国民政府三十年代西北开发中的垦殖业》，《青海社会科学》2003年第1期。

② （民国）安汉：《西北屯垦论》，国华印书馆1932年版，第59—60页，转引自同上。

③ （民国）刘宗基：《开发青海与中国前途》，《新青海》创刊号。

④ 佚名：《青海柴达木地区荒地分布》，《垦讯》第3期。

⑤ 柴达木垦务局：《柴达木垦务计划大纲》（1945年），转引自张嘉选《柴达木开发史》，第60页。

州 1960 年滥垦 147.43 万亩。

柴达木盆地的滥垦最为突出。1949 年盆地耕地面积为 1.1 万亩。1953 年在盆地东部建立德令哈农场，新垦地 5.4 万亩，盆地总耕地面积接近 10 万亩。1955 年建立格尔木农场。1956 年，劳改农场的耕种面积达 18 万亩；畜牧系统首次事农，开垦 5000 余亩土地；示范农场开垦（首次）1.7 万多亩。各单位、地区等在"开荒"上比干劲、比进度，开展红旗竞赛，由开始每天"开荒"18～20 亩，增长到每天 120～130 亩。1959 年柴达木行政委员会提出"以农业为纲"的国民经济发展方针，要求各单位务必完成开荒耕作，以千方百计提高粮食产量为首要任务。1959 年盆地耕地面积比 1958 年增长了 1.2 倍，1960 年比 1959 年增长了 1 倍多，耕地总面积接近 100 万亩。

青海湖北部的退耕地（刚察）

20 世纪 90 年代中期，青海某政策研究部门的一项研究提出，"大幅度地扩大粮食耕种面积是全面提高农业生产能力的一项战略措施，是实现粮食自给的希望所在"，认为"目前青海省有宜农荒地 800 万亩，其中水土光热条件较好，近期可开发利用的一类荒地资源 200 多万亩，主要分布在海西和海南地区"①。国家对各地提出"粮食自给"的要求②和"四荒

---

① 《青海提高粮食自给水平对策研究》，《青海社会科学》1997 年第 3 期。
② 从 1995 年开始，国家实行"米袋子""省长负责制"，要求各省、区努力实现粮食平衡。

地"优惠政策，垦殖活动遂再起波澜。20 世纪 90 年代中后期，由于油菜价格看涨，一些个人和企事业单位甚至国家机关，非法开垦草地或者到牧区租赁饲草地种植油菜，掀起了一股盲目、非法开垦草场的狂潮。据不完全统计，1995—1998 年间在青海非法开垦草原 73 万亩，其中在青海湖周边地区开垦冬春草场 40 余万亩。

与垦殖活动相伴的是农业人口的机械增长。1954 年，国务院下发关于移民的决定，动员内地人口密集的省份向边缘省份移民，主要从事开垦荒地和发展农业生产；次年移民工作正式开始。到 1956 年 3 月底，青海共接收鲁、豫、冀、闽、京、津 4 省 2 市的移民 26 批 37967 人。移来的农民大部分被安置在海东地区，另外海北州安置 500 人、海西州安置 500 人（河南青年垦荒队）。"大跃进"期间又调入一批劳改犯，扩大、新建劳改农场，并从河南省移民 8 万多人，建立 32 个国营青年农场（其中柴达木盆地 11 个国营青年农场计 1.6 万人）。1958 年，柴达木工委采取"什么样的人只要能劳动，不管是来自哪个渠道都来者不拒，大包大揽"的招工办法。柴达木地区从事生产活动的人口数量急剧增长：1955 年为 5 万人；1956 年增至 9.35 万人，中央企事业单位进入盆地的人数达 2 万人，省属企事业单位进入盆地的人数为 1955 年的 6.6 倍。1958 年，柴达木地区人口由 1957 年的 9.38 万余人猛增到 18.5 万人（仅职工增加一半多）；1959 年的人口又比 1958 年增长了 4 万人；1960 年的人口比 1959 年增长了 2 万余人，见表 8。

表 8　　　　　　　　柴达木地区部分年份人口与耕地的变化

年份\指标	1949	1955	1956	1957	1958	1959	1960	1983	1986
人口（万人）	1 余	5	9.35	9.38	18.5	22.5	24.5 余		26.96
耕地（万亩）	1.1	10		13.63	31.82	38.18	93.6 余	61.91	77
人均耕地（亩）	1.1	2		1.45	1.72	1.697	3.82		2.86

在垦殖过程中也注意到环境保护问题，如南京国民政府认为垦殖要有

科学规划，特别对山区垦殖有专门规定，就山陵高度、斜度等作了明确细致的要求；国民政府顾问芬茨尔当时建议在西北造林，认为这样能防止西北干旱和黄河下游的水害；更有专家提出根据西北实际情况，在垦殖过程中适当限制农业发展、大力发展畜牧业的主张①。但是，这些现在看来仍有实践价值的规定、主张，并未能付诸青海实际。这样，滥垦的结果是："第一、二年收点粮，第三、四年变沙梁"，或者"开荒一亩，沙化十亩"。大部分被开垦的草原，因水热条件差，或土层瘠薄，至多种植 3~5 年粮食作物后，地力耗尽，农作物难以成熟或出现沙化而被迫弃耕。"大跃进"期间开垦的土地，到 1963 年有一半以上被迫弃耕。到 21 世纪初期，海南、海北两个州可利用耕地面积 160 多万亩，只相当于开垦面积的一半左右。特别是被滥垦的高海拔草场和干旱盐碱荒滩，或因气温过低热量不足而有种无果；或因水源不足，引水工程无法奏效，致使大片耕田干旱成灾；或因地下水位过高，有灌无排，造成涝灾；或因土壤盐渍浸蚀而颗粒无收。如德令哈灌区的泽令沟开荒 7 万多亩，由于海拔高、气候变化多端，新垦地稳定性差，不适宜种植小麦，加上劳力不足，被迫退耕还牧 6 万亩；柴达木交通局 1960 年在香日德灌区宗加公社开荒 500 多亩建农场，但由于缺乏水力资源，难以对付干旱而很快撂荒；1955 年所建格尔木农场，其部分耕地无法解决排水设施，有灌无排，地下水上升，土地次生盐渍化而弃耕 3 万余亩，先后弃耕 55 万亩。② 20 世纪 50 年代末在牧业区建立的 32 个国营农场，非但不能创造财富，连口粮、种子都靠政府供给，不得不于 1962 年全部撤销。

大面积撂荒弃耕草地，一部分虽经平整，但植被仍为赖草和其他不可食的杂类草，利用价值低，成为啮齿鼠类的"天堂"。未经平整的机耕地，因草皮翻转不能利用，土层瘠薄的弃耕地已经沙化，再难恢复到昔日的植被面貌，更难发挥其生态作用。滥垦使青海湖周围相传为周天子赶猎、放牧地，也是青海质量最好的几十万亩草地（现有耕地或饲草地 50 余万亩）毁于一旦，使环湖生态逐年恶化，沙漠化日趋严重（约达 64.5 万亩）。若从湟源沿青海湖北西行，已经翻越山头的沙丘和被沙砾覆盖的草山会映入眼帘，让人不禁感喟大自然的报复竟来得如此直接。无论人们

---

① 蒋超群：《国民政府三十年代西北开发中的垦殖业》，《青海社会科学》2003 年第 1 期。

② 张嘉选：《柴达木开发史》，第 164 页。

怎样用诗意的语言、艺术的手法（如在该地举办国际诗歌节和沙雕节等）去描绘、赞美，似乎都无法阻挡沙丘东移的脚步。马海红柳林被全部摧毁，柴达木盆地南部乌图美仁到宗加一带的原始成片柽柳林被开垦为耕地后，因低温、缺水、无防护林和水利设施配套，很快成为有种无收或盐碱化的撂荒地。"油菜吃草原"则直接导致草地沙漠化。每年夏天，油菜花一片金黄，引来游人赞叹，但秋收过后，大片裸露土地经狂风一吹，附近沙地一带动，留给草原的是更严重的风沙蔽日和荒漠化。杨志军的《环湖崩溃》如此形容滥垦之于草原生态的伤害："从大地漂亮的衣服上撕下了一块布。"

草原深处又见沙山（同德）

（三）草地植被的演变

青海是中国四大牧区之一，草原面积仅次于西藏、内蒙古和新疆。千百年来，居住在草地的土著民，一直依靠畜牧业生产而繁衍生息，并积累了宝贵的生产经验。据1998年统计，草地（天然草地和人工草地）分布于青海各地。草地以天然草地为主，面积达3644.94万公顷（占青海总面积的一半以上），其中可利用面积为3161.3万公顷。发育着复杂多样的草地类型，从温性草原、草甸到高寒草原、草甸，从草地灌丛到极干的荒漠，无所不有。高寒草甸、高寒草原是青海天然草地的主体，二者之和占到青海草地面积的80%以上。与同纬度带相比，草地类型奇特，适于不同种群的动物尤其是牲畜的生长。在青海173个草地类型中，以莎草科牧草为优势的草地类型有 40 个，面积达 2091.37 万公顷。这种草地富有弹性，具备很强的耐牧性，是理想的放牧型草地。天然草地牧草具有粗蛋白、粗脂肪、无氮浸出物含量高、粗纤维含量低的"三高一低"特点，营养价值高。草地垂直带谱明显，为季节草地的合理安排和充分利用提供了十分优越的条件。

但与历史上比，这种植被是草地退化后的产物，而植被退化与人口和牲畜数量的增长相关。1949 年，青海省牧业人口 21.96 万人，人均占有存栏草食牲畜 34 头（只），人均占有草场 2158 亩，畜均占有草场 63 亩。受自然灾害的影响，1959 年是各项指标增长的低谷期。之后，人口数量持续增长。1998 年同 1949 年、1965 年、1978 年比，牧业人口数量分别增长 160.86%、143.82% 和 46.65%。牲畜数量波动较大，1998 年同 1949 年、1965 年比，分别增长了 179.22%、28.58%，同 1978 年比反而减少了 5.56%。考虑到瞒报、难统计数，1998 年牲畜数量至少在 2700 万头（只）以上，如此算来 1998 年同 1949 年、1965 年、1978 年比，牲畜分别增长 3.6、1.8、1.22 倍。到 2003 年，青海牧业人口增至 70 万人，存栏牲畜 2217.65 万头（只），比 1949 年分别增长 3.33 倍和 2.96 倍；人均占有牲畜减少 3 头（只）。人均占有牲畜虽未减少很多，但人均、畜均占有草场分别减少了 3.2 倍、3 倍。（变化趋势见图 3）

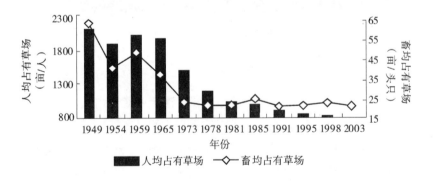

图3　青海人均、畜均占有草场变化

上述变化中，始终折射着人、畜、草矛盾，即作为草地第一性生产力的天然草地是相对固定的，牧草有限（通过灌溉、喷施等手段，产草量会有所增加，但这种增加不是无限的，而实际上这种新的生产方式一直未能充分地利用或很少利用），但 1949 年后，牧区人口飞快增长，为生产、生活所需，必须增加牲畜存有量；牲畜增加反而使天然草地可利用面积下降，这样就产生"畜增而草欠或无草"的矛盾。这里所反映出的畜草矛盾，实质上是人草或进一步说是人与自然资源（在牧区，草地是与牧民生产、生活联系最紧密的、首要的自然资源）之间的矛盾。

20 世纪 80 年代初青海省草原资源普查显示，青海天然草原理论载畜量为 3625.45 万个羊单位。当时，包括人工草地、农作物秸秆饲草供应在内，尚盈余 414.95 万个羊单位（其中天然草地占 96.63%）[①]。虽然冬春草地已超载，但夏秋草地有载畜余力。到 21 世纪初，由于草原退化，青海草原理论载畜量只相当于普查时的 70% ~ 80%，超载 1047 万 ~ 1685 万个羊单位。据有关部门统计，在实行封育禁牧前后，草原实际承载各类牲畜最少也有 2526 万头（只），折合 4053.61 万个羊单位，按当时草原产量测算，平均超载率 59% 以上，环湖部分地区超载最严重（达到 103.17%）。[②] 牲畜超载加之人工草地面积不足，舍饲圈养不够，超载牲畜往复啃噬天然草地尤其是面积占一半的冬春草地（据 20 世纪 80 年代调查，冬春草地放牧利用天数：青南地区为 243 天，其他地区为 212 天），使天然草地不堪重负，发生退化。

青海退化、沙化、盐渍化土地（特别是草地）面积大、比重高。据畜牧部门估算，21 世纪初，青海草地有近 1/3 发生退化。其中：中度以上退化草地面积占青海草地面积的 20.1%；严重退化草地面积有 440 万公顷，占 12.1%；沙化草地面积 193 万公顷，占 5.3%；因草原鼠害等造成植被消失、土地裸露的"黑土滩"面积达 4995 万亩；荒漠化土地 2.17 亿亩，占中国荒漠化土地面积的 23.6%（居全国第三位），主要集中在柴达木盆地、共和盆地、环湖地区和黄河源头地区；盐渍化土地面积 292.4 万公顷，主要分布在柴达木盆地、共和盆地和东部农业区；次生盐渍化耕地达 2.46 万公顷。

鼠害与草场退化相伴生。21 世纪初，青海受鼠害草地面积达 800 万亩。鼠害严重的海南州贵南县，鼠害面积 105 万亩；高原鼠害每公顷有效

---

①　青海草原总站：《青海草地资源》，1998 年内部出版，第 100 页。

②　司法臣：《青海发展畜牧业面临的机遇和挑战》，http://news.sina.com.cn/c/，2005 年 11 月 23 日。

洞数达 300 个，每公顷有鼠 75 只左右。鼠害严重地区，生草层遭大量破坏，植被覆盖度仅 20% ~ 40%。因鼠害严重，青海年损失牧草 44 亿公斤，相当于 300 万只羊一年的饲草量。

（四）物种多样性的演变

物种多样性的变化受到草地、湿地等变化的影响，也是人类行为造成的一大后果。其中，藏羚羊种群的变化具有代表性，并广受世人关注。青海可可西里地区是被誉为"可可西里的精灵和骄傲"的青藏高原特有物种——藏羚羊的繁殖、交配地，也是盗猎、捕杀集中发生地。对藏羚羊的盗猎捕杀始于 20 世纪 80 年代末期。进入 20 世纪 90 年代，盗猎活动日趋武装化、组织化。到 20 世纪 90 年代后，越来越多的不法分子纠集在一起，在可可西里等分布区大肆捕杀藏羚羊。据对 10 多年有关部门缴获的藏羚羊皮数目的统计，全球每天大约有 50 只、每年近 2 万只藏羚羊被捕杀。[1] 从 1999 年青海可可西里国家级自然保护局成立到 2001 年底，共收缴藏羚羊皮 3000 多张。加上其他各有关地区的野生动物行政主管部门和森林公安机关自 1992—2001 年底收缴的藏羚羊皮 15243 张（114 起非法盗猎案）及未缴获的数量（占总数的 1/3），青海有 3.5 万余只藏羚羊被猎杀，占总量的 58.3%。

在经济利益驱使下，因过度利用而种群大量减少的还有湟鱼、卤虫、冬虫夏草等珍惜动植物资源。直接参与资源争夺的有河南、四川等地的民工，有当地的农牧民及职工或家属，也有青海东部地区的农民。

据估计，青海境内受到威胁的生物物种占其总数的 15% ~ 20%，高于世界 10% ~ 15% 的平均水平。高等植物物种中已知受威胁或涉及濒危的有 67 种。一些分布较为广泛、种群数量较大的植物物种，如甘草、雪莲、红景天、秦艽等，分布趋于狭窄，种群数量急剧下降。境内分布的哺乳类受威胁或濒危物种有 38 种、鸟类 49 种，分别占其总数的 36.89% 和 16.78%。

青海藏文化正是在上述自然生态环境条件下求生存、求发展。自然生态环境的演变也必然给青海藏文化变迁与现代化带来种种不利影响；最为突出的莫过于一方水土难养一方人，生态压力下实施的生态移民，使文化变迁带有突变性，严峻考验着藏文化的调适功能。

---

[1] 《藏羚的目光》，《青海日报》2002 年 5 月 29 日第 5 版。

移民定居点（同德）

第二节　代表性个案概况

通过分层抽样所选定的代表性个案（村、社区、牧委会）有 17 个，其中军功、当洛、子科滩、快尔玛、哈尔盖的牧委会（各含两个村或分两个社）作为一个抽样单位来对待。按照主导的生计方式来分，12 个个案中，有属农业①（兼事不同比例的牧业）区的 3 个、半农半牧区的 3 个、牧业区的 5 个、城镇社区（副业）的 1 个。这些个案分布于青海范围玉树以外的 5 州 1 地 1 市，具有一定的代表性。作为藏文化变迁的微观环境，以生计方式、调查时间先后为类与序，对其基本情况分述如下。

一　农业区个案

（一）郭尔 3 个村

郭尔分 3 个村，属于青海海东地区平安县巴藏沟回族乡。该乡位于平安东南部的巴藏沟，东邻乐都县下营乡，西接沙沟回族乡，南与化隆县隔山接壤，北连平安镇东庄村。总面积 68.85 平方公里，海拔 2100～4166 米，具体情况见表 9。总人口中，非农业人口 94 人，劳动力 2215 人。聚居汉、回、藏、土 4 个民族，其中回、藏、土族分别占全乡总人

---

① 指种植业。在指称农业时，仅指种植业，而不包括畜牧业。下文同。

口的 30%、20.8%、4%。全乡地处沟岔浅山和脑山地带，第一产业为主，二、三产业为辅。共有耕地 20836 亩，其中水浇地 1700 亩、浅脑山地 19136 亩。农作物主要有小麦、青稞、豌豆、马铃薯、油菜等。

表9　　　　　　　　　　郭尔 3 个村的基本情况

（个、户、人、亩）

村名	合作社	户数	人口	其中						耕地面积（脑山）	退耕面积
				女性	男性	藏族		汉族			
						户数	人口	户数	人口		
下郭尔	3	78（71）	283（303）	（146）	（157）	61	215	17	68	1860	860
堂寺尔	1	64	284（287）	（144）	（143）	64	284			800	850
上郭尔	1	81	349（382）	（181）	（201）	72	309	9	40	1800	1000
三个村合计	5	223	916	（471）	（501）	197	808	26	108	4460	2710
全乡合计	25	1014	4087			206	848	286	1108	6294	6611

注：括号中为计生口统计数（更接近实际），其他数据系政府口统计数；数据截至 2010 年 3 月。

郭尔的嘛呢康

郭尔 3 个村处在巴藏沟乡的最南缘，南靠充满神话色彩的阿伊山脉，属于脑山地区。在土地改革结束时包括 8 个生产队，皆归郭尔管辖，20

世纪 70 年代增设尕九队（所谓郭尔四村），包产到户后郭尔村分成现在的 3 个行政村。据当地老人讲，郭尔本称"古尔"，意指帐房，可能最初是游牧民族放牧生活的地方。现在的堂寺尔村是青海海东地区少有的纯藏族聚居村。郭尔 3 个村的藏族人口分别占海东地区、平安县和巴藏沟乡藏族总人口的 0.63%、3.64%（截至 2009 年）和 95.3%。郭尔 3 个村是平安县卓仓藏人聚居地。3 个村有嘛呢康 1 院（据传初建于明洪武年间，1999 年重修，2003 年复建），白塔 3 座，崩康 6 处，从中呈现着浓厚的藏传佛教文化氛围。

在该村的调查于 2010 年 3 月进行。

（二）小茶石浪村

小茶石浪村属青海西宁市湟源县日月藏族乡。湟源县地处青藏高原东端的日月山下、湟水河上游，是青海省东部农业区与西部牧业区的接合部，素有"海藏通衢""海藏咽喉"之称。总面积 1509 平方公里，海拔在 2470～4898 米之间。年平均气温 3.0℃，无霜期 2771 天。湟源古为羌人居地，西汉始置临羌县。因交通便利，地理位置重要，早在唐宋时期，这里就成为中原通往牧区和西藏的重要枢纽，是"南丝绸之路"的重要驿站，为享誉汉藏地区的茶马互市集散地，被誉为"小北京"。据第五次人口普查，该县总人口为 12.98 万人，其中，农业人口占 81.54%。截至 2010 年，全县少数民族人口占总人口的 14.4%，汉、藏、回、蒙古族人口分别占总人口的 88.42%、8.86%、1.56%、0.93%，土、撒拉等民族占 0.23%。全县农、林用地分别为 41.98 万亩和 62.93 万亩，可利用草场面积 127.5 万亩。耕地中水浇地、浅山地、脑山地分别为 5.35 万亩、9.94 万亩、14.46 万亩，人均耕地 2.78 亩。

湟源县辖 2 镇、6 乡、1 民族乡。日月藏族乡位于湟源县西南部、日月山下，处在典型的农牧接合部。20 世纪中叶前属哈城乡辖地，1949 年设山根乡，1958 年与哈城乡合并成立日月公社，1984 年改设日月乡，1985 年设日月藏族乡。青藏公路（109 国道）穿乡而过，是通往西藏和青海西部的交通要道，距省会西宁 75 公里；地理位置北与湟源县大华乡、波航乡、和平乡接壤，东接湟中县，南邻共和县、贵德县，西邻共和县。整个地貌以高山峡谷和山原地带为主，平均海拔 3100 米，总面积 482 平方公里，耕地面积 4.4 万亩，可利用草场面积 45 万亩。境内是远近闻名的药水河的发源地，并有日月山旅游景点和藏传佛教寺院——东科寺。全

乡辖 23 个行政村、95 个农业生产合作社。截至 2009 年底，全乡约 3200
户，总人口 1.43 万人；以汉族为主，藏族占总人口的 49%，藏族人口占
湟源县藏族人口的 60.93%①，见表 10。

表 10　　　　　　　　　　**小茶石浪村基本情况**

村名	合作社（个）	户数（户）	人口（人）	其中（%）		耕地面积（万亩）
				藏族人口	汉族人口	
小茶石浪	5	140	670			0.197
全乡合计	95		14300	49	51	4.4

资料来源：据湟源县政府和小茶石浪村委提供数据整理。数据截至 2009 年底。

小茶石浪村位于日月乡南响河南侧。全村有 5 个农业合作社，140
户 670 余人，藏族占多数。耕地有 1900 多亩，皆为山旱地；林地约 150
亩，退耕还草地 152 亩。由于地处山区，海拔高，无绝对无霜期，气候
变化大，冻灾频繁，小麦难成熟，故以种植青稞为主。2009 年种植作物
结构为：青稞、油菜、燕麦分别约占 60%、30%、10%。此外，部分农
户从事牧业，全村约有牦牛 300 头、绵羊 600 只，山羊五六十只，犏牛
20 头，黄牛 80 头，黑白花奶牛 20 头。全村畜牧业收入在 15 万元左右，
其他以副业为主，特别是采挖冬虫夏草收入比重大，2010 年约达 30 万
元。

据村中老人回忆，日月乡一地原属德哇部落，部落民给东科寺"当
差"。村名亦为部落名，其属于东部德哇部落之下的小部落。20 世纪 40
年代末，全村只有二三十户人家；20 世纪八九十年代，通过国家调庄、
投亲靠友等形式，迁往共和、乌兰、都兰等地七八十户。因此，人口数量
结构一直极不稳定。

村民原来居住在村中心后山坳处，后由于遭遇泥石流灾害，被迫迁至
山沟平坦处（部分依靠政府定居项目）。

---

① 除日月乡外，藏族人口还聚居在和平乡（3117 人）和城关镇（以畜牧学校学生为主，
约 1435 人），其他散居于各乡。

小茶石浪村中心远眺

村设有初小一所。在教育布局调整中，该小学学生并入乡中心小学，目前为学前班，由 1 名代课幼师任教。

在该村的调查于 2010 年 6 月进行。

（三）北沟脑村

该村属青海海东地区互助县南门峡镇。该镇 2001 年撤乡设镇前的建制为乡；"土地改革"前归大通县管辖，称为龙生乡。位于互助境西北部，北依祁连山支脉达坂山，西与西宁市大通县接壤；由西部的七塔尔峡和东部的查巴（岔芭）峡构成其主体地貌，属于纯脑山地区。海拔 2750～4100 米，年平均气温为 3～4℃，年平均降水量 600 毫米左右。总面积256.3 平方公里，其中耕地、林地和牧业用地分别占 20.92%、34.93% 和38.45%。以种植业为主，主产油菜、小麦、青稞、马铃薯、食用菌。至2009 年底，兼养黄牛、羊、猪、马骡驴和鸡数目分别有 0.45 万、1.64万、1.42 万、0.18 万和 2.24 万。境内有知名的藏传佛教寺院却藏寺和水源地南门峡水库。每年农历十月八日和十二月二十八日是该地群众赶集的日子，交易商品主要有布、成衣、蔬菜、五金、食品等。截至 2009 年，全镇有 14 个村委会、51 个自然村、100 个农业生产合作社，共 4960 户19529 人，见表 11。居住着汉、藏、土、蒙古、回 5 个民族，少数民族人口占 30.8%，其中藏人占 12.97%，分布于各村。全镇有初中学校 1 所，小学 14 所，在校中小学生 2312 人。

表11				北沟脑村基本情况				（个、户、人、亩）
村名	合作社	户数	人口	其中			耕地面积
				藏族人口	汉族人口	土族人口	
北沟脑	2	235	907	404	503		4783
全镇合计	51	4960	19529	2533	6015	120	83243

资料来源：南门峡镇政府基本情况介绍材料。数据截至2009年底。

北沟脑村辖上北沟脑和下北沟脑两个自然村，处于东部的查巴峡偏北部。截至2009年，全村有235户907人，户均人口低于全镇平均水平；性别比为108.4，劳动力576人。全村耕地有4783亩，皆为旱地；林地面积420亩；草地有七八百亩。2003年实施退耕还林，退耕地920亩。全村饲养有羊（300多只）、牦牛（60头）、黄牛（100多头，属新引进的品种）。草山未分到户，归村集体统一管理。绵羊分户经营，逢夏季多托人代牧。"土改"时，牦牛入社，至今，一直由村集体经营，雇用村人放养，是村集体经营的主要收入来源。此外，作为役畜，还饲养马、骡、驴，分别有10多匹、20多匹和二三头不等。村有完全小学一座，名为"赤干仓爱国民族小学"，系宗教上层人士捐资修缮；在校学生59名。

北沟脑村小学复修落成纪念碑

该村因产生多名藏传佛教活佛，故有"活佛村"之称。却藏寺与该村距离四五公里，其历史上的影响波及青海门源、海北刚察县甚至新疆维吾尔自治区（焉耆县哈拉沙有却藏木寺），大小属寺 80 多座。寺院有僧侣 10 人，寺主系刚察县藏人，还有本村和互助藏人若干，土族僧人有三四人。村有嘛呢康 1 院，据村民讲，其初建时间与却藏寺相同；1958 年宗教改革时，充作学堂和大队办公室来用；21 世纪初，由村私人投资 30 多万元扩建。平日由 3~4 名老人看护，村人称其为"郭尼"（即庙倌）。"郭尼"的委任由村中青庙会负责，该会由 4 名村中老人组成，除负责管换庙倌外，还负责放囊呢（念嘛呢经活动）、念青苗经、维护嘛呢康（防漏雨）等村中公共事务。

寺院所在的滩地称为却藏滩，此滩范围与南门峡镇行政区域基本相当。村人称，却藏滩一带曾称为然落八什，然落为部落名，称为措哇①，内部又分上滩、中滩、尕寺加、麻其 4 个措哇，皆为却藏寺的拉德（即属地）。

在该村的调查于 2010 年 11 月进行。

二 半农半牧区个案

(一) 赛什托牧委会

赛什托牧委会属于青海果洛藏族自治州玛沁县军功镇。该镇系果洛州原有的军功乡和拉加乡（二乡分黄河西东两岸而居，原隶属海南州同德县河南公社，1960 年划归玛沁县）于 2001 年合并而成；东与黄南藏族自治州河南县接壤，西与果洛州大武乡相连，南与甘肃省甘南藏族自治州玛曲县、果洛州久治、甘德县毗邻，北与海南藏族自治州兴海、同德县相倚。可以说军功镇处在青海藏区腹地。全镇下辖 11 个牧委会 25 个牧业合作社、9 个农业点，经济生产以畜牧业为主。截至 2009 年底，全镇有 2295 户 10248 人，其中有 280 户 1077 人从事种植业、1888 户 9003 人从事畜牧业（不包括"五保户"和宗教人士），见表 12。种植业人口集中在沿黄河两岸的赛什托、曲哇、思肉欠、洋玉、玛吾村（牧委会）。属于黄河谷地小块农业区，实有耕地 500 亩左右，多为浅山地（部分可灌溉）。

---

① 在当地，把千户部落藏语称为"肖巴"或"德哇"（意为部落），千户称为"肖宦"或"德宦"（部落长之意）；把百户部落称为"措哇"（村庄之意），百户称为"措宦"（意为庄主）；百户之下小部落或村落则称为"居约"或"居"。

黄河岸边的红旗村

赛什托牧委会下辖麻什堂、洋芋、上红旗（亦称赛什托社）、下红旗和水磨沟 5 个社。2009 年，赛什托牧委会从事畜牧业的户数和人口分别占牧委会总户数和总人口的 61.8% 和 70.7%。耕地分布在黄河两岸的低洼地，多为旱地，但村民也利用黄河南岸溪水来浇地。种植作物有燕麦、油菜、青稞和少量小麦，作物单产较低，如油菜、小麦亩产分别约为 200 斤和 300 斤。赛什托各社以黄河南山山脊为界，北以农耕为主区，南为游牧区。调查主要在上红旗和麻什堂社的生产以农耕为主区进行。上红旗社原称阿赫村。村民称，因农业学大寨时，社员垦殖业绩突出，"争"了一面红旗，故称为红旗村。当时有 1000 多亩耕地。2007 年归入赛什托牧委会。该社时有耕地 320 多亩，42 户 200 多人。其中有 5 户汉族（即姻亲关系中皆为汉族），系赵姓，20 世纪 60 年代生活困难时最先迁来 1 户，另 4 户随后迁来。另有董、史、祁、解、孙、钱、严、鲍等汉姓，多来自西宁市湟中县，也有来自青海省互助县、甘肃省的。其余皆为藏族。藏汉之间通婚甚多，多数家庭成员民族构成、来源复杂，据笔者粗略统计，在农耕为主区，完全未与汉族通婚的藏人仅有七八户。麻什堂社在 20 世纪 50 年代初仅有两户（藏族），后有青海乐都、湟中汉族人陆续迁来。

在该村的调查于 2010 年 8 月进行。

表12　　　　　　　　赛什托牧委会基本情况　　　　　（个、户、人、亩）

牧委会名	合作社	户数	人口	其中		在户数和人口合计中				耕地面积
				女性	男性	种植业		畜牧业		
						户	人	户	人	
赛什托	5	427	1839	937	902	135	497	264	1300	
全镇合计		2295	10248	5010	5238	280	1077	1888	9003	527

资料来源：军功镇政府 2010 年统计报表。数据截至 2009 年底。

（二）瓦里关村

瓦里关村属青海海南藏族自治州共和县龙羊峡镇。共和县位于州境北部、青海湖之南，南临黄河、东以日月山与东部农业区为界、西与柴达木毗连，东西长 221.5 公里、南北宽 155.4 公里，总面积 1.7 万平方公里。地形由西北向东南倾斜；平均海拔 3200 米，属高原大陆性气候，四季不明，昼夜温差大，年平均气温在 0.7～6.3℃ 之间，年降水、蒸发量分别为 250～420 毫米、1400～2400 毫米，无霜期平均 88 天。县辖 4 镇 7 乡。据第五次人口普查统计，该县总人口 11.2 万人，其中藏族占 54.9%。共和县是一个牧业为主、农牧结合的县，有可利用草场 1814 万亩，20 世纪 60 年代初为全国百万牲畜大县之一，是青海省主要畜产品生产基地。县境黄河径流长 90 公里。耕地为河谷地和小块农业区，面积 16.8 万亩，主要种植小麦，还有青稞、豌豆、马铃薯、蚕豆和油料作物，兼种大麦、燕麦等。

龙羊峡镇原称曲沟乡，位于县境东部，距县府驻地恰卜恰镇 12 公里。地处黄河谷地，四周环山，属高原大陆性气候，年均温 3.4℃，年降水量 312 毫米。1949 年为上郭密区曲沟乡，1958 年并入龙羊公社，1961 年分设曲沟公社，1965 年与瓦里关、苏乎拉公社合并为曲沟乡，1968 年改称曲沟公社。1978 年建龙羊峡水电站并设龙羊峡办事处，1988 年改为龙羊峡行委（县级）。1984 年复称曲沟乡，2001 年底辖黄河村、兴龙村两个村委会，时有人口 0.3 万人，以汉族为多，主要是行委和电站的职工、家属。2002 年撤销龙羊峡行委，设立龙羊峡镇，并撤销曲沟乡并入该镇。截至 2009 年底，全镇总人口 8935 人，以藏族为主，藏族占总人口的 38%；面积 748 平方公里，辖 12 个村（牧）委会，见表13。

所谓"花山"（共和）

瓦里关村位于黄河北侧，距龙羊峡镇政府驻地约 7 公里。包产到户前，镇所在地为该村牧民的冬季草场，瓦里关村所处地为黄河北岸牧民的夏季牧场，在此地定居着七八户人家。当时，河岸耕地多属水地，除种植小麦外，还栽种果树等经济作物。1983 年，由于龙羊峡水库蓄水，居民被迫外迁，其中有 80 多户北迁瓦里关，逐步聚落而成瓦里关村。该村除 3 社草山植被尚算良好，多数区域为植被覆盖率极小且水土流失严重的"花山"；而少量的耕地，由于干旱少雨，仅种一些燕麦，以作牛羊越冬的饲料。

表13　　　　　　　　瓦里关村基本情况　　　　　（个、户、人、亩）

村名	合作社	户数	人口	其中劳动力	在户数和人口合计中				耕地面积
					种植业		畜牧业		
					户	人	户	人	
瓦里关	3	145	685	330			145	685	274
全镇合计	42	2057	8935	5546	1643	7105	328	8935	11825.8

资料来源：龙羊峡镇政府 2010 年统计报表。数据截至 2009 年底。

瓦里关村仅有两户汉族，称赵、师姓，其他皆为藏族。汉族人通藏汉双语，日常使用藏语。村人认为，该村所在地属郭密部落（地区）中郭密的中心。郭密地区旧时涵盖地域限于海南州共和、贵德县，后来范围有所扩大：东起贵德县尕让、湟中群加，西到都兰县夏日哈、切玉、哇窝，南到兴海县曲温，北接青海湖南岸。贵德县罗汉堂一带称为下郭密。①

著名的藏传佛教宁玛派寺院——当家寺就坐落在村中。而部落的归属关系是与寺院之间的教法传承关系紧密联系在一起的。当家寺相传建于元至正年间，与四川德格的西钦寺关系密切。清代寺主当家喇嘛受封"当家额尔德尼"，清廷赐有印章、封诰。从此，其发展迅速，成为海南地区宁玛派诸寺之母。至民国时期，在今共和、贵德一带形成以当家寺为母寺的寺院体系。极盛时，该寺下辖经堂和小寺8座，即中郭密的曲沟经堂、草多隆寺、后菊花寺、唐乃亥寺，以及分布在下郭密各村的俄康，如罗汉堂俄康、货尔加俄康、多勒仓俄康、松巴俄康等，有僧侣350人左右。贵德县罗汉堂乡、尕让乡地区主要是宁玛派密咒师的信仰地区。该寺在海南地区共有18座分寺，其中在贵德县有9座寺庙，其与藏区宁玛派的各大主寺有着密切的渊源关系。海南贵德县罗汉堂寺是诸多子寺中影响较大、与当家寺关系密切的一座密咒师寺庙。现世当家寺当家活佛长期驻锡该寺。1958年前，当家寺共有僧侣70人（其中有根藏浪卓、康苟千嘉木样图丹却吉道尔杰、坚官、多哇4名活佛），大经堂1座（高三层共100间），僧舍150多间，并建有当家、坚官、多哇3个昂欠；寺内还有阿柔格西活佛灵塔殿1座3间，内供宗喀巴像、阿柔格西灵塔等。1958年，寺院部分建筑被毁，"文革"时寺院成为生产队储草房，1981年重新批准开放，1988年前后恢复重建。由当家活佛出资兴建的"当家寺经学院"，于2009年落成。郭密地区的宗教联系则主要由每年举办的若干次法事活动来建立。全年主要的经事活动有农历六月十四至二十一日的"嘛呢会"、七月九至十五日的"法王会"、九月三至十一日的"宁玛派八部经文念诵法会"等。到2009年底，该寺有僧侣70人，其中，僧人33人（"根敦巴"）、经师1人、活佛1人、

① 郭密地区上、中、下分别在历史上有变动。到1958年，"上郭密部落包括共和县恰卜恰镇、曲沟乡、格拉乡、瓦里关乡、铁盖乡和切吉区的切吉、哇合、曲什安三乡，共有农牧民1589户、6514人；中郭密部落包括贵德县的罗汉堂、曲乃亥、豆后浪三个百户部落的九个村，共466户、1835人；下郭密部落包括贵德县尕让乡和河西乡黄河以北的村庄，共1522户、7304人"（见海南藏族自治州地方志编纂委员会编《海南州志》，民族出版社1997年版，下同，第777页）。瓦里关村民称其所处地为中郭密，可能是以中为上的正统心理的体现；当家寺在郭密地区逐步扩大的宗教影响力，可能也在客观上提升着瓦里关在郭密地区的地位。

俄华[1]35 人。

在该村的调查于 2010 年 9 月进行。

（三）郭米村

郭米村属青海海北藏族自治州祁连县扎麻什乡。祁连县位于青海省海北州西北部，素有青海"北大门"之称，总面积 13886 平方公里。县辖 3 镇 4 乡 45 个行政村 2 个社区。除八宝镇和扎麻什乡属半农半牧外，峨堡、默勒、阿柔、野牛沟、央隆 5 个乡镇为纯牧业区。总人口 4.82 万人，少数民族人口占总人口的 79.5%，包括汉、藏、蒙古、回、撒拉、裕固等 14 个民族，其中汉、藏、蒙古、回族分别占 20.4%、29.6%、10.3%、34.9%。[2]

扎麻什乡位于祁连县中西部、距县城 20 公里处的黑河下游，海拔 2700~2800 米，属寒温半湿润牧农林气候区。东与八宝镇相连，南以托勒山与默勒镇为邻，西与野牛沟乡接壤，北隔走廊南山与甘肃肃南裕固族自治县毗连。1952 年建扎麻什乡，1958 年改为铜矿公社，1959 年改为扎麻公社，1984 年改为扎麻什。属于半农半牧乡，下辖 8 个行政村。截至 2007 年 7 月，全乡有 1166 户 4823 人（其中劳动力 2580 人）。居住着汉、回、藏、土、蒙古、裕固、保安 7 个民族，其中，回、汉、藏族分别占总人口的 33.4%、31.1%、29%。该乡总面积 568 平方公里，耕地面积 12240 亩，其中，水浇地、旱地分别占 60%、40%，退耕还林（草）2243.96 亩。草场总面积为 583473 亩，其中，夏秋草场面积 392449 亩，冬春草场面积 191024 亩，见表 14。牲畜总数 43745 头（只、匹），其中，马骡驴 445 匹、牛 3233 头、羊 40067 只。共有天然林 14991.6 万亩、人工造林 10 万亩，四旁植树 67252 棵。2007 年全乡共种植各类粮食作物 9595 亩，其中，小麦 1799 亩、青稞 1049 亩、豆类 738 亩、油菜 3297 亩、马铃薯 983 亩；共育肥出栏牛羊 8907（头、只），实现育肥收入 374 万元。乡有小学 8 所，中学 1 所，教职工 52 人；共有适龄儿童 789 名，其中，小学 557 人、初中 232 人。

郭米村是一个由汉、藏、回 3 个民族构成的半农半牧村，下辖两个社。位于乡政府驻地鸽子洞村西部、黑河北岸，距乡政府 5 公里。东与河

---

① 青海藏区称法，藏语意为"持密者"，部分地区汉族称其为"苯苯子"，一般称为"庆巴哇"。俄华平时居家，从事农牧，娶妻成家，养儿育女，农闲或规定时间参加宗教活动。

② http：//www.qhql.gov.cn，2010 年 4 月 6 日。

北村相连，南接夏塘村，西与野牛沟乡为邻，北隔走廊南山与肃南裕固族自治县接壤。省道二尕公路（哈拉山垭口—尕海岔口）东西贯穿全境，平均海拔为 2750 米。耕地面积 786 亩，人均占有耕地 1.68 亩；其中约 89% 的耕地可利用黑河浇灌。约有 20 户专事种植业，主要种植青稞，亩产 200 公斤左右。因霜期长，早晚温差大，小麦难以成熟。草场总面积为 89276 亩，人均草场面积近 300 亩。全村拥有各类牲畜 9975 头（只），40 多户饲养牦牛约 280 头。2007 年人均收入 1641 元。截至 2007 年 7 月，有人口 103 户 468 人，其中，劳动力 282 人，藏、汉族分别占 74.79%、23.29%，另有两户回族。村有藏传佛教郭米大寺 1 座，僧侣 13 名，其中活佛 1 名；拥有完全小学 1 所，在校学生 80 名。

表14				郭米村基本情况						（个、户、人、亩）	
村社名	合作社	户数	人口	其中						耕地面积	草场面积
				性别		劳动力	民族				
				女	男		藏	汉	回		
郭米	2	103	468	236	232	282	350	109	9	786	89276
全乡合计		1166	4823			2580	1400	1500	1610	12240	583473

资料来源：扎麻什乡各村介绍材料。数据截至 2007 年底。全乡民族人口数系按比例推算。

祁连雪山下的郭米村

在该村的调查于 2010 年 11 月进行。

三 牧业区个案

（一）当洛五社、十社

当洛乡属青海果洛藏族自治州玛沁县。玛沁县东与甘肃省玛曲县毗连，北与海南州同德县、兴海县相邻，西与玛多县、达日县接壤，南与甘德县相连，总面积1.33万平方公里，海拔在4100米以上，年平均气温在3.8～3.5℃之间，年均降水量为423～565毫米。草场面积占总面积的87.89%（可利用草场占92.3%），理论载畜量全年平均为157万个羊单位。林地405087.7公顷，天然林地、宜林荒山荒地分别占林业用地的30.2%、2.08%。森林覆盖率达25.5%。有藏传佛教寺院7座，属格鲁、宁玛等多种教派，驻寺人员815名。截至2009年3月，该县辖2镇6乡、35个牧委会93个牧业合作社；总人口12860户43266人，其中，农牧总户数6389户、总人数23792人，藏族人口占全县人口的82%。①

当洛乡寄宿制小学

当洛乡位于县境西南部，距县政府所在地大武镇150公里，面积659平方公里。1958年设赤当洛区，后改称红旗公社，1961年由当项公社析置当洛公社，1984年改设当项乡。2001年撤销当项乡，并入当洛乡。截至2009年底，全乡人口0.39万人，藏族占总人口的99%；辖格雅、贡

---

① http://www.maqin.gov.cn/html/144/86796.html.

龙、加青、查雀干麻、查雀贡麻 5 个牧委会 15 个社。在行政上,以社为单位进行管理。调查点五社和十社分属贡龙、查雀干麻牧委会,前者原属当洛乡,后者原属当项乡。两个社的人口、户基本情况见表 15。长恰玛寺(原查雀寺)在查雀贡麻牧委会辖地;寺中宁玛、格鲁两派共存,宁玛派以四川噶陀寺为母寺,格鲁派以青海拉加寺为母寺。两派僧人和睦相处,可在同一经堂各诵其经。[①] 该寺于 1913 年始建,至 2009 年底,实有僧侣 120 人,其中活佛 1 名。

表 15　　　　　　　　**当洛五社、十社基本情况**　　　　　(个、户、人)

牧委会名	合作社	户数	人口	其中					
				性别		劳动力	畜牧业		
				女	男		户	人	
贡龙	3	186	852	443	409	293	168	834	
五社		60	273	137	136	98	54	267	
查雀干麻	3	206	705	354	351	273	188	875	
十社		78	208	97	111	96	72	202	
全乡合计	15	972	3891	1979	1912	1393	886	3805	

资料来源:当洛乡政府 2010 年统计报表。数据截至 2009 年底。

在该村的调查于 2010 年 8—9 月进行。

(二)纳洞村与切卜藏村

纳洞村与切卜藏村属青海海南藏族自治州兴海县子科滩镇。兴海县位于海南州境西南部,地处青海高原东北部山地、沟谷地。地势西南高东北低,其南部地区河流纵横,林木广布,北部地区地势开阔平坦,牧草广茂,是优质的天然牧场。黄河从西向东北流经县域,境内有黄河一级支流曲什安河和大河坝河,两河长期冲刷形成两条冲积河谷地带,沿河两岸地势较低,气温适宜、水源充足、物产丰富。年均温 1~5℃,年降水量240~600 毫米,属高原大陆性气候。总面积 13158 平方公里,其中草原面积 1515.42 万亩、耕地面积 7.34 万亩。农业区主要分布在沿黄河、曲什安河、大河坝河等光热条件较好的河谷地区,农作物以小麦、青稞、油

---

① 穆赤·云登喜措等:《中国少数民族现状与发展调查研究丛书·玛沁县藏族卷》,民族出版社 2006 年版,第 198 页。

菜、洋芋、蚕豆为主。截至 2006 年，县辖 3 镇 4 乡，即子科滩镇、河卡镇、曲什安镇、温泉乡、龙藏乡、中铁乡、唐乃亥乡；总人口 6 万人，以藏族为主，还有汉、回、蒙古、东乡、土家、满等民族。[①]

晨曦中的草山与"六字真言"（兴海）

　　子科滩镇属兴海县政府所在地。1953 年属夏卜区，1958 年设大河坝公社，1963 年改为大河坝乡，1969 年改称大河坝公社，1984 年复称大河坝乡。2001 年，设为子科滩镇，政府驻地迁至子科滩；辖 1 个居委会、8 个牧委会，即城关居委会和泉曲、纳洞、青根河、黄清、恰当、日干、直亥买、切卜藏牧委会（村），其中，泉曲村为农业村，其他为牧委会。

　　纳洞和切卜藏牧委会分处大河坝河的两条支流中上游，位于兴海县中部偏西南约 30 公里处，毗邻而居。生计方式以畜牧业为主；每户有 1～2 亩不等耕地，主要种植油菜、青稞、萝卜和洋芋，产量极低，产品尚不能自足。收入主要依靠畜牧业，兼以冬虫夏草收入为补充。如纳洞，2010 年，有牦牛 1.2 万头、羊 1.8 万只，分别出栏 1000 多头和七八千只；采挖冬虫夏草收入每户达 5 万元。因为草山面积相对较小，多数牧户自采虫

---

①　http：//www. qh. xinhuanet. com/old/qinghai/xhx/xhgk. htm.

草，不外包。该区域土著部落为阿柔部落，该部落北迁后，有黄南州、海南贵德县部落属民陆续迁来，至兴海县唐乃亥乡的有 8 个部落，兴海县中铁、龙藏、温泉县有黄南隆务地区的隆切部落，子科滩镇辖地的 6 个部落（称为夏卜浪部落或"六小部"）。牧民祭俄博时，多数要辗转到部落迁出地，如纳洞、切卜藏牧民要到黄南隆务河谷阿米拉索神山祭祀。纳洞、切卜藏除少数入赘而来的汉族（有河北、甘肃、山东省的，也有青海乐都、平安县的）外，其余皆为藏族。其人口分别占镇总人口的 12.27% 和 16.02%。基本情况见表 16。

表 16　　　　　　　　　　纳洞村、切卜藏村基本情况　　　　（个、户、人、万亩）

| 村名 | 合作社 | 户数 | 人口 | 其中劳动力 | 在户数和人口合计中 | | | | 草地面积 |
| | | | | | 种植业 | | 畜牧业 | | |
					户	人	户	人	
纳洞	3	308	1314	565			308	1314	60.13
切卜藏	5	319	1715	515			319	1715	21.03
泉曲	9	284	1387		284	1387			
全镇合计	39	2242	10707	4835	284	1387	1958	9320	393.19

资料来源：子科滩镇政府 2010 年统计报表。数据截至 2009 年底。

著名的藏传佛教寺院赛宗寺坐落在两村之间。该寺属"多麦四宗"①之一，1923 年由同仁隆务寺的第三世阿绕仓大师洛桑隆朵丹贝坚赞创建，因寺院背依智盖赛宗圣山而得名。每到十二属相中的猴年，即启开宝库之年，从四面八方前来此圣地的众多善男信女环绕朝拜此圣山之俗经久不衰。1958 年，全寺有大小殿堂、佛塔 18 座，昂欠 15 院，僧舍 150 多院 1086 间，寺僧 519 人；包括同仁地区的修行僧人，则有 619 人（内有转世活佛 28 人、僧官 1 人、经头 2 人、管家 8 人、干巴 11 人）。因佛像、佛经、佛塔等极为丰富，与格鲁派六大寺齐名。1958 年关闭，1962 年后一度开放，"文革"中再次遭封。1981 年 5 月 10 日重新开放，先后重建了小经堂、弥勒殿、阿绕仓大师佛堂、菩提塔以及八大灵塔和百柱大经堂，并兴建了 5 座昂欠和 200 多院僧舍。据相关部门统计，到 2009 年底，

---

① 多麦四宗分别是：尖扎县境内的阿琼南宗、乐都县境内的普拉央宗（亦称班莫曲宗）、平安县境内的夏哇日宗、兴海县境内的智盖赛宗。

有僧侣505人，其中活佛10人、未成年僧侣159人。佛事活动主要有农历正月十三至十八日的祈愿法会、三月的尼丹法会、九月的降凡节和十月的五供节（藏语称为"噶登安曲"）等。

智盖赛宗圣山

在该村的调查于2010年9—10月进行。

（三）和日村

和日村属青海黄南藏族自治州泽库县和日乡。泽库县地处昆仑山系西倾山北麓、黄南藏族自治州中南部；东与甘肃省夏河县毗邻，南、西、北分别与河南蒙古族自治县、同德县、贵南县相连，东北与同仁县接壤。全境东西较狭长，地势由东向西倾斜，东、北部山高沟深，群山连绵，西部地区平坦开阔。县境内大部分地区在海拔3500米以上，最高点是北部的杂玛日岗山，海拔4971米，最低点海拔2800米。受海拔高度及地形的影响，冷季漫长而寒冷，暖季短促而润凉，气温日差大，年平均气温-2.4～2.8℃。总面积6658平方公里，占黄南州面积的37.18%，其中可利用草场面积为928.28万亩。

泽库建政前属同仁县管辖。其历史与同仁县有不可分割的关系。约在明万历年间，居住在同仁一带的宗教头人为扩充势力和满足生产需要，把泽库地区当作畜牧业夏季草场，利用丰茂的牧草进行游牧生产，之后因路途遥远、人口增长等原因，渐次固定在泽库放牧，并发展为部落并划分出范围。到2005年，县辖2镇5乡（泽曲镇、麦秀镇、宁秀乡、和日乡、王家乡、西卜沙乡、多禾茂乡) 1 场 (国营牧场), 共 319 个牧委会。全县总人口 5.39 万, 其中非农人口占 5.8%, 以藏族人口为主。

和日乡位于县境西部, 距县府驻地 68 公里。1954 年设和日区, 1958 年设和日公社, 1962 年设和日乡, 1969 年改称和日公社, 1984 年复称和日乡。人口 0.9 万, 藏族占总人口的 99.6%。辖吉隆、直禾根木、东科日、四麻、哈拉、华克日、和日、叶木贡、羊旗、唐德、直禾麻日 11 个牧委会。草场总面积 151.9 万亩, 其中, 可利用草场面积占 56.6%, 人均占有可利用草场 93.7 亩, 耕地面积 1.38 万亩。草场退化严重, 到 2009 年底, 计有黑土滩 7.78 万亩, 沙化 23 万亩, 另有 6 万亩石山。为还青山绿水, 共退耕还草 690 亩, 还林 50 亩。另见表 17。

表 17　　　　　　　　　　**和日村基本情况**　　　　 (个、户、人、万元、万亩)

牧委会名	合作社	户数	人口	其中		劳动力	三产收入结构			草地面积	其中可利用草场
				女	男		一	二	三		
和日	3	201	766	379	469	327	154.7	149.5	40.75	6.6	3.2
全乡合计		2011	9176	4540	4636	4495	33.75	4163.1	190.79	151.9	86

资料来源: 和日乡政府 2009 年统计报表。数据截至 2009 年底。

和日村为全乡 11 个行政村中草场质量差、畜草矛盾较为突出的一个村, 又是村民整体素质较高、接受新事物能力较强、以石雕艺术为重点的手工艺技术传承较好的一个村。和日村是黄南州石雕技艺的发源地和传承发扬地, 有被誉为世界 "石经史上的一奇" 的全国最大的雕刻石群——和日石经墙。和日村的石雕技艺经和日寺活佛久美多杰多华沃所创并由其及历代真徒弟子发扬光大。村民利用石雕 (刻) 手艺增加收入。2009 年, 该村种植业、牧业收入分别为 2.8 万元和 149.58 万元; 而年内劳务输出人数达 264 人, 占全乡劳务输出总人数的 34.38%, 收入达 147.75 万元, 占全乡该项收入的 45.27%; 工匠有 10 人, 从事石雕 (刻) 的有 200 人, 创收 102 万元。截至 2008 年底, 全村存栏各类牲畜 1965 头 (只), 其中牛 1272 头、羊 693 只, 人均占有牲畜 2.6 头 (只); 人均纯收入 2241 元。全村仍有贫困牧户 95 户 380 人, 其中绝对贫困户 53 户 230 人, 有无畜户 154 户, 实施生态移民牧户 100 户 510 人。藏戏团时有演员 55 名。和日寺属藏传佛教宁玛派，到 2009 年底，在寺僧人 58 名，其中，活佛 7 人。

　　在该村的调查于 2010 年 10 月进行。

　　（四）快尔玛二社与九社

　　快尔玛二社、九社属青海海西蒙古族藏族自治州天峻县。天峻县地处青藏高原东北端的祁连山中段南部地区，位于海西州境东北部、青海湖西北侧，西北部与甘肃省交界，是海西州主要的牧业县之一。全县总面积 2.57 万平方公里，其中天然草场和宜建人工草场占 61.05%、退化黑土滩和风沙地占 3.73%、冰川和水域占 2.03%。境内高山纵横，山脉呈东南西北走向，以山地为主，高山、中低山、山谷和山间盆地相间分布。最高海拔 5826.8 米，最低海拔 2850 米。县城新源镇海拔 3406 米。布哈河自西北向东南流经县境南部而最终汇入青海湖，疏勒河自东南向西北流经县境北部而最终注入茫茫沙漠。属高原寒带气候，年均温 -1.5℃，极端最高气温 25.6℃，极端最低气温 -35.8℃，年降水量 360 毫米。全年无绝对无霜期，农作物不易成熟，畜牧业是全县的主导产业。古为羌地，从汉代起，历属西海郡、吐蕃、唃厮啰地方政权、朵甘行都使司和青海湖和硕特北前旗、都兰理事辖地。1953 年由都兰自治区析置天峻藏族自治区，1955 年改设天峻县。2003 年末总人口 1.8 万人，其中牧业人口占 79%、藏族人口占 85%。到 2005 年，辖 3 镇 7 乡，62 个牧委会。县域有天峻山、哈拉湖、西王母石室、鲁芒沟岩画、石经寺等知名旅游景点。

　　快尔玛乡位于县境西部，距县府驻地 18 公里。1958 年设快尔玛乡，同年与生格等乡合并成立快尔玛公社，1963 年复称快尔玛乡，1969 年改为快尔玛公社，1984 年改为快尔玛乡。驻环仓贡玛，辖曲尔追、纳尔宗、赛尔曲、恰通、德陇、多尔则、阳陇、莫日通、参木康 9 个牧委会。人口 0.2 万，藏族占 97%。在日常使用和政务管理上，以"社"称之，调查点二社、九社分别指纳尔宗和参木康牧委会。据地方志书载，天峻县东部属于环海八族之汪什代海千户部落，其内部又分成 18 个百户部落。驻牧于快尔玛乡的部落有环仓、沓哈百户部落，其中，环仓又分上、下两部，据 1951 年统计，分别有 108 户 414 人和 135 户 559 人；沓哈部落有 46 户 164 人。[1] 据当地老人讲，快尔玛所在天峻县的主要部落为沃特季麻（下

---

[1]　海西蒙古族藏族自治州地方志编纂委员会编：《海西州志·卷四、卷五》，陕西人民出版社 1999 年版，第 611—614 页。

沃特），其与共和（中沃特）、兴海（上沃特）的部落有渊源关系。特别是与兴海县的上沃特部落联系紧密，本地遇丧事，在兴海有外甥的一般要来奔丧；婚事中，有较紧亲属关系者都要来贺喜。快尔玛乡境有一座格鲁派寺院，称快尔玛·桑俄达杰林（亦称快尔玛寺），初建于 1942 年，寺院占地面积 2030 平方米，建筑面积 48 平方米，信教人数 250 人，有僧侣 5 人，其中，活佛 1 名。

在该村的调查于 2010 年 11 月进行。

（五）贡公麻村与环仓村

这两个村属青海海北藏族自治州刚察县哈尔盖镇。刚察县位于海北州境西部、青海湖北岸，西邻天峻县，地处祁连山系大通山脉中段。北部高山连绵，南部低缓，形成由西北向东南倾斜的梯形地势。大通山横贯县境北部，将全境分割成东西向的两个区域：北部为湟水、大通河流域，南部是青海湖水系。属高原大陆性气候，其特征为：日照时间长，辐射强；冬季漫长，夏季凉爽；气温日较差大；气候干燥多风、缺氧、寒冷。年均温 -0.6℃，年降水量 370 毫米。属于纯牧业县，拥有草场面积 7239.59 平方公里，占土地总面积的 88.96%，其中可利用草原占 90.42%。牧养藏系绵羊、半细毛羊、牦牛、马等。青藏铁路横贯全境，青新公路、湟嘉公路（湟源—嘉峪关，1995 年改称二尕公路）通过境内。境内有汉代"北向阳古城""舍卜齐沟岩画""哈龙岩画"，为省级文物保护单位。青海湖鸟岛位于县境西南距县府所在地 62 公里处。刚察古为羌地，西汉至清雍正三年（1725 年）属西海郡，后各属唃厮啰、吐蕃等处宣慰使司都元帅府、罕东百户、东蒙古诸驻牧地、蒙古统编 5 部 29 旗等。民国六年（1917 年）属都兰理事，延至 20 世纪 40 年代末为"刚察千户区"。1950 年设刚察区人民行政委员会，1952 年成立刚察区工委，1953 年设立刚察县。该县是海北州藏族的主要聚居地。截至 2008 年底，该县藏族有 2.86 万人，分别占海北州藏族人口和刚察县总人口的 42% 和 72.4%；回、蒙古族分别有 1025 人、1193 人。总面积 1.2 万平方公里。辖 2 镇 3 乡，31 个村（牧、居）民委员会。

哈尔盖镇总面积 1688 平方公里，位于县境东部、青海湖北岸，地处湖滨平原，哈尔盖河流过境内后汇入青海湖。镇境海拔 3195～3400 米，年降水量 327 毫米，年均温 -1.2℃，无绝对无霜期。1958 年设哈尔盖区，同年改为哈尔盖公社，1962 年改为哈尔盖乡，1969 年改为哈尔盖公社,1984年改为哈尔盖乡。2008年撤乡建镇，成为环青海湖地区最大的牧业镇。草场面积253.2万亩，其中可利用草场面积占88.56%，畜均占有草场7.35亩；冬春草场124.44万亩。耕地面积7.2万亩，见表18。以牧业为主，牧养藏系绵羊、牦牛、马等。截至2009年底，存栏各类牲畜263551头（只、匹），其中马2719匹、牛51008头、羊209824只。[1] 该镇辖贡公麻、亚秀麻、环仓秀麻、果洛、藏秀麻、切察、察拉、塘渠8个村（牧）委会和热水矿区，共有24个生产合作社。其中，塘渠村是一个纯农业村，汉族占总人口的60%以上，藏族占13.7%。在镇总户数和总人口中，农牧民有1784户7911人；热水地区有1128户2186人，流动人口达1.75万人。调查点贡公麻和环仓（贡麻）皆为纯牧业村。其耕地，主要用来种植油菜和牲畜越冬草料，其中多数已退还为草地。

表18   **贡公麻村、环仓村基本情况**   （个、户、人、%、万亩）

牧委会名	合作社	户数	人口	其中			收入结构比重			耕地面积	草地面积	其中可利用草场
				藏族占比	劳动力	男性	种植业	畜牧业	劳务			
贡公麻		352	1659	97.1	747	841	27.56	66.90	3.05	2.46	54.53	50.36
环仓		340	1607	97.4	724	813		95.49	2.1	0.44	52.63	47.20
镇合计	24	1688	7827		3542	3953				7.2	253.2	224.24

资料来源：哈尔盖镇各村基本情况介绍材料。数据截至2009年底。

在这两个村的调查于2010年11月进行。

四　城镇社区个案

四合吉社区属青海黄南藏族自治州同仁县隆务镇。同仁县为黄南州府所在地，位于青海省东南部、黄南州境东北部；东邻甘肃省夏河县，西连贵德县，南接泽库县，北与循化、尖扎县接壤。总面积3465平方公里，地处青藏高原与黄土高原的过渡地带，隆务河纵贯全境南北，形成东西边山区和中部河谷区。地势南高北低，最高海拔4767米，最低海拔2160

---

[1] http://www.qhgc.gov.cn，2010年5月31日。

米。属冷温干旱气候，年平均气温 5.2℃，年均降水量 425.7 毫米，无霜期 61～150 天。

牧民定居房屋一角（刚察）

同仁在历史上是游牧地区。汉朝时期，同仁北部成为屯田之地。至唐中宗时，作为金城公主的汤沐邑，赐予吐蕃。宋代属唃厮啰政权的势力范围。元明两代，始以县境保安地区为立足点，有中央屯军的深入；中央与地方势力融合，形成以隆务寺为中心的、青海最大的藏传佛教政教合一统治体系，一直延续到清代。行政区域归属为：元为贵德州地，明为贵德千户所辖，清隶循化厅，民国初隶循化县，1929 年设立同仁县。1949 年沿旧制仍设同仁县，1952 年改为同仁藏族自治区，1953 年由同仁藏族自治区析置泽库县，同年改同仁藏族自治区为同仁县，均隶黄南藏族自治区（州）。

到 2008 年底，同仁县辖 2 镇（隆务镇、保安镇）9 乡（兰采乡、双朋西乡、扎毛乡、黄乃亥乡、曲库乎乡、年都乎乡、多哇乡、瓜什则乡、加吾乡），75 个村牧委会；其中，有农业乡 1 个、半农半牧乡 5 个、纯牧业乡 3 个。总人口 7.82 万人，其中农牧业人口 5.4 万人，藏族约占总人口的 72%，还有汉、回、保安等民族。同仁县是“热贡艺术”的发祥地，有充满神秘色彩的藏乡民间“六月会”和以唐卡、堆绣、雕塑为主的“热贡艺术”。

隆务镇位于县境中部，为州府、县府驻地，面积 221.6 平方公里。1950 年建隆务街，1956 年设隆务镇，1958 年设前进公社，1961 年改设城镇公社，1965 年复设隆务镇，1972 年又改设城镇公社，1984 年复称隆务镇。至 2008 年底，辖 4 个居委会、7 个村委会；人口 2.1 万，藏族占 34.4%。[①]

四合吉社区巷道一角

四合吉社区成立于 2003 年，系原四合吉社区与四合吉村合并而成。社区管理人员由镇政府委派，由 2 名编制内、1 名招录人员组成。原村"两委"不参与社区工作。社区临时借用村党员活动室办公，条件比较简陋。四合吉村原有耕地 1900 多亩，后逐渐变为城镇开发用地。社区居民贫富悬殊：部分临街居住（原有耕地在现街区）的村民，主要依靠出租房屋来增加收入；多数村民收入来源单一，生活比较困难。现有耕地属四合吉社区后的山地，但多数村民弃之不用。该社区基本情况见表 19。

表 19　　　　　　　　四合吉社区基本情况　　　　（户、人、万元、亩）

名称	户数	人口	收入结构						种植结构			耕地面积
			农业	牧业	工业	建筑业	运输	劳务	小麦	油菜	洋芋	
四合吉	297	1156	8.40					2.65				183
全镇合计	1197	5774	550.95	208.26	727.24	177.07	163.65	223.55	3406	1560	585	5596

资料来源：2009 年隆务镇农业收益及结构调整表。数据截至 2009 年底。

① http://www.qh.xinhuanet.com/tongren/trjj.htm.

隆务寺坐落在该社区。在安多地区，其规模、地位、影响仅次于甘肃省的拉卜楞寺和青海省的塔尔寺。原属藏传佛教萨迦派，后改宗，至清乾隆年间，发展成显密双修的格鲁派大寺，下辖数十座属寺。1958年前，全寺建筑占地380亩，有大小殿堂31座1730间、活佛昂欠43座4201间、僧舍303院2734间，寺僧1712人（其中活佛43人）；寺有耕地1000亩，马2000匹、牛7200头、羊15500只。"文革"期间拆毁大部，仅存经堂3座353间、昂欠5座623间、僧舍24院225间。1980年12月批准开放，后重建天女殿、灵塔殿、观音殿、文殊殿、曲哇殿及密宗学院，僧舍10余院。至2009年底，有宗教教职人员521人，其中活佛10人。

在该社区的调查于2010年10月进行。

第二章　人口民族结构与分布及其变化

人是文化的载体。文化人类学家基本承认：文化是适应的手段，世界上的不同文化可能代表文化对变化的环境条件的适应[①]。而文化主要通过人来体现其适应自然环境的功能及地域分异。对文化变迁而言，"既可能是人的生物性质变化所致，也可能是文化进化的结果。所以，文化变迁要包括心理一面，因为没有人作为中介，文化就无法变迁"[②]。难怪奥格本说："人口的变迁对历史的影响在于改变整个历史的过程，而不是直接引发一些具体的事件。"[③] 从现实看，人口聚居程度是考察文化变迁的重要尺度，因为人口愈聚居，文化特质的保持则愈完整、愈接近文化起源地特征。可以说，处在特定自然环境中的人口结构和分布格局的分析，是考察藏文化变迁与互动的一个基础。青海是一个多政权（历史上）、多民族共存、多文化交融更替的省份。在古代，居住民族以少数民族为主，到近现代，汉族人口所占比例不断上升。到 20 世纪中叶前，形成汉族与少数民族人口基本对半的格局。进入 20 世纪中叶以来，这种格局又有了新的改变。藏族人口的分布也在各民族人口区域流动中，呈现出圈层化差异，其分布格局体现出微妙的变化。

第一节　民国时期的人口分布格局

民国考察家的调查和剖析，始终未离开对人口数和分布情况的掌握。特别是 1938 年，青海开始编组保甲，因同强征壮丁结合，遂清查

---

① ［美］尤金·N. 科恩、爱德华·埃姆斯：《文化人类学基础》，李富强编译，中国民间文艺出版社 1987 年版，第 96 页。
② ［美］威廉·奥格本：《社会变迁——关于文化和先天的本质》，第 32 页。
③ 同上书，第 246 页。

户口、挨户搜寻，进而摸清了相当数量的隐漏人口。① 但青海西部的果洛、玉树等地，由于深居高原、生产活动游动不定、管理松散，其民国早期的人口统计多按户推算，实为估计数。如有民国时期调查者所言："一因我国近年人口调查的方法多欠周详，二因蒙藏各族游牧不定，故真确的数目自不易得。"② 人口数据多有不相统一之处，比如，当时果洛地区人口数就有15万③、20万④、3万~5万⑤、37万⑥诸说，各执一端，莫衷一是。到民国后期的人口统计，得到政府的更多重视，数据较为可靠；综合性研究成果中出现的人口数，亦能博采各家之言，值得参考。

一　总体人口密度与分布

民国时期，青海人口总体上已经具有现当代的一些特点，如密度较低、分布不平衡等。从表20可见，青海省当时的人口密度只有1.2人/平方公里。其中，西宁地区人口密度较高，每平方公里达到35人；民国时期从西宁析置的互助县人口密度次之。建置历史悠久的乐都（碾伯）、湟源（丹噶尔）、大通县的人口密度也在20人/平方公里上下。循化、化隆（巴燕）、民和县每平方公里人数在5~12人之间。青海建省时，分别从大通县、西宁与湟源县析置的门源、共和县，以及贵德县的人口密度较低。人口密度最低的则是果洛"族"以及玉树、都兰县，每平方公里不到1人。

---

① 翟松天主编：《中国人口·青海分册》，中国财政经济出版社1989年版，下同，第61页。

② （民国）丘向鲁：《青海各民族移入的溯源及其分布之现状》，《新亚细亚》1934第5卷第3期，青海省地方志编纂委员会办公室抄印本，下同。

③ （民国）张得善：《青海种族分布概况》，《地方自治》1935年第3期，载吴坚主编《中国西北文献丛书》（第11卷），兰州古籍书店1990年影印出版发行，下同，第103页。

④ 据1930年青海民政厅调查所得。参见（民国）陈庚亚《西北视察记》，载吴坚主编《中国西北文献丛书》（第132卷），第173—174页。

⑤ （民国）庄学本：《俄洛初步介绍》，《西南边疆》1941年第13期，青海省地方志编纂委员会办公室抄印本。

⑥ （民国）佚名：《青海民政厅最近之调查》，《蒙藏月报》1940年第11卷第1期，青海省地方志编纂委员会办公室抄印本。

表20　　　　　　　　　民国时期青海人口分布情况　　（户、人、人/平方公里）

地区	省政府民政厅调查				省党部调查				户均人口数
	户数	人口			户	人口	核定之统计	人口密度	
		男性	女性	总人口					
西宁	25782	91154	72455	163599	25872	163599	163599	35.0	6.32
互助	13957	51197	43504	94701	13957	94701	94701	21.0	6.78
大通	12756	41039	34969	79008	12756	83808	83808	17.0	6.19
乐都	9689	35644	30517	66418	10522	68741	69989	20.9	6.84
民和	10393	28481	24084	52549	10490	54913	55355	5.3	5.06
湟源	4376	12611	11404	23715	4376	23715	23715	17.4	5.42
门源	1816	5552	4725	10966	4046	22812	22812	3.1	5.66
贵德	4510	9033	8588	17621	5215	27680	27680	2.0	3.91
化隆	4548	9409	8438	17849	4687	25085	24700	6.9	3.92
循化	5777	18135	2599	24734	5625	24749	24749	11.7	4.28
共和	4270			16590	3025	19025	19025	1.7	3.87
同仁	13500						54000		
都兰	35800						27710		
玉树	11700						46800	0.4	
果洛族	50000			200000			200000		
各寺喇嘛				4546			4546		
总计							943189	1.2	5.79

资料来源：左8列数据来源于（民国）张其昀、李玉林《青海省人文地理志》，《资源委员会学刊》，1942年第2卷第1期"西北专号"（一），青海省地方志编纂委员会办公室抄印本，下同。原注："乐都民和及化隆三县系本组于二十四年四月调查时所得之最近统计。"表中部分男、女性人口与总人口不符，"户均人口数"来源与表22同。

现黄南州辖地与民国时期的同仁县基本相当，当时的同仁县还包括海南贵德县一部分（尖扎县系1953年由贵德与同仁县一部分析置）。因此，表20所统计范围基本包括了现在青海省行政区域范围。但很明显的是，现青南地区（果洛尤甚）人口数多不精确。大体可以看到，青海2/3以上人口分布于河湟一带，尤以湟水流域人口最密集，其中，西宁为省会所在，人口最稠，民和、互助、乐都、湟源、大通诸湟水流域5

县次之①。这一区域，平川较广、水利较富、农业较发达，具有较适宜的耕居环境和较高的人口承载力。黄河沿岸的贵德、循化、化隆各县人口均在 3 万以下，其中，化隆县人口集中于南部，北部山区峡谷之地则较稀少；贵德县境东北部人口较密，西南部地广人稀。门源县气候较寒，耕地不多，人口密度亦小，共和、同仁亦然。都兰、玉树除县治附近人口居多外，其余"皆荒源山岭，人烟极为稀少"。

二 民族人口分布

当时民族人口分布情况，也是人口统计所关注的。但囿于统计条件不同，对河湟地区民族人口的统计为详。如表 21 所示，汉族人口占可统计青海总人口的一半以上，主要分布在湟水流域，该区域各县汉族占其总人口的比例在 50% ~90% 之间。此外，还分布在大通河、黄河流域，其中，门源汉族人占 32%；共和、贵德、化隆、循化一带汉族人占 10% ~20%；同仁汉族人所占比重较小，仅为 1%。

表 21 只列出了汉族占多数的东部各县，即便如此，所统计藏族人口占青海总人口比例达 16.32%。现东部地区藏族人口占比相对较低，其中，湟水两岸互助、乐都、民和、大通 4 县的藏族人口占其总人口的比例在 1% ~3% 之间，藏人最多的仅 2000 余人。当时，西宁县辖现湟中、平安两县，所辖地域甚广，5% 的藏人占比也是比较低的。按照张其昀、李玉林的描述，这些区域藏族的具体分布情况是：

> 河洮番族与河湟番族已多汉化，亦知种植，故青海田赋除屯粮（汉人屯田之粮）外，又有番粮，即熟番田所纳之粮。……河湟番族的分布，大多在河谷以上之高原带，而塔尔寺、东科寺、瞿昙寺、广惠寺、仙密寺、佑宁寺等诸大喇嘛寺皆位于高地山谷之间，是为藏族之信仰中心。②

另有乐都县风土概况的调查记载：

---

① 北穿湟水、南界黄河的民和县，《青海省人文地理志》显示人口密度仅 5.3 人/平方公里，但据该著中民和县面积（2190 平方公里）核算，密度应为 25.1 人/平方公里，仅次于西宁。
② （民国）张其昀、李玉林：《青海省人文地理志》，《资源委员会学刊》1942 年第 2 卷第 1 期"西北专号"（一）。

> 汉族居多数山川，各乡镇均有住址地，番、土族则杂居山脑之区，惟回民仅于治城东关附郭一带。[1]

说明当时青海东部地区藏族多数已移居于各山沟的脑山地带，并以部落形式围寺而居，而在局部地区其杂居程度已经相当高。

> 湟中所属各族多已汉化，聚族而居，耕牧兼施，故各族之间，汉回蒙杂处，已无显然分界，仅余族名而已。[2]

其中所指湟中，包括青海玉树、果洛、环湖地区以外的河湟流域各县。

从表21可见，靠近牧业区的湟源、循化、化隆、都兰和门源县，其藏人占总人口的比例居"湟中"之前，分别为10%、17%、24%、38%和39%。与湟水流域各县比，这些区域藏人的聚居程度更高，其文化的极富原生性从以下描述可见一斑：

> 藏族杂居西宁各县，以河南为最多，因未改县前，多为番地也。清雍正时，平定青海后，设有巴戎、循化等抚番厅，继虽改县，番民仍聚族百居，未能汉化。[3]

进而言之，藏人聚居程度"两化"相近，湟源介于"两化"与湟水流域其他各县之间，都兰、门源接近。而贵德、共和、同仁这三个县藏人所占比例在70%以上，同仁高达95%。

回族人口所占各地总人口比例：化隆县最高（50%），民和（32%）、西宁（30%）、门源（29%）相近，大通为20%，贵德、循化县皆为15%，其他各县皆在4%以下。从中看到，民国时期回族大分散、小聚居

---

① （民国）佚名：《乐都县风土概况调录大纲》，载王昱、李庆涛编《青海风土概况调查集》，第94页。

② （民国）竞凡：《青海之政治区域》，《开发西北》1935年第4卷第4期，载《西北民族宗教史料文摘·青海分册》（上），第181页。

③ （民国）马鹤天：《青海蒙藏民族之已往与现在》，《新青海》1943年第4、5期，载《西北民族宗教史料文摘·青海分册》（下），第524页。

的分布特点十分明显。撒拉族分布在循化和化隆，所占人口比例分别为
50%和6%，主要在循化的八工、化隆的五工。蒙古族分布地以都兰之柴
达木盆地为中心，湟源、门源、共和、同德等县亦有少数①。

表21所列人口数，未包括藏族聚居的玉树、果洛地区，所列门源、
共和、都兰、同仁尚不能包括各县所在现海北、海南、海西、黄南州的所
有区域。因此，它主要反映青海东部地区，主要是湟水流域的各民族人口
的分布情况。

表21　　　　　　民国时期青海民族人口及其区域分布　　　　　（人、%）

县名	总数	汉		回		撒拉		藏		土		蒙古	
		总数	比例	总数	比例	总数	比例	总数	比例	总数	比例	总数	比例
西宁	163600	106200	65	49300	30			8100	5				
互助	92701	80807	86	3165	3			879	1	9850	10		
乐都	69989	62925	90	2992	4			2104	3	1968	3		
民和	55355	31550	57	17814	32			1437	3	4554	8		
湟源	23715	18730	79	700	3			2270	10			1900	8
大通	83806	44300	53	18000	20			1500	2	20000	24		
门源	22812	7310	32	6680	29			8810	39				
化隆	14700	5000	20	12300	50	1400	6	6000	24				
贵德	27680	4260	15	4180	15			19300	70				
循化	24749	3858	16	3781	15	12822	50	4228	17				
共和	19015	2950	15	355	2			14650	77	180	1	990	5
同仁	54000	600	1	2200	4			31200	95				
都兰	27710							10450	38			17260	62
合计	679832	368490	54.20	121467	17.87	14222	2.09	110928	16.32	36552	5.38	20150	2.96

资料来源：（民国）张其昀、李玉林：《青海省人文地理志》，《资源委员会学刊》1942年第
2卷第1期"西北专号"（一）。各县民族人口"比例"所指为何，原作未说明，从其上下文判
断，当为民族人口占该县总人口的比重。"合计"部分系笔者根据该作数据整理，其中，"比例"
系各民族占青海总人口的比重。显然，虽同处一文，表中人口"总数"与表20有别。经核算，
原表所列"比例"多有误，比如互助、化隆、共和县汉族人比例疑分别为87%、34%和16%；
二者差别不大，故尊原作分析。

①（民国）张其昀、李玉林：《青海省人文地理志》，《资源委员会学刊》1942年第2卷第
1期"西北专号"（一）。

按照民国时期依户纳粮的苛政，对户的统计相对容易，也较符合实际，加之当时青海藏族部落形态尚较完整，故部落及其户口的统计可用以反映民族人口特别是广大偏远地区藏族人口的情况。如表 22 所示，除共和 11 族以外青海藏族各部落共有 103410 户。《青海省人文地理志》根据《新青海》（第 3 卷第 10 期）所列共和有 4270 户，除去郭密族 2000 户，余 2270 户，大体为共和 11 族之户数（因郭密范围超出共和，故此户数可能低于实际户数）；二者相加，青海当时藏族部落大概有 105680 户。涉及青海牧业区户均人数：贵德、共和分别为 3.91 人、3.87 人，取其均值并框定青海牧业区在民国时期的户均人数为 3.9 人（如表 20 所示，青海户均人口数 5.79 人计）。由此推断，民国时期青海实有藏族人数约 41.2 万人；民国时期多数著作语焉不详的果洛人口 10 余万较为可信，这是青海各地藏族人数最多的地区。其次为环湖地区，人口有 6 万余。再次为玉树地区，人口为 4 万余人。最后，湟水流域西宁、互助、乐都、民和、大通等地部落共 10960 户，只占青海藏族总户数的 10% 左右，人口（按户均 6.24 人计算）所占青海藏族总人口的比例为 16.6%。贵德、化隆、同仁、郭密地区户数介于果洛、玉树与湟水流域各县之间。

表22　　　　　　　　　　**民国时期青海藏族部落户数**

族名	户数	族名	户数
玉树 25 族	10970	民和 22 族	830
环海 8 族	16100	化隆 16 族	3530
郭密族	2000	大通 6 族	550
果洛族	50000	广惠寺藏族	700
西宁 10 族	7010	贵德 23 族	5750
互助 6 族	1520	同仁 24 族	3400
乐都 21 族	1050	共和 11 族	缺
		总计：103410	

资料来源：（民国）汤惠荪、雷男、陆年青：《青海省农业调查》，资源委员会农垦组 1936 年，青海省地方志编纂委员会办公室复印本，下同。原作所注调查时间为 1934 年 9 月至 1935 年 1 月。

基于玉树具有的重要的交通及稳定西藏的作用，民国时期对玉树民族经济文化的调查研究成果颇多，比如周希武的《玉树调查记》、曹瑞荣的《青海旅行记》所附《玉树志略》等。很多著作对其25族的户数、人口、分布等作了详尽的调查。尤其是1914年周希武对玉树部落分布情况的调查成果，为后来对这一问题的研究者所广泛引证。从中可以看到部落在玉树不同区域的分布，但以往缺乏对其中所涉及地名的考证，加之基本可确知当时玉树藏人的聚居程度，故限于篇幅，不再详论。以下据当时玉树地区不同民族构成的著述，概略论之。

　　玉树境内民族均为藏族（此指文化上言，非指人种），即有他族之汉、回仅居于县城，汉回且为极少，与藏民相较，几可忽而不论也。以下表（见表23——引者注）各县治之各族人口可见之。

　　除县治地所在地外，尽为藏族所驻牧（他族行商不算，如竹节寺有洮州行商一人），故玉树全境，他族人民共数不能超过四五百人，与五六万藏民相较为数甚微，故谓玉树全境为藏民所居非过言也。[1]

这是李式金于1940年随民国政府玉树经济和交通调查团亲历玉树所得。"文化上而非人种上的藏族"之言下之意是为藏族同化的其他民族。所列藏族户数与表22比，相当悬殊，姑且视为见闻之大体判断而不作实在凭证。而汉回户数毕竟有限，估计数字大概是八九不离十的。玉树、囊谦县治所在地分别在结古和香达，处在唐蕃古道，自古是商业重镇。从《青海人文地理图》[2]看，青海牧业区的商贸通道东部有共和—湟源一线，输入内部青稞、茶、布、洋货，自青海牧区内部输出皮、毛、牲畜等；西北经茫崖，输出皮、毛等，输入瓷器、俄国布等。南部有二：一经唐古拉山，输出生丝、绸缎、茶、酒、枪械等，输入药材、氆氇、藏香、经书典籍、英国呢绒等；二则经玉树结古，入四川，输出皮、毛等，输入茶、布、生丝、绸缎、野牲等。可见，当时南部的贸易通道皆与玉树有联系，善经营的川、陕、甘商人屯聚于结古，扮演商品流动中介，是自然的事。

---

　　[1]　（民国）李式金：《玉树——海南要镇》，《力行月刊》1944年第9卷第5、6期，载《西北民族宗教史料文摘·青海分册》（下），第445—446页。

　　·　[2]　民国时期绘图，但绘制作者及具体年代不详。来源于青海省地方志编纂委员会办公室。

表 23　　　　　　　　　民国时期玉树几个县治地的民族构成

县城	藏	汉	回
玉树	六七百户	川、陕、甘商人四五十户	仅有数家西宁行商，非久居者
襄谦	二十九户	一户	无
称多	数十户	未详	未详

资料来源：（民国）李式金：《玉树——海南要镇》，《力行月刊》1944 年第 9 卷第 5、6 期。

另据李式金就襄谦的考察记载：

> 襄谦全县的人口约三千户，女多男少。据云纳粮的约有一千余家（当差的约有一千五百家）。至县治所在地仅有三十来家，中有汉人一家，余均为藏胞。[①]

果洛的藏族部落长期以 "三果洛" 形式存在。民国时期文献中，对 "三果洛" 的划分，大体有两种：

一是吴景敖的划分方法。他称：

> 上中下三果洛原共三十三寨，其后时势转移，各有消长，最近诸部帐落列表如下：……为上果洛汪青部（共凡一一六户）……中果洛阿贡马仓部（共凡三九八〇户）……中果洛阿以羌康干部（共凡三八七〇户）……中果洛阿康撒部（共凡一九六〇户）……下果洛白马部（共凡一六三〇户）总计果洛诸部凡，五十一单位，共一三一〇〇户。[②]

简而言之，"三果洛" 即上果洛汪青部、中果洛阿羌部（内分贡马仓部、康干部、康撒部，亦称为阿羌三部）和下果洛白马部。其人口数不等。

二是绳景信的划分法："汪青本" 为上果洛，白马本为中果洛，"阿穷本" 为下果洛。绳氏对三果洛及其统属小部落及居民、户数等作了明

---

① （民国）李式金：《襄谦一瞥》，《新西北》1944 年第 7 卷第 1 期，载《西北民族宗教史料文摘·青海分册》（下），第 471 页。

② （民国）吴景敖：《川青边境果洛诸部之探讨》，《新中华》1944 年复刊第 2 卷第 2 期，载《西北民族宗教史料文摘·青海分册》（下），第 453—454 页。

确考察①，见表 24。

表 24　　　　　　　　　　　　民国时期的"三果洛"

部落名	内部划分		驻牧地	户数
	次级部落名	小部落名		
上果洛（汪青本）	上汪清（德巴）下汪清（木巴桑）	章梗、宅梗、多汪三小部落 多马、麦马二小部落	黄河源、鄂陵湖、扎陵湖一带	一千四百余
中果洛（白马本）	打脱桑、汪打桑、卡弄桑、帮业桑、吉郎桑、汪玉桑、得弄桑、得工桑等八部		康根之南，玉树与石渠之间	一千五百余
下果洛（阿穷本）	康萨			约帐房五百，土房四百余
	康根		康萨之西北	帐房一千，土房三百
	工玛仓		康根之西北	约帐房一千二百
	余有然老仓、麻呀徐畅等部落			

还有把下果洛之工玛仓、康根、康萨分别称为果洛上、中、下三部的。

民国时期环湖八族的名称及驻牧地、户数等情况②见表 25。表 25 所计"环湖八族"户数与表 22 户数相近。从户数判断，青海湖北岸的藏人总体上多于其南岸。其中，分布于今兴海县境的阿曲乎族户数最多，按照前述青海牧区户均人数匡算，计有人口 1 万余人。湖北岸汪什代克（现称汪什代海）、刚察、阿尔克（现称阿柔）3 个部落户数皆在 2000 户以上，各自人口近 1 万人。结合《海南州志》③ 和《中国藏族部落》④ 对各部落驻牧地方位的考

①　（民国）绳景信：《果洛及阿瓦行记》，《边政公论》1945 年第 4 卷第 4—8 期，载《西北民族宗教史料文摘·青海分册》（下），第 462 页。

②　（民国）佚名：《环海八族之名称及现状》，《新青海》1934 年第 2 卷第 10 期，载《西北民族宗教史料文摘·青海分册》（下），第 449—450 页。

③　海南藏族自治州地方志编纂委员会编：《海南州志》，第 773—781 页。

④　陈庆英主编：《中国藏族部落》，中国藏学出版社 1991 年版，下同，第 126—144、282—304 页。

证可知：热安、汪什代海、刚察、阿尔克、千布勒①、公洼塔尔代、都秀、阿曲乎8个部落大致从西按顺时针方向依次围绕青海湖而居，见图4。

表25	民国时期"环湖八族"分布情况				
部落名称	驻牧地	所辖族	总千户数	百户数	属民数
刚察族	青海湖北岸伊克兰河上源	八小族	一员	八名	二千余户
都秀族	青海南岸窝约一带	三小族	一员	八名	九百余户
干布勒族	青海东岸倒淌河一带		一员	六名	一千余户
公洼塔尔代族	郭密之北		一员	四名	一千余户
汪什代克族	青海西北岸沙尔池及布喀河流域	三小族	一员	八名	二千余户
阿曲呼族	青海南岸、大河坝一带	曲加等三族	一员	八名	三千余户
热安族	青海西部		一员	二名	仅百余户
阿尔克族	青海北部弥勒河沿岸一带	一小族	一员	四名	二千余户

资料来源：据前页页下注《环海八族之名称及现状》整理。表中"青海"指青海湖。

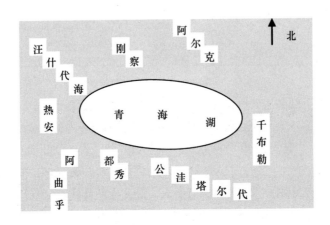

图4 民国时期"环湖八族"分布格局

以上反映了民国时期的调查者试图从民族人口的地区分布这个角度所作细微观察的尝试。此外，从诸多著述对青海民族分布态势概括性的描述，也能了解民国时期的人口分布格局。

---

① 《环海八族之名称及现状》（见表25）、《海南州志》称"干布勒"，疑为笔误。《中国藏族部落》称作"千卜录"。

魏崇阳 1934 年 6 月的调查记载：

> 境内藏人为数最多，其住地以海南、玉树、果洛为中心，其他贵德、同仁、循化、化隆等县，亦所在多有。大别为玉树二十五族，近海八族，郭密九族，果洛族、鲁木科十族，阿里克族等部。①

韩宝善于 20 世纪 30 年代初的调查记载：

> 汉族居于西宁各县。近有移居民和、都兰及恰布恰者，人数皆不甚多。风俗习尚等，与内地汉人无异。②

迄后，李式金的调查称：

> 青海的人种十分复杂，有汉、回、蒙、藏、土各族，人口各占多少，政府也没有真确统计，大抵汉人最多，约有六十余万左右，回民二、三十万（中有撒哈回三、四万人），蒙人约十万，藏族约廿余万人，土族约三、四万人。其中汉回人多居于湟中一带，蒙古民族多居于柴达木盆地，藏民居于江河的上游，此外尚有最近从新疆迁入的哈萨回约二万余人……③

就民国时期青海汉人分布情况，除表 21 所列和诸多概述外，另有丘向鲁对其有详尽描述④。如表 26 所示，按照 59776 户、每户 5.79 人计，民国时期青海有汉族人 34.6 万，此数与表 21 所载汉人人数相当。由此可以框定当时青海汉族人口在 34 万~40 万之间，虽不及青海总人口的一半，但也是当时青海省人口数最多的一个民族。

---

① （民国）魏崇阳：《西北巡礼》，《新亚细亚》1934 年第 8 卷第 5 期，载《西北民族宗教史料文摘·青海分册》（上），第 4 页。
② （民国）韩宝善：《青海一瞥·青海之民族》，《新亚细亚》1931 年第 3 卷第 6 期，载《西北民族宗教史料文摘·青海分册》（上），第 28 页。
③ （民国）李式金：《西宁——青海的省会》，《旅游杂志》1945 年第 19 卷第 2 期，载《西北民族宗教史料文摘·青海分册》（上），第 48 页。
④ （民国）丘向鲁：《青海各民族移入的溯源及其分布之现状》，《新亚细亚》1933 年第 5 卷第 3 期。

表26　　　　　　　　　　　民国时期青海汉族人口分布

县名	居住地	户数	人口
西宁县	城内、附郭、东川、南川、西川各处	一万八千〇十户	十万八千二百三十一人
贵德县	城内及东、西、南三乡	三千九百余户	一万七千二百余人
乐都县	城内及山川各乡	八千六百二十七户	四万九千五百〇六人
大通县	城内及各区	六千六百六十八户	三万八千八百余人
互助县	城内及第一区、第二区、第三区	六千余户	三万人左右
湟源县	城内及附郭四区	四千〇五十九户	约二万二三千人
民和县	城内及各区	二千五百余户	一千二百余人*
门源县	城内及浩源河北第一区一带	二千余户	九千余人**
化隆县	城内及附近数十里村庄	一千〇八十户	五六千人
循化县	城内及马营	七百九十二余户	三千三百九十余人
共和	亦拉什、大磨庄、曲沟、加什达、曹多龙、哈汗图亥、次汗图亥、阿一亥、油房台等处	二百九十户	一千三百七十人
同仁县	城内及保安镇等处	二百五十户	一千〇八***
都兰县	二十余人，余系流动性质，偶尔来往与蒙族交易，即行回湟源等处者		
玉树县	城内	为川、陕、甘等省商人，时来时往，无从计数	
合计			约五万九千七百七十六户

资料来源：同前页页下注丘向鲁文。原释：*"此处有误"；**调查时未经分开，为汉、回、藏3个民族人口数；***"此数系汉回二族之总数，以调查时没有分开的缘故"。另：循化、大通二县原文户数缺，该表户数系参照表20并按所列人口数推算。"合计"数系笔者据上汇总。

　　由表26可看出汉族分布的几个特点：一是汉族主要居于城内。在湟水流域各县，分布范围由城及外逐渐扩大；越往牧业区，即玉树、都兰、同仁、共和，越是集中于城区。在玉树、都兰，汉族多为游商，定居者寥寥。在同仁、共和，汉族分布稍有扩展，但也仅及邻近县治所在地的古镇（如保安镇）和川谷小集镇。贵德县的格局是：

　　　　汉族住东、西、南三乡，土番（从上下文判断，"土"为"土著"之意——引者注）居三沟，下山野番居南、西山后，回民杂居城关及康、李、杨三屯。[1]

到化隆、循化、湟源这 3 个临界牧业区的县，汉族仅延及"城廓附近数里村庄"。表 26 所指循化马营，疑为今民和县马营镇。清道光三年（1823 年），马营由河州边外地改隶西宁府循化厅，称之为马营集，属于循化厅除八工以外的 48 个基层单位之一，是当时中国西北地区著名的贸易集散地，建有川、陕会馆；1930 年民和建县时归民和并设马营镇。

这样看来，越靠近牧业区的县，汉族分布范围越趋于狭小。西宁、门源、互助县的汉族分布则要稍广一些，延及乡村。如西宁县，上文所列城廓、东川、南川、西川为旧置，清末还辖有沙塘乡、哈喇只沟和北川[2]。1930 年从西宁析置互助县后，西宁包括今西宁市、湟中县全部，大通县和平安县之一部分，所分五区分别为临城、东川、南川、西川、北川。[3]汉族居于城关及一、二、三、四各区。[4] 再如互助县，民国晚期分为 5 个区，从一区到五区，是按照由近及远的顺序排列，一、二、三区即处于威远堡附近的乡村。据 1932 年前后关于互助县风土情况的调查记载：

　　　　互助县辖境以内民族计有汉、土、番、回四种。如第一区内之什字庄、第三区内之山庄、邵家沟、甘沟门、中岭、刚冲，俱住回民；又如第一区之塘巴堡、朵思代、白咀堡，俱住土民；其余各庄堡，皆系汉民居住。再如第二区内之老幼庄以上、佑宁寺以下及斜吉崖、华林、梭布滩，第四区内之那家、东沟一带，土民居十之八九，汉民居十之一二；第二区内之二加定、白马寺、松尕，第四区内之北山后邯郸寺等处，均系番民，其余皆系汉民堡寨；第三区除居住回民数庄外，其余均系汉民庄堡。[5]

　　① （民国）张佑周：《青海省贵德县风土调查大纲》，民国 21 年（1932 年），载王昱、李庆涛编《青海风土概况调查集》，第 196 页。

　　② （清）杨应锯纂修：《西宁府新志》（卷 12），青海人民出版社 1988 年版，第 301—312 页。

　　③ 王昱：《青海省志·建置沿革志》，青海人民出版社 2001 年版，第 435 页。

　　④ （民国）佚名：《西宁县风土调查集》，民国 21 年（1932 年），载王昱、李庆涛编《青海风土概况调查集》，第 41 页。

　　⑤ （民国）佚名：《互助县风土调查记》，载王昱、李庆涛编《青海风土概况调查集》，第 89 页。

可见，当时互助县汉族分布在威远堡及湟水支流入湟处的川水平坦地。相对于此，大通、乐都、民和县汉族分布地域较广，"居多数山川，各乡镇均有住址地"。

二是由不同地区汉族户数能更清晰地看到汉族人口分布由青海湟水流域向青南地区递减的态势。正如前文所述之原因，民国时期大概有按庄廓院、帐篷来统计人口的惯例，由户数来看汉族人分布可能更有说服力。西宁汉族户数最多，占青海汉族户数的30.13%，这个比例高于由表21所列数据推算的西宁县汉族人口占青海汉族总人口比例（28.82%）。由此说明当时青海有1/3的汉族分布在西宁市、湟中县及大通、平安县的一部分（平安县除现巴藏沟乡以外的地区，见本书第五章）区域。此外，分布户数较多的分别是乐都、大通、互助、湟源县，4县汉族户数合计约有27854户，约占青海汉族总户数的47%（贵德县户数、人口与表20、表21相差甚远，故不计）。二者相加，湟水流域各县汉族户数占到青海汉族总户数的75.42%。如此说来，民国时期青海汉族人大多数分布于湟水流域各县之称，是比较准确的。其他县汉族户数皆在2000户以下。其中，仍可分成三个层次：门源与民和相近，并与化隆、循化处在一个层次，汉族户数在700～2500户之间；共和、同仁属第二层次，汉族户数在200～300户之间；海西（都兰）、玉树、果洛汉族户数属极少数之列。这三个层次各县（门源县除外）汉族户数约为2410户，尚不及民和县汉族户数。

在述及民国时期青海民族人口分布时，不能不提到主要在清末和民国时期发生的蒙古族、藏族人口在黄河南北的区域性流动。青海蒙古族最初系元代蒙古后裔额鲁特固始汗一部，其进入青海后，迫使吐蕃主体南徙，蒙古族遂占其地。清朝政府封爵以羁縻之，并以黄河为界确定"南番北蒙"的居住格局：黄河以北为蒙古人牧地，黄河以南为藏人牧地（黄河北部的郭密族除外），恪守其业，置青海办事大臣以管辖之。当时，蒙古文化影响之广，可从现今青海许多地区蒙古语地名窥得一斑，这些地名广泛出现于青海腹地的黄南州泽库县、果洛州诸县等地。元、明、清时蒙古人在青海的主要聚居地——环青海湖地区的蒙古语地名至今更是俯拾皆是。迨清雍正年间，罗卜藏丹津叛乱成为青海蒙古、藏族分布格局产生变化的转折点。平乱之后，青海蒙古族社会进入人口锐减、经济萧条的全面衰敝时期。① 同时，黄河以南藏族由于人多地狭，不断北移从事游牧，尤其环湖地区优质草原成为各藏族部落争相迁牧之地，直至清末民国初"环湖八族"的形成。蒙古诸部被迫逐渐收缩驻牧范围，甚至远徙青海以外的甘肃、内蒙古地区。民国时期，青海蒙古族以盟旗制管理，"驻牧海西柴达木，海南，海北，盐池，永安，河南一带"，具体在：都兰盐池附近3个旗，都兰柴旦5个旗，门源永安以西7个旗，共和县境内3个旗，"湟源附近之群科滩"6个旗，海北1个旗。② 从所载各旗的旗名或其俗称，可依稀看到当时蒙古人的分布地域范围：可可、巴隆、可鲁、宗扎、台吉乃尔、察汗诺门汗等在今海西州都兰、乌兰县，默勒、哈尔哈、角昂、水峡、布喀在今海北州门源、祁连县，居力格、端达哈、尔什克等在今青海海南州共和县，群科、永安、宗贝、托毛、阿咯、巴汗淖尔、托里和等在今青海西宁市湟中、湟源、大通县。当时，有人称蒙古族移退驻牧的地方为"瘠苦砂碛的地带"③。这个分布范围要比现今的广，但与清代比，已大为缩小且显破碎。地名古今对照，可以看到，上述地名中至今存留并在使用的，仅是青海蒙古族的第二大聚居地——海西都兰、乌兰一带，其余地名多已湮没在藏、汉地名文化中而难见踪影。这是青海藏、汉、蒙古文化互动、演化的结果。

对于蒙、藏分布地域的变化，民国时期有研究者归因为三：

一是政治原因。明末清初，蒙古势力挟元朝余威，在中国各地势力仍谓强大，"驭夷者皆以抑蒙抚番为策"。清嘉道以后，蒙旗衰而藏人之势转盛，"筹边者又变其方针，以扶蒙抑番为策"。然而，此时"蒙古衰弱，已成了强弩之末"④。政策未能跟上现实社会的变化，而既有的政策又深刻地影响着社会事件的进程。清朝于1653年完成"蒙古八旗"的编立，所建立起来的政治制度称为"盟旗制度"。在中国少数民族传统政治制度类型上，这种制度与藏区实行的政教合一制度皆属"中央政策委任型"⑤，

　　① 崔永红主编：《青海通史》，青海人民出版社1999年版，下同，第362页。

　　② （民国）张得善：《青海种族分布概况》，载吴坚主编《中国西北文献丛书》（第11卷），第103页。

　　③ （民国）魏明章：《青海的蒙旗》，《新西北》1944年第7卷第12期，载《西北民族宗教史料文摘·青海分册》（下），第542页。

　　④ （民国）周希武：《论青海种族之消长》，《边声》1918年第1期第6号，载《西北民族宗教史料文摘·青海分册》（上），第385页。

　　⑤ 宋蜀华、陈克进主编：《中国民族概论》，第170—172页。

但二者之间有着显著的区别：盟旗制度具有更多的羁縻色彩，无论是札萨克、佐、什长还是盟长，都绝对依附、依从于中央王朝；相反他们对其管辖、管理范围内的民众，拥有绝对的权威。故其对民间（草根）力量的管控、压制至深、至严，使其活力、创造力大受抑制。这样，当时的青海蒙古人就很难具有"固有的强悍本能"和"强健的民族精神"①，渐成"固守不进之习"②。因此，有人观察到，当时的藏族社区（村）重争讼且责罚相对公平，但蒙古族则：

> 由王公、贝勒、贝子等统治，阶级甚严，称王公为"察汉亚苏"，译为白骨人之意。称平民为"哈拉亚苏"，译为黑骨人之意。王公任意压迫，蒙民不知反对，且自甘奴隶，习成惰性，青海蒙古族势力之渐衰，此亦一大原因。③

二是经济原因。驻牧地的扩大意味着占有草场面积的扩大，增加的草场往往是水草肥美之地。而且部分藏人从黄河南迁出，很大程度上减轻了其地高寒草原区草场的载畜压力，有效缓解了人、草、畜之间的矛盾。这样，藏人经济上相对于蒙古人的优势就非常明显了，在资源争夺战中自然略胜一筹。以羊毛为例：

> 西宁进口羊毛，以出于番族者为多且佳，近年来番人以羊毛致富，每族皆蓄有快枪数十百杆，蒙人弗及也。④

如此看来，经济势力对比差异也反映到"军事"力量上。当然，经济、"军事"并非蒙、藏人口分布格局发生变化的主要因素，但二者互为因果，以致中央王朝最终未能改变蒙古族人口分布地域缩小的颓势。

---

① （民国）魏明章：《青海的蒙旗》，《新西北》1944 年第 7 卷第 12 期，载《西北民族宗教史料文摘·青海分册》（下），第 542 页。

② （民国）张元彬：《青海花容月貌藏牧民之畜概况》，《新亚细亚》1933 年第 5 卷第 6 期，载《西北民族宗教史料文摘·青海分册》（上），第 526 页。

③ （民国）韩宝善：《青海一瞥·青海之民族》，《新亚细亚》1931 年第 3 卷第 6 期，载《西北民族宗教史料文摘·青海分册》（上），第 36 页。

④ （民国）周希武：《论青海种族之消长》，《边声》1918 年第 1 期第 6 号，载《西北民族宗教史料文摘·青海分册》（上），第 386 页。

三是宗教原因。蒙古族最早信奉萨满教。1570 年，藏传佛教再度传入蒙古地区之后，萨满教开始衰微。1575 年，俺达汗在青海湖畔兴建规模宏大的仰华寺，藏传佛教（格鲁派）开始在蒙古地区再度广泛传播。清顺治、康熙以降，清廷实行鼓励建寺和奖励喇嘛制度，蒙古地区遂形成"笃信喇嘛，久已惑溺，家家供养，听其言而行者甚众"① 的局面。这种信仰对青海蒙古人民族性的影响至深：

> 蒙民自罗布藏丹津乱平后，受佛教洗礼，性渐和平，安居乐业者垂百余年。惟团结力涣散，团结力薄弱，被番族侵凌，牧地日蹙。②

不仅分布地域范围缩小，而且主要是在宗教影响下，到清末、民国时期青海蒙古人口也多有缩减。据考证，清初蒙古人丁数为 15075 户 75375 人。③至清嘉庆十五年查造各旗户口，只有 4500 余户，较其初编时少一半以上。④ 清宣统年间，蒙古族佐领由原 114 个半减至 103 个，人口也大幅度减少。青海建省后，据蒙藏委员会调查，青海蒙古族人口共 3 万余人。⑤有研究者这样描述当时青海蒙古人口下滑之势：

> 蒙古人口之减少，如水之就下。……民国以来，此种人口递减危机，仍未有若何改善，旗中户数有减至数户，甚至绝嗣者。……至今共计减少 5233 户，内中虽有数旗户口有增加趋势，但此种增加，并非人口之自然繁殖，乃系由于吸引或兼并别旗之属民而然。⑥

到 1949 年，青海蒙古人口减至 22474 人。人口减少有上述人口机械

---

① （清）马齐、朱轼等：《康熙王朝实录》（圣祖仁皇帝实录）。

② （民国）李自发：《青海之蒙藏问题及其补救方针》，《新青海》1933 年第 1 卷第 12 期，载《西北民族宗教史料文摘·青海分册》（下），第 536 页。

③ 黄奋生：《青海蒙古族人数》，《蒙藏》1939 年第 1 卷第 22—24 期，载《西北民族宗教史料文摘·青海分册》（下），第 580 页。

④ 吴均：《青海蒙族户数今昔比较》，《和平日报》1948 年 7 月 25 日第 2 版，载《西北民族宗教史料文摘·青海分册》（下），第 582 页。

⑤ 崔永红主编：《青海通史》，第 762 页。

⑥ 吴均：《青海蒙族户数今昔比较》，《和平日报》1948 年 7 月 25 日第 2 版，载《西北民族宗教史料文摘·青海分册》（下），第 582 页。

变化（迁移）的影响，也与医疗卫生、普遍改信藏传佛教（尤其是格鲁派）不无关系。

而深居黄河以南诸蒙旗，则多藏化。有民国考察者经过青海蒙旗地后，发出如下多少有些危言耸听的忧虑：

> （黄河南四旗）其余各旗，人口逐渐减少，生活大都贫穷，生活风尚完全被藏族同化然，数典忘祖，大都会操藏语而不知蒙语了，再过几年，青海蒙古恐怕自己忘记是蒙古人了。[①]

绳景信于 1944 年由拉卜楞赴青海各藏族地区行医，途经科采部落（系夏河县境内拉卜楞寺直接管辖的三大部落之一，驻地为现夏河县科才乡一带，地域与现青海同仁、河南县相连[②]）西南 30 余里、河南亲王旗所属之大残部时见闻：

> 有居民约二百余户，人民均已藏化，不懂蒙语，余路中曾遇蒙民，用蒙语向之问好，彼等均不解何意。[③]

河南亲王旗系黄河南四旗之一。两者互证，说明当时蒙古人藏化的普遍情形。

青海藏、蒙古族在黄河至青海湖之间的上述大范围人口流动，对其后藏族文化变迁与发展产生巨大影响。比如，"环湖八族"中处于青海湖北侧的汪什代海、刚察、阿柔等部落文化，既保持了自身独特的个性，促成藏文化及其变迁在这一区域的独特形态，又与青海湖南以至黄河南藏族文化保持着结构性的联系，使藏文化圈（而非区）被推衍成为事实。

---

① （民国）魏明章：《青海的蒙旗》，《新西北》1944 年第 7 卷第 12 期，载《西北民族宗教史料文摘·青海分册》（下），第 543 页。

② 陈庆英主编：《中国藏族部落》，第 392 页。

③ （民国）绳景信：《果洛及阿瓦行记》，《边证公论》1945 年第 4 卷第 4—8 期，载《西北民族宗教史料文摘·青海分册》（下），第 458 页。

第二节　20 世纪中叶以来人口分布及其变化

20 世纪中叶以后青海人口总体分布格局是：总量相对较少，少数民族人口比重高，人口密度低、分布不平衡。据 2000 年第五次人口普查统计，青海总人口 518.16 万人，其中少数民族人口占 45.51%。少数民族占省（区、直辖市）总人口比重之高，在全国仅次于西藏自治区和新疆维吾尔自治区，高于内蒙古、广西、宁夏。人口密度为 7.17 人/平方公里。人口分布东密西疏，西宁市和海东地区占青海 2.8% 的面积，容纳了青海 67.4% 的人口，人口密度达 152.9 人/平方公里；6 州每平方公里人口仅 2.14 人，其中，海西、玉树 2 州每平方公里人口不足 2 人，处在高原西南隅的可可西里为"无人区"。藏族人口主要分布在 6 个自治州，其余的杂散居于海东地区各县，人口分布总体上自东向西递减。下面以第五次人口普查统计和 2009 年的人口统计，侧重对青海藏族人口在不同地区的分布及其格局的变化作进一步解析。

一　民族自治州人口的民族结构

由表 27 可见，第五次人口普查时，青海藏族人口有 108.66 万，其中79.38% 的人口分布在 6 个自治州。玉树州藏族人口所占比例最高，果洛和黄南次之。就土地面积占青海土地面积的比重而言，玉树、果洛州分别为 27.4%、10.89%；人口占青海总人口比例，玉树、果洛分别只有5.45%、2.86%。这 3 个州是在自然经济区划上所指的青南地区，俗称为"黄果树"，多数地区处在"三江源自然生态保护区"的核心区域。青南地区土地面积占青海总面积的 40.85%，藏族人口占青海藏族人口的48.22%。海南州藏族人口比重比黄南州低 3.55 个百分点，海北、海西州藏族人口所占比重较少。汉族人口在 6 个州的比重次序与之正好相反：海西州最高，其后分别为海北、海南、黄南、果洛和玉树。6 个自治州有44.71 万、占青海汉族总人口 17.16% 的汉族。由此，可以从州级行政区域层面，看到青海藏族人口分布地差异性在青海 6 个自治州的概貌：玉树、果洛属于藏族人口密集区，海南、黄南属藏族人口次密集区，海北、海西可称为藏族人口稀疏区。但这种分类描述显然过于笼统，若要触及青海藏族人口地域分布实际，必须对各州民族人口结构有一个具体的解析。

表27　　　　　　2000年青海民族自治州人口的民族基本结构　　　　（万人、%）

	总人口	藏族人口		汉族人口		回族人口		蒙古族人口		土族人口	
		数量	比重*	数量	比重	数量	比重	数量	比重	数量	比重
青海	482.30	108.66	22.53	260.61	54.03	75.34	15.62	8.63	1.79	18.76	3.90
玉树	26.27	25.52	97.15	0.597	2.27	0.08	0.31	0.004		0.15	
果洛	13.79	12.64	91.63	0.91	6.59	0.15	1.11	0.009		0.03	
黄南	21.46	14.24	66.32	1.62	7.54	1.64	7.65	2.91	13.54	0.84	3.93
海南	37.54	23.57	62.77	10.53	28.06	2.62	6.97	0.26	0.7	0.38	
海北	25.89	6.25	24.15	9.48	36.63	7.92	30.58	1.31	5.05	0.78	
海西**	33.21	4.04	12.16	21.57	64.95	3.96	11.94	2.4	7.23	0.58	
6州	158.17	86.25	79.38	44.71	17.17	16.37	21.73	6.89	79.84	2.76	14.71

　　资料来源：根据2000年人口普查数据①整理。* 在6州指该民族人口占州总人口的比重；在"青海"一栏指该民族人口与青海总人口之比；在"六州"一栏指该民族在6个州的总人口数与该民族在青海的总人口之比。** 为"蒙古族藏族自治州"，其他为"藏族自治州"，下同。

（一）青海西南部的玉树

　　玉树州下辖6县，面积占青海总面积的近1/3。如表28所示，全州人口集中分布在214国道沿线玉树、囊谦和称多3县，通常称之为"东部三县"。以州府所在地玉树县和海拔较为低缓的囊谦县人口分布最多，这两个县处在长江上游（通天河）和澜沧江上游（扎曲等）的河谷地带，气候条件比其他县为好。杂多、治多、曲麻莱"西部三县"地广人稀。地处治多县西部、包括海西州格尔木市代管的唐古拉山乡在内的可可西里地区，气候异常寒冷，常年大风，空气稀薄，气压低，称为"无人区"。该州藏族人口占绝大多数，囊谦、称多、杂多、曲麻莱县藏族人口所占比重均超过全州藏族人口平均占比，治多县次之，玉树县藏族人口占比在各县中最小。全州57.59%的汉族分布在玉树县特别是州府所在地结古镇，其他主要分布在各县县府所在地，绝大多数从事行政事业和商业服务业，从事农牧者极少。故从民族人口分布角度看，玉树州尤其是其中西部地区，藏族人口分布广、聚居程度更高。

---

　　① 国家统计局人口和社会科技统计局、国家民族事务委员会经济发展司编：《2000年人口普查中国民族人口资料》，民族出版社2003年版。

表28　　　　　　　　2000 年玉树州民族人口的地区分布　　　　　　（人、%）

县	总人口	藏族人口		汉族人口		回族人口	
		数量	比重*	数量	比重	数量	比重
玉树	77854	73739	94.72	3438	4.42	458	0.59
杂多	38654	37956	98.19	462	1.20	93	0.24
称多	40391	39750	98.41	489	1.21	89	0.22
治多	24194	23407	96.74	606	2.50	68	0.28
襄谦	57387	56714	98.83	511	0.89	61	0.11
曲麻莱	24181	23601	97.60	464	1.92	40	0.17
全州合计	262661	255167	97.15	5970	2.27	809	0.31

资料来源：根据 2000 年人口普查数据（来源同表 27 注）整理。* 在 6 县指该民族人口占县总人口的比重；在"全州合计"一栏"比重"指该民族人口与玉树州总人口之比。

（二）地处黄河源头的果洛

果洛州地处青海东南部，辖 6 县，面积占青海总面积的 10.89%。如表 29 所示，玛沁县以外的 5 个县藏族人口比重均超过全州藏族人口比重的平均值。以藏人聚居程度看，久治县最高，次为甘德县，达日县与玛多县相当，班玛县次之。这几个地区（玛多全境、玛沁北部除外）属于历史上的"三果洛"地区。从地理位置看，藏族聚居于该州南半部。分布于州府所在地玛沁县的汉族人口，占全州汉族总人口的 54.27%。分地区从总数看，汉族依次分布于玛沁、班玛、玛多、达日、久治和甘德县；从汉族人口占各县总人口的比重看，由高到低依次为玛沁、玛多、班玛、久治、达日、甘德。这样看到，汉族在果洛分布的基本格局是"三县（玛沁、班玛、玛多）多、三县（久治、达日、甘德）少"；从地理位置看，后 3 县处在果洛腹地（"腰"部），前 3 县在其南北。或者说，汉族主要分布在城镇、河谷地带（黄河河谷和玛柯河河谷）和国道沿线。与玉树不同的是，果洛有一定数量分布在河谷地带从事种植业或半农半牧的汉族；回族人口占总人口的比重超过 1%（在玛沁县达到 2.43%）。故从民族人口构成及互动的角度说，果洛地区的民族格局和藏文化有着甚于玉树的丰富性和多元性。

表29 　　　　　　2000 年果洛州民族人口的地区分布　　　　　　（人、%）

县	总人口	藏族人口		汉族人口		回族人口	
		数量	比重*	数量	比重	数量	比重
玛沁	35778	29553	82.60	4936	13.80	869	2.43
班玛	22088	20490	92.77	1371	6.21	129	0.58
甘德	25494	24693	96.86	608	2.38	102	0.40
达日	24354	23371	95.96	711	2.92	194	0.80
久治	19336	18413	98.83	698	3.61	155	0.80
玛多	10890	9875	95.23	772	7.09	81	0.74
全州合计	137940	126395	91.63	9096	6.59	1530	1.11

　　资料来源：根据2000年人口普查数据（来源同表27注）整理。*在6县指该民族人口占县总人口的比重；在"全州合计"一栏指该民族人口与果洛州总人口之比。

（三）"青南地区"东缘的黄南

　　黄南州面积占青海省总面积的2.48%。如表30所示，在泽库县，藏族人口数较多、最为聚居。从藏族人口比重看，同仁县仅次于泽库。这两个县位于黄南州的中部。尖扎县的藏族人口数量和比重介于泽库和同仁之间。汉族人口数量和比重，从泽库、同仁到尖扎，依次增加。其中，尖扎县汉族人口占全县汉族人口的比例超过10%，汉族人分布在黄河河谷地带，除了从事行政事业、商业外，亦从事河谷农业。河南县的蒙古族人口比例遥遥领先，汉族人口数量和比重甚至超过藏族。尖扎县是青海回族人口的重要分布区，所占全县总人口的比例超过20%。同仁县亦有不少回族分布；有土族7991人，分别占青海省和黄南州土族人口的4.26%和94.62%。需要补充的是，同仁县不少土族的民族身份尚存争议。可以说，与果洛州比较，黄南州的民族人口更具多元性特点。整体而言，如果考虑到河南县蒙古族受到的藏文化影响，藏文化在黄南州自南向北的层次性呈现得十分分明：民族人口分布格局由单一到多元，藏族人口比例由高到低，汉族人口比例由低到高。在地理位置上，可以将这种差异性分布地域以泽库县与同仁县的交界线为界，分为南、北两部分，呈现出南部单一、北部多元的特点。

表 30　　　　　　　　2000 年黄南州民族人口的地区分布　　　　　（人、%）

县	总人口	藏族人口		汉族人口		蒙古族人口		回族人口		土族人口	
		数量	比重*	数量	比重	数量	比重	数量	比重	数量	比重
同仁	77040	57279	74.35	6814	8.84	137	0.18	3295	4.28	7991	10.37
尖扎	51064	31497	61.68	7179	14.06	38	0.07	11916	23.38	236	0.46
泽库	54288	52721	97.11	757	1.39	17	0.03	379	0.70	74	0.14
河南**	32250	863	2.68	1444	4.48	28879	89.55	821	2.55	144	0.45
全州合计	214642	142360	66.32	16194	7.54	29071	13.54	16411	7.65	8445	3.93

资料来源：根据 2000 年人口普查数据（来源同表 27）整理。* 在 4 县指该民族人口占县总人口的比重；在"全州合计"一栏指该民族人口与黄南州总人口之比。** 为"蒙古族自治县"。

（四）六州中唯一不邻省界的海南

海南州的地理以共和盆地为主体，包括北部的青海湖盆地、黄河谷地以及众多的山地，呈北西—南东之盆地与山地相间的格局。全州土地面积占青海总面积的 5.77%。如表 31 所示，州辖 5 县中，同德、兴海、贵南的藏族人口所占各县总人口的比例较高，超过全州平均值，共和、贵德次之；以绝对数看，共和县藏族人口最多，贵德最少。后者被誉为青海"小江南"，北部与西宁市湟中县、海东地区化隆县，南部与黄南州尖扎县毗邻，其藏族人口聚居程度远低于尖扎县，而汉族人口比例超过藏族人口比例 13.33 个百分点，人口达到近一半。共和县的汉族人口超过全县总人口的 1/3。贵南、兴海和同德的汉族人口数量依次减少，所占比例依次降低。贵德县的回族人口比例超过 10%，并有一回族聚居的新街回族乡。据《海南州志》称，该乡原系韦户部落冬季草场，民国 23 年（1934 年）始移民垦荒，之后渐有商业，形成街道。1985 年时，有 1328 户 5305 人，其中回族占 40.7%。[1] 这是青海 6 个自治州范围唯一的回族乡。兴海县的回族，其人口数量在海南各县处在第 3 位、比重仅次于贵德县，主要分布在大河坝河、曲什安河汇入黄河的冲积带，即该县的唐乃亥乡和曲什安乡，主要从事农业生产。

总而言之，海南藏族人口主要分布在盆地的边缘与山地。从整体看，可以把北部的共和、贵德与南部的兴海、同德、贵南 3 县以其交界为线，

---

[1]　海南藏族自治州地方志编纂委员会编：《海南州志》，第 91 页。

分为南、北两部分：南部藏族聚居，人口相对单一；北部藏族多与汉、回、蒙古等民族杂居，文化多元。在"南部三县"，藏族则分布于各河流的中上游，按河流水系展布，形成从河谷地带向其上游散布的河谷农业文化格局。显然，青海藏人地域分布呈现的差异性在海南的形态远比"青南地区"要复杂得多。

表31　　　　　　2000年海南州民族人口的地区分布　　　　　（人、%）

县名	总人口	藏族人口		汉族人口		回族人口		蒙古族人口	
		数量	比重*	数量	比重	数量	比重	数量	比重
共和	111974	66002	58.94	35705	31.89	6271	5.60	1913	1.71
同德	48741	43269	88.77	4779	9.80	373	0.77	69	0.14
贵德	91552	32877	35.91	45076	49.24	11787	12.87	95	0.10
兴海	59580	45655	76.63	8159	13.69	4862	8.16	221	0.37
贵南	63579	47860	75.28	11618	18.27	2863	4.50	339	0.53
全州合计	375426	235663	62.77	105337	28.06	26152	6.97	2637	0.70

资料来源：根据2000年人口普查数据（来源同表27）整理。*在5县指该民族人口占县总人口的比重；在"全州合计"一栏指该民族人口与海南州总人口之比。

（五）处在祁连山与青海湖间的海北

海北州地貌由祁连山高原区、青海湖北部湖盆区和浩门河河谷区组成，大体呈一山一湖夹两河的特点：在祁连山与青海湖之间，北部的黑河—八宝河、南部的大通河基本平行分布。该州辖4县，土地面积占青海总面积的4.8%。海北州是青海唯一的藏族人口未超过总人口1/3的"藏族自治州"。分县言之，如表32所示，刚察县藏族人口数量、所占比例最高，祁连县藏族人口占全县总人口的近1/3，其次为海晏、门源县。门源县藏族人口比例远远低于海北藏族人口占总人口比例数。海北州是汉族人口比例超过其他民族的自治州之一。海晏县作为州府所在县，汉族人口数量在海北州各县居第二位，所占比例则最高，超过一半。刚察、祁连县的汉族人口比例也都超过20%。门源回族自治县和祁连县的回族人口比例超过海北回族人口占总人口的平均数。在刚察、海晏县，回族人口分布较少。海北是青海蒙古族人口分布次于海西、黄南州（河南县）的第三大聚居地，蒙古族人口占青海蒙古族总人口的1/5，主要分布于海晏县，

内有托勒①、哈勒景两个蒙古族乡（另一个皇城蒙古族乡在门源县）。到
2007 年末，哈勒景和皇城蒙古族乡分别有少数民族 1572 人和 1415 人，
分别占各乡总人口的 97.76% 和 72.83%，见表 35②。

表 32　　　　　　　　　2000 年海北州民族人口的地区分布　　　　　　（人、%）

县	总人口	藏族人口		汉族人口		回族人口		蒙古族人口	
		数量	比重*	数量	比重	数量	比重	数量	比重
门源**	141426	15918	11.26	55383	39.16	60880	43.05	2992	2.12
祁连	45394	13462	29.66	9915	21.84	15713	34.61	4429	9.76
海晏	32879	8122	24.70	18095	55.04	1177	3.58	4743	14.43
刚察	39223	25018	63.78	11448	29.19	1420	3.62	923	2.35
全州合计	258922	62520	24.15	94841	36.63	79190	30.58	13087	5.05

资料来源：根据 2000 年人口普查数据（来源同表 27）整理。* 在 4 县指该民族人口占县总
人口的比重；在"全州合计"一栏指该民族人口与海北州总人口之比。* * 为"回族自治县"。

整体上说，海北州的人口集中分布在上述两河沿岸和青藏铁路沿线。从
藏族人口的聚居程度看，可以门源与祁连县交界为线，分为东、西两部分：
西部相对聚居，东部则多与汉、回等民族杂居。从人口结构上看，可以门
源与祁连县交界线以至大通河与湟水河流域分水岭为界，分为南、北两部分：
北部祁连山高原区的人口结构相对单一（回族聚居于祁连县城附近的宽谷
地），南部相对多元。其中，在南部，就汉族人口而言，处在其东部的浩门
河谷地并以农业人口为重，人口结构相对稳定；处在西部的青海湖北部湖盆
区以城镇人口为主，人口结构变动较大。因此，青海藏族人口在海北范围，
总体上自南向北呈区域性分布，其层次分明，地域化形态突出。

（六）与柴达木盆地范围相当的海西

海西州地处柴达木盆地，面积占青海总面积的 45.18%，是青海省面积
最大的一个地区。海西是青海范围内藏族人口占比最小、汉族人口占比最
大的自治州。藏族人口占全州总人口的 12.16%，集中分布在与海北州相邻

---

① 2006 年 8 月，撤销甘子河乡、托勒蒙古族乡，合并设立达玉蒙古族乡，乡政府驻原甘子
河乡驻地。

② 国家民族事务委员会经济发展司、国家统计局国民经济综合统计司编：《中国民族统计
年鉴（2008）》，民族出版社 2009 年版，下同，第 710 页。

的天峻县，然后依次分布在都兰、乌兰县和德令哈、格尔木市，见表33。德令哈市的藏族主要分布在其北部的盆地边缘。格尔木市的藏族人口主要分布在其东南的盆地边缘和所代管的唐古拉山乡（20世纪90年代初有1000多人①）。在都兰县，原住（相对于移民而言）藏族人口主要分布在沟里、热水乡以及夏日哈、香日德。乌兰县藏族属于零星分布（小块农业区）。②

　　汉族人口在各县市总人口中所占比重则与藏族在各县市总人口中所占比重基本相反：在天峻县总人口中所占比重最小，其他地区所占比重皆在一半以上；都兰、乌兰县汉族所占比重在50%~60%之间；格尔木、德令哈市的汉族人口占各市总人口的比重都在70%以上，其汉族人口之和占海西汉族总人口的74.79%。海西蒙古族人口占青海省蒙古族人口的27.83%，这个比例不抵黄南州河南县；集中分布在德令哈、乌兰、都兰县，三地蒙古族人口分别占海西和青海蒙古族总人口的88%和24.49%。在乌兰、都兰县，蒙古族分布在茶卡、铜普、赛什克和香加、巴隆、宗加、诺木洪等乡镇。此外，聚居在德令哈的尕海、柯鲁克、怀头他拉及格尔木的乌图美仁等地。③ 海西的回族人口则主要分布于城镇和（前）农场。

表33　　　　　　　　　2000年海西州民族人口的地区分布　　　　　　　（人、%）

县（市）*	总人口	藏族人口		汉族人口		蒙古族人口		回族人口	
		数量	比重**	数量	比重	数量	比重	数量	比重
格尔木	135897	5456	4.01	96699	71.16	2856	2.10	25805	18.99
德令哈	83585	3854	4.61	64632	77.32	7279	8.71	4764	5.70
乌兰	36015	2198	6.10	21130	58.67	6438	17.88	3715	10.32
都兰	57670	13503	23.41	30320	52.57	7423	12.87	5033	8.73
天峻	18927	15360	81.15	2925	15.45	24	0.13	327	1.73
全州合计	332094	40371	12.16	215706	64.95	24020	7.23	39644	11.94

　　资料来源：根据2000年人口普查数据（来源同表27）整理。*援引资料未对海西西部3个行政工委人口作具体统计，概将其归入格尔木市范围。**在5县市指该民族人口占县总人口的比重；在"全州合计"一栏指该民族人口与海西州总人口之比。

---

① 海西蒙古族藏族自治州地方志编纂委员会编：《海西州志》（卷二），陕西人民出版社1996年版，第34页。

② 海西蒙古族藏族自治州地方志编纂委员会编：《海西州志》（卷一），陕西人民出版社1995年版，第478页。

③ 修订本编写组：《青海海西蒙古族藏族自治州概况》，民族出版社2009年版，第19页。

　　总之，海西人口分布可以格尔木—大柴旦与都兰—德令哈的边界为线，分东、西两部分：东部人口分布相对密集，藏、蒙古族等少数民族或散居或聚居，人口居多；西部人口主要由城镇人口组成，地广人稀，少数民族人口分布较少，尤其北部鲜见（见图5，未包括所代管的唐古拉山乡）。一个需要特别注意的现象是，多数蒙古族分布地属于柴达木盆地平原与山地的过渡地，汉族则多分布在平原。这样，从柴达木盆地边缘到低海拔的平原（尤其在其东部），民族人口呈藏族→蒙古族→汉族的差异性分布态势。

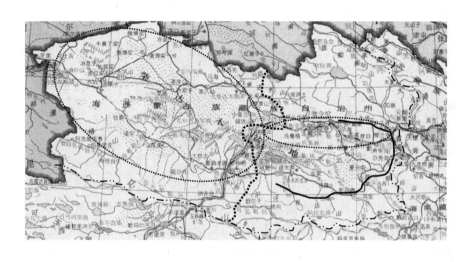

图5　青海海西州民族人口分布基本格局

　　注："⋯⋯⋯"表示柴达木盆地东中部边界；"◌◌◌◌"表示汉族的主要分布地；"——"表示蒙古族的主要分布地；"—‥—"表示州界。

二　东部农业区的民族人口

　　东部农业区是指从经济产业角度作出的分区，一般称为"东部黄土高原综合农业区"[①]，包括西宁市、海东地区及海北州的门源县、海南州贵德县和黄南州的尖扎、同仁县一部分。对于自治州辖县的民族人口分布情况，已在前文述及，这里重点对西宁市所辖县、海东地区的民族人口，特别是藏族人口的分布作一详述。

　　海东地区因位于青海湖以东而得名，面积占青海总面积的1.83%。

―――――――――

①　张忠孝编著：《青海地理》，第263页。

辖民和、乐都、平安、互助、化隆、循化6县（1999年底，原所辖湟中、湟源县划归西宁市）。西宁市所辖大通、湟中、湟源3县面积为7029平方公里。上述9县所处地域与一般所说的"河湟谷地"大体一致，基本地貌呈"三山夹河湟"的形态，即北部的大坂山、中间的拉脊山—马阴山之间为湟水，拉脊山—马阴山与南部的积石山之间为黄河。地势西高东低，垂直高差较大。其东部为青海最低处，处在青藏高原与黄土高原的过渡带。湟中、互助、平安、乐都、民和、循化和化隆的较宽广谷地大致连成一个围绕拉脊山—马阴山的半环，是青海主要的河谷农业区。

　东部9县（以下称东部地区）面积占青海省总面积的2.8%，藏族人口占青海省藏族人口的近1/5。如表34所示，藏族在各县皆有分布。其中，处在黄河流域、南临黄南州的化隆、循化（一般称为"两化"地区），其藏族人口较为聚居，所占各县总人口的比例远远超过9县藏族人口占其总人口比例的均值。在9县里，循化县的藏族人口绝对数位居第4位，但所占总人口的比例最高；化隆县藏族人口总数最多，比例也不低。其他各县亦有不同比例的藏人与其他民族杂居，按藏族人口所占县总人口的比例从高到低依次为：湟源、湟中、大通、乐都、互助、平安、民和。作为青海人口最多的县——湟中，其藏族人口数在湟水流域各县中也是最高的，比例仅次于处在农牧交界线——日月山东侧的湟源县。由此，可以清楚地看到藏族聚居程度由西向东渐次降低的态势："两化"地区为第一阶梯，湟源、湟中为第二阶梯，大通、乐都、互助为第三阶梯，平安、民和为第四阶梯。平安县藏族人口所占比例较小。203省道从该县境中部穿过，这是历史上的交通要道。因为商业、交通发达，故有回族小聚居，在青海，是回族乡分布最多的一个县。

　若更确切地看到藏族人口在青海东部地区的分布，民族乡的角度是十分可取的。青海东部地区藏族以藏族乡的行政管理形式聚居，从而形成在非民族乡总体上"大分散"（在高海拔区相对聚居）、在民族乡"小聚居"的分布格局。截至2008年底，青海396个乡镇中的28个民族乡，有25个分布在西宁和海东地区，2个分布在海北州（皇城和达玉），1个分布在海南州（新街）。① 其中，以"藏族乡"为多。如表35所示，截至2007年底，东部9县中，除了平安县外，其他县皆辖有藏族乡。共17

---

　① 青海省统计局、国家统计局青海调查总队编：《2009年青海统计年鉴》，中国统计出版社2009年版，下同，第45页。

表34　　　　　　　青海东部部分县人口的基本民族构成　　　　　（人、%）

县名	总人口	藏族人口		汉族人口		回族人口		土族人口		撒拉族人口	
		数量	比重*	数量	比重	数量	比重	数量	比重	数量	比重
平安	106866	4980	4.66	81668	76.42	18689	17.49	812	0.76	162	0.15
民和**	346748	12828	3.70	157673	45.47	135569	39.10	39616	11.43	172	0.05
乐都	262704	16870	6.42	226920	86.38	4283	1.63	8409	3.20	104	0.04
互助***	357089	21629	6.06	265456	74.34	6824	1.91	62780	17.58	11	
化隆****	213706	45935	21.49	45959	21.51	110082	51.51	380	0.18	11100	5.19
循化*****	104452	25783	24.68	6217	5.95	8155	7.81	134	0.13	63859	61.14
大通**	416968	27692	6.64	221318	53.08	119864	28.75	42347	10.16	130	0.03
湟中	448465	38153	8.51	337354	75.22	70920	15.81	1218	0.27	29	
湟源	129814	13472	10.38	111704	86.05	2216	1.71	413	0.32	68	
合计	2386812	207342	8.69	1454269	60.93	476602	19.97	156109	6.54	75635	3.17

资料来源：根据2000年人口普查数据（来源同表27）整理。*指该民族人口占县总人口的比重；在"合计"一栏指该民族人口与表所列各县总人口之比。**为"回族土族自治县"，***为"土族自治县"，****为"回族自治县"，*****为"撒拉族自治县"。

个藏族乡总人口达到12.57万，其中少数民族人口占到72.67%；藏族人口约为6.7万，分别占17个藏族乡总人口和少数民族人口的53.3%和73.65%（由于统计口径不一，这两个数据仅作参考）。此外，还有撤乡设镇中撤销的西宁市湟中县马场藏族乡和海东地区互助县加定藏族乡。前者于1984年成立，2001年6月与邻近的上新庄乡合并设立上新庄镇；之前有人口0.9万，其中藏族占39.9%。后者成立于1956年，2001年改设为加定镇；有人口0.7万，其中藏族人口占26.1%。另外，化隆县原有支扎藏族乡，有人口0.3万，其中藏族占65.8%；2006年，该乡被撤，并入雄先藏族乡。上述20个藏族乡（镇）藏族人口达约8万，占海东地区和西宁市辖县藏族人口的40%。据2010年统计，海东地区6县有94个乡镇1587个行政村，其中藏族乡有14个（含互助县加定镇），有162个纯藏族村，141个杂居村；藏族人口达14.54万，分别占海东地区总人口和青海省藏族人口的9.2%和7.9%。[①] 可以说，这些藏族乡是藏人在东部地区的主要聚居地。

―――――――――

① 数据由青海省海东地委统战部提供。

表35　　　　　　　　　　青海民族乡人口基本情况　　　　　　　　（人、%）

分类	地区	县	民族乡	乡总人口	少数民族人口		主要民族*人口	
					总人口	占乡总人口的比重	人口数	占乡总人口的比重
藏族乡	西宁	大通	朔北	18317	14653	80.00	4400	46.60
			向化	8476	4579	54.02	4194	40.00
		湟中	群加	2417	1353	55.98	1273	55.18
		湟源	日月	14254	6985	49.00	5239	40.30
	海东	民和	杏儿	3974	3561	89.61	2720	68.00
		乐都	下营	5125	1560	30.44	1680	28.00
			中坝	8270	2908	35.16	2560	32.00
		互助	松多	6325	4617	73.00	1652	23.60
			巴扎	5092	3207	62.98	3050	61.00
		化隆	雄先	8623	5925	68.71	3896	48.70
			查甫	6105	3840	62.90	3558	59.30
			金源	6447	6439	99.88	5712	95.20
			塔加	4044	4044	100.00	3836	95.90
		循化	道帏	13136	12586	95.81	8568	71.40
			岗察	1820	1820	100.00	1998	99.90
			尕楞	5117	5117	100.00	4995	99.90
			文都	8158	8158	100.00	7952	99.40
回族乡	西宁	湟中	大才	23956	12936	54.00	12253	54.00
			汉东	17384	10937	62.91	7840	49.00
	海东	平安	沙沟	9275	5101	55.00	5153	52.00
			巴藏沟	4542	2635	58.01	1264	31.60
			石灰窑	8269	4288	51.86	3080	38.50
			洪水泉	5745	1911	33.26	不详	不详
			古城	10703	6081	56.82	4554	41.40
土族乡	海东	乐都	达拉	9584	4554	47.52	3960	33.00
蒙古族乡	海北	门源	皇城	1943	1415	72.83	660	33.00
		海晏	哈勒景	1608	1572	97.76	不详	不详
合计				214709	142782	66.50		

资料来源：*"主要民族"指民族乡名称中出现的民族，如大通县朔北藏族乡的藏族、平安县巴藏沟回族乡的回族；该栏数据来源于 http://www.tibetcul.com/Item/2365.aspx（藏人文化网）和 http://www.mzgbxy.org.cn/page/abc26（中央民族干部学院网）；数据截止时间不详。其他数据截止时间为2007年底，来源于国家民族事务委员会经济发展司、国家统计局国民经济综合统计司编《中国民族统计年鉴（2008）》，第710页。

如果把所列各藏族乡以藏族人口所占乡总人口的比例排序，可以发现藏族人口地域性分布的显著特点。藏族人口比例超出90%甚至接近100%的乡处在化隆、循化县黄河干流南北山区，尤其南部山区更为聚集。佛学家喜饶嘉措的出生地道帏乡，尽管处在古代藏回贸易的交通孔道，但藏族人口比例也在70%以上。藏族人口超过一半的藏族乡依次还有杏儿、巴扎、查甫、群加和雄先乡。其中，雄先乡藏族人口所占比例疑为其与支扎乡未合并时数字，合并后2乡总人口达11000人，藏族人口比例在50%以上。这些乡或在山区或在离交通干线较远的腹地，除巴扎乡处于大通河流域外，其他处在黄河干流南北两侧山区。朔北、向化、中坝、下营、松多等处在湟水流域藏族乡的藏族人口比重相对较低。

综上所述，可以将藏族在青海东部农业区的分布特点概括为以下几点：一是藏族聚居于黄河、湟水支流及大通河的上游，也就是所谓的"脑山"地区。二是在邻近自治州的区域，藏族人口分布较为密集，谷地地区分布人口较少。三是处在宽广谷地的藏族乡，藏人多与土、汉族人等杂居。如松多乡，土族人口所占比例高于藏族，达42%。藏族与回族杂居的藏族乡则鲜见。

回族乡则多数处在交通沿线或川水地带。其中当数湟中县大才、汉东乡回族最为聚居，人口占比接近或超出一半，其他回族乡的回族多与汉、藏人等杂居。比如：十四世达赖喇嘛故居所在地石灰窑乡，以汉族为主，藏族人数亦不少；沙沟乡人口以汉族为主，藏族人口也达到10%；巴藏沟乡（见第五章第二节）、古城乡亦然。

如此看来，如果放在青海东部地区，"藏族占山　汉族占川，回族占街，土族占腰"这个对人口分布格局的概括，还是比较恰当的。青海民间，一般把一个山沟从沟口到山根，分别称为川里、浅山和脑山。如果用人的身体形容，川里为腿脚部，浅山为腰腹部，脑山为头颈部，"腰"或"腰把"就是指浅山或山沟的腰腹部。东部地区人口都是沿各个河流的支流分布，沿河不同海拔地区，民族人口总体上的差异性分布是十分明显的：各支流下游多为汉族，间有撒拉、回、土族；中游多为土族，间有汉、回族；上游则藏族聚居，其人数比例甚高，极少部分地区间有土族。这种梯级分布格局，就汉文化的传播而言，恰似汉族人口从河湟干流向支流上游"扔出卵石而在池水中形成波纹一样"（C. 威斯勒语）辐射，人数逐渐减少，从而形成以城市和干流为中心点（线）的汉文化分布格局；

而藏文化的形态是，藏人以河流上游或极广阔的林草地为据点，面向各支流下游展望，人口数量逐渐萎缩。

三 民族人口分布格局的变化

（一）藏族人口地域分布的变化

总体而言，2000 年青海藏族人口的地域分布格局可视为 20 世纪中叶以来的基本形态，但这种格局在期间也有一些细微的变化。首先，看不同地区藏族总人口的变化。1956 年到 1982 年，是青海、6 个自治州藏族总人口数增长最快的时期：从 20 多万分别增加到近 80 万和 60 万。6 个自治州和东部地区的藏族人口数量几乎以同样的速度增长，但 1982 年藏族人口的区域分布结构没有太大的变化：玉树最多，然后依次为海南、黄南、果洛、海北和海西。东部地区藏族人口则与玉树、海南、黄南的增长曲线交叉变化。而藏族人口占青海藏族总人口比例的变化略有差异：从 1956 年到 1964 年，6 州总体上的降幅明显，超过 5 个百分点；变化最大的是玉树州和东部地区，前者的比例从 30.81% 降到 23.12%，后者的比例从 10.83% 增加到 25.31%；黄南、果洛两个州的这一比例同期也在下降，但降幅没有玉树州明显；海南、海北、海西藏族人口占青海藏族总人口的比例在这一时期呈上升趋势，升幅较大的是海南州。1964 年以后，这一比例在 6 州和各州的增减不一。1964 年到 2000 年中间的 3 个时期比较：玉树、果洛州在第一个时期增长，第二、三个时期减少；黄南州在第一个时期减少，第二、三个时期恢复增长；6 州总数和其他 3 个州在 3 个时期持续增长，但增幅较小，也没有改变上述藏族人口的地域分布格局。东部地区藏族人口占其总人口的比例则持续小幅下降，见表 36。

其次，如表 36、图 10 所示，1964—2000 年间，不同地区藏族人口占该地区总人口比例的变化则是结构性的。其中，青南地区这一比例一直比较稳定（与 2000 年的比例基本持平）外，其他 3 个州的变化幅度较大：海南州除在 1964—1982 年间略有下降外，以后逐年上升；海北州在 1964—1982 年间这一比例下降了 32.55 个百分点，此后逐步上升；海西州藏族人口占州总人口的比例起伏最为明显，在 1964 年到 1990 年一直上升，1990—2000 年间又从 23.4% 骤降到 12.16%。这种变化与汉族人口的增（主要是机械增长）减有一定联系：海南、海北州藏族人口比例的下

表36 1956—2000 年青海省及其各藏族自治州藏族人口变动比较

（万人、%）

年份	比较项	青海省	东部	玉树	果洛	黄南	海南	海北	海西	6 州
1956	藏族总人口	25.20	4.92	7.76	3.33	3.43	4.34	0.96	0.46	20.28
	1953 年总人口	167.65	4.24	12.64	10.03	8.12	11.57	7.30	2.06	44.7
	占藏人总数比	100.00	10.83*	30.81	13.20	13.61	17.23	3.81	1.83	80.49
1964	藏族总人口	42.27	10.7	9.77	5.09	5.55	8.21	2.15	1.23	31.57
	占总人口的比	25.21	7.33	95.8	90.71	69.40	49.12	49.25	1.00	46.50
	占藏人总数比	100.00	25.31	23.12	12.04	13.12	19.42	5.08	2.91	75.69
1982	藏族总人口	75.98	16.74	18.57	9.26	9.53	15.48	3.98	2.42	59.24
	占总人口的比	19.3	6.39	95.3	88.0	65.4	47.5	16.7	8.8	53.60
	占藏人总数比	100.00	22.20	24.39	12.10	12.55	20.50	5.24	3.14	77.91
1990	藏族总人口	91.59	19.45	22.01	10.60	11.64	19.51	5.25	3.13	72.14
	占总人口的比	20.5	6.50	96.4	88.0	63.6	53.7	20.2	23.4	57.60
	占藏人总数比	100.00	21.24	24.05	11.59	12.69	21.13	5.74	3.39	78.78
2000	藏族总人口	108.66	22.41	25.52	12.64	14.24	23.57	6.25	4.04	86.25
	占总人口的比	22.53	6.42	97.15	91.63	66.32	62.77	24.15	12.16	54.32
	占藏人总数比	100.00	20.62	23.49	11.63	13.11	21.69	5.75	3.72	79.38

注："占总人口的比"指藏族人口占各地区（省、州）总人口的比；"占藏人总数比"指藏族人口占青海藏族总人口的比；"1953 年总人口"指青海省总人口。*系东部 9 县藏族总人口占 1953 年青海藏族总人口之比。

资料来源："6 州"（合计）一列 1964—1990 年藏族总人口及其占地区总人口的比例诸数据来源于《我国藏族人口的变动：主要藏族自治区人口民族构成研究》①。1956—1990 年"占藏人总数比"各行数据来源于《青海藏族人口分布及其特点》②。其中之一 1956 年藏族总人口数③以占藏人总数比推算，青海藏人总人口按 251959 算，此数疑有误，只作为参考。其他数据来源于人口普查统计。"东部"（地区）系指前文所述"东部 9 县"，其数据系各方数据推算得来，其中 1953 年、1964 年、1982 年、1990 年、2000 年各统计年青海藏族人口总数分别按 45.45 万、42.27 万、75.39 万、91.59 万、108.66 万人来计算。

---

① 何景熙：《我国藏族人口的变动：主要藏族自治区人口民族构成研究》，《中国社会科学》1995 年第 4 期。

② 邢海宁：《青海藏族人口分布及其特点》，《西藏研究》1993 年第 3 期。

③ 参见翟松天主编《中国人口·青海分册》，第 345 页。表36 中"1953 年总人口"来源于该书第 202 页。

降，与 20 世纪 50—70 年代大量建设农场并移民和城镇汉族人口增长有关；海西藏族人口比例在一定时期的增长，与大规模政府有计划和自发移民有关，而在一定时期比例的下降是工业基础建设和城市人口扩张的结果。东部地区藏族人口占其总人口的比例在 6% ~ 7% 之间变化，增减幅度不突出。

总之，20 世纪中叶以来藏族人口的地区分布变化呈现出这样两个特点：一是青南地区藏族人口结构稳定，而其他地区变化明显；二是剔除海西州的人口变化，其他 5 州 1 地藏族人口聚居程度在地区之间比较则相对稳定。

（二）汉族人口地域分布的变化

在同一时期，青海汉族人口的分布情况又是如何变化的？何景熙的研究发现：

> 越是地处边远、经济发展落后的州、县，汉族人口的自然增长率越低，外迁数量越大。以青海省邻近西藏自治区的玉树州为例，该州不仅面积最大，而且藏族人口数量（1990 年为 22 万）最多且占总人口的比例亦最高（1990 年为 96.4%）。1982—1990 年间玉树州藏族人口净增加 19.3%，同期汉族人口却净减少 16.3%，绝对人数下降 1400 人；而紧靠内地的省份、经济条件较好的黄南州却与玉树的情形相反：藏、汉人口同期均有大幅度增加，且汉族人口的增长率略高于藏族。[1]

这是何景熙在 1982—1990 年这个时间区间比较得出的结论。但是，自 20 世纪中叶以来，汉族人口增幅最快的并不是在这一区间。如表 37 所见，在 1964 年到 2007 年，青海全省和东部地区汉族总人口呈持续增长态势；其中，1964—1982 年和进入 21 世纪以来，增幅最大。1964—1982 年、2000—2007 年，青海汉族人口分别增长了 101.8 万和 35.5 万人，东部地区汉族人口则分别净增 75.41 万和 27.81 万人。在这两个时期，青海 6 州汉族人口增幅在各个时期中最大。1982—2000 年间，青海 6 州汉族人口总数在下降，

---

① 何景熙：《我国藏族人口的变动：主要藏族自治区人口民族构成研究》，《中国社会科学》1995 年第 4 期。

其中，1990—2000 年下降幅度最为明显（减少 8.67 万人）。

表 37　　　　　　1956—2007 年青海省及各地区汉族人口变动比较　　　（万人、%）

年份	比较项	青海省	东部地区	玉树	果洛	黄南	海南	海北	海西	6 州合计
1956	总人口									4.00
	占总人口的比		86.33	0.21	0.11	0.37	3.94	3.22	5.82	
1964	总人口	136.54	110.27							26.27
	占总人口的比	62.21	80.75	0.31	0.36	0.68	5.51	5.69	6.70	38.7
1982	总人口	238.34	185.68	0.86	1.14	1.63	14.58	12.72	21.73	52.66
	占总人口的比	60.70	78.66	4.4	10.8	11.2	44.8	53.4	78.8	33.9
1990	总人口	259.15	205.77	0.72	1.17	2.02	13.70	11.95	23.82	53.38
	占总人口的比	57.9	68.77	3.2	9.7	11.1	37.7	46.1	75.9	30.6
2000	总人口	260.60	215.89	0.60	0.91	1.62	10.53	9.48	21.57	44.71
	占总人口的比	54.03	61.70	2.23	6.59	7.54	28.06	36.63	64.95	28.27
2007	总人口	296.10	243.70	0.59	1.23	1.95	11.98	9.48	26.69	52.39
	占总人口的比	53.68	69.65	1.90	7.80	8.64	28.00	35.99	71.29	29.55

注："占总人口的比"指汉族人口占不同地区（省、州）总人口的比例。"东部地区"指西宁市和海东地区。

资料来源：表中"6 州合计"1964 年、1982 年人数，依据《中国人口·青海分册》① 所列数据推算。马戎、潘乃谷文章② 所列青海 6 个藏族自治州汉族人口数：1953 年为 4 万人、1964 年为 30.6 万人、1982 年为 50.4 万人。2007 年数据系根据《中国民族统计年鉴（2008）》（海东地区总人口采用《2009 年青海统计年鉴》③ 2008 年数字）④ 推算。其他同表 36。

　　海西州的汉族人口数经历了增长—下降—增长的过程。其中，2007年与西部大开发初期的 2000 年比，海西汉族人口增长了 1 倍多。显然，青海汉族总人口在两个时期的大幅度增长，与海西州人口增长的带动直接相关。海南、海北州的汉族人口总数在青海 6 州一直分别保持在第二和第

　　①　翟松天主编：《中国人口·青海分册》，第 345 页。
　　②　马戎、潘乃谷：《解放以来我国藏族人口的数量变化及其地理分布》，《中国人口科学》1988 年第 2 期。
　　③　青海省统计局、国家统计局青海调查总队编：《2009 年青海统计年鉴》，第 78 页。
　　④　国家民族事务委员会经济发展司、国家统计局国民经济综合统计司编：《中国民族统计年鉴（2008）》，第 298、335 页。

三位，且从 1982 年以来二者的变化曲线基本平行，并呈下降—下降—增长的态势；但到 2007 年仍然未恢复到 1990 年的水平。黄南、果洛、玉树汉族人口总数在 6 州一直分居第四到六位，并且在 0.5 万～3 万人之间小幅波动。其中，黄南州汉族人口的波动相对较大：从 1982 年的 1.63 万增长到 1990 年的 2.02 万，然后又下降到 2000 年的 1.62 万，到 2007 年复增长至 1.95 万，接近区间历史上的最高人数。这与海西州汉族人口总数的波动频率是一致的。而玉树州汉族人口数量始终没有突破 1 万人，且一直在减少；果洛州汉族人口未突破 1.3 万人，经历了增—减—增的过程，到 2007 年达到区间历史最高人数。

汉族人口占各个区域总人口的比例变化表现出如下特点：

（1）青海汉族人口占青海省总人口的比例在下降。青海汉族人口占青海总人口的比例和 6 州汉族人口占其总人口的比例 1964—2007 年整体上在逐年下降，唯独 6 州汉族人口在 2000—2007 年间是增长的，但仅增加 1.28 个百分点。青海全省和 6 个州分别在 1990 年至 2000 年和 1964 年至 1982 年间，减幅最大。东部地区与此略有不同：从 1956 年开始，汉族人口所占比例持续下降，1982—1990 年间降幅最大，2000 年之后又大幅回升。

（2）海西、海北和海南 3 个州汉族人口所占比例变化起伏最大，1982 年后其起伏曲线基本平行；青南地区 3 个州的这一比例变化不大，其比例只在 0.3% 和 12% 之间波动。其中，果洛与黄南的变化曲线几乎一致。黄南州的汉族人数及其占比略高于果洛。

（3）青海省、6 州及东部地区在不同时期汉族人口比例最为明显的变化：1982—2000 年间，各个地区汉族人口比例都在下降；虽为各地汉族人口比例的减少期，但其比例各不相同。海西、海北和海南州汉族人口比例呈直线下降，减幅最大，分别从 78.8%、53.4% 和 44.8% 下降到 64.95%、36.63% 和 28.06%。其他 3 个州的汉族人口比例也有不同程度的降低，但幅度不大。

1956—1964 年为汉族人口比例有增有减时期，比如：6 个州汉族人口比例均在增长，其中，海北、海北、海南州汉族人口比例增幅较大，分别增加 2.38、1.57、0.88 个百分点；青南 3 个州略增，增幅在 0.1～0.31 个百分点之间。同期，东部地区的汉族人口所占比例在下降。

1964—1982 年，是 6 个州汉族人口比例增长最为迅速的时期。海西州汉族人口比例从 1964 年的 6.7% 一下跃升到 1982 年的 78.8%，海北、海南州分别提高了 9.38 倍、8.13 倍，黄南、果洛、玉树更是分别提高了 16.47 倍、30 倍、14.19 倍。但是，青南 3 州汉族人占各州总人口的比例未超过 1/5。在几个调查时间点，1982 年是 6 个州汉族人口比例所达到的最高点，西部大开发以来汉族在局部地区人口比例的增长也未能使其恢复到这一点。

2000—2007 年汉族人口比例复归有增有减时期。增者按所增长百分点排序，分别为东部地区（7.95）、海西（6.34）、6 州（合计 1.28）、果洛（1.21）、黄南（1.1）。减者有：海北州的减幅最大，为 0.64 个百分点；其他略减，如青海全省及玉树、海南州的减幅分别为 0.35、0.33、0.06 个百分点。

第三节　人口分布展现的文化圈形态

从前文综述看到，青海藏文化圈作为青藏高原藏文化圈的一部分而存在，是在与汉文化圈·（限于亚洲内陆范围）的互动、比较中产生、演化的。从上述 2000 年藏族聚居程度的分析可以看到，青海藏文化圈具有十分明确的形态。从文化圈的中心到边缘，笔者依次定义为文化圈核心、内层文化带、外层文化带和边缘文化带。之所以这样命名而不用其他名称（如区域、区），一是避免与其他概念（如文化区）混淆而产生曲解，以表示不同概念的本质区别；二是强调以高原隆起中心这个文化圈核心为参照系，亦表示藏文化圈的演化方位特点。尤其需要指出的是，"文化圈核心"（不是"中心"）的定位，是基于历史的，更是立足现在，面向未来的，可以说是一个"现在进行时态"。称之为"带"，意在强调文化圈的不同圈层不甚规则的圈状形态，它是围绕文化圈核心所形成的略呈弧形的狭长地带。同时，可以从人口变动看到汉文化圈在青海的辐射和影响。

一　两个图的直观呈现：藏文化圈和汉文化圈的互动结果

青海藏文化圈作为青藏高原藏文化圈的一部分，有必要纳入青藏高原藏文化圈整体进行考量。限于篇幅，不能对其形态作全面描述。青藏高原各区域藏族人口，在不同历史时期，有很大的变动——包括人口数量和分布区域的变动。分布区域上的变动，在青藏高原藏文化圈边缘地区呈现得最为明显。正是在这样的你来我往、你进我退的过程中，形成不同文化，尤其是藏汉文化的互动边界地带。20世纪中叶以来，在相对稳定的政治局面、民族区域自治制度下，青藏高原藏族分布的整体格局基本稳定下来。以下依借学术爱好者绘制出的图示（见图6）来直观地看青藏高原藏族人口在分布格局上所呈现的文化圈形态。

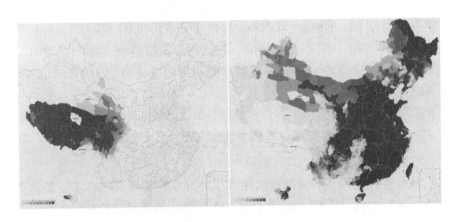

图6　藏族（左图）、汉族（右图）人口在中国的分布态势

资料来源：http://ishare. iask. sina. com. cn/f/8185252. html。

　　图6取自网络，是根据国家统计局及国家民族事务委员会2000年人口普查民族人口资料、香港统计处网站公布之2001年人口数据绘制。各族所占比例之计算精确至1%，1%以下不着色；黑色由深至浅分别为100%至10%，以10%减位；最浅色为1%；2000年以后设立的区划，着色时尽量按照其2000年前所归属区划的数据。该图所用人口数据资料系政府以行政区为单位统计所得，因此难免受其限制，尤其不能反映一些局部地区（如城镇）非藏族人口所占比重较高的事实，但基本反映了藏族人口在青藏高原分布的大致轮廓。从中可以看到，每100人中藏族人口所占人数，从青藏高原中心区向其边缘（特别是东部方向），逐步降低；也就是说，具有从聚居到杂居以至藏族人口所占极少的分布特点。藏族在高原东部，包括滇、川、甘藏区及青海的层次性分布十分明显。而这些地区是青藏高原人口分布密度较高的地区，如人口密度低于1人的23个县主要分布在青藏高原以西、以北地区，50～99人的两个县主要分布在其东

缘，1~9.9 人的 101 个县、10~49.9 人的 26 个县则大致自西北向东南依次分布在前两个区域之间（参见图7）。很显然，人口比例的高低，反映的是文化的同质性，也就是说，藏族人口占该区域总人口的比例越高，藏文化的同质性越强，反之亦然。这样看来，从图6可见，唐古拉山以东地区，随着海拔的逐渐降低，地势从第三级向第二级过渡，藏族人口的聚集程度依次下降，呈现出十分明显的文化圈形态。这种形态与我国学者石硕在其《西藏文明东向发展史》一书所论藏族文化东向发展的历史趋势这一特点存在相关性。由此来看，正如前文所引我国台湾学者王明珂称河湟—四川盆地西缘一线为"一个生态的、社会的与意识形态的华夏边缘"，是不无道理的。这个边缘也是藏文化圈的边缘，是其与汉文化圈的交错承接地。

二　互动中的汉文化圈

与 20 世纪初期以来的人口分布格局与演变比较，民国时期在不同民族特别是藏、汉民族人口分布上，从河湟流域到青海腹地（青南地区）、从河流干流（主要是湟水）两岸及支流平川地带到山脑，不同民族层次性分布的文化形态已具雏形。其与 20 世纪中叶以来有所不同：一是以湟水河谷及城郭为中心的汉文化圈范围尚小，其向藏文化圈核心地带的文化辐射，多限于商贸途径，而且因为商人非坐商，商贸之辐射力毕竟有限；二是藏文化圈范围纯牧区藏人聚居程度更高，文化圈范围略广。这是新时期藏文化变迁和藏文化圈演化的基础，正是在这样的基础上，藏、汉两种文化圈展演了交往互动的新的历史。

从图7可以看出，至 20 世纪 80 年代，藏族、汉族人口在青海境内的分布所呈现出的交错状、圈状形态已是非常明显的。在前文描述河湟谷地藏族人口分布状况时，已经描绘出汉文化圈的基本形态。如果说汉文化圈在河湟以谷地和城镇为中心，沿流域向山地延展，那么从青海范围看，汉文化圈的边界随着历史发展和互动加剧，则逐步越过高山、跨过河流，延伸到高原腹地。在古代，在中央王朝的苦心经营下，以屯田、军事征服等手段，不断扩大这一文化圈的范围，但由于自然地理和人文条件的限制，一直未能完全纵深。民国时期青海马家军阀则是采用血腥的种族主义政策，控制藏文化圈的影响面。20 世纪中叶以来，在新的民族政策的指导下，资源开发、移民和干部交流成为客观上扩大了汉文化圈影响面的 3 个主要因素。

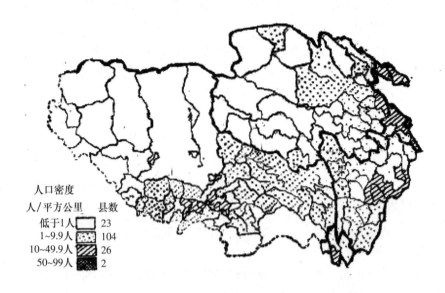

图7　1982 年青藏高原地区的汉族人口密度①

　　从人口分布这一角度看，20 世纪初以来，青海汉文化圈边界形态经过了逐步完整化的过程。1956 年，汉族人在不同地区的分布比例次序是东部地区、海西、海南、海北、黄南、玉树、果洛。1964 年，这一次序变为：东部地区、海西、海北、海南、黄南、果洛、玉树，青海全省和 6 州汉族占总人口比重的平均值分别为 62.21% 和 38.7%。海北的汉族人比例超过海南，果洛的汉族人比例超过玉树。但至此汉文化圈在青海的轮廓仍不明朗。1982 年，次序则变为：海西、东部地区、海北、海南、黄南、果洛、玉树州，青海省和 6 州的平均值为 60.70% 和 33.9%。海西州汉族人所占比例首次超过东部地区。此后，这两个青海工业化、城市化起步较早、水平最高的地区，其汉族人比例基本相当，继续并驾齐驱且遥遥领先于青海其他地区。从汉文化圈的角度说，到 1982 年其圈层结构已经清晰。1982 年以后，青海 6 个州和东部地区的汉族人比例数同进退，几乎以同样的频率波动。除了前述海西、海东地区汉族人比例相当外，海北与海南

---

　　① 马戎、潘乃谷：《解放以来我国藏族人口的数量变化及其地理分布》，《中国人口科学》1988 年第 2 期。

处在第二层次（波动范围在 25% ~55% 之间），青南地区 3 个州汉族人比例相当并且其波动在 10% 范围以内。青海汉族人比例基本在 53% ~63% 之间波动，这种相对稳定性说明：主要由青海省内汉族人口流动带动和各地民族人口结构的大幅变化引起汉族人口数量及占比起伏。

　　如果把图 8 反转，并与图 10 同年份对接，可以惊奇地发现，二者基本是吻合的；尤其是 6 个州和海东地区 1982 年以后的形态可以拼成大致互补的结构。如果使这一结构完整化，则要有其他民族人口来填补两图相接的空隙。实际上，青海省除藏、汉族以外的其他具有一定人口规模的民族，无论是在青海总体范围还是各个地区，在一定程度上就起着这样的作用。比如，在青海基本处于藏汉之间的回族，前文所述基本居住在江河支流、山沟"腰把"的土族，在居住格局上是这样，人口规模上也是如此。从互动的角度看，正所谓"回、土在汉藏之间"，当然，回、土族在"藏汉之间"的程度、范围略有不同，前者从整体上看如此，后者突出呈现在局部范围。这种分布格局，也是青海不同民族间文化涵化范围广、程度深，以及后文将述及形成边界交错、族群性复杂群体的重要自然基础。

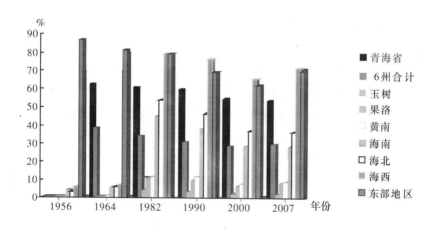

图 8　1956—2007 年青海不同地区汉族人口比例变化

　　各个地区汉族人口比例高低次序的变化，在一定程度上反映了青海藏文化圈的变迁。1956 年青海近 90% 的汉族人口集中居住在东部地区，6 个州的汉族仅 4 万人。正如下文将要讨论的，在这一时期，青海 6 州很多地方还笼罩在旧的社会制度的阴影之下，汉文化或大众文化的影响在这些地区还十分有限。反过来说，藏文化圈不同圈层的位置和形态与21世纪以来略有不同。1964年，虽然6个州汉族人口数增长了近7倍，东部地区汉族所占比例下降近7个百分点，但上述格局没有很大的变化。换言之，青海藏文化圈在此近10年保持了相对的稳定性。到1982年，汉族人口已经深入青海6个州腹地，尤其是海西州汉族人口比例达到顶点，与海东地区相当；海北、海南州的汉族人口也达到了顶点。而1982年是几个人口普查点中青海省藏族人口所占总人口比例最低的。同期，海南州藏汉人口比例基本对半（分别为47.5%和44.8%），可视之为藏汉人口比例结构的平衡点；青南3个州与海北、海西各处在其两端，这也是藏汉人口比例悬殊情形迥异的两端。如果考虑到海南州处在青海腹地（不邻省界）这个地缘因素，海南这种人口结构上平衡点（性），在青海藏汉文化圈形成及互动中的意义和地位可能非同一般。到1990年，汉族人在各地的比例及整体人口结构与1982年比没有太大的变化，反倒是海西州的藏族人口比例超过了海北州。进入21世纪后，汉族人口比例结构趋于稳定。

三　藏文化圈的基本形态

青海6个自治州和东部9县覆盖了青海省西宁市区以外的全部行政区。综合上文对这两个区域人口民族结构的分析，可以清楚地看到青海藏族人口分布的地域性差异及形成的文化圈形态。基于行政区划依据并塑造区域内文化的相对同质性或在一定程度上割裂文化之间联系的事实，下面大致以县级行政区域边界为线，以藏族人口的聚居程度为尺度，用图9（另见表38）直观地表示青海藏族人口分布和藏文化圈的整体形态：A代表青海藏文化圈的文化核心，B代表内层文化带，C代表外层文化带，D、F代表边缘文化带，E代表外层文化带与边缘文化带之混合带。由字母A到D、F，表示藏人聚居程度依次降低，从单一民族聚居向多民族杂居过渡；换句话说，人口族群属性的同质性减弱、异质性增强。在大的地域之下，还可以划分出第二层分布格局，图9中用字母加阿拉伯数字表示。单从人口分布看，各个地域之间并非界限森严而是互相之间有十分紧密的联系。比如，A之南部囊谦一带的藏人聚居程度和文化基本属性与B1相近，C1西部玛多一带与A的东部、B1的北部相近，E之东南部与C1相近，等等。这种联系性，体现了文化圈不同于文化区的本质属性。同一层级内第二层级之间同样如此，比如，外层文化带 C1 与 C2、C3 间同样有层级差异且文化上有渊源关系，边缘文化带 D1 较 D2 藏文化同质性强，D3 内部南、北亦存差异。基于文化上的天然联系，也把青海部分周边地域纳入青海藏文化圈范围予以分析。

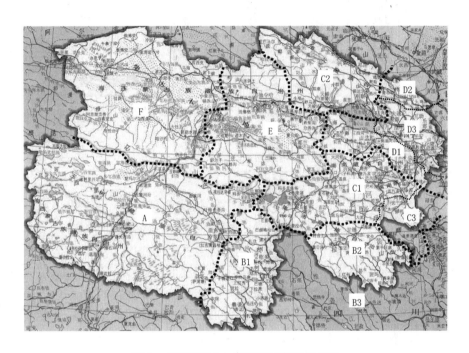

图 9　青海藏族人口聚居程度的地域差异

注："〰〰"表示第一层人口分布地域边界，"┈┈"表示第二层人口分布地域边界。

在青海藏文化圈的文化核心和内层文化带，人口结构稳定；其外层文化带的藏族人口结构相对松散而富于变化；边缘文化带藏族人口结构则起伏多变。特别能从图 10 所示 2000 年青海不同地区藏族人口占地区总人口的比例（即藏族人口在不同地区的聚居程度）很清晰地看出表现在人口分布上的青海藏文化圈的层级差别：玉树、果洛相近，黄南、海南相近，海北、海西、东部地区相近（或可将海北单例），依次处在青海藏文化圈从中心到边缘的不同圈层。并且可以说，从人口分布角度，在 1964 年，青海藏文化圈已经基本形成；到 1982 年人口普查统计时，其形态已经成型并明朗化。

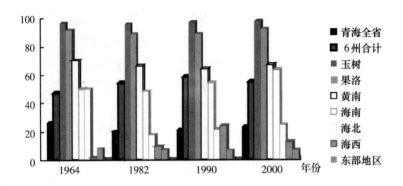

图10　1964—2000年青海不同地区藏族人口占地区总人口比例的变化

表38　　　　　青海藏族人口聚居程度的地域差异及文化圈形态

第一层级	第二层级	所指代州、县（市）或行政工委	文化圈层
A		玉树州：治多、曲麻莱、囊谦、杂多	文化核心
B	B1	玉树州：玉树、称多	内层文化带
	B2	果洛州：达日、班玛、久治、甘德	
	B3	四川甘孜、阿坝州	
C	C1	果洛：玛多、玛沁	外层文化带
		海南：兴海、同德、贵南	
	C2	海西：天峻	
		海北：祁连	
	C3	黄南：河南	
		甘南：碌曲、玛曲	
D	D1	海南：共和、贵德	边缘文化带
		黄南：同仁、尖扎	
		甘南：夏河、卓尼等	
	D2	海北：门源	
	D3	西宁、海东9县	
		甘肃：合作、天祝等	
E		海西：都兰、乌兰、德令哈	外层文化带和边缘文化带
F		海西：格尔木、大柴旦、冷湖、茫崖	边缘文化带

上述人口结构、分布特点及变化，是青海藏文化圈形成、演进的直观

呈现，但青海藏文化圈内涵和形态远非如此。对于藏文化不同圈层文化圈文化元素的特征及其在不同圈层的区别和联系，下文将从生计方式、语言文字、服饰与婚姻、宗教信仰等藏文化的主要方面作进一步的描述，从中可以看到青海藏文化圈丰富的内涵和完整、饱满的形态。

第三章　生计方式的变迁

生计方式是指人类为谋取社会生活所必需的物质资料，以满足基本需求的方式。文化人类学使用生计方式（而不是生产方式），是在强调种群适应环境及文化在人类与自然环境之间的调适（adaptation）作用。① 自然环境在生计方式的形成和演化上起着十分关键的作用。民国时期青海藏人的生计方式，不但具有同一性，其内部已经呈现较为明显的差异性。到20 世纪50 年代初，陆续在各藏族聚居地区建立新的政权机关。同时，在完成农村土地改革和恢复国民经济基础上，逐步开展对农业、畜牧业的社会主义改造，建立互助合作组织。这是对农牧业生产关系的一次重大调整。1983 年以后，青海农村普遍转向以大包干为主的家庭联产承包责任制，牧区推行"牲畜作价归户、户有户养、自主经营、长期不变"的经营形式，少数贫困地区实行"牲畜无偿归户"。到1985 年底，青海省3600 个牧业社中，实行牲畜作价归户的占77.1%，无偿分畜到户的占12.6%，实行大包干的占10.3%。② 这种经营体制保持了长期的稳定性。进入21 世纪，青海农牧区各地尝试建立不同层次的农牧业专业合作社，探索联合经营。藏族生计方式变迁正是在这样的社会政策背景下发生的，以至呈现出青海藏文化生计方式的圈化形态。

第一节　民国时期生计方式的同一性与差异性

纵览民国时期的著述，多处能看到"生番"与"熟番"、土房与帐房

---

① ［美］威廉·A. 哈维兰：《文化人类学》（第10 版），瞿铁鹏、张钰译，上海社会科学院出版社2006 年版，下同，第162—163 页。

② 陈云峰主编：《当代中国的青海》（下），当代中国出版社1991 年版，第130 页。

等对不同地域藏族的称法。这当然是绝大多数为汉族的调查研究者对藏人的一种蔑称，是当时所倡行的民族偏见与歧视的社会及政策的一种外在表现。但它也在一定程度上反映了当时藏人生计方式的两种分野。民国时期藏人生计方式的地域差异性远非如此概略，其内部还存在生计方式的复杂构成。这种基于人口、技术和环境之间互动作用下形成的特殊场域中展现出的生计方式的地域差异性，是藏文化变迁的结果。以下由"生番""熟番"两个称法切入，从民国时期青海各民族（以藏族为主）所持生计方式的特点，分析其生计方式的同一性和差异性及圈化形态。

一　"生番"与"熟番"

元时，称甘青藏族为"吐蕃"。明朝称甘青藏族为"西番"，朱元璋即云"洮河，西番之门户"①。《明史》专列"西番诸卫"，其载：

> 西宁即古湟中，其西四百里有青海，又曰西海，水草丰美。番人环居之，专务畜牧，日益繁滋，素号乐土。

清朝称西藏藏族为"土伯特"或"图伯特"，称甘、青、川、康藏族为"番"或"番子"，又谓甘、青藏族为"唐古特"②。汉籍《说文解字》读"蕃"为 fān 音。吴丰培为清代史籍《番僧源流考》题跋时则称："番读作伯，即吐蕃之蕃，番僧即为藏僧。"③ 为史者和语言学者考证，由"蕃"至"番"，是操汉语者对生词误读的表现，这或许有几分道理。既然为蔑称，"番"之意与中国历史上蛮、夷、鞑、狄等贬称无二，是统治者在"非我族类，其心必异"④ 的心理导引下，有意与周边民族划清族性边界的一种表现。因此，有研究者称"番"包含"翻"之表意。笔者出生的社区，迟至 20 世纪八九十年代，仍有若争吵程度上升到群体层面，使用"番子"辱骂，方觉解恨的现象。这当然是现代的事情，可能是旧词新用，与该词的本源无关。

---

① 《明太祖实录》卷 122。

② 黎宗华、李延恺：《安多藏族史略》，青海民族出版社 1992 年版，下同，第 83、116、146 页。

③ 吴丰培：《西藏史料题记》（续），《西藏研究》1983 年第 3 期。

④ 《左传·成公四年》。

予"番"以"生"与"熟"之别，则全然暴露了民族歧视的立场。这种区别早在明代就存在。《明史·西番诸卫》称：

> 番有生熟二种。生番犷悍难制。熟番纳马中茶，颇柔服，后浸通生番为内地患。

当时，因川、藏地方喇嘛取道洮、岷，假名冒贡，致使进京贡使泛滥，明朝遂规定：朝贡时不得以"熟番"充"生番"，"生番"3年一贡。① 迄清代，更是对甘青地区各个部落（族）作"生""熟"划分，更有甚者出现"野番"之称。清吏那彦成的《清厘河南番族编查户口疏》称：

> 臣等查贵厅所属，有生、熟、野番三种，熟番五十四族，向来种地纳粮，均能谋食。生番十九族，住居贵德之东南，畜牧为生，亦距河稍远。惟野番八族，户口强盛，内有汪什代亥一族，近已全数移居河北，其余七族，现俱插帐河滨，远难控制。……至循化番族，旧止生、熟二种，熟番十八族，生番五十二族，大半皆有粮地。又与四川之松潘相近，购办川茶，自行运买，生业较为充裕。②

此为那彦成时任陕甘总督时，于道光二年前往青海遣返迁牧于河北藏族回河南原牧地之际所查。从中看到，其与《明史》所称基本相同：以种地纳粮者谓"熟"，以畜牧为生者为"生"，划分标准是比较明确的。至于"野番"，另有清代文献以之称果洛族：

> 三果洛地距扎梭拉迤南三站余，居近黄河脑，以时游牧黄河之南北，无一定住所，内地概以野番目之。其实早经投诚，亦由青海办事衙门为有未逮，不能约束之故。此种野番时来丹城贸易，无不以劫掠为能事。③

---

① 黎宗华、李延恺：《安多藏族史略》，第 125 页。

② （光绪暨民国）邓承伟等纂修：《西宁府续志》卷 9，青海人民出版社 1985 年版，第 403 页。

③ （清）康敷镕：《青海记》，载王昱主编《青海方志资料类编》（下），第 1230 页。

这是在"生"之以畜牧为主之上，又叠加了"不能约束"的含义。

相沿成习。到民国时期，生熟之别仍然是对不同区域藏族的一个重要分类方式。但又多了几个标准，综合如下：

一为"国民识国文国语"程度。

> 散居黄河以北各县蒙藏同胞，熟习国语，通晓内情，惟不读书，知识甚浅，其生活已步入农业时代，然其习俗，依然畜牧。……散居黄河以南各县及海上蒙藏同胞，不知国语，鲜与内地往来，故亦不知内情，在各县者虽经营农业，而在海上及各县边远之区，完全从事牲畜，何论自动求学，即就地设学，亦所不愿。①

二为是否被"汉化"。

> 一曰河洮番族，居黄河洮水之间，属甘肃省。二曰河湟番，居黄河、湟水附近一带，三曰果洛番族，居于黄河上游河曲，四曰玉树番族，居扬子江上游，皆属青海省。河洮番族与河湟番族已多汉化，此在汉化之番族，亦知种植，故青海田赋除屯粮（汉人屯田之粮）外，又有番粮，即熟番田亩所纳之粮。②

三为对中央政权的归属程度。

> 咸丰间又将河南八族野番招安，移近青海一带驻牧……自迁居河北即称熟番，而番族之留住于河南者散而复聚，河北番族又稍稍归附之，人口数倍于昔，蜂拥狼突，又复变为野番。……除河南投城八大族管领四十小族外，移近青海称为熟番外，尚有郭密九族及阿里克族等亦居于河北。③

---

① （民国）魏崇信：《西北巡礼》，《新亚细亚》1934年第8卷第5期，1935年第9卷第3—4期、第10卷第1期，载《西北民族宗教史料文摘·青海分册》（上），第16页。
② （民国）张其昀：《青海之民族》，《西陲宣化公署月刊》1936年第1卷第1、3期，载《西北民族宗教史料文摘·青海分册》（上），第233页。
③ （民国）黎小苏：《青海之民族状况》，《新亚细亚》1933年第6卷第2、3、6期，1934年第7卷第1、2期，载《西北民族宗教史料文摘·青海分册》（上），第271页。

四为习俗。

> 熟番八族，亦称环海八族。以斯族驻牧于青海周围故名。……其
> 周围即为环海地域，原为蒙族所居，自逐蒙族而移藏族于此后，因习
> 俗相演，已成熟番……果洛克族居于黄河上源，拉加寺以西之地。属
> 民大部分分布于大积石山之西南部，因民牲［性］强悍，喜食生肉，
> 故又称为生番。[①]

正是标准不统一，在试图对青海整个藏族部落作文化区域分类时，就
显得十分混乱。韩宝善的《青海一瞥》把青海各藏族部落分为4部分：
熟番8族，包括刚咱、汪什代克、千布录、都受、完受、曲加洋冲、公
汉、拉安族；西宁番8族，包括朱户勒汪什科、鲁仓、朱锦、阿里、郭
密、的札、隆武、阿楞族；玉树25族，包括巴彦昂欠、拉木、迭达、固
察、称多、安冲、苏尔莽、苏鲁克、娘磋族以及拉五3族（札五、拉达、
布庆）、格吉3族（格吉麦玛、格吉班玛、格吉得玛）、隆巴3族（隆巴
麦玛、隆巴班玛、隆巴都马）、玉树4族（玉树戎模、玉树将赛、玉树总
居、玉树亚拉）、尔加迭卡桑族（竹节、永夏、蒙古尔津）；果洛3族，
包括康赛力、康千、任贝先木族。上述部落名称，与前引文多有出入，应
为藏语名称之译介不相统一之故。当时，对环湖八族之"熟番"之称是
比较统一的。认为：

> 咸丰时，移八族于河北，名曰熟番，是以熟番八族为玉树分
> 出者。[②]

民国竞凡在给青海行政区归类时，主要以生计方式为标准分其为：县
治区，包括除当时湟水南北的6个县外，还有大通河流域的门源县，黄河
谷地的循化、同仁、化隆、贵德、共和、同德县，柴达木盆地的都兰县，
长江流域的玉树、囊谦县；蒙旗游牧区；番族游牧区；土司居住区；喇嘛

---

① （民国）孙翰文：《青海民族概观》，《西北论衡》1937年第5卷第4、5期，载《西北民
族宗教史料文摘·青海分册》（上），第301、307页。
② （民国）户澄：《青海之史地考》，《开发西北》1934年第1卷第1期，载《西北少数民
族宗教史料文摘·青海分册》（上），第95页。

寺庙地。其中，番族游牧区包括玉树 25 族、"青海环海各族"、果洛克族、湟中各县所属各族。① 这里把民国时期设置的各县以居住地域（如前文）和生计方式为准而分开，却不能有一个明确的分类，是因为这些区域之藏族在文化上保持着鲜明的独特性：

> 至于西宁、大通、碾伯、贵德、循化等处之番族，均为唐古忒人，其语言、文字、宗教皆同于西藏，各就所抚县管辖，统计人口约有数十万人。②
>
> 民和、互助、乐都、化隆、大通、贵德、共和、同仁各县，尚分布若干小族，惟以牧地之畛域不清，各小族之历史亦无从追溯。各小族均聚族而居，一时颇难汉化，其居于斯土有族可考者，尚有百余……③

由于标准不统一，或者说，生熟之别仅仅是主观评价，见仁见智，因此在面对青海东部地区藏族该划入哪一类时，就出现了上述混乱。由此引出的贬称或蔑称，可大体看到青海藏文化圈当时形态的复杂性。这种复杂性体现在——无法用人口分布以外的藏文化某一元素，对青海藏文化圈的形态作出十分明了的描述：无论是最初的生计方式、是否被约束，还是后来的诸多文化元素。而在军阀割据、时局动荡的年代，展开详尽的人口普查几乎是不可能的。笔者在若干年前看到"生番"与"熟番"这一称法时认为：其边界就是藏文化圈与汉文化圈的边界，这两种边界向纵深移动所蕴含的文化意义是相同的。但现在看来，这种看法还需要有其他证据来证实。

尽管如此，依稀能看到依生计方式这一文化元素给青海藏族（部落）作出区分时可以起到的主要作用。在文化进化论者看来，人类的生计方式普遍经历了采集渔猎、农耕、放牧、工业这样 4 个"由低到高"的过程。

---

① （民国）竟凡：《青海之政治区域》，《开发西北》1935 年第 4 卷第 1 期，载《西北民族宗教史料文摘·青海分册》（上），第 157—189 页。

② （民国）黎小苏：《青海之民族状况》，《新亚细亚》1933 年第 6 卷第 2、3、6 期，1934 年第 7 卷第 1、2 期，载《西北民族宗教史料文摘·青海分册》（上），第 271 页。

③ （民国）孙翰文：《青海民族概观》，《西北论衡》1937 年第 5 卷第 4、5 期，载《西北民族宗教史料文摘·青海分册》（上），第 307 页。

其中的农耕是指小规模的农耕（small-scale farming）。认为：早期人类经历了采集渔猎小社会、农耕小社会、畜牧社会、大型社会4种社会发展阶段，分别具有步行、马上、渔捞，游耕、定耕，半游牧、游牧，小农、庄园、牧场这样一些文化特征。[①] 在民国时期已经对进化论有所接触的研究者，自然接受并附会到游牧落后于农耕、牧人野蛮于农人这个旧有的看法。所以，民国中央政府很是强调"五族共和"，但对藏族文化社会的考察研究者却没能摆脱在进化论观念支配下以"番"称藏族这一"惯习"。

有现代的学者研究认为：清代甘青藏族的生计方式，农业经济与牧业经济两种形态同时并存，但以牧业为主；把农业经济分为藏汉土杂居农业区、藏族农业区、半农半牧区3种类型，并分类出寺院经济和工商业经济。[②] 生计方式是人们为适应自然环境所用的方法和手段，并不完全等同于对资源的占有方式。但这种分类尚可鉴用。到了民国时期，藏人生计以农业为次、牧业为主的格局没有发生很明显的变化。

二　尚不发达的农业

表39按照文献出现的先后顺序，列出民国时期耕地在各县特别是"湟中区"的分布情况。汤惠荪等调查的时间在民国23年（1934年），调查中采用了"于举行农业调查之各县中，选择足以代表全县农业情形的数村，进行农家调查"（他们称之为抽样调查）的方法。同时还综合采用了之前的调查资料和研究成果，如丘咸初的《青海农村经济》、西北农林专校的《西北农业考察》等。张、李文刊发于民国31年（1942年），其农业数据系民国资源委员会农垦组在青海各地"较为可靠的统计"所得，同时是一个采各家之言的研究成果，他们自认为"其结果供参考"。二者调查数据的可信度较高。由表39可知，二著"已耕地"面积数据完全一致，"可耕地"面积略有差异。

青海除都兰、玉树、同仁诸县"农业未兴，耕地极少"外，河湟一带，农业较发达，耕地面积亦较多。以平均数计之，东部11个县（湟水沿岸6个、大通河沿岸1个、黄河沿岸4个）可耕地面积仅占其总面积的8.91%；加上都兰县，这一比例为7.8%。按照现代的标准，可耕地是指可以作物轮

---

① 张海洋：《人类学导论》，中央民族学院民族学系内部教学印本。
② 黎宗华、李延恺：《安多藏族史略》，第172—173页。

作系统定期耕作的土地，按照耕地土壤的地形、地貌、成土母质特征，农田基础设施及培肥水平、土壤理化性状等综合因素①来确定。民国时期对青海可耕地面积的确定，不具备依据此标准计算的条件，只是估计得来。而已耕地面积的调查是容易实现的。就表39所列12县的已耕地看，无论是其面积占各县面积的比例，还是其占可耕地的比例，以湟源为最高，分别为7.09%和78.41%。在其他县，两项调查所得各县比例排序略有差别。仅已耕地面积占可耕地面积的比例，西宁（58.58%）、民和（52.05%）列湟源之后，互助、化隆、循化、乐都、大通、门源次之，贵德、共和、都兰较少。以已耕地占各县面积的比例计，除都兰县数据缺失外，湟源之后依次为西宁（5.30%）、民和（4.71%）、互助（3.60%）、循化（2.95%）、乐都（2.94%）、大通（2.87%）、化隆（2.14%），门源（0.35%）、贵德（0.33%）、共和（0.26%）居后。具体就已耕地面积总量而言，湟水谷地各县排在前列，黄河、大通河谷地的"两化"、门源次之，贵德、共和、都兰较少。其中，湟水谷地6县已耕地面积达到1384708亩，占青海已耕地总面积的76.24%；贵德、共和的已耕地面积仅占6.58%。

表39　　　　　　　　　　民国时期青海耕地面积与分布　　　　　　　　（亩、%）

| 县 | 汤惠荪等的记载② | | | | 张其昀等的记载③ | | | |
| | 已耕地 | | 可耕地 | | 已耕地 | | 可耕地 | |
	面积	占可耕地面积比例	面积	占各县总面积比例	面积	占各县面积比例	面积	占各县面积比例
西宁	402766	58.58	687528	12	402766.4	5.30	760330	10
互助	264189	47.85	552096	10	264188.9	3.60	732617	10
大通	232630	38.11	610362	10	232630.4	2.87	810000	10
门源	75965	28.58	265826	3	75964.8	0.35	235181	2
乐都	160244	38.99	410994	10	160244.3	2.94	545400	10
民和	167734	52.05	322250	10	167733.8	4.71	427690	12

---

①　农业部：《中华人民共和国农业行业标准：全国耕地类型区、耕地地力等级划分》，1996年12月23日发布。

②　（民国）汤惠荪、雷男、陆年青：《青海省农业调查》，资源委员会农垦组1936年编印。

③　（民国）张其昀、李玉林：《青海省人文地理志》，《资源委员会季刊》1942年第2卷第1期。

续表

| 县 | 汤惠荪等的记载 | | | | 张其昀等的记载 | | | |
| | 已耕地 | | 可耕地 | | 已耕地 | | 可耕地 | |
	面积	占可耕地面积比例	面积	占各县总面积比例	面积	占各县面积比例	面积	占各县面积比例
循化	101869	39.11	260442	12	101818.8	2.95	172800	5
化隆	125875	40.55	310451	10	125874.8	2.14	412020	10
贵德	73343	14.60	502330	7	73343.4	0.33	444431	11
共和	46199	4.25	1086782	3	46198.8	0.26	1442231	8
湟源	157145	78.41	200426	8	157144.8	7.09	221670	10
都兰	8200	1.31	625000	12				
合计或均数	1816159	31.13	5834487	8.92	1807959	2.96	6204370	8.91

资料来源：根据本书第179页注②、③整理。

当时的调查者已看到，东部地区各县"较佳之土地固已开垦殆尽"，河湟"地狭人稠之病"呈现。因此，开始把注意力转移到农牧交界的区域。《青海人文地理志》称：

> 共和县为新垦之区，耕地尚少，待垦之地正多，且以气候温和，地势多平行，将来农垦甚有发展之希望也。

除了共和县外，也关注到耕地面积较小的柴达木盆地的农业开发：

> 青海内部都兰、玉树二县，面积广大，人烟稀少，其间不乏土壤肥沃灌溉使得可资垦殖之区域……都兰因地势较低，气候较西宁为暖，面积极为廖廓，其中除柴达木之沙漠盐滩沮洳之地以及环海藏族牧地因海风关系不能耕种外，余如都兰县治（希里沟）附近……均有水田，可耕之地约五万余顷。……民国十八年时，即有湟源罔民携眷至希里莫胡尔避乱，现希里沟有居民三十余家，莫胡尔河两岸已有……居民十余家，汉藏各半。①

---

① （民国）张其昀、李玉林：《青海省人文地理志》，《资源委员会季刊》1942年第2卷第1期。

综上可知，民国时期，青海农业经营集中于湟水谷地，但农业文明向青海纵深地带辐射的态势已经呈现。

耕地分布如此，农业生产方式则普遍落后，特别是青南、柴达木等区域的小块农业区，多采用撒播、轮歇等比较滞后的耕作技术，广种薄收，因此基本处在粗放农业阶段。《甘宁青经济纪略》对青海农业有一总体描述，在相关史料中具有代表性。

> 青海农事较为落后，其他人民多事畜牧，且因气候寒冷，农产以青稞、蔓青为大宗。余如湟源附近之荞麦、豌豆，拉卜寺沟及通天河、子曲、杂曲、解曲诸流域附近之小麦，亦尚足称。惟农人不谙农事，甚之听命于活佛喇嘛，知识幼稚。且因土旷人稀，务农者寡，故随意耕种，农田各不相连，亦不方整，耕者岁易其处，肥料间用马粪，永不锄草。垦地亦无亩数，以播种种子之多寡为比率。其耕种之简易类如此，宜农业之不发展也。①

具体到都兰县的农业，则是：

> 县治附近及先木多之一部分土地，已具耕地之模型，余均在茇茇草儿内种植。其法先将种子散于地上，然后再用犁耕土覆盖种子，任其生长，并不作除草间拔等工作。收获即用镰刀割下，铺于平地，用牲畜结队践踏其上，使之脱粒。凡土地耕种一次，即休闲7—8年，其目的一为不妨碍茇茇草之生长，二为维持土地肥力。②

三　分布广泛的畜牧业

（一）畜牧业是主要的生计方式

湟水谷地农民向青海纵深地带从事开垦，一个重要的开拓方式是史家所称的"汉人吃兵马田"：

---

① （民国）孔祥熙：《甘青宁经济纪略》，华丰印刷铸字所1935年出版，青海省地方志编纂委员会办公室复印本。

② （民国）汤惠荪、雷男、陆年青：《青海省农业调查》，资源委员会农垦组1936年编印。

　　藏民无子女时，则常招汉民"入赘"耕种兵马田，或因"官差"（缴粮、当兵、出"乌拉"、纲钱等）与"神差"（向活佛纳粮、布施、念大经、念田禾经）而借下的债务无力偿还者，以住宅顶兵马田给汉民耕种，此所谓"汉人吃兵马田"。①

以这种形式传播农业文明的"代价"是入赘汉人多被藏化，经过几代之后，藏化得已经十分彻底，甚至在家族记忆中不能存留。举家而去，从事垦殖的事例，虽然存在，却并不稳定，东部汉人能够在青藏高原纵深地带定居从农者为数不多。如在共和县的垦殖活动便是如此。《青海省农业调查》称：

　　民国七—八年间，曾有湟源县属哈拉库图之农民，呈准前往垦种，无如藏族游牧践食，垦民无以保障，至今复荒废矣。

在都兰县也是如此：

　　汉回两族，只少数人在各地经商种植，作短时间之居住，而蒙藏两族则遍布于海之南北从事游牧生活。②

　　农业文明向青海腹地的辐射，还伴随着血的考验。这种现象，在民国时期出现在共和一带。共和等地以牧为主，牧地多为王公贵族所有，因此要开垦其为耕地，势必冲击旧有的生产关系。据丘咸初的记述：

　　内地的农民如果要去开垦，不是被他们驱逐，即生命亦感到危险。离现县城（即恰卜恰——引者注）不远的地方有一菊花台城旧址，土人名为土匪城，即系某一时刻汉人前往开垦的地方，结果这些汉人被蒙藏人完全消灭，且名其城为土匪的。那么要开垦

---

① 黎宗华、李延恺：《安多藏族史略》，第173页。
② （民国）汤惠荪、雷男、陆年青：《青海省农业调查》，资源委员会农垦组1936年编印。

这一块几百里大的荒地，非事先有许多计划不可，不是非开垦就能开垦的。[①]

显然，即便"河湟人的发展坎坷而多舛，时如春潮泛起（西汉、盛唐、明初），时如涓涓细流"[②]，过去屡屡奏效的通过推进农耕文明不断吸纳其他民族或族群的汉族形成、壮大路径（亦所谓"滚雪球"），在青海腹地却遭受莫大的阻力。这是那个时代，藏、汉文化互动中出现的独特景象。

与此不同，东部地区熟稔农耕技术的藏人，到这些"农牧交界"区域从事耕作，却是比较好地适应下来，成为这些地区现代农业发展的先导者。

> 独久居农业区者，则耕种与我无异。如都兰县"夏木多"所住之"龙娃"即一极明显之例。因彼等系乐都县生长之藏民，精种植，并通汉藏语言，故经营居室、种树畜长，皇皇然有华夏之风。[③]

"龙娃"可能就是指现今所称的"戎娃"（藏语，"戎"指峡谷，晚一些的用法是指有耕作农业的峡谷；"娃"指关系和参与[④]），意思是定居事农的藏人。现居海西的乐都藏人（多为卓仓藏族），依然凭借语言上的优势，在海西政治界占据着举足轻重的地位[⑤]。这与其拓荒于海西农业的先祖留下来的文化基础，不无关系。

因此，从区域分布来说，牧业仍然是当时青海主要的生计类型。这与民国时期藏人分布地域广阔是联系在一起的。民国时期，湟水谷地6县有部分藏人改牧从农：

---

① （民国）丘咸初：《青海农村经济》，青海省党务特派员办事处1934年出版，青海省地方志编纂委员会办公室复印本，下同。

② 徐杰舜主编：《雪球——汉民族的人类学分析》，上海人民出版社1998年版，第983页。

③ （民国）汤惠荪、雷男、陆年青：《青海省农业调查》，资源委员会农垦组1936年编印。

④ ［美］罗伯特·埃克瓦尔：《戎哇与卓巴：甘肃汉藏边界的藏人定居者与游牧者》，宗喀·漾正冈布、刘铁程译注，《中国民族学》2009年第1辑。

⑤ 据笔者调查时粗略统计，海西州委委员中有十之六七为乐都藏人；近四五届海西州政协主席为乐都卓仓人氏，副主席中亦多为乐都卓仓藏人，故有人戏称：海西州政协是乐都藏人的政协；在海西州、德令哈市直机关干部中，乐都藏人有五六十人。

> 青海一般所称之番族即藏族也。其生活信仰，与西藏人民无异，惟言语稍有不同，然亦不过如内地各省言语音调之稍有差异而已。境内藏人为数最多，其住地以海南玉树、果洛为中心，其他贵德、同仁、循化、化隆等县，亦所在多有。……其生活仍多为游牧，在西宁附近各县，亦有改业农耕者。①

但此仅仅是"有"而已，并不一定普遍。丘向鲁的《青海各民族移入的溯源及其分布之现状》在述及青海 14 个县藏族的具体分布情况时，对大通、贵德、同仁县藏族皆"分为生番熟番两种"，说明在这些县，藏人农牧兼事的生计色彩要浓厚一些。②

丘咸初对青海农村经济的记述更为细微，其中也涉及门源、化隆等处藏人的生计方式问题：

> ［门源］除第一、第二区外，而第二区的朱固仙米寺，及第四区的八宝二寺滩、扎麻什盖相同于农村者而言其情形亦极特殊。八宝二寺、扎麻什盖之处，计一千七百余户、一万一千九百余人中，仅扎〔扎〕麻什盖一处，即有九百十余户为畜牧，而此三处有田地者仅一百亩以上者四户……余皆公地。……仙米、朱固二寺，虽共有耕地，全为寺院所有……
>
> ［化隆］上十族、下六族等处，均为藏族所居，完全为牲畜社会，不事生产……③

在深居青海腹地的玉树，也有在河谷地带经营农业的。孙翰文的

---

① （民国）魏崇信：《西北巡礼》，《新亚细亚》1934 年第 8 卷第 5 期，1935 年第 9 卷第 3—4 期、第 10 卷第 1 期，载《西北民族宗教史料文摘·青海分册》（上），第 4 页。

② 在青海农村，对耕地有生地和熟地的分别：未垦或新垦的荒地，称为生地，认为其地力不足，庄稼在生地要有好收成，必须经过好几轮耕作不可；熟地就是已经耕作很长时间的土地。民国史料中，也能见到类似区分，如称："郭密大庄熟地计有万顷以上，垦务发达，汉民迁徙甚多。"（黎小苏《青海之民族状况》）从耕作的而不是放牧的角度说，显然，草地属于"生地"，经营草地的藏人就当然地被称为"生番"。若果真如此，这其中对概念和文化价值的偷换是很明显的。

③ （民国）丘咸初：《青海农村经济》，青海省党务特派员办事处 1934 年出版。

《青海民族概观》在详述青海藏族各部落之现状时称：在玉树 25 族中，居地距玉树县治最近的札武 3 族"多耕田而住庐舍，帐居放畜者较少"；娘磋族"皆从事农业，牧畜者甚少"；固察、称多、安冲、苏尔莽族"多从事农业"；此外，格吉 3 族、隆巴 3 族、玉树 4 族、永夏族等，"其人多以牧畜为业，耕田者甚少"；迭达、拉休、蒙古尔津族"皆事牧畜"①。但也有与此不同的调查结果。方范九的《青海玉树二十五族之过去与现在》记，玉树 25 族中：

> 囊谦、拉休两族最富，土地肥沃，耕收［牧］咸宜……蒙古尔津、娘磋两族较苦，纯恃游牧生活。

但大致可以断定，民国时期玉树农业分布面积十分有限。曾有民国某机关调查玉树各族中共 12 族有田地 111.6 万亩②。这是大可怀疑的。而且，这种农业更为粗放，以下文字对此有概括：

> 青海内部，蒙藏人民以游牧为生，于农耕之事向不讲求，如在玉树通天河、东楚河拉布寺沟沿岸之地，气候比较和暖，可种小麦，然种者不多。其他少数汉人及已汉化之藏民亦有从事农耕者……在札武三族，其农作物之播种收获，皆听命于活佛……且收获之时必由东而西，虽东面之作物尚青，西面之作物已熟，亦须先东后西……其耕种地段，因地广人稀，务农者少，故随意耕种，各不相连，亦不方整，且岁易其处，甚至一易再易……藏民于农耕极为漠视不知改良，故收获量甚属有限。③

加之自然灾害的影响，"往往一场雹灾，庄稼悉数危害"，因此农业产量极低，完全不能自给。

---

① （民国）孙翰文：《青海民族概观》，《西北论衡》1937 年第 5 卷第 4、5 期，载《西北民族宗教史料文摘·青海分册》（上），第 302—306 页。

② （民国）佚名：《青海玉树十二族所占田地及荒地调查》，《拓荒》1933 年第 1 卷第 3 期，载《西北民族宗教史料文摘·青海分册》（下），第 446 页。

③ （民国）张其昀、李玉林：《青海省人文地理志》，《资源委员会季刊》1942 年第 2 卷第 1 期。

至于农产品，则产地仅限于长江及澜沧江峡谷两岸之极狭地带，又因旱霜之灾，常不能避免，以故产量极少，每年需由康属及西宁运入大批食粮，方能免于饥馑。[①]

这是在玉树的情形。在囊谦，牧民"多食牛羊肉，糌粑亦不多吃，有一年不见糌粑的人。高贵的人始能吃米面。这些东西，须从西宁或昌都输入"[②]。

果洛的农业种植面积更小，产量更为有限。"果洛纯为野番，游牧为主，不事耕种"（乐天《青海之果洛》）、"至农作物除下果洛南麻柯河一带少产青稞外，其他绝无开垦地方"（黄举安《进步中的果洛》）——这是对当时果洛农业情况的概略描述。也有较详细的记载：

果洛诸部散处星宿海东……农业仅于金川、鸦礁上游高度三千八百公尺以下之谷地平原间，以广耕制行之。农作物以稞麦、小麦、荞麦、豌豆、马铃薯为大宗，稞麦年产仅二千石，不足以自给。[③]

因此，总体而言，牧业是多数藏人所操持的生计方式。

为何民国时期农业向纵深的推进遇到如此大的阻力？除了自然地理条件、政治环境等因素以外，民国时期的学者还作出一个有趣的解释：

蒙藏人民都是牛羊满场，驼马成群，一生仅凭牧畜生活，便可丰衣足食，用不着把现时的牧畜抛在一面，去胼手胝足地破土垦种，完全去从事农业。少数牧民，因为饲养的牲畜很少，仅凭少数牲畜的副产品不能满足每年的需要时，不能不另找其他副产以补其不足。[④]

---

① （民国）振天：《玉树——康藏高原之枢纽》，《和平日报》1948 年 10 月 13 日，载《西北民族宗教史料文摘·青海分册》（下），第 435 页。

② （民国）李式金：《囊谦一瞥》，《新西北》1944 年第 7 卷第 1 期，载《西北民族宗教史料文摘·青海分册》（下），第 472 页。

③ （民国）吴景敖：《川青边境果洛诸部之探讨》，《新中华》1944 年复刊第 2 卷第 2 期，载《西北民族宗教史料文摘·青海分册》（下），第 454 页。

④ （民国）张元彬：《青海蒙藏两族的经济、政治及教育》，《新青海》1933 年第 1 卷第 10 期，载《西北民族宗教史料文摘·青海分册》（上），第 190 页。

这一颇具文化功能论视角的解释，是很有一些说服力的。农业、商业甚至狩猎业便是副产了，也是牧业的一种补充而已。其中，狩猎这一补充形式，在果洛、玉树等青海藏文化圈的中心和内层文化带存在，在东部地区也不乏其例。民国史料载：

> ［乐都］南北脑山森林一带，产有鹿、狼、香子、狐狸等，每年立秋以后，猎者纷纷入山，所得鹿茸、麝香、狐皮、狼皮极多。近年以来，则因森林砍伐殆尽，狩猎过多，森林及野兽亦极减少了。①

民国时期，乐都藏族分布于"山脑各地"（丘向鲁语），在农牧之余，兼事少量狩猎，并不大为社会规范所约束，也是农牧生计的一种有益补充。玉树、果洛一带则常携猎犬捕野牲：

> 玉树、果洛等藏族，饲养猎犬，专为狩猎野牲之用，狐獾麝貂之类，猎犬追之不易逃脱，每年猎得大批兽皮，皆犬之功也。②

（二）地域间牲畜畜种及放牧方式的异同

青海各族人民经过长期生产实践，至民国时期，所培育出的牲畜的种类繁多，且在不同地区有自己特有的畜种。对此，《青海省人文地理志》的记载颇详，择述于后：

> 青海之马，有南番马、番马、玉树马、柴达木马4种。南番马系指青海黄河南一带之马种而言……适于山岳高耸之地，且富于耐久劳役，最适军用。青海军马多采选此马。番马为环青海及大通河流域所产之马……尤以大通河南岸门源县之小佛爷牧场所产之马，为青海各地人民所重视。贩马者购得该场之马……积极训练……即成为优良之骏马（俗称走马），可获数倍之利。玉树马为青海玉树25族及果洛诸族所产……其耐寒、跋山、力役等能力，则为青海马之冠。柴达木

---

① （民国）丘咸初：《青海农村经济》，青海省党务特派员办事处1934年出版。
② （民国）张其昀、李玉林：《青海省人文地理志》，《资源委员会季刊》1942年第2卷第1期。

马生长于柴达木区之原野……涉行沼地潭泥、行走沙漠、粗食耐泻等能力，为它种马所不及。……

牛有黄牛、牦牛、犏牛之分。柴达木盆地多产黄牛，青海东部诸县亦多畜养之。黄牛性驯服，河湟一带多为耕田及驮运；柴达木蒙民平时牡牛供驮役及杀食，牝牛乳用。……牦牛以巴颜喀喇山以南玉树25族及环海8族、果洛诸藏族牧地畜养最多……俗称毛牛。……玉树及果洛诸族所畜牦牛，较他族为多，屠杀之以为主要食品……

犏牛为黄牛与牦牛交配而产生，体大力壮，兼具牦牛耐寒冒险及黄牛驯顺之特长……在青海大通河放牧之阿里克族、黄河北岸之阿粗呼族、黄河南岸之鲁仓族及黄河以南四蒙旗所产之犏牛，最为著名。……

羊有绵羊、山羊两种，绵羊又分为大尾羊、小尾羊二种。大尾羊产于柴达木……适于柴达木盆地繁殖，因其气候温暖，土壤内含有盐质……除柴达木外，青海各蒙藏所养之羊皆为小尾羊，其中环海八族及黄河两岸诸族之羊，以体大毛长见称……玉树二十五族及果洛诸族之羊以毛细著名……其羊毛品质，可谓全国冠。……山羊产于柴达木者……肉甚佳美，多供食用，皮亦优良……山羊与绵羊混合成群，山羊行走迅速，性质勇敢，可为绵羊之先导，普通每羊群中以绵羊十之七，山羊十之三最为适宜。惟柴达木盆地以外，诸藏族羊群中，山羊最多不过占十之一。……

青海黑羊产于河湟一带，青海蒙藏民族不善饲养，多为汉回人民所畜养。

汤惠荪等《青海省农业调查》记载与此略有不同，原表见表40，以作补充。

此外，青海东部各县农民还畜养驴和骡。驴以供力役，体小力大，食量亦小，且管理较易。以公驴和母马或母驴和公马的杂种为骡，其生命力和抗病力强，饲料利用率高，体质结实，肢蹄强健，富持久力，易于驾驭。当时，这两种役畜尚未为青海东部藏人所用。

青海牧区主要的畜牧业副产品——羊毛，其主要运输方式的差异，也能反映民国时期青海各地对主要畜种的依赖。在玉树一带，虽然行动迟缓，但羊毛多由牦牛驮运。自青海腹地至新疆及甘州（张掖）、凉州

（武威）一带，则由骆驼运输，多结队而行，称为队商。青海各县间，羊毛则由运力较强的骡车运输。自西宁到包头，以皮筏运输。皮筏的制作亦离不开牦牛，它由整个牛皮制成的袋连接而成，以其坚韧而为常用。

表40　　　　　　　　　　　**民国时期青海牲畜种别及其地域分布**

类别	种别	产地	用途
牛	黄牛	柴达木盆地最多，农垦区及环海八族亦饲养之	耕种、运输
	牦牛	巴颜喀拉山以南之藏族饲养最多	藏族极重要之运输工具，乳肉毛皮俱佳
	犏牛	农垦区及海南及藏族多饲养之	耕种、搬运
马	青海马	大通河流域及环海布哈河一带。以门源产者最佳	搬运、乘骑
	柴达木马	香日德及柴达木一带	搬运、乘骑
	玉树马	玉树一带	搬运、乘骑
羊	柴达木羊	海西，柴达木区域	乳肉皮毛兼用
	小尾羊	本省各地	乳肉皮毛兼用
	玉树羊	玉树二十五族	乳肉皮毛兼用
	小羊	本省各地	乳肉皮毛兼用
驼		巴颜喀拉山以北，柴达木蒙旗牧地，都兰都秀部、密旗、旺什代海各藏族牧地	搬运、乘骑

如图11所示，可以把民国时期青海不同地域畜种的分布情况略作概括。除青海东部地区以外，以羊的畜养为标准分为两个大区：今玉树、果洛、青海湖南北及黄南、海南南部为小尾羊区，柴达木地区称为大尾羊、山羊区。而马和牛的分类则要复杂一些。玉树马、南番马、番马、柴达木马等组成马文化丛，分别处在不同的区域。这是游牧民族的一个常见特征，体现出当时对马的极度依赖，正如爱斯基摩人的狗文化丛。而牛的分类和所构成的文化丛则因牦牛、犏牛的存在而具独特个性。东部地区则可视为混合区，其分类因不同民族和藏族内部不同群体所居住地域不同，所畜养的牲畜品种不一，体现出畜种的多样性。从文化圈的角度说，上述差

异的内在意义是：从青海腹地到东部地区，牲畜（尤其是牛）由驯化程度较低、侧重于满足生活所需的种类到驯化程度高、多用于役使的种类转变。这一点，在牛的品种上体现得最为明显：从文化圈核心的未驯化的野生牦牛、初步驯化的牦牛，到外层文化带半驯化的犏牛，再到边缘文化带的黄牛。可见，这种在畜种上的差异性、圈层化分布在民国时期已经非常明显。

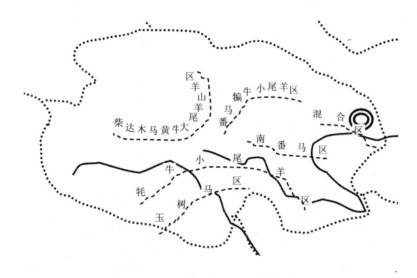

图11　民国时青海畜种的地域分布

民国时期，两份关于青海主要牲畜数量的估计材料，反映出东部地区畜种的混合性特征。表41、表42显示，民国时期青海东部几个县所畜养的牲畜、家禽种类较丰富，计有马、黄牛、绵羊、山羊、骡、驴及猪、鸡、鸭、鹅，已经包含了"三牲六畜"①。

两表所列数据，属于估计数，故多有矛盾之处。但尚可对各县内畜养牲畜种别的侧重和不同畜种在各县的分布作出大概判断。比如，西宁县比较侧重饲养鸡、山羊、绵羊；大通、互助县马的饲养量最多，牧业区及农牧交界区较少；猪这个农业社会的优势畜种，在表列11县的广泛分布体现出其以农业为重的社会属性。

---

① 《三字经》诵："马牛羊，鸡犬豕。此六畜，人所饲。"

表41　　　　　　　　1936年青海省主要牲畜数量估计　　　　　（头、只、匹）

	马	黄牛	绵羊	山羊	骡	驴	猪	鸡	鸭	鹅
西宁	8992	4266	25927	30850	4036	7548	14211	48901	164	
互助	11647	2233	42548	15955	4201	3181	4095	58503		
大通	15780	21040	105200	31560	5260	3156	15780	73640	210	
湟源	977	3768	8868	4434	554	3105	1551	6651	1108	443
民和	2930	7702	57062	40061	3287	6340	5513	40972	798	629
门源	1670	3516	10108	219	1670	659	1010	2275	35	17
贵德	1870	18300			2781	26352	1464	32940		
总计	38846	60825	249213	123079	21789	50349	43624	263892	2515	1089
缺头数	7854	15539	67755	33660	3971	12420	8841	49255	1077	4336
省计	46700	76364	317448	156739	25760	62769	52465	313147	3392	5425

资料来源：民国政府农业部中央农业实验所报告（1936年），青海省地方志编纂委员会办公室复印材料。

表42　　　　　　　　1934年青海部分县主要牲畜数量估计　　　　　（头、只、匹）

	马	牛	羊	骡	驴	猪	鸡
乐都	1936	3873	82640	3253	5189	620	2198
循化	650	2167	7669	1820	1393	42	2513
化隆	1819	2729	25939	1382	1819	182	6839
共和	338	1582	5860	714	1578	714	1765
11县合计	33719	41569	378089	25640	53063	23562	127015

资料来源：（民国）汤惠荪、雷男、陆年青：《青海省农业调查》，资源委员会农垦组1935年编印。"11县"指表41所列7县和表42所列4县。

　　民国时期，青海藏人牧养牛羊多采取逐水草而居的天然放牧方法，即便冬季，牛羊饲料亦皆依赖天然牧草。

　　　　蒙藏人民之豢养牲畜，皆无畜舍之设备，日夜露宿，若遇阴雨，因无厩舍可避，难免冻馁之苦，最易消瘦。[1]

────────────

　　[1]　（民国）张其昀、李玉林：《青海省人文地理志》，《资源委员会季刊》1942年第2卷第1期。

放牧方法又分为 4 种：一是单独放牧，即以一家为单位，所有牲畜混为一群，由家中老幼，按数目的多寡，分配两三人或一人管理；二是混同放牧，即人口较多、牲畜较少的人家，联合附近两三家，将牲畜混合到一起放牧；三是应差放牧，即蒙古王公及藏族千百户的畜群，除由专门人员管理外，由所属的户民轮流应差放牧；四是雇佣放牧，即各寺院喇嘛活佛拥有的畜群，除由管事喇嘛管理外，另外雇牧丁若干，专司放牧，至于牧丁工资，每年仅给砖茶两包或棉布 2 尺。① 上述 4 种放牧方式，前两种多在农业区实行，后两种则行于游牧区及喇嘛寺院所在地。

不同畜种的管理方式，亦有区别。当时马之繁盛，是由马的生产、交通、军事等诸多方面的广泛用途决定的。因此，仍保持整群牧马的习惯。特别是在青海湖四周及柴达木流域，"牧马数十或数百成群，一群一色，各群相距，毫不相混。凡放牧之马，数年不羁者，为数极多"。蒙藏人民常有雇人驯服 9 马，然后酬 1 马为劳资的惯例，"故穷民壮丁专以驯马为其乘兴生活，不难有马可骑也"。牛的管理方式也有区别：牦牛则完全牧放，黄牛则多饲养，犏牛的管理则介于二者之间。

四　作用显著的商贸流通

（一）农畜产品的互补性与交易品种

正是基于上述青海不同民族特别是蒙、藏与其他民族在自然生态环境、人口分布和所操持的农牧生计的不同，民族间的利益需求自然产生，大小范围的农畜产品交换则势所必然。大抵自唐宋兴起、清雍正末年结束的据点即在今日月山一带的官方贸易——茶马互市，正是在这样的生计互补性基础上，历经千年兴衰。到了民国时期，虽然茶马互市已经衰落，但农畜产品交换仍未停止。正如民国时期的观察者所言：

> 蒙藏人民从事猎兽与牧畜，生活停滞于游牧时代，其生产之羊毛、羔皮、兽皮、鹿茸、麝香、牛、羊、马、驼等为西北经济上最有价值之出品，而定居民以农产品、工业产品，交换游牧民之猎物及畜产品；换言之，定居民养活游牧民，同时游牧民亦养活定居人，二者

---

① （民国）汤惠荪、雷男、陆年青：《青海省农业调查》，资源委员会农垦组 1936 年编印。

相依为命，经济上发生密切之连锁关系。①

纵向比较，民国时期民族商业贸易，有了新的发展和变化。比如，对外贸易一定程度的发展、商品品类与数量日益丰富、经商队伍多样化、商业网初步形成等。② 与内地比较，这种发展"则不如远甚"，却是在面临诸多不利条件下获得的。

> 一为需要者少。青海民情朴实不事虚华，对于洋货需要极少。二为交通梗阻，运输极感困难。三为道路不靖，土匪充斥。货物路途常有被劫之虞，故经商者，务须多筹资本，如欲作五千金之交易，必须三倍其资，方能周转灵活。③

面临如此困难，商业贸易却兴盛不衰，概因牧业区丰富的农畜产品资源。民国初年，西宁市场上的外地商品，仅限于湖北的宽面土府布和梭布、湖南茯茶、四川丝绸、宁夏大米等少数品种。民国八九年后，随着外地商人增多，市面上开始出现人马弓斜布、九龙洋布、采石机德国缎、斜文缎、哈机布等针织品，以及洋袜子、毛巾、香皂、牙膏、纸烟等日用品。④ 西宁作为商业集散地之一，也是内地商品输入牧区的一大中转站。此外，还有从西藏输入的氆氇、藏香、藏红花、佛教经典等。这些商品，多数是牧业区蒙藏人之生活必需品，主要通过西宁经湟源、贵德等地，运往牧业区。

从牧业区输出的商品有羊毛、皮张、马匹、药材及动物骨、角等。在诸多输出商品中，羊毛为大宗，为各地商人争相购销。尤其"西宁毛"在国际市场负有盛名，转手时获利很大。为此，民国时期发生争夺羊毛、

---

① （民国）李自发：《青海之蒙藏问题及其补救方针》，《新青海》1933年第1卷第12期，载《西北民族宗教史料文摘·青海分册》（下），第536—537页。

② 崔永红主编：《青海通史》，第676页。

③ （民国）张其昀、李玉林：《青海省人文地理志》，《资源委员会季刊》1942年第2卷第1期。

④ 廖蔼庭：《解放前西宁一带商业和金融业概况》，载青海省政协文史委编《青海文史资料选辑》（第1—5辑合订本），1985年内部发行。

皮张资源收购额的山陕帮与天津帮"土洋之争"①，可见当时羊毛之紧俏和交易量之巨。由青海输出羊毛的规模大抵如下：

> 因青海产量甚丰，每年由各地运出者，计湟源约三百五十余万斤，循化、同仁保安等处，为一百五十余万斤，鲁沙尔、上五庄二处二百余万斤，门源永安、峨［俄］博一带约一百五十余万斤，贵德鲁仓、拉加寺一带约二百余万斤，郭密恰卜恰、大河坝一带约一百五十余万斤。②

此外，还有经玉树、海西、甘凉等地出口的羊毛、皮张，见图11。可看出，西宁为青海农牧区所需商品的输出地。农畜产品（尤其是羊毛）"多由商人由出毛地收购、集中，然后由大商从集中地采收而运至包头、天津，少数售供当地实业消费，余均售与洋商转输出口"③。各县治、集镇遂成为农畜产品输出的中转地。显然，东向的商品流动量，要远远甚于西向的商品流动量。

> 牛羊为彼之所贱我之所需，布匹、糖、茶为我之所贱彼之所需。故汉人恒以布匹糖茶易其牛羊，而彼亦乐为交易。④

蒙藏牧人与汉地商人遂互通有无、各取所需：前者用以满足基本生活需要，后者用以赢得利润。就青海牧业区而言，输出和输入二者比较，存在明显的"逆差"。据民国西宁商会估计，青海省出口额为1400万元（银元），进口额为600万元，出超800万元左右。⑤ 1947年青海湟中实业公司董事会年报亦称，当年进省物资总值为5580万元，出省物资总值

① 廖霭庭：《解放前西宁一带商业和金融业概况》，载青海省政协文史委编《青海文史资料选辑》（第1—5辑合订本），1985年内部发行。

② （民国）张其昀、李玉林：《青海省人文地理志》，《资源委员会季刊》1942年第2卷第1期。

③ （民国）顾谦吉：《西北羊毛业调查报告》，《资源委员会季刊》1942年第2卷第1期，青海省档案馆省方志编委号全宗（资料）第135卷，1987年。

④ （民国）黎小苏：《青海之经济概况》，《新亚细亚》1934年第8卷第2期。

⑤ （民国）张其昀、李玉林：《青海省人文地理志》，《资源委员会季刊》1942年第2卷第1期。

8200 万元。① 虽然两种数据相差较大，但输出与输入之间存在的巨大差额是十分明显的。

（二）商贸经营者的构成

民国时期，青海商人队伍比清末又有扩大。② 这是从数量上而言。从务商主体者来源说，计有汉族商人、蒙藏商人和青海本土商人。其中，汉族商人以河北、山西、陕西人为多，资本雄厚，多设庄号，如民国初年西宁泰源涌、世诚和、德合生、德兴旺等山陕商号属最大。青海本地土著及汉、回商人多为小本经营，并在各乡及村落设立小店，每年夏秋之际，派其店员分赴各镇市，销售货物并收买土产。蒙、藏人经营商业的，多为喇嘛，其资本由寺院供给，经营规模不小，只是其经营范围局限在本省范围，没有远行到内地省区者。喇嘛经营商业，最先是为了满足寺院本身的衣食需要。比如，拉卜楞寺于 1863 年制定的一份章程写道：

> 商业方面，做买卖时，无论是茶商，或是当佣人的，或是从同仁来的面粉、糌粑、青稞等都得首先由寺院总管来购买，先得满足其寺院的需要。然而，由一些从中牟利的僧俗商人不得进行倒贩，一定遵照本章程不得有违。③

可见，寺院起初对僧人经商的约束是比较严格的。到民国时期，这种政策自然就变得宽松。青海建省后，本地商人数量超过内地商人，但在经营规模上，内地商人一统天下的局面没有改变。

玉树结古，因其独特的自然环境，成为联结青、康、藏三地的重要贸易中转站和集散地④，是民国时期青海商贸发展的一个缩影。民国初年，结古有山西、陕西、河南、甘肃、四川、西康、西藏等地及本地商人 200多家，经营货物 100 种以上。从四川雅安每年发出的茶叶，到达结古后，有多半驮至西藏，其余输至青海南部各蒙藏聚居地交易。由西藏转口的洋货，也要经过结古输入西康或西宁。玉树地区的畜牧土特产品也经由这里

---

① 崔永红主编：《青海通史》，第 687 页。
② 同上书，第 678 页。
③ 张庆有编选：《拉卜楞寺经商、借贷章程》，《档案》1992 年第 6 期。
④ 王振民：《结古私营商贸及枢纽作用》，《青海金融》2004 年第 4 期。

集散，或运往西藏出口，或经西宁转天津出口，或由商人运出交易。抗战爆发后，内地商人撤走较多，结古仅有坐商 59 户，从业人员 176 人。到 20 世纪 50 年代初，玉树仅有私商 60 户，从业人员 90 人，商贸陷入萧条。

（三）以物易物——贸易的主要形式

与西宁、湟源等青海东部地区在商业贸易中使用铜钱、铜元、银元等为流通中介的形式明显不同，"对牧区雇主，基本上采用以货易货的方式"，很少使用货币。正如民国史料所载：

> 青海商业除西宁各县外，其余均为蒙番游牧之民，故其交易极为简单，以物易物，货币不甚适用，因其不识银色之真伪，不辨银两之轻重。汉人至番地采办货物，无物不收，即旅行之人，甚至饮食之料，驮运之物，亦须以货物为抵，予以银两，虽多给之，亦不收易。①

"不识银色之真伪，不辨银两之轻重"当是不使用货币的直接结果，其原因应按照牧业社会对商品的需求和商业领域的局限而论。在青海牧业区，货币的使用也有例外，即商业贸易历史悠久的结古。

> 昔日曾有用英国币，今已不用。现所流通之货币为西康康定所铸之川币，每元合内地银三钱一分二厘五毫，别无辅币。②

由此可见，玉树与四川康区在商业贸易上的紧密联系及其商业贸易的发展程度。

以物易物主要以两种形式展开：一是牧民将农畜产品驮到其所在地区或邻近的集易地，交换回粮食、布匹、茶叶及日常用品；二是流商驮运货物到蒙藏部落驻地，交换羊毛、皮张、药材等。在集贸地，商人欲买牧民之产品，则先至摊位拣择估价，再携牧人至汉市，任其按所需物

---

① （民国）张其昀、李玉林：《青海省人文地理志》，《资源委员会季刊》1942 年第 2 卷第 1 期。

② （民国）黎小苏：《青海之经济概况》，《新亚细亚》1934 年第 8 卷第 2 期。

品自行挑选，直至双方认可为止。虽有人称这种交换形式为"不等价交换"，但也已约定俗成，各取所需，基本实现等量交换，"如以驮价论，内地行程，每日每驮价银七钱，至番地以茶一斤或糖一斤即可相抵"①。

因为在牧业区普遍实行以物易物形式，因此"收售皮毛的商人，除到牧业区仅携带一部分现银外，大部分则在大商手中购买物资，运往牧业区"②。由此，主要通过"积囤货物"为营生的"歇家"（后来发展成集多种角色于一身的中间商人）应运而生，历经清、民国而未衰。而其最初只不过是通蒙藏语言的市侩，"因客商交易不能与蒙番直接交涉，故以重金贷于歇家代为买卖，于是歇家乃得居间渔利，遂起家致富"。据民国时期的调查统计，当时湟源县内有歇家48家，其"有左右金融之势力"（丘咸初语）。

（四）商贸重镇的衰落与寺院贸易地位的提升

以物易物的商品交换形式，催生了青海诸多商贸集镇的形成。青海北部蒙古人，每年秋冬定期至湟源、门源、大通一带集市，春秋则定期在本境内集市。这种跨区域"赶集"的情形蔚为壮观，史载：

> 数百里间，皆来赶集，就旷野为市场，支帐设摊，器物杂陈。……每次集市，凡数日至二余日或二十余日乃散。③

这是处在农牧交界处的集镇所发挥的衔接农牧的作用之一。而藏族聚居的地区，其集市形式多有不同：

> 南部藏人集市，多在寺院有定期，凡会期将届，商贩不远千里而来，所售之货物，皆番地土产，而所购买者以皮张茶糖布匹为大宗。藏人平时则多至玉树等市镇交易货物，亦有负贩至各村落者。蒙藏人

---

① （民国）黎小苏：《青海之经济概况》，《新亚细亚》1934年第8卷第2期。

② 廖霭庭：《解放前西宁一带商业和金融业概况》，载青海省政协文史委编《青海文史资料选辑》（第1—5辑合订本），1985年内部发行。

③ （民国）张其昀、李玉林：《青海省人文地理志》，《资源委员会季刊》1942年第2卷第1期。

民之集市，于某月某日至某日，在某地集市，俱有一定。①

基于集市贸易的兴盛，深居青海腹地的县治地，商业氛围颇浓。除前述结古外，尚有门源（旧为大通县属北大通及永安一带地）为"羊毛商人聚集地"，贵德为"黄河上游货物出入之口"，同仁县隆务为"各族互市之所"，同德（治现拉加寺）属"河南蒙古四旗贸易之中心"，以及柴达木地区的香日德、宗加等，多依赖商贸发轫城镇的雏形。

湟源县治（丹噶尔）商贸集镇的历史甚为悠久。自清雍正至新中国成立，其依借独特的"海藏通衢"、农牧交界处的地理位置，成为青海的畜牧产品集散地。至清中期，丹噶尔已是"汉土回民并远近番人暨蒙古往来贸易之所"②。前述"歇家"即兴起于湟源，成为湟源畜产品集散的主要媒介人和推销员。清史那彦成的《平番奏议》记："番族前来贸易，向由日月山卡进口，来至丹噶尔地方，将货物交与该处官歇家经手售完。"可见，对于蒙藏牧人来说，歇家之中介作用几乎不可替代。此外，因商业的兴盛，约在民国 10 年（1921 年），形成往来于西藏、青海（主要是湟源）之间进行货物买卖的"藏客"。其与西藏来青海、湟源销售藏货的"西藏商上噶尔俸"③ 促成青藏商业互动关系。藏客的资本量比较雄厚，"最多的白洋万元左右，如忠信号魏耀邦、德义兴号马英庵兄弟、李富成等几家。中等的五六千或七八千元，其余的两三千、四五千不等"④，完全例外于"青海本地商人"群体。但到民国二三十年前后，湟源商业已呈凋敝之败象。据民国青海省党务特派员办事处的调查⑤：

当年轰轰烈烈的湟源，现在较有资本之商家，不到一家。赖商业

---

① （民国）张其昀、李玉林：《青海省人文地理志》，《资源委员会季刊》1942 年第 2 卷第 1 期。

② （清）杨应琚：《为边口亟请添驻县佐以资治理议》，载《西宁府新志》卷 34，青海人民出版社 1988 年版，第 903 页。

③ "商上"即西藏"商上堪布"，是西藏地方管理财政的商务机关。"噶尔俸"为西藏的经商头目。

④ 林生福：《湟源藏客》，载湟源县政协文史组编《湟源文史资料》第 3 辑，1997 年内部发行。

⑤ （民国）丘咸初：《青海农村经济》，民国青海省党务特派员办事处 1934 年出版。

维持其生活的湟源人民，现在商业一落千丈，农民生活自然益加困苦。

认为其原因有：

> 一因羊毛运销过滞，且受维持券影响，蒙藏人民，以无用纸票的习惯，多已转运至四川或甘肃；二则因种种关系，所有羊毛均转向西宁的鲁沙尔及上五庄出口；三是经十八年马仲英匪一度屠杀的结果，大有人才两空之势。

"维持券"是民国青海省政府于民国21年（1932年）印制发行，以应对当时银元缺少、货币紧张的混乱局面。军阀马步芳更是大量仿印之，从中渔利，遂使纸币通胀，青海商业遭受重创。这一金融事件，无疑影响到湟源的畜、副产品中转站的商业贸易地位。民国18年（1929年）马仲英部屠湟源城亦是青海近代史上的重大事件，史称"湟源屠城"。据载，此次屠城洗劫，"使湟源2000余名男女老少惨遭杀害，1000余人致成伤残，2000余间房屋被烧毁，财产损失折合白银300万两"①。这也是损伤其商贸地位的一大因素。

民国时期，湟源商业贸易地位的逐步丧失，上述两起历史事件仅是外因而已，其内因则是寺院（主要是塔尔寺）及其所在集镇贸易地位的提升。丹噶尔民族贸易的兴起，是清雍正初青海地区政治形势和民族格局发生变化的一个自然结果。② 在明末清初，处于"边地"和"边外"的交界点而为民族贸易中心的是处在西宁以西的多巴。这种交界点向西的转移，到民国时期因丹噶尔集贸地位衰退而戛然而止，却向东边的湟中地区转移。

青海东部畜产品商贸中心由湟源向塔尔寺、上五庄一带的转移，可能与清末、民国时期藏传佛教格鲁派及其寺院地位的进一步提升有关。如前文所述，青海腹地藏族"会市多聚于寺院，凡会期将届，商贩不速而来"

---

① 李耀祖：《"尕司令"马仲英血洗湟源县城之后》，载湟源县政协文史组编《湟源文史资料》（第5辑），2000年内部发行。

② 杜常顺：《清代丹噶尔民族贸易的兴起和发展》，《民族研究》1995年第1期。

的围寺贸易之传统已久。这样，也给寺院操控当地商贸活动提供了条件。各个部落多有部落属民所拜谒的寺院，这样，久而久之便形成以部落为单位的贸易地域范围和人群，俨然形成以寺院为中心、联结附近集镇、帐篷的贸易圈。比如，玉树25族各有自己的集会点，少的1个，多的达4个；其中，札武族有札武寺、结古寺、新寨3个集会点，竹节族有竹节寺、喀耐寺、青错寺、休马寺4个集会点，觉拉族、拉布族分别以各自部落命名的寺院为集会点。

各地寺院僧人有参与经商的传统，正如前文所述，这种传统起于为满足寺院自身的需要，性质属于寺院公有商业。其法为：

> 按年由寺中喇嘛选举经理经营之，有利则除公积外，其余分与大小喇嘛，亏失则由经理者负赔偿之责。①

但是在湟源为商贸集散地的时代，鲁沙尔一带既不具有商贸通道的交通条件，又缺乏农牧边界的联结地位，故其商贸的大规模发展乃至成为中心，早先并不具备优势。正是在宗教的影响下，很多牧民将所要交易的物品，运至上五庄、鲁沙尔一带交易，顺至塔尔寺拜佛。民国20年（1931年）前后，鲁沙尔、上五庄两地俨然已发展成为畜产品集散地，两地商人到牧区以百货换皮、毛畜产品，转手出售给驻西宁的天津洋行。抗日战争结束前夕，鲁沙尔商业有12个行业，资金折银币41.67万元。②

在鲁沙尔、上五庄一带民族商贸隆兴的促进下，迄至民国后期，塔尔寺僧人开始涌入经商的潮流，寺院抵制僧人从事商业活动的政策失去效用。参与商贸者下起普通僧侣，上到活佛，买卖商品种类亦十分繁多。《湟中县志》载：

> 民国后期，塔尔寺开始经商。经商的僧人"入寺披袈裟，出寺着时装"，东走津、沪、平、汉，贩运"洋货"，西入西藏、印度贩

---

① （民国）黎小苏：《青海之经济概况》，《新亚细亚》1934年第8卷第2期。
② 湟中县地方志编纂委员会编：《湟中县志》，青海人民出版社1989年版，下同，第173页。

运藏货，买入卖出，获利颇厚。也有不少活佛（阿嘉、当采、作盖、却西等）和富户僧人，往返于西藏、印度、北京、张家口、上海、武汉等地，贩运枪支弹药、绸缎、茶叶、牲畜、陈醋、挂面、银包木碗、水獭皮、氆氇、手表、藏红花、藏香、藏斜布、丝绸、藏礼帽、藏靴等等，获得暴利。[①]

正是在这种良好的商业环境的带动下，寺院僧人经商收入不菲。据1953年的统计，1950—1953年，塔尔寺各吉哇（藏传佛教僧人的具体管理机构）僧人经商者总计286人，销售总值81.8万余元人民币，获纯利润20.5万元。1950—1951年，销售货物主要是牲畜、皮毛，1952—1953年转为各种藏货、手表、毛呢、日用品等。[②] 20世纪中叶后，往往与宗教活动紧密联系在一起的、围绕寺院形成的集市贸易及民族贸易，其发展势头被屡次的政治经济运动破坏。作为青海寺院"自养"的一条可行途径的商贸业，长期处在萎靡不振的状态。

民国时期的这种商贸，宛如串起珍珠的线一般，对区域政治、经济、文化发展意义重大。特别是，其促进面对面的互动，促进不同区域、不同族群、不同地域文化之间联系的巨大功能的发挥，有力推动了藏文化圈的形成、演化。

第二节　不同生计之间的现实选择

步入20世纪中叶，基于居住地域的生态特殊性，藏人的生计方式总体上保持了畜牧特征，但也随着社会互动的加剧和生态环境的剧变，发生了地域有别的变迁。这种变化主要是在农、牧之间的选择中展开，当然，其中也不乏在城市化、工业化进程中生计方式的被迫转型。

一　职业身份的自我认同

在了解不同地区藏人的生计方式时，首先提出的问题是受访者对自己职业身份的认同问题。对其职业身份的认同，不但能反映受访者当下的生

---

① 湟中县地方志编纂委员会编：《湟中县志》，第397页。
② 王恒生主编：《中国国情丛书——百县市经济社会调查：湟中卷》，第518页。

存状态，还能折射出其未来的职业取向，不但反映受访者实际从事的行当，还折射着对自身民族身份和"他者"的认同。

黄河沿被迫弃用的温棚遗迹（玛沁）

　　问卷显示（见表43），在352个对职业身份认同问题作出有效回答的农牧民样本中，处在东部地区、生计偏重于农业的小茶石浪、郭尔、北沟脑的受访者对自己职业身份的认同相对比较明朗，认为自己是农民者分别占各调查点回答有效样本的92.59%、90.63%、92.86%。其中，也有认为自己为牧民者，另有3例回答"说不清"，这反映了农业村藏人兼饲少量牲畜或从事其他行业而难以确定自己职业身份的事实。处在农牧边界或牧业区河谷地带，农牧兼营的赛什托、瓦里关、郭米3个村的受访者，对自己职业身份的认同体现出复杂性，其中，赛什托、郭米村分别有80.65%、82.76%的受访者认为自己属于农民，而认为自己为牧民者甚少。可实际上，这两个村从事种植业的藏族家庭比重相当低。正如从表12所列数据计算，赛什托牧委会总户数和总人口中，从事种植业的分别占31.62%和27.03%。这是按总数而言的，未作民族分别。以下在赛什托的访谈个案可对此作进一步说明。

访谈个案 1：农业——不能承受之轻

时间：2010 年 8 月 2 日，下午，晴。地点：果洛州玛沁县拉加镇红旗社 2 队。受访人：俄某①，藏族，村民，50 多岁。

家里原来有 10 亩地，后来搞退耕还草，剩下了 4 亩。家里 6 口人，耕地不够用，就从别人手里转包上了 7 亩，每年每亩地给人家 200 元。他们家老人多，人手不够。现在的 11 亩地，有 3 亩是水地，8 亩是旱地。去年，种了 3 亩洋芋，收成全部卖出，得了 3000 元；菜籽种了 4 亩，每亩产 200 斤，榨了 400 斤油，全部自己用。

以前有 2 头犏牛，后来让贼给偷了。现在家里养着 18 头牛、50 只羊。这些是娶进来儿媳和孙子出生后，儿媳的娘家人先后送的。逢过年的时候，要宰 1 头牛，平时过节的时候，宰 1 只羊，没有往外卖的。

从上面的讲述中可以看到，俄某家的经济处于入不敷出的状态。事实上，从下文可知，村民还有增收、补贴家用的其他方式。

郭米村村民更多是用仅有的耕地种植燕麦、苜蓿等饲草；少量种植的青稞，产出甚微。全村约有 1/3 的人家牧养牦牛；不养绵羊者，仅 20 户左右。在郭米村的问卷过程中发现，村民对自己是农民还是牧民的身份最为模糊，明确称自己的职业是"半农半牧"，言外之意是自己既非农民也非牧民，用当地的称谓则是既非"戎娃"也非"卓华"。

瓦里关村的农牧结构与郭米村相当。而村民对自己身份的认同则偏向于牧民，有 75.86% 的受访者回答自己的身份是牧民，但也有 7 名受访者认为自己属于农民。显然，瓦里关藏人对自我职业身份的认定，并没有受到在迁到现住地前那段从事种植业记忆的过多影响。

---

① 藏族农牧民一般不使用姓氏而直接用名。文中用"×某"是为了尊重受访者隐私的需要，这里的"×"，并非其姓，而是其名之首字。下文在引证无汉姓的藏族受访者的访谈内容时，皆用此法。

郭米的农、林、草地

9 个牧业村里，玛沁县当洛乡的两个社、兴海县赛宗寺附近两个村的藏人，对自己的牧民身份相对比较明确，没有认为自己是农民的样本；其他多数村的则较复杂。青海湖北部的 4 个村，其受访者多认为自己属于牧民，有一部分人认为自己属于工人、知识分子、打工者，一部分人对自己的职业身份不甚了了。

和日村和四合吉社区的受访者自我职业身份认同最为复杂。和日村有一半的受访者认为自己是牧民，有 7 人回答"说不清"，有 6 人认为自己是打工者，有 2 人认为自己是商人。和日村被乡干部称为全乡 11 个村中干部最多、村民观念最新、文化素质最高的一个村。2005 年、2009 年，分别实施生态移民和游牧民定居工程时，该村先后有 100 户和 76 户牧民搬迁至乡政府所在地。问卷调查即在此 176 户移民中进行。在搬迁之前，全村有 5800 多头（只）牛羊，畜牧业为支柱产业；实施搬迁后，政府要求减畜，全部（生态移民户）或部分（定居户）地将牲畜出售，调查时该村只剩 1350 多头（只）牛羊。产业结构也发生了转变，有 200 多人从事石雕（刻）行业。显然，这种产业转型，也反映到了村民对自己职业身份的认同上。

表43　　　　　　　　　不同地区藏族农牧民对职业身份的认同　　　　　　　（例）

调查地点（县、社区或村）		您认为您是								合计
		农民	牧民	商人	工人	打工的人	官员	知识分子	说不清	
湟源	小茶石浪村	25	0	0	0	0	0	0	2	27
平安	上郭尔村	11	1	0	0	0	0	0	1	13
	堂寺尔村	8	1	0	0	0	0	0	0	9
	下郭尔村	10	0	0	0	0	0	0	0	10
互助	北沟脑村	26	0	0	2	0	0	0	0	28
玛沁	赛什托牧委会	14	4	0	0	0	0	1	0	19
	麻什堂牧委会	11	1	0	0	0	0	0	0	12
	当洛五社	0	14	0	0	0	0	0	0	14
	当洛十社	0	17	0	0	0	0	0	0	17
共和	瓦里关村	7	22	0	0	0	0	0	0	29
兴海	纳洞村	0	16	0	0	0	0	0	1	17
	切卜藏村	0	10	1	0	0	0	0	0	11
同仁	四合吉社区	15	0	0	3	1	0	5	0	24
泽库	和日村	0	15	2	0	6	0	0	7	30
天峻	快尔玛九社	2	7	0	0	0	0	0	0	9
	快尔玛二社	0	11	0	0	0	0	0	2	13
刚察	环仓村	1	13	0	1	2	0	1	0	18
	贡公麻村	0	11	0	0	1	1	5	5	23
祁连	郭米村	24	1	0	0	1	0	1	2	29
	合计	154	144	3	6	11	1	13	20	352

　　如果作进一步分解，可以发现，和日村不同年龄段的受访者对自己职业的认同略有不同。综合样本在不同年龄段分布的差异，仍然能够看出中老年人偏向于认同为牧民，青年人偏向认同为牧民以外的其他身份，见表44。这种认同的差异，是由不同年龄段的村民对不同生活方式的偏好决定的，体现了对生计方式的未来预期。以下的访谈内容说明了这一点。

表44　　　　　　　　　不同年龄段受访者的职业认同　　　　　　（例）

年龄段	社区或村	您认为您是								合计
		农民	牧民	商人	工人	打工者	官员	知识分子	说不清	
24岁以下	和日村	0	0			1		0	0	1
	四合吉社区	0	0			0		1	0	1
25~34岁	和日村	0	2		0	1	0	0	1	4
	四合吉社区	1	0		1	0	0	2	0	4
35~44岁	和日村	0	4	0		3	0	0	1	8
	四合吉社区	6	0	0	1	1	0	2	0	10
45~59岁	和日村	0	6	2	0	1		0	4	13
	四合吉社区	2	0	0	0	0		0	0	2
60岁以上	和日村	0	3		0				1	4
	四合吉社区	5	0		1			0	0	6

访谈个案2：居于乡镇，守望牧区

时间：2010年10月16日，上午，晴。地点：黄南州泽库县和日乡和日村。受访人：东某，藏族，村干部，45岁。

现在，对大人来说，像以前一样分散在山上要好一点；对年轻人来说，这里要好。搬来以后，水、电、路等方面的条件改善了。迁下来以前，每家每户有20多头（只）牛羊。吃的方面，每年宰一头牛，平时宰只羊，有现成的肉、酥油，生活基本上没啥问题。但集中起来以后，没啥活干，烧的也没有。牛粪得花钱从外面买，每袋要5到6块钱。糖1斤4块钱，很多人吃不起。对老人来说，肉、酥油必须要吃，吃菜不习惯。但现在，牛羊肉太贵，买不起。年轻人就不一样：住到瓦房里，看上去很舒服；看电视也方便，还可以骑着摩托车到处转悠。不像山上，吃的品种少，多数情况下是炒面、酥油、牛羊肉，电视看不上，生活单调。一家人挤在一个帐篷里，对他们来说，这样的生活很不好。对我来说，要是有条件，还是愿意到山上去过放牛羊的生活。

已经生活在城镇社区的四合吉人，其户籍身份已确定为居民，但仍然有一半以上的受访者认为自己是农民，说明其对过去农耕生计的依恋。依恋农耕生计，并不是像和日村的中老年人那样，有越来越强烈的想回归原来生计的愿望，而是表现在对耕地资源的依惜。以下从正反两方面的事件来说明。

首先是村民对剩余耕地的态度。四合吉原有耕地 200 多亩，调查时只在隆务镇后山剩余 180 多亩，皆为旱地。这些地无人耕种。对此，隆务镇政府干部的解释是：

> 四合吉社区居民中，多数家庭的经济条件比较富裕。总体上说，其经济条件在全镇处在中上水平。曾经的耕地补偿，加上临街的铺面出租，很多人家里收入不低。现在的隆务镇后山上，大部分人家有三五亩旱地，但都弃之不用，成荒地了！为啥？说明他们有更好、更轻松的来钱门路。现在居民的就业选择，是对各种就业方式理性选择的结果。

部分村民则称：之所以没有耕种山上的旱地，是附近村庄的牛羊践踏而无法耕种的缘故。但可明显观察到的是，四合吉居民对耕种并不热衷。

其次是对耕地补偿款的诉求。调查中，问及生产生活中的困难时，四合吉居民所提最多的是征地补偿款标准过低的问题。该社区的耕地从"文革"前就开始在城镇建设过程中被占用。最初每亩地补偿 300 元，以后，陆续增加；调查时，每亩地补偿标准达到 8 万元。居民抱怨：自己的耕地在补偿标准比较低的时期被征用，没有了耕地，生活水平要由挣钱的多少来决定。居民还反复提及后山荒芜的耕地未能列入退耕还林（草）的范围而未享受到国家补偿一事。笔者调查时，正逢镇、社区干部与村中老人商议在剩余荒地上种植树木，打算列入荒山绿化工程，但因补偿问题相持不下。

与其他个案比较，四合吉社区受访者对自己职业身份的认同比较明确。24 个有效回答样本中，无人选"不清楚"；回答为"工人"者，的确是在同仁铝厂或事业单位务工。对"农民"职业身份的认同比较集中，占有效回答样本的 62.5%。对此，同样存在年龄区别：年长者偏向农民传统身份，而青年人偏向新兴生计的职业认同。由长至幼的 5 个年龄段，认为自己属于农民者分别占各年龄段有效回答者的 83.33%、100%、

60%、25%和0。

综上所述，由青海东部地区到青南地区、由城镇到牧区不同藏人对其职业身份的不同认同，一定程度上体现了生计方式的地域分布差异及文化圈形态。一个特别值得注意的现象是，生计的转变并没有导致其职业认同的转变；特别是在作为移民区或社区居民的藏人身上，这种现象体现得十分突出，从中反映了对城镇及符合城镇的生计方式适应程度的差异和规律。

二　经济收入结构

（一）东部地区

因青海东部地区产业结构具有多元性，受访者对自身职业身份的认同表现出复杂性，而且不同地区家庭经济来源体现出明显的地域差异。在问及家庭主要收入来源时，青海东部地区的藏人家庭多数选择种植业。如表45所示，下郭尔、北沟脑、上郭尔、小茶石浪、堂寺尔5个村的受访者回答"经济收入主要靠种植业"的分别占各村回答有效样本的90.91%、86.21%、80%、76.67%、66.67%。这几个村的耕地面积数量较多，耕地土壤亦较肥沃（除小茶石浪村外），具备主要依赖种植业维持生计的自然条件。这一特点，反映了青海东部地区藏人主要的生计属性。

除种植业外，东部地区藏人积极从事其他行业（见表46），其中，小茶石浪村占有效回答42.86%的样本选择畜牧业为次要的收入来源，体现了其以种植业为主、畜牧业为辅的生计特点。其他村人数不等的受访者亦以畜牧业作为次要的经济来源，反映了东部地区藏人仍然受到传统生计方式的影响。上郭尔村的个别藏人还参与牛羊育肥：每年冬春季节，从青海牧业区购进羔羊，经过几个月的繁育后，农历八九月份卖出。这种增收方式一般称为"西繁东育"，是一种农牧经济互动、互补形式，在青海经营此项经济者多为回族人和撒拉人，参与藏人少见。上郭尔从事此营生者，皆为藏人，收益亦颇丰。调查中，对其中一经营大户作了重点访谈。

访谈个案3：扬农业之长、避牧业之短的"西繁东育"

时间：2010年4月29日，下午，阴。地点：青海海东地区平安县巴藏沟回族乡上郭尔村。受访人：李某，藏族，村干部，45岁。

家里有 3 月从牧区运来的羊 90 只，这两天放在山里，半山腰以上放，由儿子和儿媳俩人挡。我们村里，夏天做羊圈的有十一二家，最多的时候有 15 家。这些都是上郭尔的人，郭尔其他两个村没有搞这个的。听说政府要搞林权制度改革，要把草山封了。要是这样，本来草山就小，没处放羊，只有把羊提前卖掉。草山还不能全部都封了，必须留出一些来，要不庄稼没法种，因为村里的田埂小，种地的牲口没地方放，也没地方割草。现在，一到夏天，牲口闻到绿草味儿，就趴在地上不起来。

从事"西繁东育"的藏人，对家庭从业者作了有效分工：长者或父母在家务农，年少的劳动力放牧。这种分工没有妨碍农业生产，每逢农忙时节，年少的劳动力多数可以回家照顾农活。在上郭尔村，这样的家庭，其收入较高，生活水平多处于中上水平。上郭尔村还有占80% 的受访者把种植业作为主要收入来源，这说明村民谙熟兼顾二业、相辅相成的经营之道。这种经营之道，多少与穆斯林民族从事"西繁东育"的策略相仿，即以种植业所获的麦草弥补草场资源的不足，客观上提高了牧业区牲畜的出栏率，减轻了牧区草场的载畜压力，是值得大书特书的。

"打工"是青海东部农业区农民十分重要的增收途径。据笔者 2005年的调查，就整体而言，如果不考虑劳动力成本，青海农村种植业的投入与产出收益基本持平，而外出打工的收入占到总收入的一半左右。上郭尔村以打工为次要收入来源的样本占到 78.57%，这一比例在东部地区个案中仅次于北沟脑村（87.5%）。堂寺尔村、下郭尔村和小茶石浪村以打工为次要收入来源的比例也分别达到 66.67%、50% 和32.14%。

对主要生长于青藏高原牧业区的冬虫夏草的采挖，也是东部农业区藏人增加收入的一个途径。"非典"初过，冬虫夏草价格看涨时，东部农业区村民纷纷涉入其中。挖回虫草者炫耀其收入，遂成为一个个致富佳话。各地虫草产区政府推出禁采令后，采挖风险增大，以采挖冬虫夏草为副业的人数有所减少。有少部分人却另辟蹊径，如采挖期来临前先进入产区务工（主要从事围栏、房屋建设、当"家麻"等），与当地藏人熟稔后，采挖期一到，即可进山采挖虫草。笔者在果洛州玛沁县拉加镇调研时，偶遇一位家乡的远房亲戚，他就是按照这个策略，40 多天时间挣了 1 万多元。虽然采挖期已过，他仍逗留在当地，帮助村人盖房，以便再多挣点，回家让久等的妻儿老小过个油腻、光鲜的春节。但随着采挖风险增大，这种成功的案例似乎变得越来越少。

小茶石浪村的受访者回答以虫草为主要收入来源的仅 1 例，也是东部地区各代表性个案中出现的唯一样本。在该村调查时，给笔者的强烈感受是：在区位、资源利好条件下，该村冬虫夏草采挖业呈现山雨欲来风满楼的态势。

访谈个案 4：冬虫夏草：割不断的情愫

时间：2010 年 6 月 13 日，下午，阴。地点：青海省西宁市湟源县日月藏族乡小茶石浪村。受访人：高某，藏族，退休村干部，77 岁。

> 年轻人对牛羊不烫，牛羊都是老一点的人养。十二三、三四十岁的人不养，不愿受那个苦，更愿意出去打工。好一点的，几个月一两万就能挣回来。要是放牧，阴天下雨，要操心，活儿让人累。

采挖虫草归来的妇女和闲谈中的男人（小茶石浪）

> 撂掉的耕地越来越多了。村里每家本来有十一二亩地，现如今剩了三四亩，主要种菜籽，再种点冬天喂羊的燕麦，其他的地就给掉别人了。要是没人要，就让它荒了。年轻人要出去打工，地里的草纯粹

不拔，对庄稼说着没管着。地里光是打点药，多半是女人们打。远处、陡点的，还有退耕还林草地，都不种了。种地不划算！好点的，出去打一个月工，一年的庄稼钱就能挣回来。两口子的，锁上门走掉的好几家子。他们的地，靠给亲戚。到冬天，一旦回来，不靠地里的东西，比如取暖用电褥子。上面有一家，家里5口人，这两天全家大小都到牧区挖虫草，一亩地也不种。说明现在对地的依赖轻了。六七十年代，每天挣个五六元，搞副业的机会也少。一二十天后，挖完虫草回来，再去寻找打工的机会，比如干小工。

随着冬虫夏草主产区采挖方式从招零工方式转向整体承包，农业区村民参与此营生的方式也发生了一些转变：每年有承包商到农业区雇人，管吃、住、行，每挖到1根虫草并交予承包商，采挖者从中得到每根3.5～4元不等的劳务报酬。新的"对策"首先惠及处在农牧边界的小茶石浪人。"一家里，两口子出去，40余天能挣回1万～2万元。"这是放弃农耕和牧业，专事虫草采挖的例子。同时，随着近两年降雨量增多，小茶石浪所在山沟的山脑草山，也显露出足量的冬虫夏草。居家务农或照顾陪伴老年人的妇孺，就在空闲时到本村的草山上挖虫草，也能从中获利。据调查时村人粗略估算，小茶石浪村到兴海、果洛等牧业区跟随承包商挖虫草的人数和在本村草山挖虫草的人数基本相当，各约有80人；2010年，全村的虫草收入能达到四五十万元，属于历年来最好的光景。

简而言之，如果作一排序，青海东部地区藏族家庭收入来源分别为种植业、畜牧业和副业，三者组成的收入结构具有一定的互补性和稳定性。这是利用了所居地自然环境优势，同时继承了传统生计方式、拓展了新的增收途径的一种现代多样化收入结构，故在生计方式上体现了变迁着的藏文化独特性。

（二）偏远牧区或半农半牧区

回答"经济收入主要靠畜牧业"的按比例排序，依次是当洛十社（100%）、瓦里关（92.59%）、当洛五社（85.71%）、快尔玛九社（83.33%）、纳洞（83.33%）、切卜藏（72.73%）、贡公麻（72.27%）、环仓（72.22%）、郭米（67.74%）和快尔玛二社（64.71%）。这些村皆处在青海各自治州。前文已述，就村级个案的整体经济形态来说，当洛的两个社、刚察县的贡公麻村和环仓村、天峻的快尔玛二社、兴海的纳洞村深居草原，皆属于纯牧业村；共和的瓦里关、祁连的郭米村处于农牧交界处，属于半农半牧村。前文提及，后两个村由于耕地面积小、土壤贫瘠，已耕地只作为牲畜饲草地来使用，农业只是牧业的可有可无的补充而已，这种情况下，农业收入就显得微不足道。在郭米村，畜牧业在收入结构中的重要性稍逊于上述其他村。因此，可以作出结论：在青海牧业区，藏族家庭以畜牧业作为主要的经济来源。

由表 45 可知，在诸牧业村和半农半牧村中，果洛州玛沁县拉加镇的两个社略有不同。两个社 29 个回答有效的样本中，有占 55.17% 的受访者回答"以挖虫草为家庭主要收入来源"。其中，麻什堂的 15 份问卷中，有 11 份对此问题作出有效回答，且皆选择"挖虫草"。显然，在耕地不足、草场有限的情况下，这两个村的藏人，充分利用果洛盛产冬虫夏草的条件，来维持生计。

访谈个案 5：举足轻重的"虫草经济"

时间：2010 年 8 月 2 日、5 日，下午，晴。地点：果洛州玛沁县拉加镇红旗社 2 队。受访人：俄某，藏族，村民，50 多岁；祁某，汉族，村民，61 岁。

社里的一点草山上没有虫草。我们牧委会的牧业点上虫草多。村里的人挖，多数都是去那里。我们家里，每年去妻子和儿媳娘家的草山上挖虫草。2010 年，儿子、儿媳两口子挖了 1 斤，其中 4 两以每根 17 元卖给了来村里收虫草的人，这个价钱在村里收的算是最高的。剩下的虫草，放在县城亲戚家，前段时间，有人出了 2.9 万元，我没舍得卖，要等个好价钱。读小学一年级的孙子也挖了 100 根，卖了 1000 多元。

现在，我们社里，大体上估计，40 多户里，有 20 户人家没有牛、羊、猪，完全靠地，别的一年就挖虫草。要是没有虫草，很多人家真不知道怎么过。多数人家，生活十分困难。卖虫草的钱花完了，就从别人手里借钱过日子。要是信誉好，可以借钱不付利息；有的人没办法，就借高利贷。

采集虫草工具（玛沁）

这是牧业区的河谷小块农业区对冬虫夏草经济的依赖情景。在果洛当洛乡，牧民就地、就近在承包的草山上采挖虫草。当洛五社、十社分别有91.67％、93.75％的受访者回答"家庭的次要收入来源于虫草"，可以称之为两个社仅次于牧业的第二大经济来源。

表45　　　　　　　　不同地区藏族农牧民家庭主要收入来源　　　　（例）

调查地点（县、社区或村）		您家的经济收入主要靠								合计
		种粮食	畜牧业	果蔬业	做买卖	打工	工资	挖虫草	其他	
西宁	小茶石浪村	23	3	0	0	3	0	1	0	30
平安	上郭尔村	12	1	0	0	2	0	0	0	15
	堂寺尔村	6	1	0	0	2	0	0	0	9
	下郭尔村	10	0	0	0	1	0	0	0	11
互助	北沟脑村	25	1	1	0	2	0	0	0	29
玛沁	赛什托社	3	7	0	0	3	0	5	0	18
	麻什堂社	0	0	0	0	0	0	11	0	11
	当洛五社	0	12	0	0	0	0	2	0	14
	当洛十社	0	17	0	0	0	0	0	0	17

续表

调查地点		您家的经济收入主要靠								合计
（县、社区或村）		种粮食	畜牧业	果蔬业	做买卖	打工	工资	挖虫草	其他	
共和	瓦里关村	0	25	0	0	0	1	1	0	27
兴海	纳洞村	1	15	0	1	0	0	1	0	18
	切卜藏村	0	8	0	0	0	0	3	0	11
同仁	四合吉社区	4	0	0	2	11	5	0	2	24
泽库	和日村	0	3	0	2	13	1	0	7	26
天峻	快尔玛九社	1	5	0	0	0	0	0	0	6
	快尔玛二社	0	11	0	2	0	3	0	0	17
刚察	环仓村	1	13	0	1	2	0	1	0	18
	贡公麻村	2	17	0	2	0	0	1	0	22
祁连	郭米村	3	21	0	0	6	0	0	0	30
	合计	91	160	2	10	45	10	26	9	353

表46　　　　　　**不同地区藏族农牧民家庭次要收入来源**　　　　（例）

调查地点		您家的经济收入其次靠								合计
（县、社区或村）		种粮食	畜牧业	果蔬业	做买卖	打工	工资	挖虫草	其他	
西宁	小茶石浪村	5	12	0	0	9	2	0	0	28
平安	上郭尔村	0	1	0	1	11	1	0	0	14
	堂寺尔村	0	1	0	1	6	1	0	0	9
	下郭尔村	2	1	0	0	5	1	1	0	10
互助	北沟脑村	1	0	0	0	21	1	1	0	24
玛沁	赛什托社	4	0	0	0	11	0	0	0	15
	麻什堂社	0	1	0	0	0	0	0	0	1
	当洛五社	0	0	0	0	0	0	11	1	12
	当洛十社	0	0	0	0	1	0	15	0	16
共和	瓦里关村	0	1	0	0	19	4	0	0	24
兴海	纳洞村	2	6	0	0	2	0	3	0	13
	切卜藏村	0	3	0	6	0	0	2	0	11
同仁	四合吉社区	0	0	1	3	4	0	0	1	9
泽库	和日村	0	1	0	1	2	1	0	2	7

调查地点（县、社区或村）		您家的经济收入其次靠								合计
		种粮食	畜牧业	果蔬业	做买卖	打工	工资	挖虫草	其他	
天峻	快尔玛九社	0	0	0	0	3	1	0	0	4
	快尔玛二社	1	0	1	4	3	0	2	0	11
刚察	环仓村	2	3	0	0	5	0	2	0	12
	贡公麻村	10	1	0	2	4	0	1	0	18
祁连	郭米村	1	4	0	0	13	0	4	0	22
合计		28	35	2	18	119	12	42	4	260

就所有个案（村）而言，只有上郭尔、堂寺尔、和日村、四合吉社区和快尔玛九社的受访者不介入虫草采挖，其他村的受访者皆不同程度地参与此经济活动。

调查涉及的个案（村）对冬虫夏草资源的利用是一个缩影，在青海其他地区，冬虫夏草经济的重要性毫不逊色。比如，据农牧部门测算，2005 年按照每公斤价格 2.5 万元计，玉树州采挖冬虫夏草的收入就达 3 亿元左右；兴海县河卡镇农牧民人均收入为 3518.13 元，而牧户冬虫夏草收入每户最少的有 5 万元，平均达 10 万 ~ 20 万元。部分牧人（包括个别冬虫夏草经纪人）借助冬虫夏草，生活达到了小康水平。[1] 因此，采挖冬虫夏草已经成为产区牧民增收的主要渠道。

被誉为"软黄金"的冬虫夏草，在给产区牧民带来经济收益的同时，也对藏族传统的牧业经济产生了一定影响。有基层领导干部对此十分忧虑。

访谈个案 6：冬虫夏草业对畜牧业的冲击

时间：2010 年 7 月 31 日，晚，晴。地点：果洛州玛沁县大武镇。受访人：李某，藏族，国家干部，48 岁。

果洛的冬虫夏草色艳、饱满，今年的产量高，价格也高。产区牧民特别是虫草产量高的草场使用权的持有者，来自虫草的收益颇丰，

----

① 鲁顺元：《青藏高原冬虫夏草资源开发问题的理性分析》，《青海社会科学》2009 年第 4 期。

每户每年收入平均在二三十万元左右。但是有了钱，不大懂得怎么花，就热衷于购车、置房产。最初是买摩托车，其后是购置二手轿车，再后是购置新轿车，现在是越野车，而且在座驾上相互攀比，买的车排气量越来越大，缸数越来越讲究。有的甚至参与赌博，此风已呈糜烂之势，让人担忧。有了虫草"造钱"，在草场管理上，已很不在意了，什么种草灭鼠、围栏封育，全然不在考虑范围。虫草产区牧民已不重视畜牧业，把它当作副业来看待，而主业就是虫草产业。很多牧民不事牧，雇用青海东部地区农民或者本地的生态移民来帮牧，称之为牧工。有了虫草收益的牧民，现在日常生活中也是高消费。作为政府，就要对此进行合理的引导。行业协会应当能在其中发挥积极的作用。

把冬虫夏草产区牧民的这种消费方式，称为炫耀性或浪费性消费是不为过的。按照凡勃伦（T. Veblen）的解释：

> 在消费上超过物质享受所需要的程度，其近因是……出于一种愿望——想在所消费财物的数量与等级方面达到习惯的礼仪标准。……这里的动机是竞赛，是一种歧视性对比下的刺激力……决定我们在消费上的礼仪标准的……是高于我们一等的那些人的习惯。[①]

虫草产区牧民购买城镇商品房、购置大排量家用汽车，在日常生活上讲求高消费，很大程度上是受到城镇文化吸引而作出的消费选择。在牧民特别是青年人眼中，城镇居民的生活方式舒适、安逸，是"高人一等"的。牧业区十分讲究礼仪，顾"面子"的"习惯的礼仪标准"更是助长了这种消费行为。笔者在玛沁调研时，从军功搭乘一"钓鱼"（即没有出租手续的私家车，拉运乘客）的轿车去大武镇，开车者是一位就读于果洛州民族高级中学的高二学生。他是到拉加镇参加同学的生日聚会的。一路上，他毫不避讳地讲述了他家的经济收入及消费状况。

访谈个案 7：城市生活带给年轻人的喜悦和快乐

---

① ［美］凡勃伦：《有闲阶级论——关于制度的经济研究》，蔡受白译，商务印书馆1964年版，第80—81页。

时间：2010 年 8 月 9 日，下午，晴。地点：果洛州玛沁县拉加至大武镇的行程中。受访人：扎某，藏族，中学生，16 岁。

这辆车（BYD F6）是我们家今年买的新车，手续办全花了 13 万多元。原来有一辆小奥拓，是个二手车，车况不好，现在由休暑假的在云南上大学的哥哥开着。我们就两个兄弟。母亲前几年离异了，带着我们兄弟俩。我们家在玛沁县雪山乡，那里有自己的草山，每年草山上虫草出得特别好。以前，到挖虫草的时候，从外面招民工来挖，收草皮费。前年开始，就承包给了包工头，这样省心，每年有个三四十万元的收入。牲畜都让家里亲戚放着，我们啥都不用管。母亲在玛沁县开着商店。在县里有 2 套房，一套出租给别人住着。总地说，家里的收入还不错，一家 3 口人够花。

能够看出，他已经很好地适应了城市生活，对当前的生活状态很满足，感觉很惬意。这种身份的转变（即牧人子女到城市人）、生产生活方式的转变，恰似一股涓涓细流，汇入到城市化的洪流当中。这种趋向对社会发展或许有益处，但对藏族传统文化意味着什么？对此，作出的任何乐观评价，都可能经不起时间考验。此外，冬虫夏草资源的产量受气候影响大，历年歉丰不一，价格波动很大，并且为自然生态环境变化所左右。因此，由冬虫夏草资源开发已经引发或可能引发的一系列经济社会问题，极有可能影响到发展和安定的局面，需要引起学术界的高度关注。

与同属一镇的麻什堂相比，赛什托社的村民更加重视打工在增加家庭经济收入中的重要性，有占回答有效样本的 73.33% 的受访者以打工作为家庭次要的收入来源；加上选答以打工为主要收入来源的 3 例，有占在该社有效样本 87.5% 的受访者以打工为主要或次要的收入来源。赛什托的草地更少、地理位置距离城镇较近，从事农业时间较长，而且人员构成较复杂，受主流文化的影响更深；这样，从事副业不但有动力，而且具备一定的条件。但村人所从事副业的工种十分有限，多在建筑行业当收入低微、时长随意的小工。

瓦里关村二社的草山、定居点和耕地

　　瓦里关村有占79.17%的受访者以打工为仅次于牧业的收入来源。郭米村有占59.09%的受访者以打工为次于农牧业或做买卖或挖虫草以外的收入来源。这就不难理解，两个村在草山面积十分有限、耕地又十分贫瘠的情况下，是如何维持生计的。可以说，畜牧业和副业是这两个村村民收入来源的支柱。

　　作为处在牧业区半农半牧村的瓦里关、郭米村，村属草山不产冬虫夏草或冬虫夏草产量很低。比如，瓦里关村最深处二社、三社的草山稍好外（如照），多数为"花山"，在这样的植被条件下，虫草踪迹难觅。因此，外出从事副业，尽管将面临十分陌生的环境，却是必须要作出的选择。

　　访谈个案8：打工：必须要走出的路

　　时间：2010年9月19日，上午，晴。地点：海南州同仁县龙羊峡镇瓦里关村一社。受访人：索某，藏族，村民，65岁。

　　　　村里的年轻人要么在家放羊，要么出去打工，方式有修路、盖房子、进镇上硅铁厂当临时工等。修路是去修海南州到龙羊峡的公路，多数人筛沙子。这条路是因为夏天龙羊峡水库的水位上涨，把路泡坏了，柏油路面成了沙路。当建筑小工，因为没有啥技术，每天只挣40~50元的工钱。打工是近十几年出现的事，一九八几年的时候，有打工的，但很少；大概到1990年，打工的慢慢多了起来。村里也有个别人到兴海、果洛等地方买草皮挖虫草，但赚或者赔不一定，有的能挣个两三千元，不算少的。

祁连山下的郭米村，其自然生态条件稍好于瓦里关，但就经济条件与生计的矛盾和窘境而论，二者基本相同，在生计方式的选择上也十分相似。特别是对虫草采挖行业的相似态度，让人不禁浮想联翩却不得其解。这两个村，通行藏语，多使用藏文，尤其是瓦里关村村民，对汉语文的理解能力仍然非常有限。在青海东部地区，这种通识藏文的能力对对冬虫夏草趋之若鹜的多数农人来说，是梦寐以求而不易达到的。况且，这两个村藏人的生活习惯与虫草产区基本相同，能很快地适应虫草产区的环境。尽管具备这样的优势条件，但绝大多数人并没有选择这个看似炙手可热的生财之道！

瓦里关村处在龙羊峡水库的北侧，日照比较充足，栽种果树等经济林、种西瓜都是有很好的收成，但打算利用这一优势，开发经济作物的仅仅是少数人。以下是一位参过军，后在龙羊峡水电厂当保安的瓦里关人的畅想。

访谈个案9：待到山花烂漫时

时间：2010年9月20日，傍晚，阴雨。地点：海南州同仁县龙羊峡水电厂。受访人：斗某，藏族，合同制工人，62岁。

以前的瓦里关人吃不上水。2000年开始拉水，电厂投了280万元，修了7个提水站，埋的抽水管子4寸粗，从水库提水。水存放在当家寺上面的水塔，电厂负责控水，要是水用完，武警就抽水。提水，电厂不收电费，水费也不收，这些全是靠寺里佛爷的私人关系。现在2/3的村民能方便地吃上水，其他人就用车到泉水上拉水。村里也搞雨水集流，这是政府的项目，实施已经有好几年了，现在村里有120多家有集流窖。现在条件好了，要是以前，喝黄河水，夏天还可以，冬天老有老人和取水的女人掉进河里。现在是新社会，水拉上山了，应当感激。一粒粮食三年子苦！我经常拿老当年的事教育孩子。

这里，啥都要从外面买，费用高，自己再干上几年，就要回到村里。要是水再多一点，足够种地浇水，就可以在村里种果树。自己在村的家里，利用集的水、雪，栽了2棵苹果树，长势特别好，明年可以结苹果。以前有别人栽过果树，果实结得特别好。种菜瓜也能成。自己庄廓院前有一块地，不放牛羊，搞绿化，不但好看，还可以挡风沙。现在草山不够，1只羊还不到1亩草山，养不活羊，超了的羊就要卖出去，这样就不能发展。多数人家里的花销，全靠羊了。人多羊少，没办法，就出去打工。

总之，对偏远牧区和半农半牧区的藏人来说，畜牧业、副业、虫草业在其收入结构中呈三足鼎立之势。但与农业区相比，从事的副业尚处于起步阶段，工种比较狭窄；自身不产虫草的半农半牧区，虽然具有采挖虫草的优势，却很少参与其中。

（三）村镇和社区

因征地而成为城镇社区的四合吉和因生态退化成为移民区的和日村，其居（村）民的收入结构则表现出另一种类型。四合吉社区、和日村以打工为主要收入来源的受访者占到回答有效样本的45.83%和50%，此不逊于东部农业区，可谓殊途同归。二者略有不同的是，四合吉社区有5例受访者以工资为主要收入来源。据了解，居民中，有不少已成家立业的复转军人、大中专毕业生等多到工厂当工人、在公安部门当协警员、在政府机关当"安置生"（指在地方政府部门专门为具有一定文化程度的当地待业者所安排岗位的从业者）。但其工资待遇比较低，多不能满足基本生活需要。和日村则有26.92%的受访者以"其他"为主要的收入来源。"其他"多指石雕（刻）行业。

和日村以和日石经墙而闻名。它是迄今发现的全国最大的雕刻石群，被誉为世界"石书奇观"。作为重要的藏族文化遗产，它是20世纪20年代以后，德敦寺（亦称和日寺）的数百名僧人和附近的民间艺人靠勤劳的双手和艺术才智，共同堆砌成的雪域荒原上不朽的经卷。1984年被列为省级第4批文物保护单位。2009年，由全村201户765人入股，注册成立"效益共享、风险共担"的村集体企业性质的和日石雕艺术有限公司。石雕生产进入公司化运作。石雕艺术种类主要包括佛像、民族图案及民族风情、人物、家畜、家禽、动物等的浮雕和圆雕。此外，还承接石经的刻制，进行订单式经营。公司负责承揽来自果洛、海南州及本地的订单，然后化整为零，分配给每家每户制作。据估算，2009年全村石雕（刻）收入结构为：一是刻制经文每人年均收入为3000元，全村共计36.3万元；

二是线条式图案石雕每人年均收入为 6000 元，全村共计 28.8 万元；三是精致图案石雕每人年均收入为 2740 元，全村共计 87.68 万元。① 石雕（刻）作业中，男女作了合理分工：石雕工艺相对复杂，其作业多由男性承担；石刻工艺相对简单，主要由女性承担。因为这种副业，既与藏族传统文化相结合，在作业中渗透着信仰的力量，能激发出从业者的专注力，又因在家中作业（未形成作坊），在时间安排上具有随意性，不误家务或参与其他行业，所以备受村民青睐。到 2010 年初，村中从事这项产业的263 人中，有女性 165 人。可见，其对解放女性劳动力、挖掘其创造潜能所产生的巨大作用。另外，寒暑假期间，学生也有从事雕刻者。这种工艺尤其是石刻，需要一定的藏文基础，它无疑对进一步促进藏语文的学习和传统文化的传承大有裨益。

　　石雕（刻）生产与寺院关系密切。原和日村村民为和日寺僧人或属民。因为是宁玛派寺院，僧人原来多有妻室。20 世纪中叶初期，为防止寺院的宗教活动被扰动，村落与寺院分离，“和日寺”变为和日村。“宗教改革”中，不少僧人被迫还俗，进一步壮大了村落的人口规模。石雕（刻）属于寺院的传统工艺，石雕工艺高超者当下仍然大多集中在寺院。所以，村中能雕者、善雕者皆出于寺院僧人门下，属于村社聘请寺院僧人讲授雕刻技法并逐步实践的成果。

左：石刻作业中的和日妇女
右：石雕作业中的和日男人
（才让南杰 摄）

① 《关于支持资金以扩建及扩大规模的申请报告》，泽库县和日乡和日村石雕有限公司，2009 年 8 月 2 日。其中的收益数为年中期的预期数，故此总收入高于 2009 年全年实际收入。

除此村集体企业以外，和日乡还有一家由本村藏族兄弟两人共同开办的石雕开发家族企业。该企业有厂房，有雇用的工人，集中生产，统一购销。同时，聘请中国四大名砚之一——甘肃甘南州洮砚生产工匠，从卓尼来和日指导生产砚台、山水、群马等包含现代因素的石雕产品，并命名本地生产的砚台为"和砚"。公司职工多为和日村人，人员结构极为松散。与村集体出产的石刻作品相比，因其主要用机器刻经文，所以其市场反响不如手工刻制的经石。

显然，传统工艺与现代技术和经营管理手段的结合，给暂时无法操持传统生计的藏人，提供了开辟新的生产生活世界的机会。这种包含可喜变化的个案，或许可以成为脱胎于传统生计方式的藏人实现经济乃至社会现代化成功转型的一个可行模式。

第三节　畜牧业内部的差异：以畜种为例

从民国时期青海的文化格局看到，畜牧业是藏人主要的生计方式。而牲畜是这一传统生计方式下的主要生产生活资源。畜种的差异也就成为文化体现于生计方式地域差异的重要方面。与民国时期比较，20 世纪中叶以来畜种分布的地域差异又有了新的变化，展现出别样的形态。总体而言，从牧业区到农业区、从藏文化圈核心到边缘文化带，藏人饲养牲畜的主要品种基本呈牦牛→绵羊→山羊→黄牛→猪这样的形态，而且诸畜种规模、牧饲方式、牢牲选择等亦有所不同。之所以有这样的形态，与各自所处的自然生态、人文社会生境与互动场域有关，这种形态是当下青海藏文化圈不同层级诸文化元素相异的一个外在表现。

一　牦牛的文化地位及分布

（一）牦牛的文化地位

牦牛作为青藏高原特有物种，在藏人生产生活中的地位举足轻重。在传统社会乃至当下的藏族牧业社会，它与藏人的生产生活实践和文化传承与发展休戚相关。民国时期的研究者对其有深刻的洞察：

> 牦牛富于冒险性，跋山涉水，冲雪履冰，是其特长。牡牛为高寒

山地交通之宝，牝牛①乳质富于脂肪，藏民珍爱之。……屠杀之为主要食物，肉肥而嫩，富于营养。牦牛皮富于弹性，可以伸缩，故多用以制盛粮之袋或装货物之包裹。又自首至尾整个剥下者，制成袋，联成皮筏，为黄河上游之航运利器，因其皮坚韧，虽经急流冲击亦不易破烂。前清时用白牦牛之尾毛染红而为帽缨。藏民帐幕即由牦牛毛纺织而成，经久不破，极为耐用，且能防雨雪之渗漏。……

草原上的牦牛（玛沁）　　　　　　　草原上的牦牛（兴海）

牛乳为蒙藏人民之主要食品，牛乳可以调茶供饮，可以制成乳干乳楂乳酪等，以供牧民日常食用。夏秋之时，乳量充足，牧民可以尽量享受，为牧民最富裕快乐时期，亦为最忙时期，每日制造酥油乳楂、包装收藏，以备严冬春初乳量缺乏时之用。酥油除供蒙藏人民食用外，又充敬佛之灯油，每年各寺院及各帐房内神坛上所耗极巨，约当食用数之丰。②

其性耐寒畏热，能负重（100～150公斤）致远，且一身无废弃物，乳肉可充饮食，骨可制器皿，粪可供燃料（其放射力甚强，藏人用以御寒）。毛用最广，染以茜酒，满清时取为帽缨。在腹下近肾处正中一线两旁毛裹之甚密，名曰胎桿，以乳汁浸而热之，能折叠不断，放之直如故，也无折痕。价最贵，一缨之制，可值百金。次曰铁桿，毛坚而两端粗细如一，经风不乱，长尺有二者，价亦数十金。此

---

① 按照通俗的称法，牡牛即公牛，牝牛即母牛，被阉割的牡牛称为犍牛。
② （民国）张其昀、李玉林：《青海省人文地理志》，《资源委员会季刊》1942年第2卷第1期。

二者必运至永登，经匠人手制而后成美材，又次者织羽布，最粗者亦可制毛布毡毯，以亦佳。[①]

虽然，在传统意义上，牦牛有满足驮运、交通、食用、宗教、日常用品、商品交换等需要的功能。其中，最为人们津津乐道的是它作为牧人搬迁和运输商品的主要交通工具（即"高原之舟"）的作用。牧民转场、搬迁中，帐篷及日常生产生活用品全靠牦牛来驮运。因此，有人如此形容："默默行走的牦牛，在广袤的高原穿梭着，编织着高原人美好生活的梦想。"[②]

牦牛对于牧人的用处还远不止这些物质方面，它还是其精神世界的重要依托之一。存在于藏人传统社会里的"牛央"，便是其外在呈现。英雄史诗《格萨尔》里《大食牦牛央》《宗巴牦牛央》《琼尺牦牛央》等部都是专门写牦牛、争夺"牦牛央"和"骗牦牛央"的。[③] 在青海牧业区诸多宗教遗存中出现的牛角、牛首，可以归入牦牛图腾的范畴。可见，牦牛与藏人生产生活实践及藏文化存续存在着极其紧密的联系。

虽然时过境迁，变的是新的、外来物质文化的介入，依然存在的是牦牛在藏文化中的地位。人们常说，高原上的牛羊"吃的是冬虫夏草，喝的是矿泉水，拉的是六味地黄丸"。牦牛肉及乳制品，给高寒地带生活的藏人提供了足够的热量。在交通尚不甚发达的地方，牦牛依然是主要的役畜，尤其适合转场放牧，与游牧的生产方式相适应。而现在看，无论对维护自然生态平衡，还是对于经济转型，游牧仍然具有其不可替代的优越性。游牧则与藏文化特有属性的继承和发展息息相关。而牦牛是青藏高原游牧生产活动中不可或缺的一分子，也是其中极为亮丽的一道风景。牦牛的类似地位，后文第六章还将论及。

（二）牦牛的地域分布

在环境变迁的影响下，藏人畜养的牦牛的分布在悄然发生着改变。总体而言，其分布地域范围在缩小。问卷显示，受访者为农牧民的样本中户有牦牛头数均值为 20.55。农牧民户牦牛最多的为 200 头，出现在天峻县

---

① （民国）汤惠荪、雷男、陆年青：《青海省农业调查》，资源委员会农垦组 1936 年编印。
② 张云：《青藏文化》，第 411 页。
③ 降边嘉措：《关于"央"的观念及藏族先民的自然崇拜》，《西藏研究》1994 年第 1 期。

快尔玛乡九社。① 户有牦牛 100 头以上者，仅占回答有效样本（269 个）的 4.09%；50～89 头之间的，占回答有效样本的 13.38%；10 头以下的，占回答有效样本的 56.13%。其中，有 48.7% 的受访者明确回答家中不养牦牛。

　　在不同乡镇之间比较，差异明显，见表 47。果洛州玛沁县当洛乡和海西州天峻县快尔玛乡牧养牦牛最多，海北州刚察县哈尔盖镇和海南州兴海县子科滩镇次之。这 4 个乡（镇）属于纯牧业区，但牧养的牦牛户均数未能超过 50 头。其中，因所处地域不同，牧养牦牛户均头数亦有差异：原属当项乡（后并入当洛乡）、处在交通沿线的当洛九社户均牦牛头数（35.18）不及原属当洛乡、处在草原深处的当洛五社户均牦牛头数的一半；处在交通沿线的快尔玛二社户均牦牛头数（26.13）仅为快尔玛九社的 34.23%；距刚察县城较近的环仓村户均牧养牦牛头数为处地偏远的贡公麻村的 46.64%。果洛州拉加镇的两个社和黄南州泽库县和日乡户均牧养的牦牛头数相当，皆在 10 头左右。海北州祁连县扎麻什乡、西宁湟源县日月乡、海东地区互助县南门峡镇、海南州共和县龙羊峡镇户均牧养牦牛 5 头以下，黄南州共和县隆务镇和海东地区平安县巴藏沟乡的藏人已经很少甚至不牧养牦牛。

　　如果把比较范围扩大到县②，同样能看到牧养牦牛分布的地域差异性。如表 48 所示，按其均值排列，分别为：天峻、刚察、兴海、玛沁 4 县可归为第一个层次；泽库、祁连两县可归为第二个层次；同仁、湟源、互助、共和 4 县归为第三个层次；平安县归为一个层次。由于样本的抽样是在总体中按照分层随机抽样的方法进行的，因此在每县个案单一的情况下，上述分类突出反映该个案（村）或者个案所在乡镇的情况。这样，尽管泽库、祁连处在第二个层次，但因个案的特殊性，就全县范围来讲，可归入第一个层次。这种层次性，与表 47 所显示的基本相同。

————————

① 这可能是前文所述该社藏人不以虫草为主要或次要收入来源甚或不参与虫草采挖的原因之一。

② 如果不考虑在该县的样本总量和其分布的问题，以县为单位的比较更具有普遍意义。其中存在各县党政干部样本所反映的经济生产是其原籍情况（问卷如此设计）的问题。从回收到的问卷看，90% 以上的填答者，其原籍为调查点所在县。而党政机关干部样本牦牛（及其他畜种）的拥有量，与农牧民的样本相同。比如，干部样本的牦牛数均值是 18.43，总均值为 20.30。其他畜种数的均值亦然，其 3 个数值之间的误差甚小，甚至可以忽略不计。因此，就干部样本所反映的经济生产情况，可视为对农牧民样本相关问题的补充。

拴养着的黄牛和犏牛（湟源）

表47		不同个案（乡、镇）农牧民拥有牛羊每户平均数					（头、只）
乡（镇）	牦牛	犏牛	黄牛	黑白花牛	绵羊	山羊	其他
日月乡	4.04	0.74	0.36	0.64	24.28	9.67	
巴藏沟乡		0.00	0.11	0.72	8.24	13.89	0.17
南门峡乡	2.13		1.04	0.08	4.79	0.50	0.04
拉加镇	10.95	0.24		0.14	26.48	0.05	
当洛乡	47.97	0.50	0.16		15.88	2.28	
龙羊峡镇	1.96	0.00	0.41		247.70	8.93	
子科滩镇	37.74	0.41	0.15	0.37	57.41	2.11	0.04
隆务镇	1.00						
和日乡	10.91						
快尔玛乡	44.96	1.08			255.00	8.00	0.08
哈尔盖镇	39.80	1.00	0.07		192.07	0.47	
扎麻什乡	5.00	0.30	0.30	0.04	108.37	0.37	
总计 均值	20.55	0.42	0.25	0.17	92.51	4.05	0.03
总计 极大值	200	30	11	10	1000	150	3
总计 有效 N	269	266	268	268	271	267	243

表48　　　　　　　　　不同地区（县）农牧民户均拥有牛羊数　　　　　（头、只）

县	牦牛	犏牛	黄牛	绵羊	其他	山羊	黑白花牛
湟源	4.04	0.74	0.36	24.28		9.67	0.64
平安			0.11	8.24	0.17	13.89	0.72
互助	2.13		1.04	4.79	0.04	0.50	0.08
玛沁	32.15	0.38	0.09	19.71		1.35	0.05
共和	2.11		1.62	218.86		10.03	0.30
兴海	35.14	0.38	0.34	63.79	0.18	1.97	0.41
同仁	4.83			0.50			
泽库	10.00		0.17				
天峻	45.07	0.93		272.14	0.07	6.86	
刚察	43.54	0.86	0.06	228.34	0.11	0.54	
祁连	6.24	0.35	0.38	97.47		3.29	0.03
总计	20.30	0.39	0.42	101.05	0.05	4.37	0.19

　　从部分乡（镇）政府统计报表①看，可进一步对问卷显示的牧养牦牛分布的层级化提供佐证。如表49所示，当洛乡户均拥有牦牛23.79头（其五社、十社牦牛户均数与此相当），子科滩镇、和日乡、龙羊峡镇户均拥有牦牛依次分别为21.57头、13.36头、0.88头。尽管这一数据与表48有出入，但表49所列4个乡镇之间户均拥有头数的层级性差异是显而易见的。

二　不同种类羊的分布

　　青海藏族农牧民所牧饲羊有绵羊和山羊之分。问卷显示，不同地域藏人户均牧饲绵羊数，与牦牛户均数略有差异，见表48。以乡为单位比较，可以分为如下几类：其一是快尔玛乡藏人所牧饲绵羊户均数最多，是各个案（乡）均值的2.76倍，其中，该乡九社户均绵羊数达到377.78只，在各个案（村）属最高。据坊间议论，在青海省，天峻县的牛羊肉是最为可口的，为青海高档餐馆菜谱中的上等佳肴。不知此说是否有科学依据。但由上述分析看，天峻县的草地畜牧业的规模居青海各县前列。

---

　　①　鉴于统计方法的缺陷，政府报表所反映的数据只作为参考。

表49　　　　　　　　　个案中部分乡（镇）、村牲畜年初存栏数统计　　　（头、只、匹）

乡（镇）	村社	户数	牦牛	绵羊	山羊	马	驴	骡	猪	备注
当洛乡	全乡	972	23126	8511		658				2009 年
	五社	60	1499	477		47				
	十社	78	1616	460		44				
子科滩镇		2242	48365	112969	755	428	32	4	367	2007 年
龙羊峡镇		2057	1809 *	57160	5441	66	91	63	2560	2009 年
和日乡	全乡	2011	26873	78900	2974	822				2010 年
	和日	189	1106	1680						

资料来源：各乡镇政府统计报表。＊系黄牛、奶牛（107 头）合计数。

其二是共和县（瓦里关村）和刚察县。瓦里关村户均绵羊数达到247.7 只，与该村户均牦牛数在各个案（乡、村）的次序形成巨大反差，单从数量上说，户均绵羊数是户均牦牛数的 126.38 倍。刚察县哈尔盖镇户均绵羊数接近 200 只，介于其西部的天峻县快尔玛乡和东部的祁连县扎麻什乡。其贡公麻村的户均绵羊数甚至超过瓦里关村，在各个案（村）中居第 2 位。

其三是海北祁连县扎麻什乡（郭米村），其户均绵羊数超过 100 只。这个值与个案（村）总的均值接近，可视为诸个案（村）中绵羊户均只数的一个均衡点。

以上可见，户均绵羊均值超过 100 只的乡，皆集中在青海湖南北（扎麻什乡尽管在黑河流域，但在文化上，与其西部的刚察、海晏等县联系更紧密），属于传统上的"环湖八族"或郭密地区。如前文所述，历史上因这个地区水草丰美，成为蒙藏两族争相驻牧之地，从而演绎了一幕幕壮观的历史画卷。新时期青海几个大的种羊场（如三角城种羊场、湖东种羊场等）多集中在这个区域，说明悠久历史传统的影响和当下对放牧羊的青睐。

其四是处于历史上"环湖八族"中最为偏南的阿曲乎族所在地——兴海县。个案调查所涉及的子科滩镇户均绵羊超过 50 只，是各个案（乡）均值的 1/2。其中，纳洞村的户均绵羊数达到 68.53 只，这是其户均牦牛数的 1.84 倍；切卜藏村的两个均值基本相当，户均在 38 只上下。可以说，切卜藏村牦牛与绵羊均衡发展的情形，在个案（乡）中尤显独特。

其五是玛沁县拉加镇、湟源县日月乡和玛沁县当洛乡。前两个乡（镇）所涉及的个案（村、社）的户均绵羊的均值基本处在同一层次，为25 只左右。这种规模在青海东部农业区特别是在有一定面积草地的山沟深处比较常见。当洛乡深居草原，草地面积较大，但其户均绵羊数仅为15.88 只，与牦牛数的均值在诸多个案中形成最大的反差。

其六是平安县巴藏沟乡、互助县南门峡镇的藏族相对聚居地，其绵羊户均值在 10 只以下。这种规模，在青海东部农业区更为普遍。其中，郭尔 3 个村因地理位置不同，所牧放绵羊户均值又略有不同：最南边的村落较多，处在中间的堂寺尔的户均绵羊数亦在其南北两个村落之间，处在山麓的上郭尔最少。3 个村原为一个村，地理位置上唇齿相依，但畜种规模亦体现出如此差异，反映了所处场域在形成文化变迁差异性上的重要作用。

和日村和四合吉社区藏人则基本不牧饲绵羊。

如果把横坐标当作地势或海拔等自然因素，把纵坐标当作牛羊畜种规模（并非绝对值，而是相对而言；牛的头数按折合成羊单位①所得出的数值来比较），可以用图 12 来表示牦牛和绵羊在不同地区的变化形态。

山羊以牦牛和绵羊不可比拟的善于攀爬能力和极强的生态适应性而著称。山羊与牦牛比较，二者在不同地区的分布及畜种规模与自然气候条件呈负相关，地域差异性呈现得更为鲜明。其中，快尔玛乡九社是个例外，该社和其所在乡的山羊户均数分别为 16.67 只和 8 只，可谓牛羊全面发展，实行多种经营。此外，除基本不饲养羊的和日村和四合吉社区，巴藏沟乡与拉加镇户均山羊数分居各个案乡（镇）的两个极端。若就各乡镇作一排序，户均山羊头数由高到低依次为巴藏沟、日月、龙羊峡、快尔玛、当洛、子科滩、南门峡、哈尔盖、扎麻什、军功。就个案（村）而言，由高到低排序，户均山羊头数居于前列的分别是下郭尔（50）、堂寺尔（21.43）、小茶石浪（9.67）、瓦里关（8.93）、当洛十社（3.46）、纳洞（3.35）和快尔玛二社（2.8）。可以看到，户均山羊数较多的要么是东部地区的村，要么是牧业区河谷地带或离城镇较近的村。

---

① 一般把 1 头牛折合成 5 个羊单位。

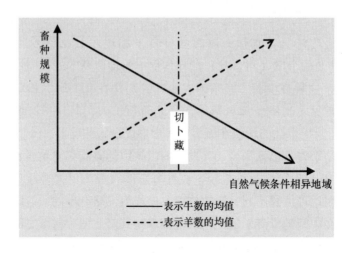

图 12 牦牛与绵羊的规模与自然气候条件的关系

三 牛羊的牧饲方式

不同地域牦牛和绵羊的牧饲方式，有同一性也有差异性。问卷显示（见表50），在218个回答家中养牦牛的样本中，就诸多牧饲方式选项，选"一年四季在山里放牧"的占57.3%，选"夏天在牧场，冬天在定居点养"的占38.1%。这两个选项其内涵多少有些重叠，二者之和即95.4%这一高比例，反映了牦牛主要靠游牧的形式来管理的状况。这一形式，既延续了传统也符合牦牛的自然特性，较为倚重是不难理解的。回答"别人代牧"和"雇人放牧"的分别占有效样本的7.3%和1.4%，反映了牦牛主要依靠农牧户家庭自身的劳动力来牧养的现实。有必要指出的是，该问题为多项选择，选项之间并不完全互斥，总体并不等于个体之和。

绵羊的自然属性与牦牛迥然不同，尤其在冷季，至少可以使之在棚圈中过夜，以起到减少热量的散发、抵御灾害、保证羔羊成活率等作用。但问卷显示（见表51），绵羊的牧饲方式仍然以游牧为主：回答"一年四季在山里放牧"和"夏天在牧场，冬天在定居点养"的样本分别达到46.5%和47.6%；仅有2.5%的受访者选择"在暖棚里养"。回答"别人代牧"和"雇人放牧"的，分别占牧饲绵羊受访者总数（275）的8.7%和2.2%。

表50　　　　　　有效样本所反映牧饲牦牛的主要方式　　　　　（例、%）

牧饲方式（可多选）		频率	百分比	有效百分比	累积百分比
山里放牧	否	93	19.5	42.7	42.7
	是	125	26.3	57.3	100.0
	合计	218	45.8	100.0	
缺失	系统	258	54.2		
冬夏有别	否	135	28.4	61.9	61.9
	是	83	17.4	38.1	100.0
	合计	218	45.8	100.0	
缺失	系统	258	54.2		

表51　　　　　　有效样本所反映牧饲绵羊的主要方式　　　　　（例、%）

牧饲方式（可多选）		频率	百分比	有效百分比	累积百分比
山里放牧	否	147	30.9	53.5	53.5
	是	128	26.9	46.5	100.0
	合计	275	57.8	100.0	
缺失	系统	201	42.2		
冬夏有别	否	144	30.3	52.4	52.4
	是	131	27.5	47.6	100.0
	合计	275	57.8	100.0	
缺失	系统	201	42.2		
暖棚养殖	否	268	56.3	97.5	97.5
	是	7	1.5	2.5	100.0
	合计	275	57.8	100.0	
缺失	系统	201	42.2		

　　青海于20世纪70年代开始推行以围栏草场和人工种草为主的草原建设，20世纪80年代开始实施游牧民定居和牲畜棚圈建设两个工程。习惯上，把围栏、草库伦、定居点和棚圈称为牧区的"四配套"。后来，"四配套"演变为水电路和文化教育、医疗卫生等方面设施建设的"多配套"。其中，定居点和棚圈这个旨在解决人畜"住"问题的建设投入，一直没有停止过。如此算来，建设牲畜棚圈的行动已有40多年。但从调查

的情况看，这种行动的成效尚不明显，很大一部分牧民仍然露天圈养绵羊，任凭风雪起，羊群自受寒。看来，政策制定者及实践者都是值得去深刻反思的。

当然，牦牛和绵羊的牧饲方式，在各地区有所不同。从"山里放牧"与"夏天在牧场，冬天在定居点养"之间选择，表现出牧人微妙的心理差别：前者反映对草地的倚重，后者多少反映了半舍饲牧养形式的采用。根据表52和实地调查见闻，可以把不同个案（乡镇）牧养牦牛的方式照例作一分类：

表52　　　　　　　　　**牦牛牧养方式的地域（乡镇）差别**　　　　　　　（例）

牧饲方式（可多选）		调查地点（乡镇）												合计
		日月乡	巴藏沟乡	南门峡镇	拉加镇	当洛乡	龙羊峡镇	子科滩镇	隆务镇	和日乡	快尔玛乡	哈尔盖镇	扎麻什乡	
山里放牧	否	13	2	3	1	23	1	3	2	3	11	14	2	78
	是	9	2	2	24	8	0	24	0	10	9	14	8	110
合计		22	4	5	25	31	1	27	2	13	20	28	10	188
冬夏有别	否	12	4	4	24	3	0	23	1	8	14	16	8	117
	是	10	0	1	1	28	1	4	1	5	6	12	2	71
合计		22	4	5	25	31	1	27	2	13	20	28	10	188
别人代牧	否	19	2	5	25	28	1	27	2	13	16	27	10	175
	是	3	2	0	0	3	0	0	0	0	4	1	0	13
合计		22	4	5	25	31	1	27	2	13	20	28	10	188
雇人放牧	否	22	4	5	25	31	1	27	2	12	19	27	10	185
	是	0	0	0	0	0	0	0	0	1	0	1	1	0	3
合计		22	4	5	25	31	1	27	2	13	20	28	10	188

南门峡镇、拉加镇、子科滩镇、和日乡、扎麻什乡属于倚重草地型。其中，还可以按前述主导生计方式所划分的类型来分类。作为农业区的南门峡镇，其为村集体所有的牦牛，尚未完全游离于农业之外。其填答牧养牦牛的受访者有4例，或许是认为村集体所有的牦牛亦是个体的。半农半牧的拉加镇和扎麻什乡，其农业与牧业界限明确，处于半游离状态，而且耕地面积有限，农牧尚未形成相辅相成的关系。属于牧业区的子科滩镇的

两个村倚重草地，说明其定居点建设极端滞后。这两个村的草地面积在所有个案（村）中是最大的（见第一章），气候相对湿暖，冬季的固定居住点（亦称为"冬窝子"）相当分散，牦牛牧养方式基本属于转场游牧。

公路边的定居点（玛沁）

当洛乡、隆务镇属于倚重定居点型。当洛乡牧人定居点多数处在公路两侧的当曲河（黄河一级支流）河谷①，从河谷到其暖季草地，需要上升到当曲河与柯曲河之间的山梁，一个个暖季游牧点（亦称为"夏窝子"）即散布在这些区域。这里，气候变化无常，在笔者调研时的公历 8 月下旬，时常有刺骨寒风夹带着大雪不期而至。其牧人倚重定居点，正是基于其地势相对高差大、冷暖季草场植被质量差异悬殊等条件下的理性选择。处在隆务镇区的四合吉社区藏人经营牦牛的极少，就牧养方式作出回答的 1 例样本，其牦牛由他人代牧，代牧者则以冷季的定居点为进行生产生活的主要据点。隆务镇所在牧业区草地面积相对狭小，且地势垂直高差大，并不长于作大范围的游牧。

日月乡、哈尔盖镇、快尔玛乡属于草地与定居点兼用型。日月乡作为紧临牧业区的湟水谷地藏族乡，其村人操持半农半牧的生计方式具有得天独厚的条件。而其定居点，已经形成村落。在夏季，牦牛由年轻人在邻近

---

① 据当地人讲，当洛之"当"为"滩"的意思。该地原为"下果洛"的然洛部落辖地，故"当洛"汉译为"然洛部落滩"。其乡政府和牧人定居点所在地河谷滩地面积较广，这在其方圆地区是少见的。

的草地上扎帐放牧；冬季则至村落附近放牧。这种模式，多少类似前述冬夏有别的牧养方式，但受访者对"山里放牧"和"冬夏有别"两个答案基本相当的选择，反映出草地在其经济生活中的重要地位。青海湖北部的两个乡（镇）的受访者，之所以给出这样的答案，得益于其比较雄厚的自然经济条件（如前述）。加之，两地所在地能源资源（如煤炭）丰富，近年来，以牺牲环境为代价的资源开发，地方财政从中获利不少，农牧民亦能有所共享。这种物质条件，自然反映到居民点的建设上。据笔者所见，该地牧民定居点房屋质量堪称调查所及牧业区之前茅，有的是两三层的楼房，建筑、装饰华丽，进得屋堂，宛如城市居室。在冷季，牧民在楼内生活，牦牛在楼旁觅食吃草，其情其景，对青海很多牧业区藏人而言是望其项背的。

哈尔盖镇牧人的"冬窝子"

别人代牧或雇人放牧的个案出现在快尔玛、哈尔盖、当洛、日月、巴藏沟等乡镇。从访谈的情况看，这些个案各有各的特殊性。比如：在快尔玛，有由牧业合作社承担放牧责任的；在哈尔盖，有在城镇务工不事牧养故由他人代牧者，日月与巴藏沟的情形与此类似。

按照上述同样的分类标准，可以把绵羊的牧饲方式按不同个案（乡镇）分为如下几类（见表53）：

拉加、子科滩、扎麻什乡（镇）属于倚重草地型。可以看到，这3个乡（镇），牦牛与绵羊的饲牧方式相同。在同样的原因下，以草地为进行牧放绵羊的主要活动区域。

和日、快尔玛、哈尔盖等乡（镇）属于倚重定居点型。与牦牛的牧放方式比较，这3个乡（镇）牧放绵羊的方式有所变化，体现了在不同畜种管理方式之间的差别。这种差别可能是由不同畜种的生活习性、这些地区特殊的自然生态环境或经济条件决定的。

当洛、龙羊峡两个乡（镇）属于草地与定居点兼顾型。面对严酷的自然气候条件，当洛乡牧人在冷暖季草地之间轮牧绵羊，是不得不作出的选择。以下访谈可再佐证之。

访谈个案10：面对严酷的自然气候环境

时间：2010年8月20日，上午，晴。地点：果洛州玛沁县当洛乡四社。受访人：曲某，藏族，牧民，45岁。

家里有牦牛60多头，羊10多只。因为草场面积小和狼害等原因，羊养得少一些。去年到现在卖出去1只羊。家里的生活费用靠采集冬虫夏草，卖一些酥油、曲拉来提供，没有办法时也借钱。每年产牦牛犊十几头，要死亡两三头。全部牦牛里，母畜占一半。每年宰杀4到5头牛。养着一匹马，主要用于驮东西。

准备在阳历11月搬到下格雅的定居点，搬的时候要用牦牛驮，需要2天时间。冬季和夏季草场之间还有一个"秋窝子"。大约在秋天和春天，要在"秋窝子"住上十几天。它也是一个过渡点。

现在生产、生活上的困难主要是草场退化问题。鼠害特别严重，黑土滩面积大。最严重的是冬季草场。最开始分家时，总共3人有草场800多亩，现在由于退化，60多头牛最多能吃两个月。没办法，只能租别人家的草场，去年冬天租草场花了5000元。政府规定，每家要种5亩饲草，但我没有种，因为没人守，一到夏天搬到"夏窝子"，别人家的牛羊白白地要把种的饲草吃掉。自己家有个草库伦，是用围栏围起来的。这里最害怕春天的雪，那时候牛羊还在冬季草场上放。要是雪下得特别大，就眼睁睁地看着牛羊死掉。六社地方海拔高，雪灾最严重。去年发生雪灾，这个社的次登，200多只羊死掉100多只。

龙羊峡镇牧饲绵羊的数量远远大于牦牛（极少数），这同样是自然生态条件限制下的选择。

青海东部3个乡（镇）属于草地与村落兼顾型。其大体情形是：一类是牧放绵羊达到一定规模的牧户。在夏季，由专人到集体草地"坐圈"放牧；在冬季，则在村落附近放牧。在夏季草地，一般有一个相对固定、能更好地躲避风雨的居住点；白天由专人放养，晚间回收到定居点的羊圈。这个定居点所起到的作用与牧业区的帐篷类似。冬季，牛羊主要饲食耕地中的秸秆、田埂的黄草及残余的麦穗等。近几年，为防止牲畜破坏麦田，很多村社的青苗组织①春夏加强了对村庄附近草地的封育，因此到了冬季，这些区域的牧草足够村落的牲畜越冬。而牧饲牛羊的小户人家，在夏季，要托给他人来放牧，牧者收取一定的费用。如表53所示，"别人代牧"形式主要存在于青海东部3个乡（镇），选答该项的受访者占其总数的66.67%。集中放牧者牧放绵羊的方式，与牛羊大户的牧放方式基本相同。

风雪中的当洛牧人

尽管与牦牛相比，绵羊更适于、有利于在棚圈饲养越冬或御寒，但是即便在青海东部地区，棚圈建设的规模和利用率也不高。调查涉及的东部地区3个乡（镇），只有巴藏沟乡出现两个绵羊靠暖棚养殖的个案。这些地区的村民，对村社所有集体草山十分重视。例如，2010年，互助县祁连山麓某村发生村民用铁丝围栏私封草山的事件，大有"占山为王""先

---

① 参见高永久主编《西北少数民族文化专题研究》，民族出版社2004年版，第192页。

下手为强"的意味，政府不得不出面干预；政府的林草地管理政策的调整，也在东部地区村民中引起一定的心理震动。

表53		绵羊牧饲方式的地域（乡镇）差别											（例）
牧饲方式（可多选）		调查地点（乡镇）												合计
		日月乡	巴藏沟乡	南门峡乡	拉加镇	当洛乡	龙羊峡镇	子科滩镇	隆务镇	和日乡	快尔玛乡	哈尔盖镇	扎麻什乡	
山里放牧	否	20	11	13	1	13	23	3	2	7	11	16	9	129
	是	9	5	3	23	4	0	24	0	5	9	14	17	113
小计		29	16	16	24	17	23	27	2	12	20	30	26	242
冬夏有别	否	16	9	5	23	0	0	18	1	6	13	17	17	125
	是	13	7	11	1	17	23	9	1	6	7	13	9	117
小计		29	16	16	24	17	23	27	2	12	20	30	26	242
别人代牧	否	22	13	12	24	17	21	27	2	11	19	28	25	221
	是	7	3	4	0	0	2	0	0	1	1	2	1	21
小计		29	16	16	24	17	23	27	2	12	20	30	26	242
暖棚养殖	否	29	14	16	24	17	23	25	1	12	20	29	26	236
	是	0	2	0	0	0	0	2	1	0	0	1	0	6
小计		29	16	16	24	17	23	27	2	12	20	30	26	242

访谈个案11：政策反复带来的担忧

时间：2010年4月23日，上午，阴。地点：海东地区平安县巴藏沟回族乡下郭尔村。受访人：田某，藏族，村民，63岁。

原来每家每户养羊，最多的有40～50只。家里人手多的，养的羊就多。少数人夏天坐圈，两家人合伙坐。养的羊比较少的人家，就轮着挡。后来实行退耕、禁牧，羊全卖掉了。草山管得松了，又从外面买羊。村里有十几户人家，在这里坐圈。养羊，主要是为了攒粪、做毡或者随便卖掉搞点零用钱。2000年开始，先围草山，然后要大家退耕，在里面种草、栽松树。有林业局派的管护人员，不让大家割草，但是人们偷着割。围掉的坡地，是原来村里放羊、放牲口的草山。现在听说政府要把剩下的草山全封掉。靠山要吃山，靠水要吃水。要是封了，羊可以全部卖掉，但大牲口怎么办？可以割的草又没有那么多。有的地很陡，机械上不去，只能靠牲口来种。村里反对的人特别多，今年要封，没有封成。

阿伊赛迈山下郭尔的草山和耕地

在牧业区，笔者调查所见，尽管草原上雨雪交加，但牧民点的暖棚里温暖如春，牧人则在里面搭床设灶、诵经饮茶，看上去十分惬意。看此情景，很难同意在酷寒时节，所定居屋舍尚谓简陋的牧人会把羊只圈进棚圈躲避风雪。

总之，整体而言，牦牛和绵羊在不同地域牧饲方式的差异是明显的。把这种差异置于上文所呈现的藏文化圈中，可以看到：在文化圈核心，是以游牧的牧饲方式为主，也就是说，没有一年以上的定居地，一年四季在草地上随其生态的变化和水源地流动放牧的方式，一般称之为"逐水草，庐帐而居"。在政策和现代化的带动下，持此种方式的藏族牧人当属少数。

在文化圈的内层文化带，牛羊的牧饲方式则或在冷暖季草场之间转场轮牧或在相对固定的区域游牧。两种方式的选择，主要取决于草场面积的大小和单位面积载畜量，次要的因素有草场内部自然气候条件的差异、经济条件等。转场轮牧与固定区域的游牧有共同点：皆要划出冷暖季草场，然后根据草荣草枯、草密草疏来有选择地放牧，以便使牲畜施于草地的压力最小化；也有不同点，即后者仅分出冬夏草场，前者则要在二者之间再分出秋季草场作为过渡区。按传统意义而言，"在一定区域内，居住点的数量，以及居住点牧民放牧牲畜的数量与这一区域内牧场单位面积产草量之间的关系，是影响居住点的搬迁次数的一个重要因素"[1]。转场轮牧与固定区域游牧正是在这种关系下不同的两种牧饲方式，反映了藏文化圈内层文化带牧人生产方式的相对传统性。

在藏文化圈的外层文化带，牛羊的牧饲方式演变为半农半牧，牲畜也因人的定居加之草场面积的限制，其食草范围大为缩小。与文化圈核心和内层文化带藏人将草场分为冬、夏两季甚至冬、秋（春）、夏三季牧场轮牧不同，在这一地域，因为草场面积小，仅是将冬（冷）季草场承包到户，而暖季草场多数由村集体所有，户有牲畜统一牧放。这种形式，有的是在实施草原"双承包"（指牲畜作价归户，户有户养；草地承包到户）时，政策上区别对待的结果；有的是夏季草地承包到户后，因操作困难，牧人复统一经营的夏季草地。后者尽管事例不多，但说明了自然环境对生产经营方式选择的影响。

在藏文化圈边缘文化带，牛羊的牧饲则完全围绕村落和农业来进行，多数实行定居代牧。大多数藏族农户牧养，仅出于习惯、增加耕地肥料、满足日常的个别毛制品（如毡、毯、冬衣、皮制嫁衣）等非经济和基本生活需求。而草地划分亦不甚严格：一是草地界线往往以山梁或河流等为界，但一般没有明确的界标（除非发生过边界纠纷）。这是当下青海东部地区不少乡村草场边界矛盾复燃的一个重要原因。二是亦未对草场作出季节划分。在实际操作中，一般将偏远的草地作为夏秋草场，将村落附近的草地作为冬春草场。但在村民那里，很少有这样的认识和观念。

如果兼顾到调查个案以外的区域（如玉树"西部3县"），可以用图13来描述青海藏人牛羊牧饲方式的地域之间的层级化形态。

总之，就牦牛的牧养来说，在青海不同地域之间呈层次性差异。其大致形态与藏人在不同地域聚居程度的差异相同，即在人口分布所呈现的藏文化圈不同圈层中，依次从文化圈核心、内层文化带到外层文化带、边缘文化带，所牧养牦牛的数量和规模渐次下降。同时，在局部范围，由城镇附近、公路沿线乡村至边远地区，牧养牦牛的分布同样如此。同样，绵羊的牧饲方式也随着自然生态环境的不同而呈现地域性层级化差异。

---

[1]　张建世：《藏族传统的游牧方式》，《中国藏学》1994 年第 4 期。

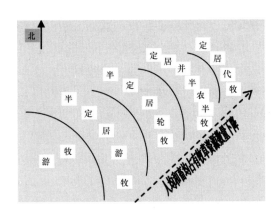

图13 牛羊牧饲方式的层化形态

四 食用肉储备方法及宰牲选择

过农历和藏历新年时食用肉的储备方式亦呈现出有趣的层级区别。在青海牧区藏人的饮食结构中，牛羊肉的食用具有十分重要的地位。问卷显示，在问及"你们一家人的主要食物"时，在选答3项的限定下，调查涉及的17个个案（村），都有不同比例的受访者选择牛羊肉。如表54所示，各个个案（村）之间差异悬殊。具体而言，日月、南门峡、拉加3个乡镇受访者的饮食结构中不甚偏好牛羊肉，其中，拉加镇选择糌粑者为多，日月、南门峡选择面食者为多。其他村，选择牛羊肉的受访者皆超出各个个案回答有效样本的一半，多数接近有效样本。即使已经化为社区的四合吉，其藏人仍对原有的主要饮食念念不忘。

表54　　　　　　　　　　　　**牛羊肉饮食偏好的地域差别**　　　　　　　　　（例）

牛羊肉偏好	调查地点（乡镇）												合计
	日月乡	巴藏沟乡	南门峡乡	拉加镇	当洛乡	龙羊峡镇	子科滩镇	隆务镇	和日乡	快尔玛乡	哈尔盖镇	扎麻什乡	
否	26	17	28	25	0	3	5	13	19	2	5	9	152
是	4	18	2	6	32	26	22	11	14	23	30	22	210
合计	30	35	30	31	32	29	27	24	33	25	35	31	362

马文·哈里斯说过："世界上的食谱的主要差异可归结为生态的限制以

及在不同地区所存在的机会。"① 在青海藏人的生活里，也是如此。偏好牛羊肉及牛羊副产品的饮食结构，有助于牧人增强体质、抵御严酷的气候变化，更好地适应自然生态环境。但在一年四季的食用量不尽相同。在纵深地带，牛羊肉在藏人的饮食结构中占据着主要位置，甚至可以说牧民一年四季离不开牛羊肉。越往文化圈边缘地带，肉在饮食结构中的地位越逐渐让位于面食。这种变化不单由其生产方式决定，还有经济条件在起作用。在市场经济条件下，毫无疑问，以畜牧业为支柱的牧人，其经济状况总体上强于以农副业为经济支柱的农人。但无论怎样，肉的食用量在一年四季里并不十分均衡。尤其是在冷季，对肉的食用量在一年四季中属最大。这主要是受主流文化农历春节习俗的影响———一年之交要庆祝或祭祀自然、先祖，免不了要宰牲。

宰牲的习俗特别是宰牲时间的选择上，因藏文化变迁的地域性差异而略有区别。在边缘文化带，宰牲的目的性很强，即庆祝、祭祀；在现代，宰牲多少具有改善单一饮食（过去由于缺乏荤食而要在胃里添加"油水"）以增强体质的功能。但在藏文化变迁相对比较缓慢的文化圈层，受主流文化影响相对有限，年味并不浓，因此"宰牲"主要是为储备"冬肉"。在牧业区，因为第一性生产力——草地在一年四季的兴衰，牛羊往往处在"夏壮、秋肥、冬瘦、春死亡"的恶性循环。也就是说，一般情况下，夏天水草相对丰美，足够牲畜食用；秋天是各地牛羊的出栏季节；冬季草枯，牛羊食用饲草不足，迅速衰弱；来年春季，病害增多，体弱的牛羊大量死亡。若冬春季节遇到雪灾，牲畜死亡就会更重。以黄南州泽库县和日乡为例，如表 55 所示，2010 年第一季度，其牛羊死亡数高于销售数，尤其是绵羊的死亡数超出销售数的 10.61%。具极强适生性的山羊亦有不堪无草可食之灾而死亡。因此，在入冬前宰杀牛羊是比较经济的，一可减轻冬春草场的载畜压力，二可为食物来源大为减少的冬季储备尽可能多的食物。这是肉的食用量四季不均衡的另一致因。

以上仅是饮食习俗反映到青海藏文化变迁的地域性差异所表现出的层级化形态的一个小侧面。更为有趣的是，从文化圈核心到边缘，宰牲的时间、宰杀牲畜数量和种类上出现或由早到晚或由多到少或由牛羊肉到猪鸡

---

① ［美］马文·哈里斯：《好吃：食物及文化之谜》，叶舒宪、户晓辉译，山东画报出版社 2001 年版，第 5 页。

肉的差异和变化。处在文化变迁迟缓的文化圈层的牧区多数藏人家，年内宰牲和售出的牛羊数量要占其牲畜总数的1/3甚至一半，这一比例随着近几年草地生态恶化和生态保护措施加大而有所增加。因宰牲而出现大量冬肉的储备，得益于草原冬季的气温。无绝对无霜期的青海牧区，冷季的室外犹如一个自然的冷柜，所存放（悬挂）的牛羊肉肉质鲜美，甚是可口，细嚼慢咽，能让人回味无穷。但越往藏文化圈边缘，无霜期出现并逐渐绵长，储备大量的冬肉渐渐失去低成本的气候条件，宰牲牲畜数量自然减少，宰牲时间自然要比藏文化特质分布集中地带晚。

表55　　　　　2010年泽库县和日乡主要牲畜变化　　　　（头、只）

	绵羊	山羊	牛	合计
年内减少数	2085	97	275	2458
其中：死亡数	1095	97	130	1322
销售数	990		146	1136

资料来源：和日乡2010年第一季度牲畜统计报表。

在文化圈核心和内层文化带，藏人一般要在牛羊进入冬季或秋季草场牧养前的月份进行宰杀。笔者在果洛牧区调查期间，恰逢当洛乡五社一牧人家剪羊毛并宰杀绵羊犏牛，帐篷内外聚了20多户人家（多为亲属）的男女老少，堆起的羊毛甚是壮观。宰杀结束后的傍晚，青少年群体中还举行小规模的摩托车"绕瓶赛"、跳高比赛等活动，场面十分热闹。

在文化圈外层文化带和边缘文化带，宰杀多数是在腊月初八过后进行，多数藏人宰牲的主要对象也相应地变为猪（多数人家为1头）。过去，由于经济不宽裕，藏文化圈边缘带的农人往往要熬到年根方宰牲，以便尽可能推迟食用肉时间到农活最重的秋季，这个时节，要秋收、打碾，最耗费劳动者体力。藏人一般用风干的方式，将去除骨头的猪肉悬于屋梁（一般在偏屋），及春暖花开，亦不会被虫蚀。过了年，进入春耕，做面食或炒菜时，割下一块来，炒（煮）进锅，既是调味又是增加饭菜油腻味的办法。多数人家可"熬"到粮食入仓后，其间就不必花钱买肉。这种十足的自给自足，体现了农人对生活的周到计算和安排。而现在，随着生活条件的加快改善，宰牲时间越来越推前了。这种时间的推前，也反映了边缘文化带藏人肉食来源的多元化。

当洛青少年宰牲过后的文化生活

牧人的主食之一（玛沁）　　　　　**邀上亲朋"浪河滩"（湟源）**

　　在青海藏文化圈的边缘带，所调查个案中的北沟脑村在这方面是一个例外。如前文所述，该村牦牛仍由集体统一放养。过年时，每社要宰 1 头牛，牛肉按户平均分配。这种牧业文化残留，在村民看来弥足珍贵。而在其他村，尽管拥有面积不等的草山，但牦牛早在公社化运动结束时化整为零了，逢年过节时也就无从统一宰杀牛。在笔者记事初，大约在公社化运动晚期，当时牦牛尚为村社集体所有。在家乡，每逢中秋节，一般是藏人较多的一两个社合宰 1 头牦牛来犒劳。一位主刀者喜从牛后腿掠生肉吃，令人记忆犹新。家乡与北沟脑村同处互助县地"九峡"。两地在这一文化事象上的时间交错，反映了牦牛这一藏文化重要特质在不同生计模式下的变异过程及其对文化变迁的影响。

　　一般处在文化圈边界的半农半牧地带，两种宰牲习俗过渡的痕迹非常明显。诚如海北州祁连县郭米村，尽管亦有村人养猪（一户超不过 1

头），但他们宰杀"年猪"的时间是与同村人宰牛羊的时间一致的，都是在公历 11 月进行，而此时距离过年还有 3 个月之遥。因此，在郭米村，宰牲时间并没有受到饲养牲畜种类的限制。笔者在该村调研时，同样遇到村人宰牲，路边一字排开的几十户人家，炊烟四起，待宰的不同种类牲畜的叫声此起彼伏，这种多少可能会引起动物保护主义者强烈反对的场景，却反映了宰牲文化背后不同地域文化的互动与融会。

第四章 语言文字使用的变迁

无论是语言决定文化还是语言反映文化的语言学观点，都说明语言在文化系统中的重要地位。在传统意义上，语言甚至作为区别不同民族共同体的一个重要标准。文字则是最基本的图像符号，也是语言的重要载体。相对于语言而言，文字的变化具有相对的稳定性。方言是语言变迁的一个重要结果，也就是"反映特定地区或社会阶级情况，并具有足以相互理解的相似性"① 的语言变异形式。藏语言文字的形成和分化，是世界语言文字发展史上独具特色的文化现象。青海不同区域藏族使用语言文字的变迁，则更多地表现为在互动中与其他民族语言文字的相互借取。这种借取的分量不同，在很大程度上反映了藏文化在不同地域变迁中的深宽度。

第一节 藏语的地域分异

一般认为，藏语文自吐蕃松赞干布统治时期形成，并随吐蕃势力扩张向青藏高原乃至青藏高原以外的广大区域传播，并逐步形成藏民族的基本共同语文。在吐蕃时期，藏语作为统一政权的重要象征，其传播的范围以及所形成的藏语圈范围几乎与吐蕃政权所辖地域范围相当。晚唐诗句"一自萧关起战尘，河湟隔断异乡春。汉儿尽作胡儿语，却向城头骂汉人"② 便是当时藏语传播力、影响力的生动写照。河湟地区是青藏高原范围中央王朝经营并迁入中原汉族人较早的地区。而在吐蕃晚期，这些地区在语言上显然已经吐蕃化。在存立200多年后，吐蕃的分裂成为藏语分化

---

① ［美］威廉·A. 哈维兰：《文化人类学》（第10版），第117页。
② （唐）司空图：《河湟有感》。

成为地域性方言和土语的外因。① 在历史上，青藏高原藏文化中心的移动和其地位的起伏中，分布在高原各地的吐蕃后裔或藏化的其他使用藏语人群，在与当地民族的经济文化交往互动过程中，使藏语方言的地域性色彩更加浓厚。

一　藏语言分区

任何时间延续跨度较大、使用区域较广的语种都有方言差别，差别的存在是正常的，也是语言实际的必然反映。② 藏语文也不例外。藏族的地域性方言被语言学家分为三大类，即卫藏方言、康方言和安多方言。卫藏方言主要分布在西藏自治区内的大部分地区，其中，卫方言区包括拉萨、澎波、尼木、墨竹工卡、曲水、工布、山南等地，藏方言区包括日喀则、江孜、拉孜、定日、萨迦等地③；康方言分布在青海玉树藏族自治州、云南迪庆藏族自治州、四川甘孜藏族自治州和西藏的那曲（多数）、昌都地区，阿里地区的改则、林芝地区的波密县；安多方言主要分布在青海、甘肃两省的藏族自治州（除玉树州）、海东地区藏族聚居地方以及四川阿坝、甘孜藏族自治州的部分地区。据 1982 年中国社会科学院民族研究所的调查统计，藏语方言的使用情况见表 56。另外，同期的调查显示，藏族中约有 40 万人使用汉语，占藏族总人口的 10.34%；约 1 万使用嘉绒语的人口未列入表。另有占总人口 1% 多的人口应归何种方言，对此未作详解。地域性方言之下又有诸多土语，见表 56。西藏中部、南部大致为卫藏方言区。康方言使用人数最多，占藏族总人口比例最高。其中的西部土语使用人口主要在藏北羌塘和那曲，东部土语使用人口主要在昌都、甘孜和阿坝的一部分，北部土语使用人口主要在玉树，南部土语使用人口主要在迪庆。安多方言牧区土语的使用人口主要分布在青海果洛、海西、海南、黄南和甘肃甘南州牧区，半农半牧区土语使用人口主要分布在青海、甘肃的同仁—夏河地区，农区土语使用人口主要分布在青海东部地区。

上述藏语三大方言的划分较为笼统。日本学者西义郎把藏语方言分成

---

① 益西：《略说藏语方言的形成》，《西藏研究》1995 年第 4 期。

② 戈明：《藏语的自我实现——兼论藏语新闻工作如何自觉承担改善语文工具的任务》，《西藏研究》1995 年第 2 期。

③ 强俄巴·多吉欧珠：《藏文音位、声调及藏语文变化概说》，田家乐译，《西藏研究》1990 年第 3 期。

六大类：中部藏语，又称卫藏方言，主要分布在西藏自治区西南大部和尼泊尔北部边境（如夏尔巴语）；康方言；安多方言；南部藏语（锡金语、宗喀语等）；西部老藏语（巴尔蒂语、达拉克语等）；西部新藏语。① 据称，此为最为完备的分类。也有按照地理方位来分类的：中部，卫藏语，包括拉萨话（bod）、吉隆话（kgy）、洛米藏语（lhm）、Panang（pcr）、Tseku（tsk）；北部，包括安多方言（adx）、卓尼话（cda）、康方言（khg）；南部，包括亚东语（gro）、夏尔巴语（xsr）；西部，包括拉达克语（lbj）、塔克巴语（tkk）。这种划分明显是以历史上的藏文化中心——拉萨地区为轴心的分类。

表56　　　　　　　　　藏语方言使用人口分布　　　　　　　（万人、%）

方言名称及土语		使用人口	使用人口总数及占藏族总人口的比例	
			人数	所占比例
卫藏方言	前藏	56.93	106.62	27.55
	后藏	45.73		
	阿里	3.84		
	夏尔巴	0.08		
康方言	东部	95.67	144.63	37.37
	南部	13.43		
	西部	15.77		
	北部	9.10		
	舟曲	2.95		
	卓尼	7.70		
安多方言	牧区	53.86	80.95	20.92
	农区	9.76		
	半农半牧区	11.28		
	道孚	6.06		

　　上述划分只是整体的。在局部地区，还因藏人居住地势不同，所操持

---

① ［日］西义郎：《现代チベット語方言の分類》，国立民族学博物館研究报告11卷4号（1987.03.31），第837—900页，见http：//zh. wikipedia. org/zh-cn/%E8%97%8F%E8%AF%AD。

方言亦有不同。如从大的藏语方言来看，在整个嘉绒地区，有讲安多方言的嘉绒藏族，他们主要分布在高海拔的牧区；有讲康方言的嘉绒藏族，如丹巴原明正土司所辖的 24 村的藏族所操的语言，便是康方言①。

　　学术界主要根据上述藏语言的地域分化，把藏族分布地区分为卫藏文化区、安多文化区和康文化区。如果用结构人类学或语言学的观点，这种以语言概括全部文化的分类法，或许是能够站得住脚的。况且，这一分类大概也考虑到这些语言区之间语言以外文化元素的不同特点。比如，13世纪藏族学者萨班形容的"前藏人声音洪亮而婉转，后藏人如马嘶鸣而豁亮，阿里人声音尖锐而短促，康巴人声音威武而粗犷"；还如对三个地区"法区、人区、马区"的比喻。基于此，归为康巴方言区的卓尼土语和舟曲土语的使用地区与康区相隔较远，故仍划归安多文化区。

　　上述藏语及其方言、土语的地区分布更多地体现出以下特点：

　　一是它们作为藏语的组成部分，其间存在有机的联系。对三个方言间的差别，语言学者是这样表述的：

> 　　主要表现在语音上，它们的异同的情况大体是：有的语音现象卫藏、康与安多都不相同，而卫藏与康之间既相同又有小异。有的语音现象康、安多与卫藏不相同，而康与安多之间既相同又有小异。总的说来，卫藏方言与安多方言差别较大，而康方言介于二者之间。②

　　另有一项研究认为，藏语方言语音上的差异比词汇和语法要大，"从方言的特点来看，卫藏和康方言比较接近，同安多方言差别较大。从词汇的差异上看很明显：卫藏和安多方言之间的不同源词一般在 30% 左右，卫藏和康方言之间的不同源词则为 20%"③。而它们最大的共同性在于：

> 　　文字是完全通用的。文字的字面读音在不同方言区有一些差别，但书写形式、方法规则、记叙意义在各地都完全一致。④

---

　　① 杨嘉铭：《解读"嘉绒"》，http：//jiarongxiangba.tibetcul.com/60801.html，2009 年 6 月 29 日。

　　② 金鹏主编：《藏语简志》，民族出版社 1983 年版，第 114 页。

　　③ 结昂：《略谈藏语文规范化问题》，《西藏研究》1994 年第 3 期。

　　④ 次仁班觉：《对我区重视使用藏语文之管见》，《西藏研究》1993 年第 3 期。

这样看来，藏语三大方言之间的关系是"同中有异、异中有同"，而且同远远大于异。如果没有这种"同"或"同大于异"，就完全可以说藏语语言区就是文化区。事实并非如此。

二 语言的传播与互动

有了"康方言介于卫藏与安多方言之间"这个定论，再回头看它们三者在地理上的分布就会发现，康方言区同样处在卫藏方言区与安多方言区之间，并且基本形成 3 个文化带。从方位上大致来说，藏语内部的差异，东西方向表现的是方言差异，南北方向表现的是土语差异。方言差异性分布的这种方位，与历史上吐蕃军事主攻方向是一致的。在青藏高原腹地，语言区相对完整；但在其边缘区域，显得十分破碎，几个区域面积较小的土语，大都分布在这个区域。其中，川西北藏区有异于藏语方言的语言最多（当地叫"地脚话"），有嘉戎、道孚、却域、扎坝、木雅、贵琼、尔苏、纳木义、史兴、白马等语言①。很多语言，如木雅、尔苏、舟曲等族群语言的族属为何，学术界尚存争议。由此不妨大胆地推论：藏语的方言分布格局是藏语从卫藏地区向外传播的结果。这是其一。正是有这样的历史关系和同源关系，才形成现今不同方言之间，在语词、语音、语法等方面的同一性。

二是因地区而异，受其他民族语言（主要是汉语）的涵化程度不同。要说明藏语向外传播中形成的不同文化带，有一种现象需要特别注意：与古藏语文（指刚有文字记载时的古藏语）相比，处在高原边地的语言相对要古老。比如：

> 藏语三大方言中，安多方言最接近古藏语和藏文正字法，至今还保留着许多单浊声母和多种前、后加成分，即复辅音声母和复辅音韵尾。另一方面它除了区分清浊声母高低之分的声调外，还没有形成具有音位价值的声调。……卫藏方言，它已远离它最初的共同语（指刚刚有文字记载的古藏语）……康方言则介于上述两种方言之间，有些特点与安多方言相似，有些则与卫藏方言的特点相同。②

---

① 黄布凡：《川西藏区的语言关系》，《中国藏学》1988 年第 3 期。
② 益西：《略说藏语方言的形成》，《西藏研究》1995 年第 4 期。

在藏语语法表达方式上，安多方言基本保留了原来的框架。①

上述现象，与屈肢葬、骨系婚、古老教派等文化特质的传播同因。就语言来说，它"对社会的建构而言是最重要的。它比任何其他符号体系都更为全面地使我们能建设和传递文化"②。因此，无论是交换、合作的民族文化互动，还是冲突、竞争、强制的民族文化互动，语言的符号中介作用无处不在。基于这种重要性，藏语的传播会受到其他民族，尤其是在中国人口数量最多、分布面积最广的汉族及其语言文字的强烈影响。藏语本身存在诸多汉语借词③，说明历史上两种语言之间的交流和借用。进入20世纪中叶以后，这种借用的数量增多，涉及面扩大。正如对现代拉萨话中汉语借词的研究所指出的：

　　本来占据藏民族用来交流思想感情之主导地位的藏语不得不随着日益发展的现实社会环境和新鲜事物频频出现的大浪潮，借用一批又一批的汉语词来补充和丰富藏语词汇系统。④

但是，语词的借用因地域而异：在青藏高原腹地，无论借用汉语和汉字的数量还是涉及面远不及边缘区域。这是不同地域居住人群与其他民族互动的可能性和可及性使然。不难理解，藏人与其他民族人群互动的深度（互动双方相互依赖的大小）、广度（互动范围）、频度（一定时间内发生互动的多寡）、强度（互动双方投入情感的强烈程度），从高原腹地到其边缘地带，是依次减弱的。正因为此，学术界有了对藏语方言差别的不同理解。

　　藏语虽然有三大方言，但真正的差别在各农业区之间，且差别明显的农区方言至少也在五大区以上，是各方言的极端状态。作为地域

---

① 结昂：《略谈藏语文规范化问题》，《西藏研究》1994年第3期。
② ［美］戴维·波普诺：《社会学》（第10版），第67页。
③ ［美］劳费尔：《藏语中的汉语借词》，赵衍荪译，庾国琼注释，《西藏研究》1983年第3期；《藏语中的汉语借词》（二），《西藏研究》1983年第4期。
④ 益西：《现代拉萨话中宏大的汉语借词及其借因和发展趋向研究》，《西藏研究》1998年第4期。

广阔、人口相对多的牧业区是方言差别极小的区域。①

当然，这是新的环境下呈现的差异状态。这种借用的另一个后果是，在青藏高原藏文化圈边缘地带，藏族中使用藏语的人数在逐步减少。喜马拉雅山南麓、青藏高原东缘概莫能外。

上述差异性与联系性，归结到青海藏文化变迁和青海藏文化圈则反映出：主要是在历史上，一是从青海西部的玉树到东部的黄土高原与青藏高原的连接部，呈现出"异大于同"的方言层级差别，这种差别可能是藏语言自卫藏东向传播的结果。二是在各方言区，呈现出纵向的土语分野，这种分野更多的是藏语在各自生境中与其他民族语言互动的结果。三是在语言传播的边缘地带，出现即便在藏语传播源地很难见到的古藏语成分，这是在藏文化圈演化中，其文化中心的影响力被削弱后，在特殊的自然人文环境下，语言走向独自发展道路的结果。从这一层面上说，后文将述及的青海藏文化圈圈层多样化过程的源头还可以再追溯。进入 20 世纪，随着文化互动加剧，体现在语言上的青海藏文化圈形态又有了新的变化。

第二节　语言文字使用的流变

对不同地域藏人使用藏语言文字情况，笔者通过问卷，着重对使用人数、人群、场合和对藏、汉两种语言认知情况做了调查。同时，访谈中也从纵向的角度，对不同社区藏语言文字使用的变化给予了特别的关注。

一　藏语使用人数和群体

按受访者家庭人口计，问卷调查涉及人口为 2244 人（回答本题缺失样本 2 例），户均人口数为 4.7 人；其中，回答不会说藏语人数占回答有效样本的 17.4%，不会说汉语者占 33.7%。从表 57 可见，就"您家有几人不会说本民族语言"和"您家有几人不会说普通话或本地汉语"两个问题，分别有 444 个和 435 个受访个案作出了有效回答。其中，有 348 人回答没有人不会说藏语，说明有占回答有效样本 78.4% 的家庭以藏语为第一交流语言；

---

① 戈明：《藏语的自我实现——兼论藏语新闻工作如何自觉承担改善语文工具的任务》，《西藏研究》1995 年第 2 期。

有180个样本回答家中没有不会说普通话或本地汉语的成员，说明有占回答有效样本41.4%的家庭以汉语为第一交流语言或完全以汉语为交流语言。

表57				家庭中使用藏汉语言人数				（例、%）
人数	您家有几人不会说本民族语言				您家有几人不会说普通话或本地汉语			
	频率	百分比	有效百分比	累积百分比	频率	百分比	有效百分比	累积百分比
0	348	73.1	78.4	78.4	180	37.8	41.4	41.4
1	11	2.3	2.5	80.9	58	12.2	13.3	54.7
2	9	1.9	2.0	82.9	62	13.0	14.3	69.0
3	18	3.8	4.1	86.9	50	10.5	11.5	80.5
4	21	4.4	4.7	91.7	43	9.0	9.9	90.3
5	14	2.9	3.2	94.8	16	3.4	3.7	94.0
6	16	3.4	3.6	98.4	17	3.6	3.9	97.9
7	4	0.8	0.9	99.3	4	0.8	0.9	98.9
8	2	0.4	0.5	99.8	4	0.8	0.9	99.8
14（10）	1	0.2	0.2	100.0	1	0.2	0.2	100.0
合计	444	93.3	100.0		435	91.4	100.0	
系统	32	6.7			41	8.6		
合计	476	100.0			476	100.0		

从不同个案（乡镇）之间比较，藏汉语言使用情况存在明显的差异性。由表58可知，在农牧民中有348位受访者对使用民族语言情况作出了有效回答，其中79%的家庭中所有成员会讲藏语。不同个案中就家庭成员皆会说藏语的样本占各个案回答有效样本的比例比较，和日、龙羊峡皆为100%，扎麻什（96.6%）、当洛（96%）、哈尔盖（94.1%）、巴藏沟（93.8%）、快尔玛（92%）、军功（90.3%）6个乡镇所占比例皆在90%以上，子科滩（75.9%）、隆务（73.9%）2个乡镇所占比例在70%以上，所占比例较低的是日月（32.3%）和南门峡（3.4%）。就藏文化圈所指向的地域之间的明显差异性而论，巴藏沟乡是一个例外，其家庭中皆会说藏语的样本比例在所有个案（乡镇）中处于前列，这与所调查村浓厚的藏族文化氛围和倡兴的藏语文教育有关。在郭尔3个村中，尽管当地藏语中夹带着大量的汉语词，但不只是藏族，多数汉族人亦在日常生产生活中使用藏语。在这3个村的有效样本中，仅有1户家庭中1人不说藏语，有1户家庭完全不使用藏语。一项专门的调查称：郭尔3个村"7岁

以上的村民基本通藏汉双语，完全双语人达 63.6%"①。与此比较，同处青海东部地区的日月、南门峡 2 个乡镇的藏人使用藏语的情形就逊色得多。南门峡仅有 1 例样本称家中没有不说藏语的人；其余受访者家中不会说藏语者皆在 3 人以上。按照户均人数计算（受访家庭户总人数为 162 人，户均 5.23 人），一半以上的家庭已经放弃了在日常生活中使用藏语。据笔者走访了解，北沟脑村中能够使用藏语者甚少。据村人反映，说藏语比较流利者仅有 1 人。亲访发现，此人为一老者，时年 78 岁，曾为却藏寺僧人，1958 年"宗教改革"时被迫还俗。此外，还有"能说者三四人"，居村落所在山沟最深处。这样看来，问卷所显示的"会说"反映的是较低的语言交流能力，也反映了对语言的一种偏好。就访问式问卷看，问及该问题时，有的受访者称"会藏语"，但问其详，则不甚了了而哑然应之。问卷所显示，日月乡藏语使用情况稍胜于南门峡。在其小茶石浪村，问卷涉及 173 人，户均人数 4.94 人，以此为分界，选答不会说藏语的人数，明显偏向于人口较少的一侧，但是访谈结果与此略有出入。

访谈个案 12：已经流失的藏语

时间：2010 年 6 月 13 日，上午，晴。地点：西宁湟源县日月藏族乡小茶石浪村。受访人：李某，村民，藏族，77 岁。

> 说藏语才是藏族，现在人们不说了。庄子里，五社只有一个阿奶说藏语。她的父母是纯粹的藏民，是从果洛下来的，现在已经殁掉了。最开始来的时候，住帐房、放牛羊。她的姑娘不说藏话，现在住在一社。老阿奶的丈夫是招婿，是五社的人，说一点藏话。

这种对藏语明显的心理偏向，其背后反映的是村民与其所居村落一山之隔的海南州以至果洛、玉树等藏族聚居区的历史和现实中紧密的经济、文化联系。作为处在农牧贸易通道中的日月乡，历史上频繁的民族贸易，极大地丰富了藏人的地域来源。据村人反映，村民多数是入赘当地的"藏客"后裔。一女性老者给笔者谈起其先祖，明确地说属于"红帽儿番"②，说明其

---

① 万玛冷智等：《青海东部藏区语言生活及双语教学》，《青海藏族》2008 年第 2 期。
② 红帽儿番，旧时青海藏族部落之一，一说指明正德年间漂泊到沙州的番族，后移居西宁塞外。《西宁府新志》载："红帽儿番，沙州番也。"一说指玉树地区的红帽部落。此处据老者所述方位，采用后说。

家族与现玉树州藏族部落具有某种渊源关系。20世纪60年代末，一部分村民（有五六户）响应国家号召，到果洛州玛多、玛沁等县事牧，经过20多年，因不适应当地的自然、社会环境，纷纷迁回。在语言上，男性因经济交往面较广，多数懂藏语；"娃娃们学得快"，亦多会说藏语。在当下，村民（特别是青壮年劳动力）频繁往来于农牧之间，甚至有的在牧区城镇务工定居，有的入赘为婿。这种联系，自然对藏语使用人群的扩大起到推动作用，也在一定程度上强化了村民对藏语的正向认知。

子科滩和隆务家庭中使用藏语人数较低的比例，反映了城镇和商业文化以及婚姻圈的扩大所带来的影响。子科滩的受访者涉及一部分在赛宗寺所在入口市场经营商业者，个别受访者家庭有不懂藏语的其他民族成员。而且，因商业需要，经营者流露出十分明显的对汉语言文字的偏好。这种偏好，可能会影响受访者填答民族语言人数的确切性。不同民族成员之间婚姻关系的缔结，在处于城镇文化包围中的四合吉更为普遍，这成为导致家庭语言环境变化的一个重要因素。

表58	藏人（农牧民）使用藏语情况的地域比较										（例、%）
乡（镇）	您家有几人不会说本民族的语言（填上人数）										合计
	0	1	2	3	4	5	6	7	8	14	
日月	10	0	1	8	7	3	2	0	0	0	31
巴藏沟	30	1	0	0	0	0	1	0	0	0	32
南门峡	1	0	0	3	7	5	9	3	1	0	29
军功	28	1	0	0	1	1	0	0	0	0	31
当洛	24	0	0	0	0	0	0	0	0	0	25
龙羊峡	29	0	0	0	0	0	0	0	0	0	29
子科滩	22	0	0	0	1	1	3	1	1	0	29
隆务	17	2	0	1	1	1	0	0	0	1	23
和日	31	0	0	0	0	0	0	0	0	0	31
快尔玛	23	1	0	0	0	0	0	0	0	0	25
哈尔盖	32	1	1	0	0	0	0	0	0	0	34
扎麻什	28	0	0	0	0	1	0	0	0	0	29
合计与百	275	6	4	12	17	12	15	4	2	1	348
分比	79.0	1.7	1.1	3.4	4.9	3.4	4.3	1.1	0.6	0.3	100.0

"您家有几人不会说普通话或本地汉语"作为与前相对的问题提出，是

基于两种语言之间的互动关系实际。对这一问题，农牧民有效样本中有342名受访者作出有效回答。由表59可知，有40%的受访者回答家庭成员皆会讲汉语；在其余受访者中，家庭中不会讲汉语人数以1、2、3、4人居多，分别占回答有效样本的12.9%、14.6%、10.8%、10.5%，四者之和大于家庭成员中皆会讲汉语样本比例。由此说明，整体而言，藏人使用汉语具有广泛性和藏汉语言兼用的特点；同时，也说明藏语言使用环境没有发生根本的变化。不同个案（乡镇）之间比较，可以发现以生计方式所区分的不同地域之间汉语使用相关性的明显差异。就农牧民家庭成员都会讲汉语的情况看，巴藏沟最高，为100%。其余各乡镇可分为4个层次：扎麻什（79.3%）、南门峡（73.9%）属于一个层次；日月（45.2%）、和日（35.5%）、军功（32.3%）、隆务（31.6%）、快尔玛（25%）属于一个层次；哈尔盖（17.6%）、当洛（17.2%）、龙羊峡（17.2%）属于一个层次；子科滩（3.4%）为另一层次。鉴于对这一问题问卷所作注解的解释和理解程度不同，分析这种层次性不能孤立地看待，必须比较地看其不同地域之间的异同，也有必要与受访者所选填答案在不同人数区间的分配结合起来。这样可以发现，处在青海东部地区或农业区域的个案，其家庭中汉语使用人数明显要高；半农半牧区或处在城镇的个案，其家庭成员多藏汉两种语言兼用；偏远牧业区不通汉语人数所占比例较高。藏汉两种语言兼用的情形仍因地域而有差异，有的家庭内外有别，即在家中讲藏语，在外多讲汉语；有的因家庭成员有别，即跟家中老人或长辈讲藏语，跟同龄人讲汉语。进入田野，这种差别是很容易识别的。后文还将对此作进一步讨论。

就青海东部地区藏人使用语言情况，青海省民委曾做过专门调查，将其"语言生活"分为五种类型：藏语单一型；转用汉语型；藏汉双语型，即以藏语为第一语言和家庭用语，兼通汉语；汉藏双语型，即以汉语为第一语言或常用语言，少数村庄或家庭兼通藏语；民民双语型，即既通藏语也通另一种少数民族语言。调查者称：

> 这些类型，在东部藏区各地的情况又各有差距，包括居住类型、开放程度等，一个地区山下和山上的村落之间语言生活也有所差别。①

---

① 万玛冷智等：《青海东部藏区语言生活及双语教学》，《青海藏族》2008年第2期。

表59　　　　　　　　　藏人（农牧民）使用汉语情况的地域比较　　　　　　（例、%）

乡（镇）	您家有几人不会说普通话或本地汉语（填上人数）										合计
	0	1	2	3	4	5	6	7	8	10	
日月	14	8	3	4	1	1	0	0	0	0	31
巴藏沟	33	0	0	0	0	0	0	0	0	0	33
南门峡	17	0	1	0	0	1	2	1	1	0	23
军功	10	7	7	2	3	1	1	0	0	0	31
当洛	5	4	6	5	6	2	0	1	0	0	29
龙羊峡	5	5	11	7	1	0	0	0	0	0	29
子科滩	1	2	2	2	10	2	7	1	2	0	29
隆务	6	3	3	3	2	1	0	0	0	1	19
和日乡	11	1	6	4	2	2	5	0	0	0	31
快尔玛	6	5	5	2	5	0	0	1	0	0	24
哈尔盖	6	5	4	8	6	3	1	0	1	0	34
扎麻什	23	4	2	0	0	0	0	0	0	0	29
合计与百分比	137	44	50	37	36	13	16	4	4	1	342
分比	40	12.9	14.6	10.8	10.5	3.8	4.7	1.2	1.2	0.3	100.0

　　如果以藏语单一型与转用汉语型作为两端，对青海东部地区藏族使用藏语情况作出区分，可以这样说：邻近牧业区的循化、化隆的藏族聚居区藏人偏向于使用本民族语言；到浅山、川水藏族聚居乡镇（包括民族乡），藏语使用人群逐渐萎缩，多限于老人或极少数老人。整体而言，湟水北侧偏向于使用汉语，南侧偏向于使用藏语。在各民族乡，藏语使用人群萎缩较为明显的是湟中县马场乡（已合并为镇），"有藏族7252人，通双语者为285人，30岁以下掌握藏语的越来越少"。"多数村民已经汉语化，藏语的使用范围也不断缩小，面临消亡的危险。"而在藏族人口比例并不占优势的村落，藏语消逝已是事实。

二　藏语使用场合与代际变化

　　藏语使用场合是与使用人数和群体有关联的一个分析维度。问卷问及"您一般在什么场合说藏语"时，有占有效样本95%的受访者给出明确回答，见表60。其中，占回答有效样本41.4%的受访者选择"任何场合"，说明这部分藏人处在相对封闭的语言环境中；选择"自己家人在一起的时候"说藏语的受访者与此相当，说明在很多地区，藏语仍然是藏族家庭主要用语；而有一半以上的受访者选择"本民族的人在一起的时候"使用藏语。

表60	藏语使用场合		（例、%）

您在什么情况下说藏语（可多选）	响应		个案百分比
	频率	百分比	
任何场合	187	19.4	41.4
本民族的人在一起的时候	248	25.7	54.9
举办婚丧嫁娶的事情的时候	144	14.9	31.9
自己家人在一起的时候	189	19.6	41.8
举办宗教活动的时候	149	15.4	33.0
喝上二两酒的时候	18	1.9	4.0
基本上不说	30	3.1	6.6
总计	965	100.0	213.5

表61显示的是分个案（乡镇）藏人中农牧民受访者及其家庭使用藏语的情况。农牧民样本中，有357位受访者对"藏语使用场合"问题给予了"是"或"否"的回答。选择"任何场合"的受访者占其中的40.1%。选答该项的143个样本在各个案（乡镇）的分配比例，体现了语言使用的地域差异性，所占比例较高的是和日乡（17.5%）和子科滩（16.1%），其次为军功（12.6%），快尔玛（11.2%）与当洛（11.2%）所占比例相当；隆务（9.1%）、哈尔盖（7.7%）所占比例接近10%；巴藏沟（4.9%）、日月（4.2%）、扎麻什（2.8%）、南门峡（2.1%）、龙羊峡（0.7%）诸乡镇所占比例皆在5%以下。在各乡镇回答有效样本中，选择"任何场合"的样本所占比例排序与此相当：和日乡（80.6%）和子科滩（79.3%）较高，其次为快尔玛（61.5%）、军功（60%），当洛（50%）、隆务（50%）所占比例相当；哈尔盖（32.4%）、日月（22.2%）、巴藏沟（20%）所占比例在20%~33%之间；扎麻什（13.3%）、南门峡（10.7%）、龙羊峡（3.4%）处在末尾。由此可以说，地理位置偏远、人员流动量不大的乡镇，藏人使用藏语的范围较广；而越往半农半牧区，藏语使用场合日渐缩小。南门峡和日月两个乡镇，选择"基本不说"的样本分别占到各乡镇回答有效样本的57.1%和25.9%，说明一些处在青海东部地区乡镇村落，不少藏

人已经大体丧失了使用藏语的能力。

表61 藏人（农牧民）使用藏语场合的分地域比较 （例、%）

乡（镇）	任何场合		本民族成员一起		家人一起		基本上不说	
	否	是	否	是	否	是	否	是
日月	21	6	14	13	26	1	20	7
巴藏沟	28	7	11	24	19	16	35	0
南门峡	25	3	24	4	26	2	12	16
军功	12	18	28	2	18	12	30	0
当洛	16	16	2	30	2	30	32	0
龙羊峡	28	1	5	24	11	18	29	0
子科滩	6	23	13	16	22	7	29	0
隆务	13	13	11	14	15	11	26	0
和日	6	25	24	7	24	7	31	0
快尔玛	10	16	17	9	22	4	26	0
哈尔盖	23	11	11	23	19	15	34	0
扎麻什	26	4	8	22	10	20	30	0
合计及百	214	143	168	188	214	143	334	23
分比	59.9	40.1	47.2	52.8	59.9	40.1	93.6	6.4

"自己家人在一起的时候是否说藏语"这一问题，能够更深入地反映藏语在不同地域的生存环境。不妨以选择"家人一起"的样本占各个案（乡镇）就该问题作出有效回答的样本的比例作为衡量标准来作一番比较。由表61可知，按这一比例由大到小的各乡镇排序，依次为当洛（93.8%）、扎麻什（66.7%）、龙羊峡（62.1%）、巴藏沟（45.7%）、哈尔盖（44.1%）、隆务（42.3%）、军功（40%）、子科滩（24.1%）、和日（22.6%）、快尔玛（15.4%）、南门峡（7.1%）、日月（3.7%）。就143个选择"家人一起时说藏语"的样本分布看，各乡镇的排序与前稍有不同，依次为当洛（21%）、扎麻什（14%）、龙羊峡（12.6%）、巴藏沟（11.2%）、哈尔盖（10.5%）、军功（8.4%）、隆务（7.7%）、子科滩（4.9%）、和日（4.9%）、快尔玛（2.8%）、南门峡（1.4%）、日月（0.7%）。由此可见，家庭中是否使用藏语，与产业结构、地理位置并不存在正相关关系。但从此排序的两端看，深处青海腹地的当洛与东部地区的南门峡、日月乡藏人在家庭中使用藏语情况差异悬殊。

总之，可以得出这样的结论：从处在青海藏文化圈内层文化带的青海腹地牧业区，到处在青海藏文化圈边缘文化带的东部地区，藏人使用藏语的场合范围在逐步缩小。其间的半农半牧区的藏语使用情况体现出一定的复杂性。

问卷对代际之间语言使用情况做了调查，问题涉及祖父母、父母、受访者本人和其子女这4辈人语言水平的纵向变化。有460位受访者（包括农牧民和干部职工）对此问题作出了有效回答。如表62所示，回答"一代不如一代"的样本分别占有效样本和回答有效样本的38.7%和40.0%，这一比例在4个选项中是最高的。而称"说得一代比一代好"的样本仅占回答有效样本的24.1%，回答"差不多"的样本占29.3%。这2个比例与前者相差皆在10个百分点以上。由此可见，藏语为藏人所用的总体形势不容乐观。

表62		藏语使用的代际差异			（例、%）
		频率	百分比	有效百分比	累积百分比
有效	一代比一代好	111	23.3	24.1	24.1
	差不多	135	28.4	29.3	53.5
	一代不如一代	184	38.7	40.0	93.5
	不清楚	30	6.3	6.5	100.0
	合计	460	96.6	100.0	
缺失	系统	16	3.4		
合计		476	100.0		

在不同个案（县）之间比较，可以看到藏人使用藏语的地域性差异。如表63所示，选择"一代比一代好"的有效样本有111个，占回答有效样本的24.1%。其在各个案（县）的分布为：首先是泽库、天峻和玛沁县最高，皆在15例以上；其次为刚察、同仁、湟源；再次为兴海、共和县，分别为8例、7例；最后是祁连、平安、互助各县皆在5例以下。可以从图14中看到这一选项在不同地域的变化。

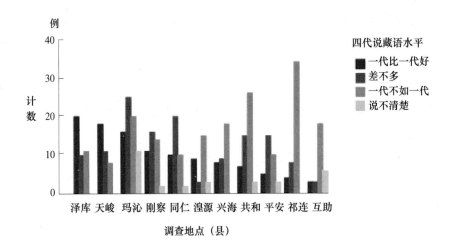

图14 选择"一代好于一代"样本的地域分布

表63 不同地区藏语使用的代际差异 （例、%）

县	祖父母、父母、自己、子女共四代说藏语的水平情况				合计
	一代比一代好	差不多	一代不如一代	不清楚	
湟源	9	3	15	3	30
平安	5	15	10	3	33
互助	3	3	18	6	30
玛沁	16	25	20	11	72
共和	7	15	26	3	51
兴海	8	9	18	0	35
同仁	10	20	10	2	42
泽库	20	10	11	0	41
天峻	18	11	8	0	37
刚察	11	16	14	2	43
祁连	4	8	34	0	46
合计及百分比	111	135	184	30	460
	24.1	29.3	40.0	6.5	100.0

受访者对语言使用水平纵向变化的感受，向上可至少溯至二代。这种回溯，其结果出现两种：一种是从祖父母到己辈乃至子女辈，以藏语为日

常用语或主要以藏语为日常用语；另一种是从祖父母辈那里开始，藏语母语地位已经丧失。泽库、天峻、玛沁、刚察等县的受访者中，仍有一定比例的藏人认为纵向比藏语使用水平在提高。其中，唯有泽库和天峻县的总有效样本中选择"一代比一代好"的样本远高于"一代不如一代"。这可能与以母语为第一语言的教学模式的推广有一定的关系。笔者在泽库县和日乡调查时，牧民反映：因为教学成果突出，学生的藏语文水平普遍要高于年长者。进入一户牧民家做调查时，户主正对照着慈诚罗珠主编的《汉藏英常用新词语图解词典》（四川民族出版社 2007 年版）伏案学习藏语新词。在谈及语言使用问题时，笔者问主人藏语怎么称"电视"，未等户主作答，在一旁的正上学前班的孙子脱口说出"年陈"（藏语"电视"叫法之音译）。主人会心一笑，并对学校教育大加称赞。另一位同村的受访者就藏语言使用的采访情况如下。

访谈个案 13：学校教育带动下的语言回归

时间：2010 年 10 月 16 日，上午，晴。地点：黄南州泽库县和日乡和日村。受访人：东某，村民，藏族，45 岁。

> 最早由十世班禅大师提出：是藏族，衣服可以不穿，话可以不说，但要知道自己是什么民族；要学习汉语，最好学习英语，但不要把藏语忘掉。现在生活中，对新用的词，比如电视，前段时间用汉语名称，用得越来越多。后来，寺院的活佛，包括和日寺的活佛，说：不要在语言中加汉语。四川一位大活佛编了一本新词汇词典，大家在查、在用。现在的年轻人这方面好，老年人只能勉强用藏语新词，但用汉语词的多。20 岁上下的年轻人一上学就学的藏文，即使仅仅小学毕业，程度低，也能使用新词典，在日常生活用语中使用藏语新词汇。

与此相反的是，海南州和海北州的半农半牧区个案，以藏语为第一教学语言的学校教育十分滞后，加之教育布局的调整，在新一代身上，民族语言丧失的情形十分普遍。而东部农业区，认为"一代比一代好"的受访藏人属于极少数而已。认识到这一点，再看选择同一问题其他选项样本的分布就比较容易理解了。

在回答有效样本中，有 184 个样本选择"一代不如一代"。其中，祁连的个案中选择这一答案的样本达到 34 个，分别占该县的有效样本和回

答有效样本中选择该答案的样本数的 73.9% 和 18.5%。其他县按选择这
一选项的样本数高低次序排列,依次为共和、玛沁、兴海、互助、湟源、
刚察、泽库、同仁、平安和天峻。按照选择这一选项的样本数占各县回答
有效样本数的比例高低次序排列,依次为祁连 (73.9%)、互助 (60%)、
兴海 (51.4%)、共和 (51%)、湟源 (50%)、刚察 (32.6%)、平安
(30.3%)、玛沁 (27.8%) 和天峻 (21.6%)。如果拿这一排序 (如
图 15 所示) 与选择 "一代比一代好" 的样本在各县的排序 (如图 14 所
示) 反向比照,二者基本是吻合的。从图 15 可以更为明显地看到,选择
"一代不如一代" 的样本高于选择 "一代比一代好" 样本的个案 (县)
有祁连、共和、玛沁、兴海、互助、湟源和平安。其中,二者相差百分比
排序,排在前列的依次为祁连 (65.2%)、互助 (59%)、共和
(37.3%)、兴海 (28.5%)、湟源 (20%)。这几个县也是选择 "一代不
如一代" 样本数占各个案有效样本数一半以上的县。由此可以确定,比
较而言,这 5 县藏语遗失问题是各个案中最为严重的。毫无疑问,如果说
互助、湟源等个案藏语遗失在比较长的周期内发生,那么祁连、共和、兴
海等牧业或半农半牧个案语言遗失是在近十几年内发生的,这样,这些地
区的藏人对此感触强烈。以下便是海南州的一例访谈,颇具代表性。

草原上孩童的游戏道具 (玛沁)

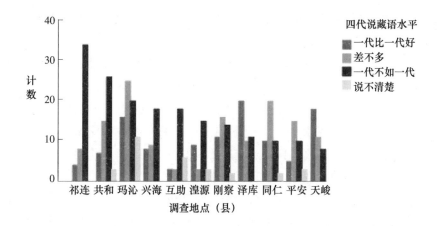

图15 选择"一代不如一代"样本的地域分布

访谈个案14：民族教育缺失——语言遗失的一个重要致因

时间：2010年9月17日，晚，雨。地点：海南州共和县龙羊峡镇瓦里关村。受访人：华某，村民，藏族，41岁。

家里有两个女儿，大的在上初中，小的在上小学。孩子们已经不太用藏语，在学校只用汉语（青海话）。去年，寺里的佛爷、村里的老人讲，要么直接用汉语，要么直接用藏语，大家也在努力。但说的话里30%的用汉语词。小孩回家看电视，只看汉语台，不看藏语台，因为汉语节目丰富；网络也在起作用，上面多数是汉文。大女儿能读写藏文，小女儿只会读，不会写。她们从小学时，就加授藏语文课。学校撤并后，镇小学剩下一到三年级，里面多数是汉族同学，只有1到2名藏民。县上的学校就不再加授藏语文，这样，藏语文就丢得快。

为了更微观地看这一问题，不妨再一步分析选择"一代不如一代"的样本在各乡（镇）的分布情况。基于各乡镇的样本属于农牧民，这种分析可以明确反映藏族农牧民使用藏语的地域差异性。如图16所示，各乡（镇）的排序是：扎麻什、南门峡、子科滩、龙羊峡、日月、当洛、哈尔盖、巴藏沟、快尔玛、和日、隆务、军功。它与图15在次序上的差别，是由于前图中干部样本的并入所造成的。照此可将农牧民使用藏语遗失程度由低到高按县排序为祁连、互助、兴海、共和、湟源、平安、天峻、泽库、同仁。从中可见在未实施民族教育和湟水北岸农牧区藏族语言濒危甚至已经遗失的大致情景。就语言变化迅速的现实，除了东部农业区的藏人以外，还有半农半牧区和纯牧业区的农牧民认为变化最为明显，藏语使用水平"一代不如一代"。其中一个特别需要注意的现象是，同处果洛玛沁县的2例个案所反映出的巨大反差：属纯牧业区、位置偏远的当洛乡，其认为藏语使用水平"一代不如一代"的样本占选择该选项样本的比例，比属于半农半牧区且处于交通要道的军功高出5.4个百分点。这显然是与两地不同的教育环境和现代性影响有关。

当洛乡基本处于封闭的社会环境，流动相对匮乏，现代化浪潮波及不深，因此藏人对藏语使用水平代际间下降趋势感知更为强烈；而军功镇的情况与泽库县和日乡的情况有些类似。多出于经济联系的考虑，军功镇所涉及个案藏人与其牧业区的姻亲关系每每缔结，在一定程度上对在社会环境影响下藏语使用水平下滑趋势起到有效的遏制作用。据笔者调查所见，在军功镇，新近经婚嫁来自牧业区的藏族妇女基本不懂汉语。这种现象在牧业区较为普遍，一般而言，男性因为其社会交往面较宽，多数懂或略懂汉语；但女性的社会生活多数固定在定居点或帐篷附近，交往对象局限于村或乡（遇到重大的集会或宗教活动时，扩大到乡），故其使用语言比较单一。这样，其出嫁到具有一定语言条件的类似军功那样的半农半牧区乡镇时，该家庭成员就会倾向于在家庭生活中使用藏语，其子女更能在母亲的褵褓中受到浓厚的民族语言熏陶，藏语遂成"母语"。可以与此对照的是笔者在泽库所见到的一个特例。

访谈个案15：婚姻关系中方言对互动的阻滞

时间：2010年10月17日，下午，晴。地点：黄南州泽库县和日乡和日村。受访人：才某，村干部，藏族，56岁。

> 最小儿子的媳妇是四川嘉绒地区的藏民，会说康巴话。他们是在上大学的时候谈的对象，俩人中专毕业后，就回到了村里。儿媳妇是政府部门的安置生，儿子在到处打工。儿媳妇会讲流利的汉语。但她说的嘉绒话与这里的话，是两种方言，互相不通。平时在家里，她用汉语，我们说这里的藏语，她听不懂，儿子就当翻译，现在也能听得懂家里人说的藏话。

由此来看，跨藏语方言的姻亲关系的缔结，尽管使家庭使用语言丰富了，但只能以汉语作为不同方言之间的媒介，导致藏语使用的家庭生态发生了变化，加之居住环境的变化，单就这类家庭而言，其藏语的短期未来是可以预知的。进一步推想，若是跨语言的姻亲关系中，藏语生态的变化就会更剧烈。这是外来的单一因素，打破藏语言生态平衡，进而在其他因素的影响下，促其发生剧烈变迁的现象。如果姻亲关系中，懂藏语的女性进入以汉语为日常用语的家庭，那么其情形就有所不同。青海东部地区有很多类似的事例。正如下文将要论及的，青海东部地区由于女性社会流动的增加，为婚配对象缺乏所困的婚龄男性另辟蹊径，想出一个既经济又可行的方法，即从藏族聚居区（特别是西藏农牧区）"领媳妇"。领来的媳妇多数初来时只懂藏语而不懂青海汉语方言。但村民反映，在很短的时间内，"聪明"的媳妇就可以与村民用地方方言交流，进而在一两年内融入当地社会。这是在语言互动关系中"少数服从多数"的例子。

受访者有效选填问卷选项中"差不多"项者有 135 例，占到回答有效样本数的 29.3%，这一比例高于选填"一代比一代好"的样本。如图 17 所示，各县按该类样本分配比例排序，分别为玛沁（18.5%）、同仁（14.8%）、刚察（11.9%）、共和（11.1%）、平安（11.1%）、天峻（8.1%）、泽库（7.4%）、兴海（6.7%）、祁连（5.9%）、湟源（2.2%）、互助（2.2%）。若以选择这一答案的样本占各个案（县）就"四代说藏语水平"回答有效样本的比例看，各县的排序为：同仁（47.6%）、平安（45.5%）、刚察（37.2%）、玛沁（34.7%）、天峻（29.7%）、共和（29.4%）、兴海（25.7%）、泽库（24.4%）、祁连（17.4%）、湟源（10%）、互助（10%）。以上是样本在县层面所呈现的特点。

单就农牧民而言，选择"差不多"的样本在各个案（乡镇）的分布次序与总体情况略有不同，由高到低以乡镇所在县排序分别为平安、刚察、同仁、玛沁军功、天峻、玛沁当洛、兴海、泽库、共和、祁连、湟源和互助，如图 18 所示。家庭中代际间藏语言水平"差不多"，也会存在一直使用藏语和在祖父母辈那里开始用汉语两种层次水平的"差不多"。刚察、天峻、当洛等乡镇的受访者属前者，南门峡、日月等东部乡镇的受访者属后者。巴藏沟乡的郭尔 3 个村受访者中有 45.5% 选择"差不多"，是选择该项的样本比例明显高于选择其他选项的样本的个案（乡镇）。此

外，隆务、军功亦属此类，选择"差不多"的样本比例分别为48%、
42.9%。其他如快尔玛乡的这一比例与回答"一代比一代好"的比例一
致，为36%；和日乡的这一比例与回答"一代不如一代"的比例一致，
为23.3%。据实地调查综合来看，隆务、巴藏沟、军功、快尔玛等乡镇
的藏语言生态没有遭到根本性的破坏，语言水平在代际间保持了相对的稳
定性。

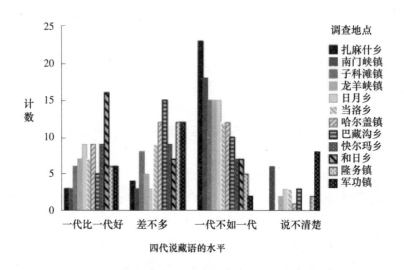

图16　上下四代说藏语水平不同乡之间比较

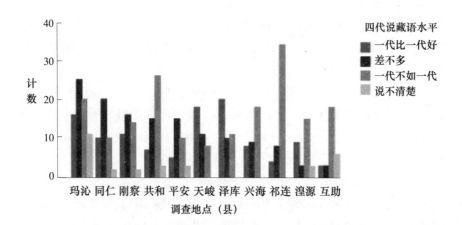

图17　"四代说藏语水平"样本在不同个案（县）的分布

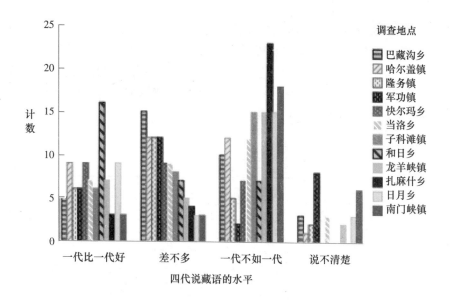

图18 "四代说藏语水平"样本在个案（乡）的分布

巴藏沟的郭尔3个村是一个十分典型的语言使用个案。尽管村中藏语夹杂着约20%的汉语（据在该村民族小学教学的化隆籍教师估计），但藏语仍然是村里主要的交流语言。语言中夹杂汉语的现象，在老年人群体中反而要少。在整体语言环境的影响下，村中汉族人亦讲藏语。据村人讲：

> 村里汉民的藏话比藏民"流当"，唱起曲儿来比藏人"干散"。汉人家里老人说汉话，娃娃们说藏语，老人懂藏语但很少说。学校开藏文课，汉民没意见，愿意让孩子去学校学藏语文。

显然，代际之间相对稳定的藏语言水平，首先，得益于进入21世纪以来在民族教育上所作的努力；其次，该地独特的婚姻习俗（后文专论）很明显地对语言生态起到了一定程度的维护作用。

三 藏文的使用

传统上，藏族社会藏文的使用范围有限，特别是有较高藏文水平者绝大多数集中于宗教群体，普通民众的藏文水平多只能满足日常生产生活基本需要。问卷调查问及"在您周围，哪些人懂得本民族文字"时，有452

个样本有效。从表64可知，有占回答有效样本46.9%的受访者认为"上过学的人都懂"藏文，有33.4%的受访者认为"一部分上过学的人懂"。这样作答的样本，绝大多数属于那些民族教育开展得比较好的地区。而认为"一些宗教人士懂"的受访者占43.6%。由此说明，宗教人士仍然是藏族聚居社区藏文的主要传承者。

表64　　　　　　　　　　　　**藏文使用群体特征**　　　　　　　　　　（例、%）

在您周围，哪些人懂得本民族文字（可以多选）		响应		个案百分比
		频率	百分比	
使用者	上过学的人都懂	212	28.3	46.9
	一部分上过学的人懂	151	20.1	33.4
	一些宗教人士懂	197	26.3	43.6
	很多老人懂	140	18.7	31.0
	一些小孩懂	30	4.0	6.6
	几乎没有人懂	20	2.7	4.4
总计		750	100.0	165.9

就农牧民群体来说，有351个样本对该问题作出有效回答。由表65可知，选择"上过学的人都懂"的样本比例占个案（乡镇）回答有效样本比例较高的是和日（76.7%）、军功（70%）、隆务（69.6%）、龙羊峡（65.5%）、快尔玛（65.4%）和哈尔盖（53.1%）。这一结果反映了民族教育曾经或当下开展得比较好的情况。子科滩镇的样本中，选择"一部分上过学的人懂"的样本占89.7%，占选择该选项样本数的24.8%，是各个案（乡镇）中比例最高的，反映了该地教育模式正在转型的事实。选择"一些宗教人士懂"的样本所占个案中回答有效样本比例较高的依次是扎麻什（85.7%）、当洛（84.4%）和南门峡（60.7%）。其中有多方面的原因，从访谈的情况看，受访者对懂文字人群的感知是相对而言的。比如在扎麻什的郭米村，村民基本不识藏文（识者多为个别中老年自学而来），相对来说，周边（距离远近不同）寺院僧人被纳入村民认为识藏文者范围；南门峡北沟脑村，唯却藏寺和其他寺院的本村籍宗教从业者识藏文；而当洛的受访者所认为的"宗教人士懂藏文"可能是相对于多数不同程度地识藏文的牧民而言的。在青海东部地区的很多有藏人的村

落，识藏文者为宁玛派居士，他们很少参与寺院的宗教活动，在经营农业的同时，兼而为信众诵经。或许很多居士并不知佛经所讲含义，但这丝毫不妨碍村民对居士的信任和借助居士满足部分信仰需求。

表65	懂藏文群体在不同个案（乡镇）的分布差异						（例）
乡（镇）	在您周围，哪些人懂得本民族文字（可以多选）						总计
	上过学的人都懂	一部分上过学的人懂	一些宗教人士懂	很多老人懂	一些小孩懂	几乎没有人懂	
日月	2	2	7	17	1	3	30
巴藏沟	12	12	11	14	5	0	34
南门峡	3	2	17	8	0	7	28
军功	21	2	4	0	1	6	30
当洛	18	22	27	24	7	0	32
龙羊峡	19	5	16	9	0	0	29
子科滩	10	26	8	2	1	0	29
隆务	16	8	3	3	2	1	23
和日	23	9	6	7	2	0	30
快尔玛	17	5	9	3	0	0	26
哈尔盖	17	11	16	1	0	0	32
扎麻什	2	1	24	5	0	1	28
总计	160	105	148	93	19	18	351

第三节　对语言文字的认知和教学模式之争

藏、汉两种语言文字是藏人所使用的主要语言文字。由于语言文字系统本身具有表音与表意的差别，在藏族社会尤其是在传统农牧业社会，对两种语言文字的兼容似乎存在一定的困难。造成这种困难的一个重要因素还在于藏人对两种语言文字的认知。这种认识在不同地域有所区别，反映了体现在民族语言文字使用上的变迁差异性。同时，还可以从长期存在的双语教学模式之争，看到藏语言文字使用中传统与现代冲突性的一面。

帐篷里的台历（玛沁）

一 对语言文字的认知

问卷时对藏语文使用价值问题作出有效回答的分别有 470 个和 451 个样本。由表 66 可知，80% 以上的受访者认为懂得本民族的语言和文字"很有用"。比较而言，认为懂得本民族的语言"很有用"的样本（88.3%）多于认为懂得本民族的文字"很有用"的样本（80.0%），也就是说，在受访的藏人看来，相对而言，藏语的使用价值要大于藏文。使用价值是衡量一种语言文字能否具有久远生命力的重要尺度。这一结果说明，藏语文发展尽管受到现代化的冲击，但仍具有坚实的社会基础。

尽管选答"有一点用""没有用"或"完全没有用"的样本所占比例很低，但仍然可以从表 67 中看到地域之间对藏语文认知的细微差别。在各乡镇针对农牧民的问卷调查中，分别有 362 个和 352 个样本对藏语、藏文使用问题作出有效回答。认为懂藏语和藏文"很有用"的样本分别占各个案（乡镇）回答有效样本的 87.0% 和 83.8%。分地域看，认为懂藏语"很有用"的样本所占比例在 90% 以上的是子科滩（100%）、军功（96.8%）、和日（96.8%）、哈尔盖（94.3%）、当洛（93.8%）、隆务（92.3%）、快尔玛（92.3%）和扎麻什（89.7%），比例在均值以下的是龙羊峡（82.8%）、巴藏沟（73.5%）、日月（69.0%）和南门峡（64.5%）。从中可以看到，农牧之间藏语使用环境的差异。生计方式上属于半农半牧的扎麻什、龙羊峡的受访者对藏语使用价值的认识程度恰恰处于农牧之间。认为懂藏语言"没有用"或"不清楚"的样本分布于农业或半农半牧个案。由此说明，生计方式与藏语言使用环境之间存在紧密相关性。但其中的差异性并不十分悬殊，认为"很有用"的样本占比最大值与最小值相差仅35.5个百分点，说明农牧区藏人对藏语使用价值的认知有统一性。

表66　　　　　　　　藏人对藏语言文字使用价值的认同　　　　　　　（例、%）

选项		您觉得懂本民族的语言				您觉得懂本民族的文字			
		样本	百分比	有效百分比	累积百分比	样本	百分比	有效百分比	累积百分比
有效	很有用	415	88.3	88.3	88.3	381	80.0	84.5	84.5
	有一点用	47	10.0	10.0	98.3	54	11.3	12.0	96.5
	没有用	5	1.1	1.1	99.4	5	1.1	1.1	97.6
	完全没用					2	0.4	0.4	98.0
	不清楚	3	0.6	0.6	100.0	9	1.9	2.0	100.0
	合计	470	100.0	100.0		451	94.7	100.0	
缺失（系统）		6	1.3			25	5.3		
合计		476	100.0			476	100.0		

就对藏文使用价值的认知来看，认为"很有用"的样本占各个案回答有效样本的比例大小排序，依次为子科滩（100%）、军功（100%）、快尔玛（91.7%）、和日（90.3%）、扎麻什（89.7%）、哈尔盖（88.6%）、隆务（88.5%）、当洛（87.5%）、日月（77.8%）、巴藏沟（75.8%）、龙羊峡（64.3%）、南门峡（53.3%）。与藏语在不同地域的被认知比较，这一变化趋势大致相同却略有差异。可以将其分为两类：所占比例在80%以上者为一类，所占比例在80%以下者为另一类。与受访者对语言的认知略有不同处在于，扎麻什的受访者认为懂藏文"很有用"的比例在各个案的排序位置比其对藏语认知的排序靠前；而龙羊峡的受访者认为懂藏文"很有用"的比例排序处于各个案后列。对这2例个案所反映出的这种差别"反常"现象，就笔者当前的调查深度，尚难作出有

说服力的解释。认为懂得藏文"没有用"的个案,同样在龙羊峡所占比例最高,单就此来说,可能与瓦里关村在日益退化的生态环境压力下,劳动力向以使用汉语文为主的工副企业转移有关。处在青海东部地区的日月和巴藏沟,其受访者中认为懂藏文"没有用"的样本占其总有效样本的比例在3%~4%之间。对懂藏文是否有用"不清楚"的受访者主要集中在巴藏沟和南门峡。由此可见,在青海东部地区藏文的适用范围十分有限,尤其是巴藏沟的郭尔,尽管其藏语环境尚好,但相对有效的藏语文教育并没有使藏人摆脱藏文使用范围的局限。

表67　　　不同个案(乡镇)的受访者对藏语文使用价值的认知　　　(%)

调查地点	您觉得懂民族语言				您觉得懂民族文字			
	很有用	有一点用	没有用	不清楚	很有用	有一点用	没有用	不清楚
日月乡	69.0	27.6	3.4		77.8	18.5	3.7	
巴藏沟乡	73.5	20.6		5.9	75.8	12.1	3.0	9.1
南门峡镇	64.5	29.0	3.2	3.2	53.3	40.0		6.7
军功镇	96.8	3.2			100.0			
当洛乡	93.8	6.3			87.5	12.5		
龙羊峡镇	82.8	13.8	3.4		64.3	28.6	7.1	
子科滩镇	100.0				100.0			
隆务镇	92.3	7.7			88.5	11.5		
和日乡	96.8	3.2			90.3	6.5		3.2
快尔玛乡	92.3	7.7			91.7	8.3		
哈尔盖镇	94.3	5.7			88.6	8.6		2.9
扎麻什乡	89.7	10.3			89.7	10.3		
合计	87.0	11.3	0.8	0.8	83.8	13.1	1.1	2.0

访谈个案16:东部农业区藏语文教育的艰难处境

时间:2010年4月26日,下午,晴。地点:海东地区平安县巴藏沟回族乡郭尔村民族中心小学。受访人:久某,藏族,特聘藏语文教师,32岁。

按照藏文教学大纲要求,一天要教1节课,但实际每周只能达到

2 节课；学前班，一周有 4 节课。藏文课，上、下午皆安排，由 2 位老师来教。一年级开始用藏文写作文，但到五年级时，仍感学生写作文所掌握的单词量不足，主要原因一是课时太少，二是本地语单词与藏文标准词之间对接困难。在五年级，有 70% 的学生的藏文水平能达到教学大纲要求。但问题是小学到中学阶段的衔接是一个大问题。以前（约在 2004 年），小学毕业后的学生，全部送到循化县藏文中学寄读，学藏文，但由于费用（学费和路费）太高，很多家长被迫放弃。

如上接受访谈的教师是青海化隆县籍人。因为中小学民族教育衔接不上，他担心："经过初中、高中、大学，有可能把所学的藏文丢了。"显然，造成这种困境，除了不同教学阶段衔接问题外，藏文的使用面局限和教学中遇到的困难也是重要原因。这样，学生家长就很难对学习藏文的重要性有很高的认同。

就藏、中文的使用范围，问卷也作了专门了解。在总样本中，有 454 个和 434 个样本分别对"您经常使用本民族的文字吗""您使用中文吗"这两个问题作出有效回答。其中，农牧民样本中，对两个问题分别有 354 个和 332 个作出有效回答；干部样本中，分别有 100 个和 102 个样本对其作出了有效回答。如表 68 所示，在回答有效样本中，"经常使用"藏文者所占比例接近一半，"完全不用"的样本占 13.4%；"经常使用"中文者为 37.7%，"基本不用"者所占比例也达到 23.7%。在农牧民群体中，"经常使用"藏文和中文者比例分别达到 47.5% 和 24.4%，"基本不用"或"完全不用"藏文者和"基本不用"中文者比例分别达到 27.1% 和 30.4%；在干部群体中，"经常使用"藏文和中文者比例分别为 42% 和 79.4%，"基本不用"或"完全不用"藏文者和"基本不用"中文者比例分别达到 19% 和 2%。可见，两个群体在使用藏、中文字上存在明显的区别，对此可以总结为：总体上，农牧民群体以使用藏文为主，中文的使用范围仍有一定局限；干部群体以使用中文为主，但"基本不用"或"完全不用"藏语的为数极少，使用文字上呈"双文"结构。这种不同所反映的是城乡之间语言文字使用的差别。

表68　　　　　　　　　　藏族干部群众使用藏文、中文情况　　　　　　　　（例）

比较项		您经常使用本民族的文字吗						合计	您使用中文吗					合计
		经常使用	多数情况下用	偶尔使用	基本不用	完全不用	说不清楚		经常使用	多数情况下用	偶尔使用	基本不用	说不清楚	
计数	农牧民	168	42	36	44	52	12	354	81	49	69	101	32	332
	干部	42	16	21	10	9	2	100	81	17	2	2	0	102
	合计	210	58	57	54	61	14	454	162	66	71	103	32	434

　　根据实际访谈的情况看，"完全不用"有两种情况：一是完全不懂该种文字，故谈不上使用；二是在两种文字之间，更偏重于使用一种文字。在牧业区，多为"户主"的受访者主要是中老年人，因此中文文盲居多，但其多自学懂得藏文（程度不同而已），以满足日常生产生活中记事、记录等需要。在农业区，受访者多以"汉字"来满足这一需要。

　　由表69可知，对"您经常使用本民族的文字吗"作出有效回答的农牧民样本中，按照选择"经常使用"的样本占各个案回答有效样本的比例排序，依次为快尔玛（92.3%）、和日（90%）、子科滩（75.9%）、龙羊峡（72.4%）、当洛（71.9%）、隆务（69.2%）、巴藏沟（32.3%）、日月（25.8%）、哈尔盖（24.2%）、军功（19.4%）、南门峡（3.4%）、扎麻什（0）。其中可以作地域分类的界线是比较明显的。可以看到，巴藏沟的藏人尽管广泛地使用藏语，但"经常使用"藏文者所占比例不及一半。

　　以选择"完全不用"藏文样本所占比例并结合选择"基本不用"和"偶尔使用"藏文样本所占比例排序，各个案依次为和日（3.3%）、快尔玛（3.8%）、子科滩（6.9%）、隆务（11.5%）、当洛（12.5%）、龙羊峡（13.8%）、巴藏沟（32.3%）、哈尔盖（45.5%）、日月（61.3%）、军功（77.4%）、南门峡（82.8%）、扎麻什（92.6%）。其中，和日和龙羊峡的受访者没有不使用藏文的。如前文所述，虽然龙羊峡的受访者认为懂得藏语文的用处不大，但其中同样没有不使用藏文者，说明藏文的使用范围与使用者对其价值的认知并没有正相关关系；使用者对文字使用价值的判断，很大程度上是在不同文字之间的比较中作出的。快尔玛、子科滩的受访者中只有极少数不使用藏文。而这2例个案藏文的高利用率，说明十分局限的社会流动对藏语文价值认同起到正向的促进作用。如果再以

"基本不用"和"完全不用"藏文的样本所占比例看，排在后列的个案是巴藏沟（25.8%）、日月（58.1%）、扎麻什（70.4%）、南门峡（72.4%）。青海东部3例个案的藏文使用的悲观形势是可以理解的，但扎麻什的藏文使用环境发生如此剧烈变化，完全出乎笔者意料。这种变化同样与民族教育的滞后有关。访谈个案17是笔者在海北州祁连县阿柔乡的调查中了解到的民族教育情况。

表69　　　　　　　　　　**藏族农牧民使用藏文情况**　　　　　　　　　（例）

乡镇	您经常使用本民族的文字吗						合计
	经常使用	多数情况下用	偶尔用	基本不用	完全不用	说不清	
日月	8	2	1	5	13	2	31
巴藏沟	10	11	2	6	2	0	31
南门峡	1	0	3	6	15	4	29
军功	6	1	9	10	5	0	31
当洛	23	5	1	1	2	0	32
龙羊峡	21	3	4	0	0	1	29
子科滩	22	5	0	2	0	0	29
隆务	18	1	2	1	0	4	26
和日	27	2	1	0	0	0	30
快尔玛	24	1	0	1	0	0	26
哈尔盖	8	9	7	4	4	1	33
扎麻什	0	2	6	8	11	0	27
合计	168	42	36	44	52	12	354

访谈个案17：祁连山下的藏语言文字生态

时间：2010年11月20日，下午，阴。地点：海北州祁连县阿柔乡寄宿制民族小学。受访人：华某等10人，牧民、教师等参与的"头脑风暴会"。

阿柔乡是祁连县民族教育搞得比较好的一个乡，但仍然实行以汉语授课为主，加授藏语的模式。学生最初入学时，语言障碍非常大。县上开双语会议，有的老师呼吁：小学一到三年级懂藏文教其他课的老师能否授藏语课，不然单单用汉语教学，负面影响非常大。因为这

　　里40%是纯牧区，是纯粹的藏语母语区。曾经出现老师认为学生笨，学生则认为老师不好，从而造成生源流失。在祁连县，初中双语教师十分紧缺，全县只有2人，其中高中1人。海北民族师范学校被撤后（改为职业高中），双语师资补充不上来。

　　阿柔乡是原环湖八族之一——阿柔部落的主要驻地，拥有深厚的藏族传统文化基础。据受访者称，由于藏文逐渐被丢失，在日常交流中，藏汉两种语言夹杂着使用，外来语词越来越多。年长牧人由此忧虑："再过几代，虽然'藏'是草字头，但藏人就不知草山在哪里了?!"

　　从"经常使用"中文的样本占各个案回答有效样本的比例看，排在前列的是南门峡（80%）、日月（75.9%）；其次为扎麻什（35.7%）、隆务（29.2%）、快尔玛（28%）；巴藏沟（16.1%）、军功（15.8%）处在同一层次；龙羊峡（4%）、当洛（3.7%）、哈尔盖（2.9%）所占比例相当；在子科滩、和日，没有出现"完全使用"中文的样本。选择"多数情况下使用"的样本比例在巴藏沟（51.6%）、扎麻什（35.7%）、哈尔盖（28%）、龙羊峡（24%）等乡镇较高。而"基本不用"中文的样本所占比例较高的是子科滩（78.6%）、当洛（77.8%），其次为军功（52.6%）、龙羊峡（40%）、哈尔盖（37.1%）、和日（32.3%）、快尔玛（24%）、扎麻什（17.9%）；其他乡镇各有1例同类样本。由此可见，中文的使用范围由东部农业区到西部牧业区呈逐步减少的态势。需要特别注意的是，对藏语文的认同程度不高的扎麻什和已经演变为社区的隆务（四合吉），中文已经成为其村（居）民生产生活中所使用的主要文字。图19直观地显示了这种地域之间的变化趋势。

　　为了更加透彻地看上述地域差异性，有必要把藏族农牧民使用中文的情况（见表70）与"文化程度"（见表71）来对照分析。

　　一般看来，"文化程度"就是指学校教育中学习中文的程度。长期以来，无论是在国家治理层面还是实际操作层面，皆秉持这种理念。因此，在农牧民的观念中，这种认识已经有所固化。在问卷中，当涉及"文化程度"问题时，多数受访者（包括寺院僧侣）不会考虑藏语文的熟知程度，而是自然想到学校教育程度。所以，表71所列文盲（问卷中以"没上过学"来表现）比例就是指不识中文者的比例，该表也在一定程度上反映了青海藏族聚居的不同地区的国民教育发展水平。

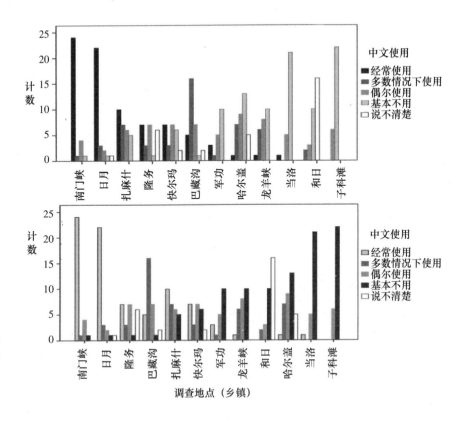

图19 "经常使用"和"基本不用"中文的农牧民样本的地域分布

由表71可知,当洛、子科滩、哈尔盖(包括"说不清"的5例)3个乡镇的受访农牧民中,"没上过学"的占到一半以上。自然地,反映到表70中便是这3个乡镇"基本不用"中文者居多数。军功、和日的"文盲率"也在40%以上。扎麻什的受访者处于一个十分尴尬的语文处境:接受学校教育的程度不高;识藏文的程度较低却不甚认同藏语文。这或许反映了青海海北州黑河流域藏人的语文认知和水平(在藏文化特质亲疏程度上,处在大通河流域的门源县与海东地区较接近,处在青海湖流域的海晏、刚察县则与天峻县较接近)。天峻县快尔玛的受访者较高的"文化程度",反映了近几年其民族教育发展迅速的事实。

表70　　　　　　　　藏族农牧民使用中文字情况　　　　　　　（例、%）

乡（镇）	您使用中文字吗					合计
	经常使用	多数情况下用	偶尔使用	基本不用	说不清楚	
日月	22	3	2	1	1	29
巴藏沟	5	16	7	1	2	31
南门峡	24	1	4	1	0	30
军功	3	1	5	10	0	19
当洛	1	0	5	21	0	27
龙羊峡	1	6	8	10	0	25
子科滩	0	0	6	22	0	28
隆务	7	3	7	1	6	24
和日	0	2	3	10	16	31
快尔玛	7	3	7	6	2	25
哈尔盖	1	7	9	13	5	35
扎麻什	10	7	6	5	0	28
合计及百	81	49	69	101	32	332
分比	24.4	14.8	20.8	30.4	9.6	100.0

表71　　　　　　　　农牧民受访者的"文化程度"　　　　　　　　（%）

乡（镇）	您目前的文化程度						
	文盲	小学	初中	中专（中技）	高中（职高）	大专（高职）	大学本科
日月	19.4	51.6	22.6		6.5		
巴藏沟	8.6	45.7	37.1	2.9	2.9	2.9	
南门峡	6.7	36.7	50.0	6.7			
军功	48.4	38.7	9.7		3.2		
当洛	56.3	37.5	6.3				
龙羊峡	13.8	55.2	13.8	10.3		6.9	
子科滩	55.2	17.2	20.7		3.4		3.4
隆务	15.4	23.1	15.4	3.8	23.1	15.4	3.8
和日	41.9	38.7	12.9	3.2			3.2
快尔玛	8.0	36.0	40.0		12.0	4.0	
哈尔盖	51.4	22.9	14.3		5.7	5.7	
扎麻什	26.7	50.0	20.0	3.3			
合计	29.9	37.9	21.7	2.5	4.4	2.7	0.8

二 双语教学模式之争

行文至此，一个不可回避的问题是藏汉双语教育模式之争。在双语教育问题上，青海的教育理论与实践者经过多年的探索，总结出两种模式：一是从小学开始，除汉语文课用汉语授课外，其他皆用藏语文授课。称此为一模式；二是从小学开始，除藏语文用藏语授课外，其他皆用汉语文授课。称此为二模式。争论的焦点在于，究竟哪一种模式"好"，因为评价"好"与"坏"的标准不一样，争论长期悬而未决。夏铸主编的《藏族教育的改革与发展》在论及双语教育时，以民族政策、社会主义社会文化的特征、语言自身的思维规律和社会功能、课堂教学中师生间信息交流等为论据，提出"双语教学必须坚持以藏语授课为主的原则"。① 在具体的政策和操作层面，仍然对此有不同意见。在 2010 年夏秋，长期的争论演变成学生聚众请愿的社会事件。笔者在调查之初即注意到这一问题，问卷和访谈亦多有涉及；发生这一社会事件时，笔者正在事件首发地——黄南州隆务镇作调查。据了解，事件的导火线是 2010 年 9 月召开的青海省教育发展大会，这次会议旨在部署落实《青海省中长期教育改革和发展规划纲要（2010—2020 年)》。会议就藏汉双语教育问题提出：

> 要在加强和改革"双语"教育上取得新突破。……大力推行国家通用语言文字教学，加授本民族语言文字的双语教学，使各少数民族掌握和使用汉语言文字。实现"民汉兼通"，不仅符合少数民族谋发展、求富裕的根本利益，能够缩小各民族之间的教育差距，更能够增进各民族之间的交流，促进民族地区经济社会发展。……加强和改革"双语"教学，必须明确目标、坚定方向。到 2015 年，小学实现以国家通用语言文字为主、本民族语言文字为辅的双语教学，并加快对少数民族中学生实行国家通用语言文字教学、加授本民族语言文字的双语教育步伐。

就如何在"双语"教育上取得新突破，会议提出：

---

① 夏铸主编：《藏族教育的改革与发展》，青海人民出版社 1993 年版，第 284—292 页。

加强"双语"教学，必须多措并举、有力有序推进。要遵循教育发展规律和学生学习规律，加强学前"双语"教学，为全面推进"双语"教学奠定基础。要坚持从教师抓起，加大对现有"双语"教师的培训力度，帮助少数民族教师提高汉语教学水平，尽快从高校毕业生中选拔一批优秀人才充实到"双语"教师队伍；要把不胜任工作的人员调整出教师队伍，进一步提高教师队伍的整体素质。要把加强和改进"双语"教学与农牧区中小学教育布局调整结合起来。要创新"双语"教学的手段和方式方法，广播电视部门要开设汉语教学节目。要按照"双语"教学的改革要求，破除不利于加强"双语"教学的体制机制障碍。[①]

尽管这次会议就"双语"教育确定了目标、方向，提出了具体措施，但笔者在黄南州了解到，事件聚焦于媒体发布的关于大会新闻中"学前过双语关"。事件在黄南州首发后，随后依次波及海南、果洛、海西（天峻）和西宁。事件发生地，除西宁外，无一例外属于实行"一模式"双语教学的地区。多数受访藏人认为，要求小学就过"双语"关，就母语为藏语的学生来说，显然违背了认知规律，也不利于其潜能的挖掘和能力的培养。在调查中，经常被提及的是关于黄南州河南县民族教育改革试点过程中的一个事例，其梗概如下：

河南县打算进行双语教学改革，由过去的一模式转变为二模式，遂请西宁的教育专家来做试验。在数学课上，专家讲解"5 - 3 = 2"，采用的方法是，在果盘中放置 5 个苹果，拿出来 3 个，然后问学生还剩下几个。但学生仍然懵懵懂懂，不知其解。教者无论用语言和肢体如何解释，学生皆无法理解。随后，请出一位藏语教师，用藏语一说，学生豁然开朗，旋即给出答案。

根据笔者调查，在这一问题上，藏、汉族干部所持的立场、主张明显

---

① 《努力推进全省教育事业优先发展跨越发展科学发展》，《青海日报》2010 年 9 月 13 日第 1、3 版。

不同。汉族干部普遍力挺从小学一年级开始实行"二模式"，也就是一贯地进行汉语言文字授课。综合访谈内容，其依据可概括为：

一是就业形势严峻。比如黄南州2004年到2010年，未就业的大中专毕业生翻了五番。其原因是，单语人才就业面小，在就业考试中竞争不过汉语或双语人才。这里并非是专业单一（藏族毕业生中藏语文专业者最多）的缘故，因为在招考中只限定学历，不限专业，只有公检法等系统要求专业对口。在招聘中，用人单位更倾向于汉语文水平高的，不然，如发改委、方志办等单位，即使藏语文水平高，也没有什么大的用处。在各州直机关，来自农业区汉语文水平高且懂藏语文的藏人，工作能力强，素质高，一般身居要职。在各县也是如此。现在教育水平和教育成果宣传上也存在误导，即一味地强调民族中学升学率，不比就业率。

二是干部职工子女一般就读于汉语文学校。在这点上，藏族干部明显言行不一致，说的是用藏语文授课如何如何好，却要把自己的子女送到州县汉语文学校，甚至送到西宁去上学。对此，可以到州县完全小学调查，看看学籍册便一目了然。有人在文章中援引尖扎县类似的例子来说明问题，因此引来单位同事的责难和批评，说文章中的引用以偏概全了。

三是中国有必要推行通用的语言文字。语言只是一种交流的工具。作为中国人，都应学习汉语文，就像内地汉族人要学英语，英语是世界语言，要与国外交流，就得学。

四是尊重语言演化规律。比如黄南州河南县作为蒙古族聚居地，曾经试图推行蒙语文，在小学阶段以蒙语文授课，初高中阶段送到内蒙古、青海海西上学。但这些学生毕业后返回河南县，却无用武之地。回了家，家里用的皆是藏语，单位用的是汉、藏语文。其结果是，试点成了一场悲剧！

五是语言文字系统本身的缺陷。用藏文教材教授数理化，其中很多词汇很难用现成的藏语词翻译。这样藏族学生入学面对数理化"校本教材"，面临着大量新词需要学习，无形中增加了很大的学习压力。

上述"依据"明显存在几个悖论：就业难归咎于民族语文本身而非双

语教育通道的梗阻，况且教育的本职不是谋生；部分藏族干部的功利目的和短视，掩盖了广大藏族群众的文化需求；中国内地学生需要与世界交流而学习英语，但并未采用以英语授课为主加授汉语文①；藏文化史上重文轻理的传统缺陷可以用加强译介和不同藏族聚居行政区之间的协作来弥补；是否应当发挥政府职能，挽救民族语文的流失以保护中华民族文化的多样性。

某小学教室内黑板一角（玉树）

显然，两种态度和看法的交锋，所切入的角度不尽相同。主张继续采用"一模式"者是以藏族传统文化的传承、保护和弘扬为切入点，其中包含浓厚的理想主义和民族主义情怀；而主张改用"二模式"者是从发展的角度切入，观点显得功利和务实。其实争论反映的是藏汉两种文化价值观的交锋。

藏人对于学习汉语文甚至外语文重要性的认识还是比较清楚的。问卷问及"您认为大家说一样的话好还是各说各的好"时，有442个样本对该问题作出有效回答。如图20所示，其中有43.4%的受访者认为哪一种语言都懂些好，有29.2%的受访者认为大家各说各的比较好，有21.3%的受访者认为大家说一种语言比较好，有6.1%的受访者认为"不清楚"。认为说一种语言比较好者，一部分是认为统一说"中文"较好者。如此看来，就藏语言文字以外的诸种语文的学习，在藏族社会并无多大阻力。

---

① 另一个不能回避的事实是，中国自20世纪80年代以来，过分地在学校教育中强调英语的作用，导致中国大陆中文水平的整体下降。

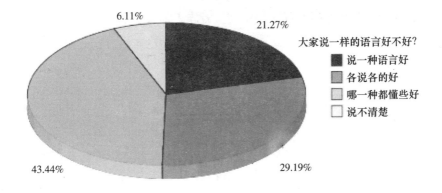

图20　受访者对多语学习、使用的看法

分别就农牧民与党政干部来看，对究竟如何学习、使用不同语文的看法略有不同。如表72所示，在343个农牧民回答有效样本中，认为"哪一种都懂些好"的比例为37.9%；而在藏族党政干部那里，这一比例达到62.6%（有效样本99个）。认为"各说各的好"的受访者中，农牧民占92.2%，党政干部仅占7.8%；在2个群体回答有效样本中的比例分别为34.7%和10.1%。这是在对不同教育模式的参与中，2个群体的行动表现出不一致的一个重要认识原因。

表72　　　　　**分群体藏人对学习、使用不同语文的看法**　　　　（例、%）

调查对象		您认为大家说一样的语言好还是各说各的好				合计
		说一种语言好	各说各的好	哪一种都懂些好	说不清楚	
农牧民	计数	74	119	130	20	343
	调查对象中的百分比	21.6	34.7	37.9	5.8	100.0
党政干部	计数	20	10	62	7	99
	调查对象中的百分比	20.2	10.1	62.6	7.1	100.0
合计	计数	94	129	192	27	442
	调查对象中的百分比	21.3	29.2	43.4	6.1	100.0

事实上，与普通藏族群众相比较，藏族干部有着不尽相同的现实环境和语言适应条件。干部更容易看到就业所面临的巨大压力，这种视野是信息源和对信息的解读能力都十分有限的农牧民所缺乏的。很明显，干部教育行为的目的是单一的，也就是"就业"，甚至是毕业后最好能进入行政事业单位工作。因为青海创业环境欠缺和创业机制不尽完善，因此干部子女除这种单一目的外，别无他路。农牧民的就业环境显然与此不同，他们的信息源十分单一。问卷显示：多数受访者尤其是牧人主要通过青海的藏语广播电视节目了解国内外大事，兼而收看（听）汉语广播电视节目，但后者的受众仅仅是为数较少的有汉语基础的成人和孩童（看动画片之热闹）。当下的藏语广播电视节目很少能触及社会现实问题，例如就业。藏族农牧民在子女就业及未来出路问题上的要求，并不是很苛刻，是一种进可攻、退可守的就业选择，即进可以上大学进而跳出农（牧）门，退可以返回农牧区务农（牧）或打工挣钱甚至入寺为僧。无论哪一种结果，对农牧民而言，都有一种改观和进步，是可以接受的。在笔者走访调查中所接触到的藏族农牧民就教育目的所持态度基本一致，即掌握知识和技能，以便能更好地适应外出就业办事的社会交往环境。这种比干部更为平和的教育心态来自于农牧业和农牧区经济社会的稳定性和对剩余劳动力的吸纳力。正是缘于此，长期严峻的就业压力并未销蚀农牧民的教育投入热情，未使因就业压力而起的"新读书无用论"在农牧区蔓延。

在面对现代教育时，农牧民和干部职工的语言适应能力也是不同的。藏族干部即便出生、成长于藏语母语环境，但其工作环境仍然以汉语文环境为重，这种情形在不同层级的行政区域略有不同。比如在偏远乡镇，其行政事务交往中，藏语文使用较多。笔者在和日乡首次目睹藏文的政府统计报表，但这种情形已十分罕见。越往高一级行政机构，比如到县，到州（地）、省，藏语文使用面就越小，相应地，汉语文使用范围比例增大以至完全弃用藏语文。但无论藏族干部处在哪个层别的行政区域，通汉语文是不成问题的，只是水平不同而已。这样，其子女在入学前的汉语水平或汉语文入门学习的环境条件基本具备。而农牧民的情况则完全不同，比如像当洛、龙羊峡瓦里关、兴海纳洞和切卜藏、和日等社区，多数仅村干部略通汉语，而这种通汉语水平还没有达到顺畅交流的程度。其家庭用语则完全是藏语。这样，如果要求学前过双语关，牧区当下还缺乏这样的教育、教学条件。倘若牧民的子女与汉族或藏族干部子女一同进入"完小"求学，其汉语文水平不同，而且家庭所能给予的支持不同，因此不可能具有竞争力。若果真强推之，母语为藏语的学生就真会"输在起跑线上"。

但从总体上说，受访者认为无论是藏语文、汉语文还是英语文，都要学习、都要懂，这是一致的，正如一位藏族县级干部谈到双语教学模式时所说的："面向世界就要学习英语文，面向全中国就要学习汉语文，面向藏区就要学习藏语文。"

谈及藏汉双语教育时，有一个话题经常被提及，即不同教育阶段的衔接问题。这个问题对藏汉双语教育十分重要，因为它关系到教育成效，尤其是就业问题。为直观起见，以藏汉双语教育的结合和教育成效为标准划分，可以把当下不同的学校教育阶段的形态描绘成近似于八角的橄榄形。

如图21所示，A线和D线分别表示学校教育的起点和终点，B线和C线分别代表学前教育与初中教育、高中教育与高等教育的衔接点。据调查了解，在青海农牧区，学前双语教育（A线至B线）基本处于空白，初中、高中双语教育（B线至C线）呈现由较强到较弱转变，高等双语教育（C线至D线）总体情形不甚理想。教学模式之争的焦点集中在B线与C线之间的初中、高中教育。但是抛开学前教育和高等教育而谈初中、高中教育的模式，显然不符合教育发展规律。在牧业区实行寄（住）宿制学校教育前，普遍实行的是马背学校（冬季）和帐篷学校（夏季）教育。学前教育往往由父母通过言传身教来实现。随着牧人居住方式的转变和学校教育布局结构的调整，学前教育未能得到应有重视而予以跟进。而大学双语教育既受学校数量的限制，又有专业的掣肘。初高中双语教育就处在了这样一个"风匣里的老鼠——两头受气"的境地。即便这样，随着教育改革的推进，初高中之间原本较为通畅的联系也发生了变化，比如青海果洛、海北州等地的民族高中纷纷屈尊于市场或行政的逻辑，成了"职业高级中学"。这种改革或许是在社会环境压力（比如就业）下再也正常不过的变革，但它势必会冲击九年义务制教育阶段的藏汉双语教育。

藏语言文字的教学对藏族文化传承的重要意义是不言而喻的。要更明了地看到这种重要性，有必要回到本书的论题——文化变迁与互动。调查发现，藏语言文字使用的变迁是随着生产方式、居住格局的改变而发生的。从青海东部地区藏族到青海腹地藏族的比较来看，语言的变迁是在新词汇的介入下产生的。新词汇的载体是物，即物质文化。面对物质的诱惑，由游居走向定居、从游牧走向农耕的藏人，要普遍地过定居生活，要

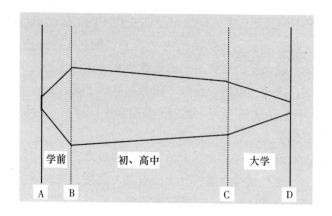

图21　藏汉双语教育不同阶段衔接形态

帐篷内孩童的玩具（玛沁）

部分地从事农耕，免不了使用在主流文化那里已经娴熟并被证明高效率、更便捷、更经济或被证明可以与世界、全球靠得更近的物品，尤其是生活用品。这些物品往往不是藏文化系统里所曾拥有的，也就是说，藏语文里无法找到它的对应词。民间的办法一般是生造，比如"酒"，藏语明确地称为"羌"，啤酒一度叫"啤羌"（后改为"沃羌"）。处在中西、中外交流对话前沿的使用汉语的民族，早已用自己的语言规则内化了那些漂洋过海来到中国，代表新技术、新世界、新价值观的新词汇。藏人所采用的更普遍的办法是从邻近的民族那里借用，最经济的办法莫过于借用汉语词。比如沙发、电视，在藏语新词译介中各有叫法，但群众更愿意使用汉语新词。这种译介是通过学者或半官方的努力来实现的。但是，现实生活如此丰富多彩，新词令人应接不暇。可以通过译介和学习来不断更新、丰富词汇，但是译介和学校教育更新的速度远远赶不上变化的速度。比如，对汽车、摩托车这些外来词可以通过类似方式产生藏语词，但对其中的零部件用词的翻译就无法跟上现实需要。居住格局、生产生活方式的改变，更是加剧着新词涌入的频率和规模。

访谈个案 18：随着居住格局变化而变化的藏语文生态

时间：2010 年 10 月 17 日，下午，晴。地点：黄南州泽库县和日乡。受访人：才某，藏族，牧民，31 岁。

　　我们搬到乡上以后，语言上，由原来的纯藏语变成现在的同时用汉语，要不然，东西都不会买。对汉语，离乡近的，学的机会多；山上的，远的，根本不知道。新的、外来词，比如汽车、摩托车零件，建房子的材料、用品，手机、手机卡，还有比如打电话、电话不接、电话欠费、汽车遥控等，这些词都是用汉语词。有的词有翻译成藏语文的，但主动学习新词的人不多。学校教时，会用藏文新词，但因为家里人使用汉语词，孩子在家也不用新词。

草原上的黑帐篷与移民定居房屋（玛沁）

随着生产方式和居住格局的变化，逐渐地，藏族涉足农耕或城市（镇）生活越深，离游居（牧）生活越远，使用到或必须使用到的新物品越来越多，传统的物品则离自己越来越远。既然使用之，整天面对之，就要有一个特定的称谓。这样，各种变通和借用之法应运而生，而对渐行渐远的传统物品的称谓词日渐陌生。量变必然引起质变。个别词汇的变通或借用尚不能对藏人使用的藏语文结构产生影响，但是生产生活方式变革所带来的大量新词汇的变通或借用，有可能导致母语的全面丧失。

出行方式上的现代与传统（左：玛沁；右：共和）

环境的变化竟令人如此应接不暇，民间或半官方的译介词又很难及时、全面地进入普通藏族民众的生活，这样藏语有可能在其丧失前分化为两个语言系统：民间和学者或官方。进而，作为传统文化要素的藏语就会再度产生"大传统"语言和"小传统"语言。这种分化与汉语面对英语所引发的变迁肯定不同，汉语的知识层或官方层与民间层的交流渠道是较为畅通的。藏语则不同，它处于非主流地位，藏语知识层或官方层处于主流文化环境，藏语民间则处在非常边缘化的环境，两者天各一方，交流匮乏。当下唯一的交流渠道或最为畅通的渠道是学者、老师经学校教育将这种信息传达到民间，其中学生是中介。但这种交流也有局限：一是在牧业区，学生数量毕竟有限；二是学生与家长之间代差的存在影响到代际交流，进而影响译介的藏语新词由学校向家庭的传递。调查中，很多藏族老者说，现在的晚辈很不情愿听长辈讲过去的事，往往是"话不投机半句多"。尽管如此，学生在其中起到的衔接和中介作用也是最为重要的。学校教育具有规范性、规模性，故而面对层出不穷的新词，唯有学校教育方可应对。

此外，从青海东部地区多数藏人丧失母语的过程来看，文字之于语言的依托作用相当明显。在绝大多数东部藏人社区，仅一些宗教人士（如苯苯子）掌握藏文，藏人生产生活中基本不使用藏文。这样，藏语的传承只有代代口承，在濡化中实现；若环境发生改变，或父母一方丧失母语，藏语的传承就变得万分艰难。这些地区，藏语在短短20多年里失去其母语地位，就是在没有文字为依托的条件下出现的。而在牧业社会，藏文有着更广泛的使用面，学生能够成为新词从知识层走向普通藏人的桥梁和纽带。这样看来，藏汉双语教育对挽救藏语文的濒危局面显得很关键。

有必要强调，无论从历史经验还是现实情况看，在一个"民族—国家"，努力实现"书同文、语同音"，对于增强民族凝聚力、维护国家最高利益具有远甚于"车同轨"的重要意义。对此，多从实际效用出发学习不同民族语言的藏人亦多有认知。问卷假设了若干问题，从受访者对"汉语文"和普通话的看法两个角度作了调查，结果显示：同意"汉语文是汉族人学的文字"和"汉语文是中国各民族都应该学的语言文字"的受访者占各回答有效样本的比例都在一半以上，尤其同意后一种说法的受访者达到近六成；"不同意"者分别占回答有效样本的15.9%和10.1%，见表73。同意"普通话是汉族人说的语言"和"普通话是中国各民族都应该学、说的语言"说法的受访者占各回答有效样本的比例分别为54.5%和69.0%，见表74。

表73　　　　　　　　　　**对"汉语言文字"的看法**　　　　　　　　（例、%）

选项		汉语文字是汉族人学的文字				汉语文是中国各民族都应该学的语言文字			
		样本	百分比	有效百分比	累积百分比	样本	百分比	有效百分比	累积百分比
有效	同意	225	47.3	52.6	52.6	255	53.6	59.9	59.9
	基本同意	86	18.1	20.1	72.7	61	12.8	14.3	74.2
	不同意	68	14.3	15.9	88.6	43	9.0	10.1	84.3
	说不清楚	49	10.3	11.4	100.0	67	14.1	15.7	100.0
	合计	428	89.9	100.0		426	89.5	100.0	
缺失（系统）		48	10.1			50	10.5		
合计		476	100.0			476	100.0		

选项		普通话是汉族人说的语言			普通话是中国各民族都应该学、说的语言			
		样本	百分比	有效百分比	累积百分比	样本	百分比	有效百分比	累积百分比
有效	同意	242	50.8	54.5	54.5	309	64.9	69.0	69.0
	基本同意	77	16.2	17.3	71.8	56	11.8	12.5	81.5
	不同意	78	16.4	17.6	89.4	37	7.8	8.3	89.7
	说不清楚	47	9.9	10.6	100.0	46	9.7	10.3	100.0
	合计	444	93.3	100.0		448	94.1	100.0	
缺失（系统）		32	6.7			28	5.9		
合计		476	100.0			476	100.0		

表74　　　　　　　　　对国家推广的普通话的看法　　　　　　　　（例、%）

对"推广普通话就是要消灭民族语言"这一假设的问题，有436位受访者作出有效回答。其中，选"不同意"的所占比例最高，达到一半以上；选"同意"和"基本同意"的样本占26.4%，见图22。

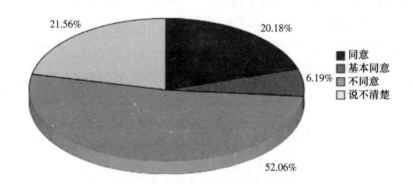

21.56%　　　　　　　　　　　　20.18%

6.19%

52.06%

■ 同意
■ 基本同意
□ 不同意
□ 说不清楚

图22　对"推广普通话就是要消灭民族语言"的看法

从受访者对上述假设问题的回答中可以看到，虽然对学习、使用"汉语文"或普通话的必要性、重要性的认识基本是统一的，但其中所反映的认识困惑值得重视。在双语教育问题的论争中，不少人动辄把它上升到法律和民族平等的高度，大多是把藏、汉语文置于一个层面上去讨论。无论是政策实施者还是少数民族民众，似乎为一个十分现实的"两难"所困扰：既要为了个人发展和国家理念学习"汉语文"，又不能丧失本民族语言文字的平等地位。在理论和政策层面，尚未澄清汉语文与普通话

（或国语）、中文之间的关系，是造成这一困境的一个重要原因。因此，从名称和内涵上，重塑和树立国家层面的语文和文字，可能对尽早使双语教育论争尘埃落定有所帮助。

三 改革体制与拓宽就业

（一）双语教育体制的调整与改革思路

前文已就双语教育与藏族文化传承和发展的关系，作了一些探讨，体现其中的重要性是毋庸置疑的。近年来，青海努力探索拓宽民族教育发展路子，试图通过双语教育改革创新民族教育体制和机制。应当承认，改革的出发点是好的。但是所谓的双语教育制度改革既不利国也不利民，而且似乎透出一些"瞎子摸象""头痛医头，脚痛医脚"味道，是一种缺乏大局观和世界眼光的表现。为什么这么说呢？首先，目前的双语教育制度改革，显然缺乏对多元文化的足够尊重，是与普遍被认可的价值观（比如多元）相左的。语言文字的多样性是文化多样性的重要方面。按照结构人类学的观点，这种重要性甚至可以提到很高的层次。而文化的多样性则是社会发展的不竭源泉。对此，在理论和现实（如生物多样性的重要性）两方面都可以找到有力的论据。[1] 有研究者更是认为：

> 语言、文化的多样性能够更好地保证人类社会生态系统的平衡，保证不同国家、不同民族、不同文化、不同语言的人和谐相处，互相学习，共同发展，从而保证人类拥有一个可持续发展的社会文化空间。[2]

这样看来，一方面，国家和社会组织在不惜花费大量的人力、物力、财力，努力挽救濒危的文化遗产[3]，保护文化多样性；另一方面，在行政政绩的鼓噪下，有些小团体和个人在有意无意地破坏语言及文化多样性良好局面。这是不能不令人痛惜的。

---

[1] 鲁顺元：《"草根力量"与乡村现代化》，《西北民族研究》2003年第2期。

[2] 王远新：《论语言文化的多样性及其价值》，《世界民族》2002年第6期。

[3] 如国家对非物质文化遗产的保护，国际社会（如 UNESCO）保护语言和文化多样性行动等。后者参见范俊军编译《联合国教科文组织关于保护语言与文化多样性文件汇编》，孙宏开审订，民族出版社2006年版。

　　从社会秩序的角度来看，学习和使用本民族语言是民族个体获取民族归属感、自豪感以及民族认同的重要方式。这就不难理解，2010 年青海很多藏人（以学生和教师为首）闻及双语教育改革的决定而风声鹤唳的原因①。

　　因此，应该遵照中国宪法及民族区域自治法等"各民族都有使用和发展自己的语言文字的自由，都有保持或者改革自己的风俗习惯的自由"的规定，把民族教育体制改革的思路转向如何为少数民族更好地使用和发展自己的语言文字创造更加优良的社会环境条件上来。具体做法上，首先，应当由全国人大民族委员会、全国政协民族和宗教委员会以及国家教委、国家民族事务委员会共同牵头，组织全国，尤其是青、藏、川、滇、甘五省（区）藏语言文字方面的精英（亦应邀语言文字专家），编写藏语文新词词典。这是一项功在当代、利在千秋的事业，其功用可能不亚于清代御刻（印）《大藏经》，应当列之为国家工程。若成此业，必将极大地提升藏民族的国家意识和对中华民族的认同。正式编写之前，必须对藏民族语言文字使用情况做深入、广泛、大量的调查，尤其对藏族民众使用民间人士编写的"藏语文新词词汇"的情况要有充分的掌握，并积极吸纳已经为群众所认可的新词汇。

　　新词不断涌现也为藏语通用语或标准语的达成提供了契机。在编写新词词典中，应当将此作为重要的攻关项目，制定能为各藏语方言区普遍认可并有可能推广开来的语言标准，为建立统一面向整个藏区的传播媒介创造条件，使广大藏族民众能够听到、看到更多来自主流社会的声音。这也是解决青藏等五省（区）藏语媒体的痼疾②所必不可少的条件。只有主要的语言媒介所传播的信息能共同为广大藏族民众所接受，才有可能整合地方藏语文媒体力量至一地或中央，真正让主体受众成为局内人，从而夯实宣传的群众基地，夺回主阵地。

　　其次，要采取切实有效的措施，积极发展民族学前教育、高等教育，

---

　　① 其中可能有以争取个体或小群体利益为目的的部分参与者，但此不能成为民众意见尚不统一的情况下，依然坚持双语教育改革的理由。基层藏族群众虽然鲜有参与其中者，但如前文所述他们对藏语言文字的普遍渴求，就已经表明了态度。

　　② 据 2008 年一项政府组织的有关涉藏舆论宣传问题的研究成果称，藏语媒体面临的主要问题有：藏语新闻单位机构不健全，人员少，能力差；自采自编自制的自主性稿件、节目少，难以贴近群众；多数媒体基本上停留在汉语新闻的翻译层面；现有资源利用不够，难以形成强势舆论氛围。但该报告所分析的问题和提出的对策建议仍就事论事，未能触及根本问题。

努力改变目前民族教育不同阶段所呈现的中间大、两头小的格局。要通过加强学前教育，妥善解决因陪读、就学距离增大等原因加重家庭教育负担问题，防止寺院教育对学校教育带来可能的冲击。对民间人士就民族语文复兴所作的有益探索，政府应予以肯定和鼓励，并在条件允许的情况下，给予合理的政策引导与有效的资金支持。应当充分尊重民族宗教上层人士兴办民族中小学的意愿和行动，杜绝把此类民族学校办得有"民族"之名而无"民族"之实。挖掘、利用民办民族教育潜力，充分发挥好民办民族教育在弘扬民族传统文化、培养乡土人才方面的积极作用。

最后，建立民族教育与就业之间的良性互动机制。应进一步丰富高校专业设置，特别是各个民族高等院校，应该增加"民考汉"和"民考民"专业数量；同时，这种专业设置宜多元化、市场化，尤其要与其生源地经济社会改革和发展方向相结合。在招考方式上，不妨采用定向录取、定向培养、定向分配的办法，为农牧区经济发展培养实用型人才，让本土人才由"飞鸽"变成"永久"。要围绕弘扬和发展藏族优秀传统文化、文化更好地为经济建设和生态保护服务的目的，不断拓展藏语言文字的使用范围。健全机构，保障运行，扩大政策文件译介范围，切实发挥好政府民族语文办联结国家政策与普通民众桥梁的作用，保障藏族民众的知情权，让主流社会的声音传遍千家万户。推进体制、机制建设，切实改善政府职能和工作作风，树立体恤民情、关注民生、重视民利的工作作风，杜绝浮夸、虚假之风；同时，要提倡民族地区党政干部特别是那些直接服务于民众的干部学习藏语文，有必要把识读藏语文水平作为民族地区干部晋升考查、考核的一个重要标准。

青海牧区教育同样面临着初中后是否应当分流的问题。[①] 当下青海各地狠抓"两基"，适龄儿童入学率平均能达到90%，有地方接近100%，但是初高中升学率极低，尤其是升入大中专院校者寥寥无几。这些学生回到牧区同样进退两难，在牧业社会很难立足。在一定程度上可以说，高中三年浪费了青春，消耗了物质资源；倒不如初中后根据意愿分流，直接进入职业学校学习。当下，牧区发展的整体趋势是多样化发展，对技术工人的预期需求可观，尽早起步投入，未来必定各方受益。应该把牧业区职业学校教育纳入国家义务教育范围，一并进行发展扶持。应该给予各州改革

---

① 鲁顺元：《分流教育：化解农村教育危机的有效途径》，《中国土族》2008 年春季号。

后的民族师范学校（多改为民族职业高中）明确的职能定位，改变其职能在民族高中与职业中学间徘徊不定的局面。为了双语教育在不同阶段的有效衔接，应该在各自治州州府所在地设立民族高中。同时，将原有的卫生学校、畜牧学校等进行合并，成立名实相副的职业完全中学。在青海东部地区一些发展势头较好的职业中学，可以在其中针对牧业社会实际设立民族班，聘用专门的双语老师授课。

对于学习自然科学课程方法问题，或许台湾原住民教育实践会给我们某些启示。台湾学者傅丽玉的研究和实践结果表明：

> 一个族群的世界观深深地蕴含于该族群生活中所使用的母语，使得不同族群在学习科学的过程中完全忽略学生的母语与其既有的世界观之间的关系，完全不使用母语，可能使学生失去经由使用母语学科学，而得到转换世界观的机会，导致科学学习发生障碍。但是只要课程设计从原住民世界观的角度出发，原住民如何看待、诠释这个世界，教材就怎么编，帮原住民学童找回更多自信，健康进取地长大，也可以培养更多原住民的科学人才。①

实践经验同时表明，处在急速科技化的现代社会，藏族民众科学教育关系着其群体在社会中谋生的竞争力，同时学到科学知识，从中培养藏族中小学学生思考传统文化及创造传统文化生命力的责任感，使藏族传统文化的活力不断。可以预见，从博大精深的藏族传统文化中寻找可资利用的资源，是推进民族地区科学教育的可行之策。

（二）少数民族大学生就业难问题

少数民族大学生就业难问题，并不单单是社会问题，它还是有可能影响到民族和谐、宗教和顺的国之利益问题。这一问题的解决，需要两方面的努力：一是双语教育的改革和发展，二是农牧区经济结构的调整。对于前者，已在前文论及。而就业难与农牧区整体经济结构调整之间的关系问题，可能不少人在思想上的认识不是很清楚。笔者以为，少数民族大学生就业难问题，最根本有赖于农牧区整体经济结构的调整。青海省委省政府

---

① 傅丽玉：《从世界观探讨台湾原住民中小学科学教育》，《科学教育学刊》（台湾）1999年第 7 卷第 1 期。

在这方面已经有较明确的发展思路，先期在海北试点的生态畜牧业，已在青海全省有不同程度的推广。可以说，这种探索积极而富有成效，也是实现可持续发展的一个可行举措。但是，在发展观上，并没有脱离开原有工业化甚至重工业化模式的束缚，加之受一些人头脑中已经根深蒂固的行政短期行为所限，在农牧业跨越发展、绿色发展、和谐发展和统筹发展上着力并不多。此外，在青海多数地区已划为国家生态保护区的州地，如何协好保护与发展之间的关系，也有进一步明确化的必要。因此，中央对青海社会安定和发展应该有进一步明确的定位，对青海畜牧业发展在未来中国地区产业优化布局、提升中国国民生活质量水平等方面的价值和地位有充分的肯定。在此条件下，青海省委省政府应当在兼顾到柴达木盆地工业资源开发的同时，在发展战略上，对地方，尤其是各州经济产业（主要是畜牧业）发展，有一个总体谋划。这样，可能有助于树立畜牧业这一牧业区的优势产业发展的观念，而且进一步确立青海地方主导产业发展的思路。只有切合草原承载能力的生态、有机畜牧业发展了起来，少数民族大学生才可能找到切合自身的当地的就业、创业的广阔出路。这种出路不仅在量上达到饱满，而且更容易在个体、文化、经济之间实现良性互动，也是对促进青海可持续发展最为有利的。

第五章 风俗习惯的变迁:以服饰与婚姻圈为例

风俗习惯作为一种重要的文化现象,是民族文化生活的组成部分。它是指一个民族在衣、食、住、行、生产劳动、婚姻、丧葬、节庆、礼仪等物质生活和精神生活诸方面相沿久积的风尚和习惯。风俗习惯具有地域性特点,这一特点是由于人们生活的地理和社会环境不同而形成的。从民族群体而言,地域性特点就包含了两层含义,即民族之间和民族内部不同族群之间风俗习惯差异。青海藏族居住地域广泛,风俗习惯的地域差异表现得十分明显。加之其内部不同族群的来源有异、与其他民族交往互动的规模和频率不同,风俗习惯的变迁经历了并不相同的路径。这种差异同样反映的是藏文化的圈层化形态及其演化。以下着重从藏族服饰和婚姻圈两方面,就藏族风俗习惯的变迁作一阐释。

第一节 受他民族文化影响下的服饰

服饰反映着一个民族的心理状态、价值观念和审美意识,也与特定的自然环境相适应。在传统上,尽管青海各地藏族服饰在制作、款式等方面不完全一致,但也有共同的显著表现:上身的藏袍及各种各样的装饰品。藏袍的特点是"宽体长身,大襟广袖"[①]。这种藏袍,不仅绚丽多彩,而且特别适合高原气候多变的自然条件,以及"逐水草而居"的生活特点。[②] 着装的装饰品包括头饰、腰饰、颈饰等,尤其是藏族女性衣服饰品华彩艳丽,且多数价格不菲,表现了藏人在艰苦的环境下乐观的心态和对

---

① 星全成:《藏族传统文化及其现代化》,青海民族出版社 2002 年版,第 567—568 页。
② 梁钦:《高原藏俗录》,华艺出版社 1993 年版,第 16 页。

美的追求。对于自然环境、生产生活等条件下产生的不同地区的藏族服饰，学术界从语言、经济文化形态、行政区划、服饰的某一构件或部分元素等角度，对藏族服饰进行过笼统的区域划分。① 也有研究从气候环境、生产生活和文化等综合因素对藏族服饰文化进行分区，把青海藏族服饰文化分为南部的康北牧业服饰区，中部的青南阿坝高原牧业服饰区、青东祁连山地牧业服饰区、西宁农业服饰区。② 基于文化圈与文化区两个概念的区别，这种青海范围自西向东地域差异性服饰文化元素的分布形态，用文化圈的视角去分析，更为恰当些。但无论怎么划分，都是针对藏族传统服饰素材的。随着生产生活方式的改变和社会互动渠道的增多、互动面的扩大，服饰作为传统物质习俗的一部分，却先于精神层面的内容而发生结构性的变化并成为文化变迁的外在表现之一。这种变化在不同地域存在着时间先后和程度上的显著区别。

凝视

---

① 参见安旭主编《藏族服饰艺术》，南开大学出版社 1988 年版；中国藏族服饰编委会编《中国藏族服饰》，北京出版社、西藏人民出版社 2002 年版；张鹰主编《服装佩饰》，重庆出版社 2001 年版。

② 李玉琴：《藏族服饰区划新探》，《民族研究》2007 年第 1 期。

一 便装备受青睐

（一）穿戴民族服饰的频次

笔者调查所见，藏人中穿戴藏族服饰情况在不同地域区别明显：东部地区穿戴人数寥寥；青海腹地则男女、城乡、老少、不同时段有别，即藏人中的女性、老年人、牧人、节庆活动中多穿戴藏服，男性、青少年、城市人、日常劳动中穿戴藏服相对少见。总体而言，普遍流行的便装则备受青睐。调查问卷亦涉及这一论题。

由表75可知，当问及"您认为跟以前比，穿戴本民族服饰的频次"时，在363个农牧民回答有效样本中，有68.6%的受访者选择"越来越少"；选择"越来越多"和"一个样"的样本仅分别占18.5%和10.8%。在选择"越来越少""越来越多""一个样"的样本比较：东部地区的3个乡（镇）以及扎麻什乡、哈尔盖镇明显偏重于"越来越少"，可以看作是服饰变化比较快的区域，其中，哈尔盖镇有20%的样本选择"越来越多"和"一个样"，是5例个案中服饰变化相对稳定的。龙羊峡、和日、当洛、隆务4个乡（镇）的受访者在偏重认为"跟以前比，穿戴藏服的次数越来越少"的同时，选择"越来越多"与"一个样"的样本比例在各乡镇分别为50%、32.3%、28.1%和28%，可以看作服饰变化的次稳定区。子科滩、快尔玛、军功3个乡（镇）认为"与以前比，穿戴藏族服饰的次数越来越多"的受访者所占各乡镇回答有效样本的比例最高，分别为48.3%、42.3%、38.7%，其中，在子科滩镇，认为"越来越多"的样本超过选择"越来越少"和"一个样"的样本之和。这几个乡镇是藏族服饰变化最为稳定的地区。从中可以看到服饰文化变迁与生计方式及居住地域的紧密联系，明显表现出从纯牧业区到半农半牧区再到农业区和从城镇到乡村、牧区的层级化差异。

同样，在党政机关藏族干部看来，穿戴藏族服饰的次数越来越少的情况已经是十分明显的。问卷显示，持此看法者占105个总有效样本的71.4%，而认为"越来越多"和"一个样"的样本占比仅分别为17.1%和9.5%。

在青海腹地，据老年人反映，纵向比较，现在时尚之风盛行，无论男女老少，穿戴藏服的次数越来越少。而东部地区藏人放弃本民族服装而普遍改穿便装，则是20世纪中叶以后便有的事。据文献记载，民国时期，

表75　　　　　　　　　农牧民对穿戴本民族服饰的看法　　　　　　　　（例）

乡（镇）	您认为跟以前比，穿戴本民族服饰的频次				合计
	越来越多	越来越少	一个样	说不清	
日月	1	28	1	0	30
巴藏沟	5	27	1	2	35
南门峡	0	28	3	0	31
军功	12	16	3	0	31
当洛	3	23	6	0	32
龙羊峡	9	14	5	0	28
子科滩	14	9	4	2	29
隆务	4	16	3	2	25
和日	4	20	6	1	31
快尔玛	11	13	1	1	26
哈尔盖	3	28	4	0	35
扎麻什	1	27	2	0	30
合计	67	249	39	8	363

湟源县"东南乡多番族，其习俗多染汉风，正在同化时期，邑人称为'家西番'"[1]。尽管如此，该地藏人在20世纪三四十年代的服饰仍具有一定的民族和地方特点:

> 男的以大领衣服为主，冬季是大领皮袄，春秋是大领棉袄，还有用氆氇作的大领褐衫，腰间勒上红色或蓝色的布腰带。妇女身穿勒腰带的长衣服。有用羔皮作的长皮袄，绸缎面子，衣领、袖口及衣服的边子缝上两三指宽的水獭皮，价值比较昂贵。妇女们背上的两条辫子装在绣有花色图案的辫套里，辫套上缝有银元、银牌，还有一串串珍贵的珊瑚玛瑙。过年过节或走亲时，青年妇女戴上有银牌、银元，鲜艳美丽的辫套。随着年龄的不同，老年妇女的辫套，虽也有绣花，但

---

① （民国）夏腾骧:《湟源县风土调查录》，1926年，载王昱、李庆涛编《青海风土概况调查集》，第119页。

一般显得暗黑。从辫套的绣花上也显示出妇女们的刺绣技巧。①

这种服饰装扮，在当时青海东部尤其是湟水流域藏人中具有一定的代表性。在青海 20 世纪中叶以后的 60 多年里，这些地区的服饰文化发生了迅速的变迁。

访谈个案 19：与父辈比较中的服饰

时间：2010 年 6 月 11 日，上午，阴。地点：西宁市湟源县日月藏族乡小茶石浪村。受访人：李某，藏族，农民，77 岁。

> 父亲 1969 年过世。当时，照明电刚拉上，看了一眼就殁了。第二年母亲没有了。那时候，冬天穿有大襟的羊羔皮衣、皮帽，皮帽子叫滚头儿帽。夏天戴黑礼帽，女的戴辫套。皮衣里面是羊羔皮，外面是条纹布。女的小领儿，男的大领儿。夏天就穿有大襟的尕主衩儿。大领子的皮袄也有。自己小时候也穿。也穿白板皮袄，底边沿用条纹布做装饰。冬天戴野狐皮帽，形状跟牧区的一样，一溜儿皮子，撮在一起，然后缝起来。现在只有村子五社有一个女子戴辫套，其他人一齐儿扔掉着没有了，不穿藏服了。

访谈个案 20：服饰变迁的制度因素

时间：2010 年 6 月 14 日，上午，阴雨。地点：西宁市湟源县日月藏族乡小茶石浪村。受访人：杨某，女，藏族，农民，68 岁。

> 没解放时，没有耕地。主要是在山上放牛羊，自己家里养着 40 多头牛、近 200 只羊。公社化时，牛羊进了社。刚解放时，夏天穿褐衬，冬天穿皮袄。1958 年开始，藏服、藏饰都抹掉了。当时，收铁、收铜，还收白元银货，连箱扣子、铜佛像都收掉了。女人用银牌子，一个辫筒子用 3 个。公社化结束后，又戴上了。现在收拾这些东西就没有了。穿上搅搭，不方便，尤其是上厕所。自己不戴辫筒子，已经有七八年了。以前要是不戴，老人不答应，寺院阿卡来了就会笑话。

---

① 治仁谦：《日月、和平乡地区藏族人民的习俗》，载湟源政协文史资料组编《湟源文史资料》（第 3 辑），1997 年内部印发。

牧归（湟源）

以上两例访谈个案虽限于湟源县日月乡小茶石浪村，但这种服饰变迁在整个青海东部地区具有代表性。而牧业区的藏服在宗教界的倡议下，逐渐由过去的昂贵、多元向简洁、实用、时尚方向转变，体现出在世俗社会影响下共同的审美取向。

访谈个案21：藏服自身的革新

时间：2010年8月17日，中午，晴。地点：果洛州玛沁县当洛乡十社。受访人：白某，藏族，牧民，64岁。

藏族的服饰向简洁、大方、经济的一方面转变。原来穿戴的啥都有，东西特别贵，特别是貂子皮，有的一万多，现在，上档次的一千多元，一般的四五百元。这是跟外面的来往多了的原因。这种穿法，与甘南的穿法一样。最开始是阿坝人穿，漂亮好看，就转到甘南，大家看着漂亮好看，就跟着穿。衣服上，花氆氇基本不用，不好看。

访谈个案 22：宗教影响下的服饰

时间：2010 年 10 月 16 日、17 日，上午，晴。地点：黄南州泽库县和日乡和日村。受访人：东某，藏族，牧民，45 岁；才某，藏族，牧民，56 岁。

现在不穿水獭皮的长衣服，活佛说了，大家不要穿。原来热贡、海南放的水獭皮最宽，最宽的达到一尺。海南的，一件衣服要用多半张水獭皮。互相比的时候说，你用了几张皮，他用了几张皮。其实越宽越不美观。活佛还说：要么不戴，要戴就戴小一点的。村里，现在把衣服上的装饰品转到银饰上了。

（二）文化记忆的符号：彩礼中的服饰

婚嫁中的彩礼，包含着极其丰富的文化信息。在传统上，彩礼中的藏服是必须要有的，而且数量可观。在经济尚不宽裕的条件下，彩礼中所索要的藏服，一般能满足妇女一生着装（藏袍）需要，衣服破了就"缝缝补补又三年"。在藏服使用面越来越小、穿戴次数日益减少的情况下，彩礼中要求的藏服在不同地区发生各不相同的变化。

访谈个案 23：牧区彩礼中的藏服（一）

时间：2010 年 8 月 2 日，下午，晴。地点：果洛州玛沁县拉加镇红旗社。受访人：俄某，藏族，村民，51 岁。

这里，要是男方招到女方，女方给男方家一头牛和缎子衣服，衣服给男方家的父母、姨娘等人，有几人就要做几套。根据条件，娶进媳妇时，最少要做冬夏 2 套藏装，多的做二十几套。是不是配藏饰，如佩戴的珊瑚、玛瑙，也要看家庭经济条件。我给二儿子娶媳妇时，买了一串玛瑙、一对耳饰，买耳饰是在 2009 年，一共花了 4000 多块。这里，女人穿得多一些，男人平时很少穿，但去寺院，一定要穿藏服。

访谈个案 24：牧区彩礼中的藏服（二）

时间：2010 年 10 月 16 日、17 日，上午，晴。地点：黄南州泽库县和日乡和日村。受访人：东某，藏族，牧民，45 岁；才某，藏族，牧民，56 岁。

村里的人平时穿汉服，过年、搞活动时必须要穿藏服。这里，老人穿得多，年轻人穿得少。结婚给礼钱时，家里有国家干部或工作的，给1万元左右；没工作的，给500元到3000元。这个以外，还要酒和做衣服用的绸缎。要做15件绸缎衣服，每件要12尺，绸子用1000元左右就行。女婿来的时候，要给他3套藏服，包括擦热皮衣服（冬服）、夏服和日常穿的。家庭经济条件比较好的，还给外面戴的东西。

访谈个案 25："压箱底"的服饰
时间：2010年8月20日，中午，晴。地点：果洛州玛沁县当洛乡五社。受访人：阿某，藏族，牧民，47岁。

水獭皮的衣服现在不穿，要穿出去，所有人会骂。以前有，但与水獭皮比，更看重珊瑚，这个现在也有戴的。听说康巴人还在穿，可以卖给他们。现在这些衣服压箱底，没人穿，没有用，作废了。

从以上3例个案可以看到，虽然藏族服饰使用环境与以往大不相同，但在牧业区，彩礼中的服饰依然没有发生很大变化。这些服饰除宗教影响下弃而不穿的珍稀动物皮张衣服多"压箱底"或卖给他人等外，其他以女性为多的服饰尚有较广泛的使用范围。而东部农业区则不同。

访谈个案 26：农区彩礼中的藏服（一）
时间：2010年6月11日，上午，阴。地点：西宁市湟源县日月乡小茶石浪村。受访人：李某，藏族，农民，77岁。

原来结婚时要彩礼，就必须要滚头儿帽子和边里有二指宽水獭皮的长衣服。自己娶老伴的时候，就用的藏民长衣裳。儿媳妇进家门，衣、帽、带都要了。我说长衣服再不用要，但女方硬要，没办法，长衣服给了3件。平时压在箱底，夏天拿出来晒一晒。儿媳妇是本乡下若药人。现在娶媳妇，不要那些东西，只要干钱，衣服由着年轻人自己买。

访谈个案27：农区彩礼中的藏服（二）

时间：2010年11月24日，晚，阴。地点：海东地区互助县南门峡镇北沟脑村。受访人：祁某，藏族，农民，55岁。

　　老人去世，女人要穿长衣服，表示戴孝。每逢过年、4月村里做囊呢时，女人穿长衣服。过年穿3到5天。请佛爷时，男人、女人都要穿。结婚要礼时，珠珠子、玛瑙、耳坠子、狐帽、大礼帽这些"头面"是定好的彩礼。讲礼时，不用说，都包括在里面。要是跟从前比，藏服的穿法松多了。

记忆中的藏服（湟源）

　　显然，紧邻却藏寺、被称为"活佛村"的北沟脑村，其宗教氛围相对小茶石浪村要浓厚得多，因此在宗教规约下，使用藏服时间稍长、范围要广，彩礼中对藏服的要求就要严格一些。而在小茶石浪村，藏服大有从彩礼中消失的趋势。但在这些地域的藏人，十分看重压在箱底的藏服，视之为珍贵之物。每当笔者至其家中，谈及民族服饰的过往变迁时，主人总想翻出箱底的藏服，展示与人。同时，家中有珍藏老人照片的习惯，那些微微发黄的黑白照片，很多是在20世纪中叶以后所照，而且相片中的主人无一例外地穿着款式不一的藏服。这些实物,遂成为文化记忆的重要载体。

藏人着装很明显地受到他文化的影响,对此,受访者亦有明显的感知。问卷显示(见表76),在问及"您是否认为本民族的服饰受其他民族服饰的影响而发生变化"时,414个回答有效样本中有一半多的受访者作出肯定的回答,回答"不是"和"说不好"的样本之和占49.3%。

表76　　　　　　对本民族的服饰受其他民族服饰影响的看法　　　　(例、%)

		频率	百分比	有效百分比	累积百分比
有效	是	210	44.1	50.7	50.7
	不是	129	27.1	31.2	81.9
	说不好	75	15.8	18.1	100.0
	合计	414	87.0	100.0	
缺失	系统	62	13.0		
合计		476	100.0		

二　男女有别的穿戴要求

在青海藏族传统社会,男女社会地位是不平等的。周希武在玉树调查时见到:

> 番人行役,不携卧具,以马鞍为枕,马屈为褥,故番俗男子鞍马,妇女不得乘之。
> 番人徭役贸易,驱策牛只,男子率乘马,女子皆徒行。至水滨,女子褰裳径涉,男子终不与马令骑也,虽天寒时亦然。①

此仅是历史上藏族妇女遭受不平等待遇的一方面,另外在宗教参与、家庭地位等方面,妇女无不处在受歧视的境地。当然,有的地区藏族妇女地位尤其是政治地位比较高,只是个别现象。由于地位的不平等,在家庭伦理上自然对妇女提出了相对男性更高的要求。对妇女穿戴服饰的要求便是其表现之一。一般认为,穿戴民族传统服饰,是恪守传统伦理的表现。

---

① (民国)周希武编著:《玉树调查记》,第88—89页。

这在青海东部地区体现得更为明显。在互助县北沟脑村调查时，村人讲述了以下有趣的一幕：

> 从前，山梁上晒太阳的几位老人，看下面担水的媳妇有没有穿藏服，要是看到没穿，就扔攒好的石头，打没穿藏服的媳妇，赶她回家。所以，女人们去担水前，先派孩子去看几个老人在不在，要是不在，赶紧穿着便装去挑水，尽快回来。

这一看似在服饰问题上传统与现代的对话，在笔者生长的村落（处在祁连山南麓的华热地区）曾经也十分常见。20 世纪 80 年代，在县城工作的兄嫂，每次回家有一样物件是不能不带的，那就是藏服（称为潘袄）；行至临近村落，必须要把平时所穿的便装换成藏装，否则，会遭村中老人议论甚至唾骂。村中妇女特别是娶进家门不久的女性，则更是不能越此雷池半步。略微有些胆量的妇女，在田间，看到周边无人关注，就脱去藏装，穿着便装劳作；返家时，再穿回原来的模样。从事种植业劳作，尤其如除草、拔庄稼地里的燕麦、撸燕麦穗等（多由女性承担），穿着藏装的确没有便装那样方便。智慧的女性采用了一种迂回之策，来应对传统社会赋予女性的歧视。

曾经遭受过性别不平等待遇的女性开始有资格要求新一代女性必须遵从传统伦理时，必定能够体验到这种要求的不合理之处；况且，社会环境已经发生了更大的变化，因此社区环境施加于妇女的伦理束缚逐渐松绑。而在当下，老一辈提出类似以往的要求更是显得底气不足。

访谈个案 28：在服饰问题上传统与现代的对话

时间：2010 年 11 月 24 日，晚，阴。地点：海东地区互助县南门峡镇北沟脑村。受访人：祁某，藏族，农民，55 岁。

> 现在不成了，老人连自己的儿媳妇都管不了，还怎么管别人家的媳妇做得怎么样！管得多，怕跑了。这是礼钱要得多的原因！现在娶个媳妇，光礼钱要 4 万到 9 万。娶进来，要双手哄，怕跑掉。等生完孩子，做了节育手术，才算是成了自己家里的媳妇。

填答问卷的老人（兴海）

　　青海东部地区藏人多居脑山，这些区域在经济发展水平、文化及信息资源可获得性等方面远不及浅山、川水地带，更不及城市（镇）。现在多数未婚女性接受了九年制义务教育，眼界较开阔，一心向往城市或接近于城市生活的水准和方式，婚嫁成为实现这一愿望的一个途径。因此，正如源于山区河流的走向一般，脑山地区的女性也向着川水、城市流动。婚姻圈原本十分狭小（多在同一纬度、邻近的村庄之间缔结婚姻关系）的脑山地区，其未婚男青年找到合适的婚娶对象，就变得十分困难。据北沟脑村民匡算，该村 30 多岁尚未婚配的大龄男青年有十多个，"传宗接代"成了大问题，急坏了家人。这样，用传统的伦理标准要求新一代，尤其是在时尚文化铺天盖地而来，女性对时尚、流行趋之若鹜的时代，要求新一代农村藏人妇女以穿戴民族服饰来表达对传统"伦理"的遵从已经不合时宜。当下，青海东部地区乡村中青年藏族女性，多数是在民族节日、公共娱乐活动（如春节期间跳锅庄舞、参加射箭比赛等）及部分小范围的宗教活动中穿戴民族服饰，而且，表达伦理的蕴意已大为弱化。

　　基于社会环境、生产条件的差异，在青海牧业区，东部地区藏族服饰文化发展的阻力显现得并不突出。虽然也不乏追逐时尚的青年一代，不大受传统的约束，但即便是已经移居城镇的藏族老人，仍然对藏服十分偏爱。这种行为起到极好的示范作用；同时，对从事牧业的女性施加基于服饰的伦理要求，就有更强的说服力。在共和县瓦里关，就呈现着这样的代际关系。

访谈个案 29：代际关系中的老人权威

时间：2010 年 9 月 20 日，下午，晴。地点：海南州共和县龙羊峡镇瓦里关村。受访人：班某，藏族，村民，66 岁。

> 在这个地方，儿媳妇给老人受气的例子非常少，老人受儿子气的也非常少，可能是一种习惯吧！儿媳妇一般管不了事儿，就是儿子另成了家、分了家，家里的事儿也要由父母管着。因为子女成家的年龄都小，不管着点，人容易变坏，比如打麻将、乱花钱。

从赡养老人的角度来说，正如受访者所称，这种"习惯"是一种良好风气。事实上，此与当地藏人的婚姻观念有关。该受访者亦称：

> 曾经去倒淌河、江西沟、黑马河一带转湖时看到，那里的藏族人家里 11 到 14 岁的孩子有五六个。这里的人不生养孩子，像自己的二儿子，只有 1 个女儿，就不想再要。我想要是再有一个孩子就好。可能是计划生育政策宣传搞得好的原因吧！这里从来没有因为超生受罚款的。这里没有盼儿子一说，没有"没儿子就断了根"的说法。要是有一男一女，有招进女婿、嫁出儿子的例子。有一户人家，年少的女儿招了婿，后来，有人来说亲，要年长的儿子去招女婿。家长说：我就一个儿子，怎么能去给别人当女婿！儿子说：既然已经给妹妹招了女婿，我不去招再干啥，你们已经有一个儿子了。我认为那父母做得不对，要招，应该先让儿子招，再给女儿招。

显然，女婿与儿子之间基本对等的地位，使得青海藏文化圈边缘文化带以外的地域并不存在那样严重的婚配压力，"服饰伦理"就有了生存环境。与此相对照的是，在牧业区，对女性的歧视已经内化为一种习惯。以当家寺所在地宗教领域的歧视为例，每逢正月初二，每家每户要去佛爷家拜年，去时仅带一条哈达、磕头、摸个顶便回。去时，不允许成年女性随同。而且，在正月初一、初二，已婚女性不允许进寺院（尤其是经堂），平时诵经做法事时亦然。

入寺前换穿藏服的一行人（赛宗寺）

在泽库县和日乡和日村，过年、村中搞活动（如赛马）时，村人必须要穿藏服。每年一度的赛马节，在外工作的人多数要回来参加（有的要对活动予以资助），着藏装是最起码的要求。在宗教活动场所，未着藏装的妇女是万万不可进入的。笔者在兴海县赛宗寺调研时见到，开着轿车的一行五人来到寺院，其中有两人（一男一女）在僧舍前换穿藏服。当天是寺院法会进行辩经的一天，最为隆重，聚集人数最多。此情此景，让笔者不由想起若干年前自家兄嫂与此类似的行为，只不过交通工具的不同隐含着时代的变迁。赛宗寺所见，换穿藏袍处为进入寺院大经堂的主要通道，这样看，并不避讳众人的做法在很大程度上具有的是象征意义。进到做法事活动的主殿，不着藏装的男性甚多，但很难见到不着藏装的女性。

问卷就"家中是否拥有男女藏服"和"对不同性别穿戴民族服饰的要求"作了了解，结果显示（见表77）：在回答前者有效的463个样本中，有86.4%的受访者选择"女人男人的服饰都有"，有7.3%的受访者选择"有女人的服饰没有男人的"，选择"男人和女人的服饰都没有"的样本亦达到5.2%。在回答后者有效的457个样本中，有79.8%的受访者选择"对于穿戴本民族的服饰的要求男人和女人都一样"，有占16.2%的受访者选择"对妇女的要求严一些"。由此可见，无论日常生活中穿还是

不穿民族服装，民族服装仍然为藏人男女所普遍拥有。而集中在牧业区的
党政机关样本中没有选择"有女人的服装，没有男人的服装"受访者，
这在一定程度上反映了置办民族服饰还受到经济条件的影响且存在城乡差
异。城乡比较，在穿戴本民族服饰的要求上，农牧民、党政机关干部回答
有效样本中分别有占各自样本的 18.1% 和 9.7% 的受访者认为，相对而
言，对妇女穿戴民族服饰的要求更严格一些。

表77　　　　　　　　藏人家庭置办藏服及穿戴要求的城乡比较　　　　　（例）

| | 您家有本民族的服饰吗 | | | | | 您认为对穿戴本民族服饰的要求 | | | | |
	男女都有	女有男无	男有女无	男女皆无	合计	男女一样	对妇女严	对男人严	对小孩严	合计
农牧民	311	34	2	13	360	273	64	3	14	354
党政机关干部	89	0	3	11	103	92	10	1	0	103
合计	400	34	5	24	463	365	74	4	14	457

在访谈中所发现的对女性穿戴民族服饰的要求普遍要严格的事实，在
有效样本的总体统计结果中没有完全反映出来。其中的原因在于填答问卷
者大多数为男性，男性不大可能坦承自身在服饰伦理上的优势地位，正所
谓处在歧视他人位置的人不大可能承认歧视的存在。访谈中发现，多数男
性承认在社会生活中存在对妇女穿戴民族服饰要求的诸事项，但在主观上
却认为妇女一贯地穿着民族服装是天经地义的事，其中不存在他人的要
求。不过，仍然从不同个案（乡镇）的比较中，可以发现隐藏在表象下
的"无意识"。

由表78可知，在男女服装的置办问题上，农牧之间有明显的区别。
在南门峡、日月两个乡（镇），分别占各自回答有效样本的 41.9% 和
33.3% 的受访者家中，只有妇女的藏服而没有男人的藏服。这印证了前述
访谈个案所反映的农业村藏人服饰在转型时代的急剧变革。另外，在军功
镇，作出如此选项的样本占 12.9%。其他在巴藏沟、子科滩和快尔玛各
有 2 例，当洛乡有 1 例作出这样的选答。作出"女人男人的都没有"的
样本主要分布于日月、军功和巴藏沟 3 个乡（镇），尤其日月乡作出这样
回答的样本占其有效样本的 23.3%，而且该乡作出"男女都有"选答的
样本数及其比例在各乡镇也是最低的。生计结构、自然经济条件等基本相

同的军功镇、扎麻什乡,在民族服饰的拥有上体现出些微的差异性,侧面反映了两地藏文化结构的微妙差异。虽然两地藏人来源皆十分多元,亦不乏世居者,但扎麻什乡部落形态相对完整。在村落中人口比重较大的青海乐都卓仓藏人恪守传统的习惯,也在一定程度上对传承传统起到有力的带动作用。而军功镇民族文化更为多元,受主流文化影响更为广泛,对藏文化传统(包括服饰文化)的恪守上就没有扎麻什乡那么坚定。

表78　　　　　　不同地区藏人家庭置办藏服及穿戴要求　　　　　　(例)

乡(镇)	您家有本民族的服饰吗					您认为对穿戴本民族服饰的要求				
	男女都有	女有男无	男无女有	男女皆无	合计	男女一样	对妇女严	对男人严	对小孩严	合计
日月乡	13	10	0	7	30	29	2	0	0	31
巴藏沟乡	29	2	0	2	33	20	8	0	3	31
南门峡乡	18	13	0	0	31	20	10	1	0	31
军功镇	23	4	1	3	31	29	1	0	0	30
当洛乡	31	1	0	0	32	18	13	0	1	32
龙羊峡镇	28	0	0	0	28	24	4	0	0	28
子科滩镇	26	2	0	0	28	9	19	0	1	29
隆务镇	24	0	0	1	25	19	0	2	1	22
和日乡	31	0	0	0	31	23	0	0	8	31
快尔玛乡	24	2	0	0	26	24	2	0	0	26
哈尔盖镇	34	0	0	0	35	33	2	0	0	35
扎麻什乡	30	0	0	0	30	25	3	0	0	28
合计	311	34	2	13	360	273	64	3	14	354

在对妇女穿戴民族服饰的要求更为严格这一现象上,表明态度相对较为明确的是子科滩、当洛、南门峡和巴藏沟4个乡(镇)的受访者,分别占其回答有效样本的65.5%、40.6%、32.3%和25.8%。这种相对较明确态度的表达,一方面反映了对妇女伦理限制的程度,另一方面则与前述几例个案所属社区相对浓厚的宗教氛围和对传统文化的积极倡导有关。在子科滩镇,涉及的调查个案纳洞、切卜藏村牧民围赛宗寺而居,他们是参与该寺法事活动的信众主体。这种主体性体现在:一是只有两村牧人在

活动期间于寺院对岸搭建帐篷，立灶议事，男女老少伴法事活动始终；二是两个村给寺院法会布施的仪式时间被安排在最为隆重的一天。显然，这种社区与寺院之间紧密的联系，强化了牧人对当地妇女服饰穿戴要求的意识。在南门峡镇北沟脑村，虽然对村中妇女服饰的"伦理"约束环境大不如前，但"已经成为媳妇"的女性仍然多少要遵从旧有规范。

修葺一新的佛塔（平安）

从平安县巴藏沟乡郭尔村藏人拥有男女民族服饰和穿戴要求的情形，反映出一个重要的文化现象，即藏人尤其是东部地区的藏人通过重建宗教活动场所（嘛呢康、佛塔、崩康等）、倡导民族节日、举办公共娱乐活动、实践"双语教育"等，以示对民族传统文化的怀旧和弘扬，可以称之为传统的复兴。据称，村属嘛呢康所建年代与乐都县瞿昙寺相同。1958年"宗教改革"时被拆除，木材主要用于修水库搭棚舍。1980年，由3个村的老人自愿捐木料，在原址修起一间小房子（嘛呢房）。但其只能满足"磕个头，转个经"的需要，而"去最近的寺院（瞿昙寺）太远，有10多公里，过去骑上牲口要走3个小时，现在也要1个小时车程"。所以，在1999年，村人共同捐款（物）重建。以下是该嘛呢康所存记"功

德"的布片所载文字:

> 郭尔三村藏族寺院系明朝洪武年间所建,至今年纪久远,历尽沧桑,年久失修,断壁残垣,急[亟]待重修。而今,正逢太平盛世,国富民强之际,我三村全体人民需求重修此寺,因之,于一九九九年春月初二重建。这是我三村人民的一件大喜事,为之,郭尔三村人民涌[踊]跃捐款捐物,为重修此寺尽功尽力,现将捐款、物名单分列于后,以名垂千秋。

所列名单有 198 户,捐款、物数量不等。据称,这是当时 3 个村的总户数,说明重建行动得到村人广泛的响应。后于 2003 年,由"在外工作的本村干部和社会各界人士慷慨解囊,捐钱捐物",复建了嘛呢康院内东北的 9 间厢房。

参演中的民族歌舞团（平安）

　　此外,还有佛塔、崩康、拉则等郭尔村宗教活动场所,多是在近年或重建或修葺而成。其中,在村落最低处的佛塔（当地称"却旦"）属规模较大的。此塔初建于 1998 年前后,由"凉州佛爷"选的地址,后因塔体出现裂缝,遂于 2009 年村民捐资修葺重建,恢复如初。农历正月初一、十五日,皆有村民（多为老年人）到白塔处煨桑、转经。同时,在白塔旁边,修建了一个简易的射箭场,逢元旦、春节、端午节（较少）,在即地举办射箭比赛，参与者众，场面壮观。在这个场合，规定男性（特别是参与比赛的）必须穿藏服。村中还曾自发组织民族歌舞队，以该村南边的神山"阿伊赛迈"来命名。后更名为"青海省阿伊赛迈歌舞团"，在平安县城租用专门的办公场所，参与各种文娱活动。但从实践看，这种民间到半官方、业余到专业、自娱自乐到商业化的转变努力，似乎并不是很成功。

这种向传统的回归，是青海东部地区藏族相对聚居的村落普遍出现的文化现象，是这些地区藏人文化自觉的表现。文化自觉也就必然地体现在服饰上。此时，服饰就失去了原有的伦理功能，成为表达文化存在的一个重要符号。

三　服饰文化的自我调适

青海东部地区藏人的文化自觉及对民族服饰文化的大力弘扬，并未能阻拦世俗、时尚文化的浸润。2005 年前后，普遍兴起的这种复兴，到 21 世纪的第二个年代便多为资金所困，纷纷偃旗息鼓了。文化自觉中所指向的民族服饰亦未能扭转民众衣着的偏好及走向。

一种服饰的产生和使用，有其特定的自然环境。在草原环境和牧业生计下，藏袍才能发挥它御寒、保暖、防风的作用，尤其是皮袄，白天可以当衣，晚上可以当被，一衣多用，功能发挥到极致。但在谷地、城镇或农业、工业环境下，长袍就不可能有如此多样的用武之地，用之"极不方便"。若在城市，穿上藏袍，"上公交车怕绊倒，跨横栏怕迟缓"。在这样的自然、社会环境下生存的藏人，自然选择了最熟悉、穿来便利又相对经济的便装。因此，生产生活方式已经发生根本转变的东部地区藏人，在力促的文化复兴活动中所指向的服饰（多数为传统服饰），若成为日常生活中的服饰常态，就缺乏必要的经济社会基础。

在现代化背景下，藏族服饰的制作和款式等亦悄然发生着改变。据反映，在青海上学的外地籍大学生每逢回家过假期，很多人喜欢到西宁火车站藏饰品市场购买几件藏式衣褚带回家，觉得其样式别致、新颖，尤其招孩童喜欢。城市的藏族青少年、儿童亦多有着这种服饰的。这是藏式服装时尚化、现代化所带来的结果，可以称之为藏族服饰在全球化背景下的华丽转身和精彩蜕变。这种服饰在草原劳作中可能并不适合（当然不乏作为春秋装来穿着的），因为它过于单薄，那里不是它生长的地方。这个时候,在长袍与短裤之间,谁能断定哪个是藏族的,哪个不是藏族的呢!

第二节　婚姻圈的变迁:一个独特的个案

婚姻是"两个成年个体之间为社会所承认与许可的性的结合"①,婚姻圈就是这种结合所选择和达到的地缘和社会范围。对婚姻圈的研究,历来为民族学、社会学学者所重视。比如对婚姻形态和家庭形式的研究,就是通过分析婚姻圈来实现的。婚姻关系反映着族群网络和地缘关系,是社会关系的重要组成部分。因此,学者们还通过它来透视社会的形成与变迁。比如杜赞奇把市场体系、婚姻圈与其他组织一同联结为文化网络,以此来验证他的"权力的文化网络"并解释乡村社会的运行逻辑。② 更有研究从婚姻圈所呈现的人群互动图像,来检视社会关系变迁的情形。比如有研究认为,在西藏农村,血缘关系、邻里关系和村际互动是三道社会保障网,共同构成社区完整的社会结构;但发展着的商品经济和建立的社区服务系统正在不断破坏和替代这种传统的社会关系。③ 马戎等就族际通婚对民族互动关系影响程度的考量,很大一部分也是借助对婚姻圈的分析路径来达到的。当下学界专门围绕婚姻圈的研究,则更多集中在对婚姻圈的变化趋势的描述及其所展现结果的原因分析这样的现实问题上。④

婚姻圈的视角是不是对时下卓仓族群的研究有所启发? 卓仓人是藏族安多族群下的一个次级群体。其内婚制也就是"特定个人的群体或范围内部的婚配"⑤,是卓仓研究的一个焦点论题。多为卓仓籍人氏的黎宗华、索端智、扎洛、尕让·杭秀东珠、尕让·尚玛杰等研究者一致认为,卓仓人的婚配是在卓仓这个内群体进行的;并对这种出现在一个特

① [英]安东尼·吉登斯:《社会学》(第4版),赵旭东等译,北京大学出版社2003年版,下同,第217页。

② [美]杜赞奇:《文化、权力与国家:1900—1942年的华北农村》,王福明译,江苏人民出版社2006年版,第13—15页。

③ 徐平:《西藏农村的婚姻家庭》,《社会学研究》1996年第5期。

④ 唐灿:《最近十年国内家庭社会学研究的理论与经验》,中国社会学网,2010年4月21日。

⑤ [美]威廉·A.哈维兰:《文化人类学》(第10版),第237页。

殊地域中"独特"的婚姻现象进行了阐释。如是说，"卓仓藏族在通婚范围上不仅严格禁止跨族际通婚，而且婚姻范围常常被限定在本族群内部"[1]；把这种婚姻形式与西藏南部地区婚姻规范中的骨系观念和等级差异性联系起来，将它规定为"骨系等级婚制"，声称"卓仓藏人骨系等级婚制的规则是明确而严格的，并较为完整地延续到今天"[2]；"自卓仓藏族形成以来，开始禁止与其他民族通婚，也不大提倡跨部落通婚，他们的婚姻完全封闭在'卓仓'这一狭小的范围内。数百年来世世代代都自觉地维护这条不成文的规矩，谁也不敢轻易打破，若有个别人违背，其家人便会与之断绝往来，整个部落的人也会另眼相看"[3]。更有言，卓仓人"坚持族群内通婚。所谓内婚制也就是血缘骨系制，即凡是卓仓七条沟里的藏族人都必须在这七条沟的藏族人中选择配偶，因为这七条沟里的藏族是他们能够明确做出判断的血统纯正的藏族人，而其他地区藏族的血统是否纯正无法判断，所以不愿与七条沟外的藏族结亲"[4]。事实果真如此吗？若展开这个焦点论题，比如探究它的成因与影响，有一个逻辑前提，那就是卓仓族群的婚姻关系的确是在此内群体产生的；不弄清这个前提，这种展开就有可能误入歧途。但不无遗憾的是，综观上述研究，不能为之提供很有说服力的证据。同时，透过这个独特的典型个案，可以观察作为藏文化圈圈层多样化产物的次级文化圈的演变事实。

一　数据来源

郭尔 3 个村不但在地域上整合度高，而且可以视为一个文化整体来看待和分析。调查中发现，村人的婚姻观念与规则确有不为知识界所知的一面。《巴藏沟乡人口和计划生育全员台账汇总表》（以下简称"台账"）部分地展示了其婚姻圈的"庐山真面目"。这份台账比较全面、清楚地记录了截至 2010 年 3 月 21 日的常住人口信息，尤其分村分户准

---

① 索端智：《卓仓藏族的几项婚俗及其文化蕴含》，《青海民族学院学报》（哲学社会科学版）2001 年第 3 期。

② 扎洛：《卓仓藏人的骨系等级婚制及其渊源初探》，《民族研究》2002 年第 4 期。

③ 尕让·杭秀东珠、尕让·尚玛杰：《卓仓藏族源流考》，青海民族出版社 2002 年版，第 144 页。

④ 班班多杰：《和而不同：青海多民族文化和睦相处经验考察》，《中国社会科学》2007 年第 6 期。

确记录了育龄（含入赘）人口的姓名、性别、出生年月、民族、文化程度等情况。鉴于这份台账所记录已经出嫁并且不在本地居住女性的信息不完整，笔者又从乡计生部门所零星登记的档案资料中搜集、掌握了近30年来嫁出女性的相关情况；对二者做了重新汇总，而后深入村社，按台账人口，对其中记录不完整的出生地或嫁出地、现在的就业概况等作了补充或修正。这样就组成了一个较为完整的有关郭尔3个村居民婚姻圈的数据库。作为必要的补充，文中还将使用到笔者走访调查到的部分第一手资料。

二　结果与分析

（一）分析维度与个案分布

台账（含所汇总的嫁出女性信息，下同）涉及的个案总数为386例。笔者将其以自然村、性别、出生年代、民族、受教育程度、缔结婚姻的年代、通婚范围（出生地或嫁出地）、婚姻状态（初婚/再婚/离异/僧侣）、婚姻方向（娶进/嫁出/入赘/领养/常年外出或出走/领来[①]）9个维度来分类和分析。其中的"缔结婚姻的年代"通过推算得来，只作为参考指标；推算的规则是已婚女性出生年月加上不同时期的平均初婚年龄（结合青海的实际情况），即1949年、1950—1960年、1961—1970年、1971年至今出生者，分别加17岁、19岁、20岁、21岁[②]。"频率"分析结果显示，其中的出生年代项缺失5例，婚姻状态项缺失6例，系知其嫁出却不知其下落或知其下落但不知其详情的年轻女性，多为20世纪八九十年代生人；受教育程度项缺失10例，系前述5例和领养小孩5例；缔结婚姻的年代项缺失10例，系出生年代项缺失个案和领养小孩5例；婚姻方向项之缺失个案，系3例入寺为僧者。至于通婚范围项1～16的分析维度（见下文），是根据知识界对卓仓的地域范围的初步认定（见下文）、郭尔社会内部对卓仓范围的认同以及个案在地域上的相对集中度来由近及远地

---

①　"领来"指婚姻双方未经女方（一般为外村甚至外县、外省人）家人同意和"媒妁之言"，自由地在本村组成家庭。尽管其中的多数未办理婚姻登记手续，但仍在乡计生部门的统计范围。"出走"所指则与之相反。"常年外出"指常年在外打工，或其去向不为本村人所了解。

②　参考依据：旧中国民法规定男满18岁、女满16岁即可结婚，新中国1950年的婚姻法规定男20岁、女18岁始得结婚，从60年代到70年代，许多地方自定了不成文的规定，1980年的婚姻法规定男22岁、女20岁才可结婚。参见潘允康《家庭社会学》，中国社会科学出版社2002年版，第87页。

确定的，其中的"本村"指个案所在的自然村。

数据的统计与分析采用 SPSS 软件来进行，主要就前述 9 个维度（变量）进行探索性分析和交叉分类统计，然后结合总人口的统计，对其结果进行描述和解释。个案在 3 个村的分布情况见表 79。下郭尔、堂寺尔和上郭尔的个案分别占其总人口的 41.3%、37.4% 和 38.8%（总人口以台账人口计），台账登记的"娶进"人口（见表 80）占 3 个村女性总人口的 64.3%。3 个村的育龄妇女人口和已婚妇女人口分别有 262 人和 211人，而 2009 年 10 月登记的 10 岁以下人口有 133 人，可见这份台账登记的情况尤其是娶进女性的信息是尤其真实可信的。总个案中，女性占92.9%。这符合因婚姻而产生的乡村社会女性流动人口远高于男性的事实。

表 79　　　　　　　　　　婚姻个案在 3 个村的分布　　　　　　　（例、%）

	频率	百分比	有效百分比	累积百分比
下郭尔	125	32.4	32.4	32.4
堂寺尔	113	29.3	29.3	61.7
上郭尔	148	38.3	38.3	100.0
合计	386	100.0	100.0	

表 80　　　　　　　　　　　不同村的婚姻方向　　　　　　　　　　（例）

	下郭尔	堂寺尔	上郭尔	合计
娶进	99	89	115	303
嫁出	16	8	9	33
入赘	7	8	10	25
领养	1	2	3	6
常年外出或出走	1	1	10	12
领来	1	2	1	4
合计	125	110	148	383

（二）婚姻特征

1. 婚龄人口的流动总体上以流入为重，招婿得到尊重

在婚姻方向维度下 383 例有效个案中，娶进和嫁出的分别占 79.1%

和8.6%。二者相差如此悬殊,原因不仅仅是统计与调查中的疏漏(很难统计)。3个村在20世纪90年代娶进的女性有69例,2000年后娶进的有59例(二者占娶进人数的42.2%),远远高于同期嫁出人数。因此,可以肯定,婚龄人口的流动总体上偏重于流入。整个社区环境对入赘的重视和对赘婿的尊重,也在一定程度上弥补了二者之间的失衡。当地把招来的女婿称为"希女婿","希"有固定的意思,蕴含了"岳父母把招女婿当儿子看待"这一在青海其他乡村社会不易见到的现象。男性被招来后一般要改名换姓(汉族改藏族姓名,藏族改女方家庭姓氏),或者第一个子女随母姓,第二个随父姓。即便组织家庭后离了婚,女婿仍然可以在村里立家业。其中还有1例女性出走后,夫方赡养岳父母的个案。从表80可以看出,上郭尔村的入赘者比重高,原因是该村处在最脑山,经济发展相对滞后,藏族文化传统保持得比较浓厚。

2. 婚龄人口的整体受教育水平偏低

在受教育程度维度下376例有效个案中,初中以上文化程度的只占21.1%(其中高中以上只有13例);小学以下文化程度的占到近八成,其中文盲率高达48.7%,反映出婚龄人口整体受教育程度较低。在20世纪七八十年代缔结婚姻者占到有效个案的59.1%(有效的N=381)。而这部分人担负着发展经济、教育后代、传承文化的重要责任,其受教育水平的现状不能不令人忧虑。从整个发展趋势看,得益于基础教育的逐步普及,情况也在向好的方向发展(见图23):文盲程度的结婚人口在20世纪70年代达到高峰,此后逐年下降;而初中文化程度的人数呈上升趋势,20世纪80年代起上升幅度明显。

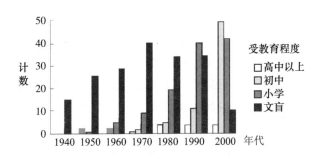

图23　不同受教育程度者缔结婚姻的年代

3. 婚姻关系总体上稳定

在婚姻状态维度下的 380 例有效个案中，初婚占到 90.3%，再婚、离异二者所占比例为 8.9%，可以说明 3 个村的婚姻关系总体上是比较稳定的。再婚、离异者在 3 个村的分布稍有所区别，见表 81。以再婚和离异人数之和占总人口的比重相比较，堂寺尔的离婚率达到 5.3%（上郭尔次之），高出下郭尔 5 个百分点；相对而言，下郭尔的婚姻关系是最为稳定的。这种差异可能与下文要论及的 3 个村婚姻圈的差异性有关联。

表81 　　　　　　　　　　**婚姻状态的分村比较** 　　　　　　　　（例）

	下郭尔	堂寺尔	上郭尔	合计
初婚	117	93	133	343
再婚	6	14	7	27
离异	1	1	5	7
僧侣	0	3	0	3
合计	124	111	145	380

4. 民族内婚倾向明显

在 386 例个案中，藏族占 89.1%（以政府口统计数计算，3 个村藏族人口占其总人口的 88.2%），汉族占 10.6%，土族有 1 例。在 3 个村中，民族间通婚者屈指可数。除去向不明的以外，藏族女性嫁出对象皆为藏族。仅有的 2 例藏汉型（即女藏男汉），男方为赘婿。其中 1 例系陕西汉族祁氏，是个案中唯一一个为大专文化程度者，到村后即改民族成分为藏族并"入乡随俗"起一藏族名；另 1 例来自平安县寺台乡。藏汉家庭之间虽然近水楼台，但鲜有婚配发生。仅有 2 例汉藏型（男汉女藏），其中 1 对系贾姓汉族娶了另一村"随了"藏族的贾氏女性；另一对的女方系一山之隔外的平安牙扎人。1 例土族系娶自互助松多乡，男方为汉族。该村汉族言藏语（很多说汉语反倒没有说藏语流利）、行藏俗、唱藏曲、信藏传佛教①。藏汉族群边界主要由认同来维持，其间关系十分融洽。但在婚

————————

① 如在白事上请寺院僧侣或"天官"（当地称法，系红教居士，又称为"苯苯子"，郭尔 3 个村有 3 人）诵经；白事活动中的区别仅在汉族家吹喇叭以及丧葬方式、所立坟茔稍有不同。再如，在村里的佛事活动和宗教场所建设中，汉族是积极的倡导者、组织者和参与者，嘛呢康曾由贾姓汉人主"尺"兴建一事，在村中广为流传。

姻上却为何要舍近求远？就此，笔者访谈当地人，无一例外的回答是：这是祖上传下来的规矩，双方心知肚明，哪一方也不会起那个动议、费那个心思。仅此解释，仍显不够。学术界探讨过族际通婚对民族互动关系的正向作用和达到高族际通婚率所需的条件[①]，但对类似郭尔这样的个案中所呈现的两个"边界"模糊、交往深广、关系高度和谐的族群，却鲜有族际通婚这个有悖"常规"的事项，尚需追问。

5. 婚姻圈的地域范围

基于郭尔 3 个村汉族在语言、宗教信仰、生活习惯等方面受到藏文化的诸多浸润，故对其婚姻圈的地域划分作整体分析。发生在郭尔 3 个村内部的婚姻只占个案总数的 24.6%；发生在本乡范围郭尔以外其他村的只有 11 例，集中在该乡李家（5 例）、索家（3 例）、尔官、下星家 4 个村，其中有 2 例为汉族（汉—汉型）、2 例为嫁出。这一相对较低的比例，应了当地的一句俗语："亲家做着远着好，隔墙打着高着好。"意思是说：若两家太近或者隔墙太低，容易散播是非，不利于婚姻关系的稳定和邻里关系的和谐。但这种远并不是无限定的。婚姻关系对象集中出现在乐都县下营乡的上营、塔春、茶龙等几个脑山村和平安县沙沟乡牙扎、桑昂、中庄 3 个村，分别有 85 例和 46 例，二者之和占到个案总数的 33.94%。东西两地与郭尔仅一山之隔，皆依偎在阿伊山北麓，相距 10 公里左右。在郭尔村人的习惯里，两地有特有的称呼，前者叫高店沟（虽然婚姻关系发生地仅仅是沟脑的几个村），后者叫东沟（尤指牙扎村）。这也在一定程度上反映了二者之间婚姻关系的密切性。高店沟以东至瞿昙—药草台沟的浅脑山地区次之，计有 45 例，"东沟"西南边的平安古城乡角加—古城—沙卡一线再次之，计有 22 例。与以上 8 地（包括郭尔 3 个村）缔结婚姻关系者达到 80.3%。可见，横向的婚姻关系远远多于纵向，而且相对而言，"就近"仍然是该村婚姻关系发生的重要原则。这种原则在上郭尔村体现得更加鲜明，见表82。从中可以看到，从下郭尔到堂寺尔，再到上郭尔（虽然后二者所处山沟深度不相上下，处在东西两个山梁而已），其通婚范围表现出明显的远近倾向性差异。如图 24 所示，上郭尔的婚嫁对象集中在高店沟、

[①]　马戎编著：《民族社会学——社会学的族群关系研究》，北京大学出版社 2004 年版，下同，第 437 页。

东沟和本村以外的郭尔其他两个村，尤其在高店沟的婚嫁对象达到郭尔3个村在这一地区婚嫁个案数的42.4%。

表82 不同村的通婚范围 （例）

	下郭尔	堂寺尔	上郭尔	合计
本村	12	14	12	38
本村以外的郭尔其他两个村	16	21	20	57
本乡（不包括郭尔的其他两个村）	2	2	7	11
高店沟（乐都县下营乡的几个脑山村）	29	20	36	85
高店沟以东至瞿昙—药草台沟	12	19	14	45
瞿昙—药草台沟以东至中坝浅脑山地区	2	2	2	6
东沟（牙扎—桑昂—中庄）	12	14	20	46
角加—古城—沙卡一线	7	5	10	22
平阿公路以西到平安—湟中界	7	2	4	13
白马寺白马村	4	0	2	6
湟水河以北（不含白马寺）	2	1	0	3
湟水河南岸一线川水地带	1	0	1	2
两化地区	5	1	8	14
海东地区以外（青海范围）	8	6	6	20
青海以外（西藏、宁夏等）	5	4	2	11
不详	1	2	4	7
合计	125	113	148	386

郭尔3个村的婚姻圈也延展到20公里以外的区域，包括平（安）阿（岱）公路以西的平安县的石灰窑、三合，湟水以北的互助县，阿伊山南侧的两化（化隆和循化县），以至海东以外青海范围的天峻、海晏县，最远到西藏、宁夏和甘肃省（区）。婚嫁在（于）这几个地区的个案共有63例，虽然总数不多，但是影响深远。

另外，分民族看，上述特征同样是十分明显的，见表83。尤其值得注意的是，藏族的婚姻对象发生在海东以外的个案达到27例；汉族婚姻的地域划别表现出与藏族惊人的相似性，同样是在高店沟最为集中。

表83　　　　　　　　　　　不同民族的通婚范围　　　　　　　　　（例）

	藏族	汉族	土族	合计
本村	36	2	0	38
本村以外的郭尔其他两个村	54	3	0	57
本乡（不包括郭尔的其他两个村）	9	2	0	11
高店沟（乐都县下营乡的几个脑山村）	75	10	0	85
高店沟以东至瞿昙—药草台沟	42	3	0	45
瞿昙—药草台沟以东至中坝浅脑山地区	6	0	0	6
东沟（牙扎—桑昂—中庄）	44	2	0	46
角加—古城—沙卡一线	19	3	0	22
平阿公路以西到平安—湟中界	8	5	0	13
白马寺白马村	6	0	0	6
湟水河以北（不含白马寺）	1	1	1	3
湟水河南岸一线川水地带	0	2	0	2
两化地区	11	3	0	14
海东地区以外（青海范围）	20	0	0	20
青海以外（西藏、宁夏等）	7	4	0	11
不详	6	1	0	7
合计	344	41	1	386

若要进一步深入地阐释上述婚姻圈的地域分别，有必要对"卓仓"及其所指的地域范围做出确认。从卓仓研究的脉络看，卓仓这一名称，无论是族群名称还是地域名称，最先是从《安多政教史》追溯来的。该著称：卓仓地名由海喇嘛桑杰扎西而来，"因为是卓隆地方的人，故称为卓仓"①。卓隆（亦称卓窝垅）即今西藏洛扎县。《瞿昙寺》一书结合明清典籍和碑碣史料及地方口承资料，进一步说，"卓仓"在安多口语中称为"角仓"，也就是现在乐都南山地区的藏语名字。在过去藏语概念中的角仓，是指明王朝封给瞿昙寺的七条山沟，称为"角仓七条沟"。②卓仓之"卓"，汉语意为"麦"，为了符合汉族姓氏的习惯便写为"梅"，并由海

① 智观巴·贡却乎丹巴绕吉：《安多政教史》，吴均、毛继祖、马世林译，甘肃民族出版社1989年版，下同，第166页。

② 谢佐：《瞿昙寺》，青海人民出版社1998年版，下同，第16页。

喇嘛原籍亲属来此管理寺院拉德①，自称梅氏。角仓这一形成于明代的称谓，其后随着政治、经济和文化环境的变化，逐渐由最初的家族（梅氏）名称演变为一个族群和区域名称。② 由于有正史和地方宗教史两种藏汉史料得到佐证，关于卓仓名称来源这一问题是可以定论的；且可得出，史上卓仓之地域中心为瞿昙寺。但是，"角仓七条沟"（当地人又称为"七沟海子"）在明王朝赐封时以及现在可以包括哪些区域？ 对这一问题，鲜有人去深究，可谓卓仓研究之欠缺矣。

瞿昙寺前山门明宣德二年"皇帝敕谕匾"文（原匾已无存）明确交代了瞿昙寺的势力范围："东至虎狼沟，西至补端观音堂，南至大雪山，北至总处大河，各立牌楼为界，随诸善信，办纳香钱，以充供养。"③ 这是关于卓仓地界最早、最明确的证据了。"总处"是湟水的藏语译名"宗曲"，"总处大河"就是湟水在乐都境内的名称④，所以卓仓的北界为湟水河⑤。《西宁府新志·卷五》载："南山在县南六十里。与宁邑南山相连，延长数百公里，各番族耕牧其间。冬夏积雪不消，耸出万山之上，俨若银屏。又谓之雪山，俗称'南山积雪'，为十二景之一也。"⑥ 大雪山无疑就是乐都—平安与化隆交界处的阿伊山—岩石山。北河南山，这个当时的南北边界应该是清楚的。虎狼沟这一名称沿用至今，系乐都县中坝藏族乡所在地。属于"安多四宗"之一的（普拉）央宗寺，就坐落在该乡牙昂村。该寺曾经是瞿昙寺的属寺和其僧侣的主要静修地。所以，卓仓之东界是现在的中坝乡，这也可以确认。由此往西，由新版地图可见，仅在乐都县境还有双塔沟、岗子沟、峰堆沟、马哈拉沟、叶家沟和高店沟，与山势同一南北走向，基本上一乡占据一沟。其中的叶家沟属于乐都台子乡与下营乡的边界。那么"补端观音堂"（有人称作乌丹神殿或布丹拉楞）这个明显具有汉文化特点的地名而今安在？ 与高店沟相邻的巴藏沟是不是在"七条沟"之列？ 在平安境，冠之观音堂者有 1 处，即白沈家至古城段古称

---

① 为藏传佛教寺院对其管辖下属地民户的通称，意为"神民"，即香火户。

② 拉格：《简论安多地区"卓仓"地名的由来》，《西藏研究》2009 年第 4 期。

③ 参见谢佐《瞿昙寺》，第 105 页。

④ 谢佐：《瞿昙寺补考》，《青海民族学院学报》（社会科学版）1984 年第 1 期。

⑤ 处在湟水河北缘、白马寺旁的互助县红崖子沟乡白马村是个例外。该村的藏族是不是卓仓人，尚存争议。

⑥ （清）杨应琚编纂：《西宁府新志》，第 158 页。

观音堂沟（今称白沈沟）①，这是平戎到巴燕的交通要地，自然是一条文化边界线。如果以此为卓仓的西界，也就是说，当时所指补端②观音堂就在这一带，应当在情理之中。但是，从白沈沟到东边的高店沟，除了巴藏沟外，还有今深沟（宋代始有此称），这样一来，从东边的虎狼沟到西边的白沈沟，大小共有9条沟，这又超出了7条沟的范围而难以与"七条沟"相吻合。卓仓地区婚礼歌③表达的地域范围是：西自"莲花般的普兰扬宗"，南自皑皑的雪山，西自"藏族拉带村"（并称"南北流向的河东是卓仓的辖地"），北至湟水河。今有河东村在巴藏沟地界，歌之所指河东可能就是现在的巴藏沟河。但其中的拉带村今在何处，对此无人考订。卓仓的西界仍然不能确定。

巴藏沟古称达扶西溪水，与之隔山相望的高店沟称为达扶东溪水。④《西宁府新志》称："达扶溪在县南。按《水经注》：'湟水东，右会达扶东西二水，参差北注，乱流东出'是也。"⑤说明巴藏沟一带在地缘上与乐都的紧密联系。平安县成立于1978年，在这之前，最早属于西宁州（卫）。清至民国时期，先后属西宁县及湟中县第2区；而巴藏沟的大部分地区属于乐都管辖，《西宁府新志》对此即有明确记载⑥。康熙朝时地方文献亦载，碾伯所治西南境有：上帐房、下帐房、上营族、下营族、郭尔族、河尔洞族、李家族、西营族、上阴阳族和下阴阳族。⑦ 1953年，原属乐都县的李家、索家（部分）、河东3个村划入湟中县二区管辖。1958年，时属乐都县高店乡的上郭尔、下郭尔农业社划由平安区新庄乡管辖。1962年，从沙沟公社析置巴藏沟公社。1980年，从沙沟、平安公社析置

---

① 曹长智：《观音堂乩思观堡简考》，载《平安文史资料选辑》（第3辑），1987年内部印发。

② 据一位在青海海西民族宗教部门工作的平安籍卓仓人介绍，"补端"为一古代将军名，"拉楞"意为佛堂。后来，补端逐渐演变为村庄名，现民间有"鸟旦四庄"之称，包括中庄（依麻然）、桑昂（石头山城）、牙扎（家庭名，意为"夏季草场"）、湾子4个村。

③ 索端智：《卓仓藏族婚礼歌中的几条口碑资料》，《青海民族学院学报》（社会科学版）1994年第3期。

④ 详图参见铁进元等《安夷县址、宗哥城址考辨》，《青海社会科学》1994年第2期。

⑤ （清）杨应琚编纂：《西宁府新志》，第170页。

⑥ 王增城：《平安县有关史料简况》，载《平安文史资料选辑》（第1辑），1987年内部印发。

⑦ （清）李天祥纂、梁景岱鉴定：《碾伯所志》。

巴藏沟公社。① 至此，作为一个完整行政单元的巴藏沟才得以成型。但是它（特别是郭尔 3 个村）与平安县在文化上的联系并没有建立起来，至今亦然。这种尴尬有其历史的渊源。除了上述行政建制这个表面现象外，更重要的在宗教和认同层面。郭尔 3 个村与瞿昙寺在宗教上的联系是十分紧密的。比如，郭尔的嘛呢康，据传是在明代由瞿昙寺的僧侣倡导下初建的；村里的白塔和崩康，在重建时，多由瞿昙寺的活佛主持选址；瞿昙寺第六世智合仓活佛（称凉州佛，在世），系巴藏沟下郭尔仓氏；现在村民开展宗教活动，若需在寺僧人来诵经，大多数情况下要请瞿昙寺的僧侣，等等。郭尔人对其东边地区的认同更为紧要。笔者在了解婚嫁对象的出生地或嫁出地时，受访者对乐都高店、峰堆乡一带的地名如数家珍，所提到的地名与现名多有出入，比如把城台乡的城子村称为然尕囊，把台子村称为台然尕，把瞿昙乡的浪上、浪下村称为浪营，把药草台寺所在的村称为贡巴囊，还有牙扎囊、杰拉囊、囊尕然等在地图上不再出现的名称，却对地图上该区域的很多新地名不知所云。很明显，这种联系和认同是历史关系的烙印。

平安牙扎—桑昂—中庄一线以西地区则不然，不但在藏文化特点上与巴藏沟有所不同，而且在郭尔人的认同里，有着与上述东部地区迥然不同的地位。这一地区从明洪武元年（1368 年）到民国 20 年（1931年），一直由高羌世袭祁氏土司（世称"西祁"）管辖。据清宣统元年史料载，祁土司辖境东以红土庄山岔头为界（今沙沟乡与巴藏沟乡山牙鏨），东南至牛心山东哇山、炭山阴窝（今东沟炭山），西至李土司属洪水泉回民庄韭菜沟为界。② 管辖地在明代有 4 族、800 户、6865 人；清代分 8 族，其中南 7 族在今平安县境内，计有东沟大族、角加大族、卜端小族（沙沟牙扎、石头山城、中庄、侯家庄）、沙卡小族等。③ 祁土司属塔尔寺六族之一的祁家族，在宗教上归属于塔尔寺。④ 因为祁土司系蒙古族后裔，也较多地受到汉文化的影响，因此辖地藏族在文化上

①　平安县地方志编纂委员会编：《平安县志》，陕西人民出版社 1996 年版，下同，第 19—31 页。

②　（清）《甘肃省新通志》卷 42。

③　铁进元、祁永锐：《西祁土司及其衙门文化》，载《平安文史资料选辑》（第 4 辑），1987 年内部印发。

④　敖红：《塔尔寺六族与塔尔寺》，《青海社会科学》1991 年第 3 期。

与乐都、巴藏沟藏族有不同之处，比如通用汉语、藏汉信仰杂糅等。在封建王朝的羁縻怀柔、分而治之的民族政策主导下，同样是政教合一的祁土司俨然是与梅氏家族及其所辖的卓仓地区相互掣肘的地方势力。这样说来，明王朝不可能把祁土司辖地的沙卡、角加、牙扎等地划为瞿昙寺的香火地。在访谈中，郭尔人也十分明确地表示，其西边沙卡、角加、牙扎以至红崖等村的藏族是塔尔寺的"属民"，并一再强调他们与自己在持有藏文化特质上的不同之处，并指出：只有东沟以东（牙扎、桑昂、中庄等在东沟以西）属于卓仓范围。

如此说，《平安县志》所载"清代，境内巴藏沟藏族属卓仓昂索，即乐都曲坛寺梅土司管辖的第七族（郭尔族）"[①]，是比较可信的。黎宗华称："7沟海子的汉语旧称是：虎狼沟、双塔沟、岗子沟、峰堆沟、深沟、高店沟、巴藏沟等，这是从入湟的南部沟川而叫的；而藏语是以山脑的称谓而叫的，即：朴拉央宗、尕让隆哇、拉康隆哇、亚扎隆哇、拉干隆哇、宗太隆哇、巴藏隆哇。"又说："从历史上讲，卓仓地区还包括今平安县巴藏沟乡和沙沟的东沟一带，方圆百余里。"[②] 这一说法虽然未说明依据，但是比较接近事实。这样就可以确证，"卓仓七沟"之最西边的一条沟为巴藏沟，卓仓的最西界超不出白沈沟上半沟之东岔，即郭尔当地所称之东沟（河）。

确定了卓仓的地理范围后，再回去看前文对郭尔3个村婚姻圈的分析，就可以更加清楚地发现，卓仓族群郭尔人的通婚范围已经远远超出了卓仓范围。从表84可知，郭尔3个村在与卓仓以外区域（不包括白马村）发生的婚嫁总个案达到138例（包括"不详"），占到台账总个案的35.75%。在同一区域发生婚嫁关系的藏族个案有116例（包括"不详"），占到藏族婚嫁总个案的33.72%；其中，在与前述史上祁土司辖地发生的个案达到71例。而在郭尔以东的卓仓范围，瞿昙—药草台沟以东至中坝浅脑山地区这个大约占到卓仓地区面积近一半的区域，只发生6例个案。这种情况不仅仅发生在最近几年。20世纪30年代出生者已经有娶自或嫁往这一区域的，40年代和60年代出生者分别有1例和3例娶自或嫁往两化地区和海东地区以外的青海范围。到了20世纪七八十年代出生者那里，这种婚姻已经是常

---

① 平安县地方志编纂委员会编：《平安县志》，第608页。
② 黎宗华：《论卓仓藏族的历史及文化特征》，《青海民族学院学报》（社会科学版）1990年第2期。

态了。特别值得关注的是，20世纪80年代出生、娶自或嫁至海东地区以外（青海范围）者，达到12例，是同时代不同区域的最大数。

表84　　　　　　　　不同年代生藏人的通婚范围

	1	2	3	4	5	6	7	8	合计
本村	5	4	8	8	7	3	0	1	36
本村以外的郭尔其他两个村	10	9	4	11	9	9	1	0	53
本乡（不包括郭尔的其他两个村）	1	0	1	1	3	3	0	0	9
高店沟（乐都县下营乡的几个脑山村）	11	5	11	11	26	10	1	0	75
高店沟以东至瞿昙—药草台沟	2	2	5	10	17	6	0	0	42
瞿昙—药草台沟以东至中坝浅脑山地区	0	0	0	0	0	6	0	0	6
东沟（牙扎—桑昂—中庄）	2	4	12	9	12	3	1	0	43
角加—古城—沙卡—一线	3	2	3	3	4	3	0	1	19
平阿公路以西到平安—湟中界	0	0	2	2	2	1	0	1	8
白马寺白马村	0	0	3	0	0	2	0	0	5
湟水河以北（不含白马寺）	0	0	0	0	1	0	0	0	1
两化地区	0	1	0	0	1	9	0	0	11
海东地区以外（青海范围）	0	0	0	3	3	12	0	0	19
青海以外（西藏、宁夏等）	0	0	0	0	3	4	0	0	7
不详	0	0	0	0	0	2	1	1	5
合计	34	27	50	58	88	73	4	5	339

注：首行1～8分别表示20世纪30、40、50、60、70、80、90年代及21世纪头十年。

三　小结与讨论

综上分析可以得出结论，尽管郭尔3个村藏族的婚姻体现出明显的民族内婚特点，但在婚姻圈的地域别上，并没有体现出明显的卓仓族群内婚的特点。因此，在称卓仓人的婚姻为族群内婚制时，要特别慎重；称之为源自西藏的骨系内婚制则要慎之又慎。卓仓人在确定婚姻对象时确实十分注重"身袖"（体味）问题，正如当地俗语所称"宁叫家里穷，甭叫身子臭"，并把这种体味特征与"日巴"（骨头）以及等级联系起来。为什么会如此？当地人的分辨逻辑是，不严重的臭在肉里，严重的臭在骨头里，骨头不"好"者，自然就低人一等。古人说"同心之言，其臭如兰"（《周易·系辞上》），也常说臭味相投。当地村人讲，夏天热了，要是大家坐在一起，有味道者会特别明显，这样一来，众人就会议论，从而"不好之事行千里"。说明在很多场合，所谓"身袖"不好者占了少数。因为心知肚明，身袖"坏"的一家在缔结婚姻关系时，不可能去攀附身袖"好"的，这似乎成了一条不成文的规矩。自然而然地，二者形成两个相对的群体或者阶层，身袖"坏"的即便经济条件好，仍然在当地社会（尤其在婚姻交往中）处在受议论和被冷落的境地。但身袖的"好"与"坏"就一步之遥，在很大程度上，对身袖的评判只是受一种观念的驱使，因此"好"与"坏"可能就发生在"善恶一闪念"，不会是一种"社会事实"而是主观评价①。据外人称，在卓仓地区，有的自称身份高、地位高者，"身袖"问题照样十分严重。

那么，这种观念的形成，与西藏南部地区所存在的等级内婚制②有没有联系？若要建立这种联系，有两点不宜被忽略：一是卓仓地区藏族在来源上的多元性③。如果把明初从卫藏迁来的卓窝垅部族视为卓仓藏族的正源或形成过程中的主线，那么不禁要问：其从西藏到青海湖地区、甘肃河西走廊沿祁连山麓一带，一路辗转，再到卓仓地区，能在多大程度上保持或保留原有的"传统"（包括原有的婚姻制度）？这是值得怀疑的。况且，在明、清两代（明宣德直至清雍正的 300 余年，大约在 1427 年至 1723 年后不久），以瞿昙寺为中心的政教统一组织势力盛极一时，在政治、经济和文化影响下，瞿昙寺周边（卓仓范围）甚至卓仓区外的族群，如汉、蒙古、土族等，极有可能附会到那个群体，自称藏族甚至卓仓人。而居住生活在瞿昙寺与梅氏僧俗势力范围却非从西藏山南而来的藏族人，更有可能附会到卓仓人的队伍中。个中的"可能"是族群认同理论的工具论所告诉我们的。而且，这种可能性，在卓仓郭尔人中得到突出印证。下郭尔仓氏、堂寺尔李氏、上郭尔田氏分别有 15 户、27 户、48 户，是各个行政村的大户。但三姓耆老称，三姓本地祖人属于外来者：仓家来自北山仓家贡巴，入居郭尔已有 5～8 代；李家来自青海互助县，原为土族，"他称"

---

①　在研究中，称身袖"好"的嫁与或娶了身袖"坏"的婚姻形式为"下嫁婚"，这本身已经是一种价值评判。

②　[美] 南希·利维妮：《"骨系"与亲属、继嗣、身分和地位——尼泊尔尼巴（Nyinba）藏族的"骨系"理论》，格勒、赵湘宁、胡鸿保译，《中国藏学》1991 年第 1 期；徐平：《西藏农村的婚姻家庭》，《社会学研究》1996 年第 5 期。

③　拉格、王洲塔：《卓仓藏族族源考述》，《中国藏学》2009 年第 3 期。

为"鞑子桑";田家来自民和,最初迁到巴藏沟李家村(有田家祖坟),再迁现址,原部落名叫"洛瓦",意为"田里长的苗子",田姓由此而来。各说得到地方文献的印证:平安部分藏族系明清时期从邻县就近迁移定居,"如:沙卡、郭尔村仓氏,从乐都县寿乐乡仓家寺迁入,后分居牙扎村、桑昂村……上郭尔村田氏,从乐都县罗巴沟迁入;堂寺尔村李氏,从乐都县北山的达孜沟迁来"①。而被郭尔人一致认可的"占根子"的白氏,比较而言,其家道就有些衰落了。有人把这种成分的多元性,称为"多种姓多骨系藏族的聚合"②。这样说来,存在于卫藏地区的这种"传统"的延续就可能遇到诸多障碍,其影响也就不可能深远了。二是骨系观念的普遍性。在中国,历史上彝族的骨系等级观念也是比较突出的。彝族人讲本民族内部通婚和等级内部通婚。新中国成立前不可逾越这个等级而通婚,而且所形成的制度很顽固。血缘是后来翻译的,彝族对血缘用"乌都"(骨头)来表达。骨头好人就好,骨头差人就差。等级与等级之间、等级的内部也根据骨头存在细小分层。③在青海省范围,不仅卓仓以外的其他藏族族群(如华热人)在确定婚姻关系时讲究"身袖",河湟地区汉族人也是如此。综合这两点,只能得出这样的结论:卓仓的骨系婚制,可能受到多种文化的影响而存在(文化)突变。

在评价卓仓藏族骨系婚制时,称它在于通过限制族际间的通婚来防止本民族被同化,强化族群认同。这样的功能解析,略显草率。如果仅仅通过小群体的内婚来防止被同化并保持本民族的文化,那么对互动双方,其代价都是巨大的。在文化发展史上,如此成功的案例只能是极端的;在全球化时代,也不可能被成功复制。基于这样的逻辑前提作失当的解析,进而过分强调骨系内婚的正功能,不仅难以站住脚,而且有悖于个体的自由选择和发展趋向。仅郭尔3个村而言,其婚姻越来越趋于外而非趋向内。从表85可知,在娶进或嫁出至非卓仓地区的个案,从20世纪70年代起明显增多。特别是在1990—2000年的最近30年间,郭尔3个村的人口总量增幅不大(1990年其总人口为898人),娶自或嫁出这些地区的个案却明显增

---

① 平安县地方志编纂委员会编:《平安县志》,第607—608页。
② 黎宗华:《论卓仓藏族的历史及文化特征》,《青海民族学院学报》(社会科学版)1990年第2期。
③ 《西南田野的当地经验》,中国人类学评论网,http://www.cranth.cn/0908/00014.html,2010-05-08。

加；而在卓仓范围内婚的个案的增幅不明显，在有的区域还在下降。

表85　　　　　　　　　通婚范围与缔结婚姻年代比较

	1	2	3	4	5	6	7	合计
本村	0	5	5	8	7	6	4	35
本村以外的郭尔其他两个村	6	7	8	3	10	9	10	53
本乡（不包括郭尔3个村）	1	0	1	0	1	2	4	9
高店沟（乐都县下营乡的几个脑山村）	4	8	5	11	11	22	14	75
高店沟以东至瞿昙—药草台沟	0	2	2	5	10	13	10	42
瞿昙—药草台沟以东至中坝浅脑山地区	0	0	0	0	0	0	6	6
东沟（牙扎—桑昂—中庄）	1	2	5	11	9	11	4	43
角加—古城—沙卡一线	2	1	2	3	3	3	4	18
平阿公路以西到平安—湟中界	0	0	0	2	1	2	2	7
白马寺白马村	0	0	1	2	0	0	2	5
湟水河以北（不含白马寺）	0	0	0	0	0	1	0	1
两化地区	0	0	1	0	0	1	9	11
海东地区以外（青海范围）	0	0	0	1	2	6	9	18
青海以外（西藏、宁夏等）	0	0	0	0	0	3	4	7
不详	0	0	0	1	0	0	3	4
合计	14	25	30	47	54	79	85	334

注：首行1~7分别表示20世纪40、50、60、70、80、90年代和21世纪头十年。

正如前文所述，新兴的社会群体的婚姻圈并非像沿海地区出现的那样趋向于"村内婚"或在地域上趋向萎缩之势[1]，而是在不断拓展婚姻空间，上演着一场"婚姻制度的革命"。这一特点，与西藏农村妇女通婚范围的变化趋势[2]有相似之处。产生这种变化，其动因是多方面的。从一般的意义上说，按照文化进化论的观点，婚姻由杂交到血缘婚（集团内婚）、氏族外群婚再到对偶婚、氏族外婚，这是普遍的规律。爱德华·希

---

[1]　霍宏伟：《我国农村婚姻圈发展现状堪忧》，《中国社会科学报》2010年3月25日第11版。

[2]　参见王金洪《当代西藏妇女的婚姻状况与家庭地位——对拉萨市与山南地区200户家庭的调查》，《民族研究》1999年第3期；马戎《西藏城乡居民的择偶与婚姻》，《西北民族研究》1995年第2期。

尔斯说："传统之所以会发展，是因为那些获得并且继承了传统的人，希望创造出更真实、更完善，或更值得的东西。"① 新生的卓仓人，面对更加复杂的社会环境，在婚姻问题上，表现出与其祖辈更为开放的心态。新的群体所受现代教育水平更高，而且面临着更多的与卓仓以外族群个体交往互动的机会。据统计，2009 年，巴藏沟乡有出乡并在省内流动人口 675 人（其中女性 280 人），有 238 人因务工经商而流动；跨省流出人口达 171 人（其中女性 45 人），有 30 人因务工经商而流动。他们更能体察到地域上越局限的婚姻关系越不稳定（如前文所述）这一"传统"所带来的困局，并能正视之、反思之。用郭尔的老年人的话说：年轻人出门的多，见识广，在恪守传统上"粗糙"了，尤其对待婚配中的"骨系"问题，他们多数人的态度是："肉香！吃肉哩嘛还是骨头熬上喝烫哩？"显然，年青一代的择偶标准，已经逐渐从"与个人及对象所属群体特征有关的因素"向"与个人及对象本人社会经济文化特征有关的因素"② 转变，尤其注重对教育背景、职业与收入状况及个体思想道德品质等因素的考量。在这一过程中，面对看来暂不可调和的代际冲突，年青一代采取了"出走"的策略。在代际博弈中，其间的冲突也在老一辈人惆怅和无奈中从尖锐走向缓和。正如个案中呈现的，对于"出走"或"常年外出"者，村人对其婚姻或恋爱对象不知其详。这样说来，对卓仓藏族婚姻的研究应该转向地缘关系、社会关系、社会结构等具有社会学意义的层面上来。

---

① ［美］爱德华·希尔斯：《论传统》，傅铿、吕乐译，世纪出版集团 2009 年版，第 15 页。
② 马戎编著：《民族社会学——社会学的族群关系研究》，第 434 页。

第六章　宗教信仰的变迁

宗教信仰作为自然生态、经济社会等因素综合作用下的一种文化现象，其存在状态必然受到这些因素的影响。宗教信仰是藏文化的核心元素，包含藏传佛教、苯教和民间信仰等十分庞杂的内容。其中，藏传佛教对藏文化的形成和发展影响深远。历史上，青海不仅是藏传佛教的重要传播地，也是这一在世界范围影响广泛的宗教的重要发源地①。自 20 世纪中叶以来，在改革开放和现代化的社会及政策背景下，藏传佛教赖以存在的基础发生了根本的变化，其信仰群体宗教态度、行为、预期等相应地有了一些改变。这种变化是藏文化变迁的重要表现。基于不同的自然、社会环境而发生的这种变迁，必然带着环境的深刻烙印。这是青海藏文化圈体现于藏传佛教信仰的内在逻辑。

第一节　寺院分布的地域差异

寺院是藏传佛教生存、发展的主要载体，也是信众进行宗教活动的主要场所。历史上，它还是其所属社区或部落的经济、政治、文化活动中心。藏传佛教寺院寺址的选择是由自然环境、重大宗教活动等多种因素所决定的，寺院的分布一般相对固定；同时，与其所在地域的宗教氛围有关。这样，寺院在某一时期、某一地域分布的数量、规模等，能在很大程度上反映该地域藏人的信仰程度及其变化。这是宗教信仰变迁及藏文化圈形态的重要基础和一个可观察点。

---

① 蒲文成：《青海是藏传佛教文化传播发展的重要源头》，《青海民族学院学报》（社会科学版）1998 年第 2 期。

一 不同地域寺院的数量

藏传佛教寺院及其宗教活动点在青海不同地区的分布情况见表 86。尽管这些数据为政府统一组织的具有普查性质的统计数，但统计口径仍然不一。比如，黄南州的寺院总数中，包括政府批准寺院数和未经政府批准寺院数，也把俄康（密咒殿）、参康等宗教活动场所纳入统计范围。再如，海东地区按政府批准开放的寺院来对外公布，一般称寺院数为 162 座，包括"依法登记寺院" 157 座（处）、"依法登记活动场所" 5 座（处）；也有将 41 处宗教活动点纳入其中并称寺院数为 198 座（处）的。对宗教活动点的统计，也因口径不一，很难作客观比较。按一般理解，信教群众进行宗教活动的崩康、俄博（藏语作"拉则"）、参康、俄康、拉康等皆应在宗教活动场所之列，但多数地区却不作统计。宗教活动点在西部牧业区和东部农业区的区别在于，牧业区的宗教活动点，有可能发展成为寺院。比如海南州，一般称有寺院 139 "所"，实际上此数为 81 座寺院和 58 座（处）宗教活动点之和。

可以从每平方公里寺院、每人寺院数、每乡镇寺院数等角度，对寺院分布的特点和规律作出大致概括。青海省共有 681 座（大数）藏传佛教寺院，分布于玉树州和海东地区的最多，分别占 26.43% 和 23.05%；其次依次为海南、果洛、黄南，寺院数量在 66 ~ 81 座之间；西宁、海北和海西分别占 1.76%、3.96% 和 4.11%。青海东部地区是藏传佛教后弘的发祥地。互助白马寺、化隆丹斗寺以及"多麦四宗"等青海早期的佛教寺院，与西藏朗达玛灭佛后佛教的再度兴盛有着直接的历史渊源，在藏传佛教发展史上具有重要地位。此后的中原历朝历代，无不把经营甘青河湟洮岷地区作为安定西藏乃至西部边疆的施政方略。扶持藏传佛教是其惯用的羁縻、怀柔手段，遂采取"多封众建"之策。"封"即对寺院僧侣加封僧纲、僧正、国师、禅师等封职[1]，"建"包括建寺院。据考证，迄明末，仅甘肃洮、泯、河州一带，有国师号者 19 人，西宁一带有 16 人。[2] 清代实行对换明旧封国师、禅师敕印，得到对换敕印的又主要是甘肃洮、泯、河州和西宁附

---

[1] 杨建新：《西北少数民族史》，宁夏人民出版社 1988 年版，第 351 页。
[2] 张维、鸿订遗稿：《甘肃青海土司志》，张令宣辑订，《甘肃民族研究》1983 年第 2、3 期。

近寺院的喇嘛。① 清代 12 位驻京呼图克图中，有 7 位来自青海东部农业区诸寺院。到清末，青海藏传佛教寺院的派属、类型、布局等基本定型。民国时期主要是修葺和扩建。② 进入 20 世纪中叶以后，寺院数量并没有大的增长，因此青海东部地区藏传佛教寺院数量众多的局面是历史遗留。

却藏寺大殿

与东部地区不同，基于寺院与其所属社区和部落的紧密联系，青海牧业区寺院的数量和分布在很大程度上反映了 20 世纪中叶以来该区域藏人的信仰程度。从表 86 可知，"青南地区"寺院数量在青海各区域是最多的，达到 312 座，这是青海寺院总数的近一半，而其土地面积仅占青海总面积的 40.85%。在青海 6 个自治州，就寺院密度（每平方公里拥有寺院数）而言，黄南最高，海南次之，玉树、果洛再次之。考虑到"青南地区"面积广阔的"无人区"和人口稀少的地区无人或少人居住，那么这个地区的寺院密度处在各区域前列。

自行开放的寺院皆集中在"青南地区"，达到 51 座（处）。这些寺院多属新建。据笔者在玉树、果洛等地所见，寺院新建、重建蔚然成风，而且旧有寺院规模不减，新建寺院亦富丽堂皇，有的颇具现代式样，与周边学校、乡镇政府建筑形成鲜明对照。这种情形，在青海东部地区是很难见到的。

① 白文固：《清代对藏传佛教的禁约和整饬》，《中国藏学》2005 年第 3 期。
② 蒲文成：《青海佛教史》，青海人民出版社 2001 年版，下同，第 12 页。

表86　　　　　　　　青海藏传佛教寺院数量及分布

（万平方公里、座、处、座/万平方公里、座/万人）

地区		寺院数	其中		宗教活动点	寺院密度	人均寺院
名称	总面积		政府批准开放	自行开放			
玉树	19.80	180	152	28	5	9.09	7.05
果洛	7.64	66	66	21*	21	8.64	5.22
黄南	1.79	66	64	2	25	36.87	4.63
海南	4.34	81	81		58	18.66	3.44
海西	32.80	28			2	0.85	6.93
海北	3.33	27				8.11	4.32
海东	1.30	157	157		41**	120.77	10.8
西宁	0.74	12	12			16.22	1.62
全省	72	681				9.46	6.27

注：＊按照"私自开放宗教活动点"来统计。＊＊以"活动场所"统计，包括"依法登记活动场所"5座（处）和"未登记活动场所"36座（处）。"人均寺院"按2000年该地区藏族人口数计算。

资料来源：政府相关部门普查统计；寺院数据截至2009年底。

从人均占有寺院看，在青海6个自治州，玉树最高，每万人拥有寺院数达到7.05座；海西每万人拥有寺院近7座；果洛、黄南、海北、海南次之。青南3州总人口为61.52万（2000年），每万人拥有寺院5.02座；以藏族人口52.4万计，每万人拥有寺院5.92座。结合前述各藏族自治州藏族人口占总人口的比例较高，而海西和青海东部地区藏族人口比例较低，且有大部分蒙古、土族等及部分汉族信仰藏传佛教的事实，可以认为青南地区藏族信教群众人均拥有寺院数在青海省是比较高的。

各个地区不同县之间，寺院分布也有差异。玉树州藏传佛教寺院主要分布在其东部3县，其所拥有寺院占玉树州寺院总数的64.89%；地处偏远、地广人稀的治多县仅有1座寺院。其5处宗教活动点分布在玉树（2处）、囊谦（2处）和治多（1处）3个县。由此说明玉树地区的人口密集地区，具有寺院分布较多、宗教氛围更浓的特点。地方政府2009年的一份调查资料，对寺院数最多的囊谦县有一描述：

囊谦是宗教大县，是玉树乃至青海省单位县寺院和僧尼数最多的县。全县现有藏传佛教寺院 69 座（其中政府批准开放寺院 51 座，宗教活动场所 2 处），占全州寺院和活动点的 37.6%，也就是说，平均每村至少有一座寺院或宗教活动场所；实有僧尼 3400 人，占全县总人口的 4.85%，占全州僧尼总数的 44%。

在建的玉树巴麦寺（摄于 2007 年）

因统计口径不同，其中数字与前文略有差别，但从中对玉树州局部地区寺院密集程度可见一斑。

其他州的藏传佛教寺院数量稍逊于玉树，分布也呈现出不同的特点。果洛州的寺院主要分布于班玛（23 座）、甘德（11 座）、久治（11 座）和达日县（10 座），而州府所在的玛沁县和人口较少的玛多县的藏传佛教寺院分别有 7 座和 4 座。前 4 个县所在地是传统上的"三果洛"的主要地区。作为"三果洛"发祥地，班玛县平均每 1 个乡有 2 座寺院，每个部落有 1~2 座寺院。这种规模，可与玉树囊谦县比肩。黄南州各县政府批准藏传佛教寺院分布数量依次为同仁（36 座）、尖扎（29 座）、泽库（22 座）和河南（4 座），这一次序与藏族人口在各县的总数排序基本相同（唯尖扎和泽库的排序不同）。海南州的藏传佛教寺院数贵德县最多，达到 98 座。随着旅游业的发展，加之信仰的部分带动，该州具有与青南地区相似的新建寺院数量增长势头。比如海南州有一处十世班禅迎接点，逐步发展为寺院，称之为幸福滩寺院。海西的寺院主要集中在其东部地区，即都兰（12 座）、天峻（9 座）和乌兰县（3 座），德令哈和格尔木各有 2

座。海北州的藏传佛教寺院主要分布于刚察（13座）和祁连（8座）县，海晏和门源县分别有5座和3座。其分布情况在牧业区和农业发展及城市化水平比较高的地区区别明显。

帐篷内因陋就简的"佛堂"（玛沁）

河湟各县则以处在黄河和湟水出境段之间的化隆、民和及循化最多，其藏传佛教寺院占河湟各县藏传佛教寺院总数（210座）的78.57%。这些地区气候相对温和，藏族聚居程度较高，且不乏既可远离喧哗又可来去便利的修行之处，是前述朗达玛灭佛后几位西藏弘法僧人的主要活动地。此外，乐都、互助、湟中、平安各县分别有藏传佛教寺院17座、13座、6座、3座，大通、湟源和西宁市区（城中区）各有2座。可以看到，在湟水流域，寺院数量大体上从低海拔县到海拔较高的县逐渐减少。在河谷地区河湟支流，寺院则多分布在其上游山区，这点在湟水谷地南北体现得最为突出：除互助县白马寺、西宁市区的大佛寺、金塔寺外，其余寺院的分布皆呈此势。历史上，西宁四周"番寺僧族，星罗棋布"，市内亦有"番寺"数座，曾盛极一时。除现存的两座寺院以外，有名可据的佛教寺庙还有印心寺、崇兴寺、葆宁寺、普济寺、元华寺、甘露寺、金塔寺、雷鸣寺、莫家寺、广嗣宫、法幢寺、北斗宫、北山寺等，其中多为具有藏传佛教特色的寺院，有的则是临近的塔尔寺、广惠寺的属寺。[①] 到1958年时仅有弘觉寺、藏经寺留存。[②] 可见，藏传佛教寺院生存必须具有特定的自然生态和文化条件。

综上所述，青海藏传佛教寺院在不同地域分布的特点可归纳为：在牧业区，分布于人口比较密集、文化底蕴比较深厚的区域，反映了寺院与群众相依相存的关系；在农业区，寺院总体上分布于黄河与湟水出省段之间区域，同时多数处在河流的上游或山区，这与历史时期佛教传播的特殊需要有关。从藏传佛教寺院现有数量及其增长态势看，藏人聚居程度高的青南地区占有明显的优势。这种在清末已相对固定的分布格局，并不能十分明晰地表现青海藏文化圈的形态及其变化，但却也影响到青海藏传佛教的发展进程和演变路径。

二 各地寺院所属不同教派

藏传佛教各教派是"由于它们所传承、修持的密法彼此不同"[③] 而出现的独具特点和佛学思想体系的派别，各个教派大小不一，各有支系，但其间一致性大于差异性，很少有基于宗教思想的派系之争。不同地区藏传佛教教派的不同，反映了该区域独特的宗教发展史，也体现该地区信仰的特点。青海有藏传佛教格鲁、宁玛、噶举、萨迦和觉囊五大教派。据1996年青海民族宗教、统战部门的统计，青海格鲁派寺院数量最多，分布范围最广，见表87。

从各个教派创立的先后看，宁玛派最为古老，格鲁派为最后兴起的一大教派；其他教派创立和兴盛于其间，时间上互有交错，远不及格鲁派的影响。[④] 从这个意义上说，表87所反映的在藏人信仰藏传佛教诸派别上，所体现出的传统与现代的分别是十分明显的。正如前文所述，噶举、萨迦、觉囊诸派寺院在青海玉树、果洛等地的分布，使其成为整个青藏高原

---

① 周德：《西宁佛教寺庙概况》，载青海省政协文史委编《青海文史资料选辑》（第9辑），1982年内部出版。

② 蒲文成主编：《甘青藏传佛教寺院》，青海人民出版社1990年版，下同，第6页。

③ 王森：《西藏佛教发展史略》，中国藏学出版社2002年版，第42页。

④ 在藏传佛教教派分类上，一般把格鲁派称为新派，把其他教派称为"旧派"或"老派"。

地区藏传佛教信仰的"特异区域",这是该地域之所以成为青海藏文化圈核心或内层文化带的另一有力依据。宁玛派的广泛分布与其注重密咒以及修持方式有关。其教徒分为住寺者和居家者两类。宁玛派居家者多利用密咒解决信众社会生活中的实际问题,一般不脱离生活劳动。这种信仰形式,使其扎根于基层、浸透于民间,获得久远的生命力。因此,如果把格鲁派称为藏族社会的上层力量,那么宁玛派就是其民间力量。宁玛派"俄华"(安多藏语称法,即"苯苯子")实际上成为联系信众与寺院之间的纽带。笔者在调研中接触到 2 名"俄华",1 位在平安郭尔,1 位在同仁隆务,二者皆秉持宁玛派主要的修持和宗教活动方式,但亦有不同。前者称:春耕过后,即将奔赴各地进行宗教活动,这些活动都是早有预约的,范围扩大到海东地区互助、乐都、民和等地,一年里鲜有空闲的时间。后者则称:自己深感宗教理解的匮乏,打算过些日子,抛离妻小,到某个寺院修行,期望获得升华和涅槃。这种差异,反映了二者不同的生存方式和处境。

表87 　　　　　　　青海藏传佛教各教派寺院数量及分布① 　　　　　　(座、%)

教派	寺院数		分布地区
	总数	比例	
格鲁派	343	52.61	各地均有分布
宁玛派	170	26.07	多在果洛、玉树(除治多县)、海南、黄南(除河南县)4 个藏族自治州,海东地区的循化、化隆、互助、乐都等县和海北州的刚察县亦有少量分布
噶举派	105	16.10	除海南州兴海县的多合旦寺、果洛州班玛县的吉德寺外,均分布在玉树州的囊谦、玉树、称多、杂多4 县
萨迦派	28	4.29	玉树州的囊谦、玉树、称多县
觉囊派	6	0.92	果洛州的班玛、甘德、久治县

　　为了便于比较和更准确地把握青海藏传佛教各教派寺院的分布情况,

---

① 《青海省宗教活动场所及宗教职业者手工汇总表》,转引自蒲文成《青海佛教史》,第13页。表格系笔者据该著所述整理。所引数据与本著表86 不同。原文称青海省有藏传佛教寺院652座(其中未经批准自行开放的65 座),11 座苯教寺院不在其列。按照652 座寺院计算,各教派寺院所占比例稍有误差,笔者对表中比例作了重新核算。

下面以州为单位,以 2009 年相关部门的普查统计资料为依据,对其作进一步说明。

由表 88 可知,玉树、果洛州宁玛、噶举、萨迦等旧派寺院明显多于格鲁派寺院,其中,玉树、果洛州的旧派寺院分别占其政府批准开放寺院总数的 85.53% 和 86.36%。在黄南州,其旧派寺院(包括苯教与藏传佛教活动场所)占宗教活动场所总数的 37.36%。海西州和海东地区的旧派寺院占寺院总数的比例仅分别为 28.57% 和 13.38%。可见,从青南地区到青海东部地区新旧教派分布数量的层级差别是明显的。

基于宁玛派的特殊性,其信仰区域具有寺院增长的潜力。单从数量上来说,果洛州的宁玛派寺院数最多,黄南州次之;整个青南地区宁玛派寺院达到 99 座,占到青海宁玛寺院总数的一半以上。事实上,青海寺院数量的增长(犹如宗教活动点的增长)多集中在青南地区。海南州的宁玛派寺院多处在共和境内,而其南部 3 乡(兴海、同德和贵南)的寺院则多属格鲁派。

青南地区不单宁玛派寺院占优势,而且在玉树、果洛州,这一教派僧人数量亦远远多于格鲁派等其他教派。以果洛州为例,其宁玛派僧人占全州藏传佛教僧人总数的 63.34%,是格鲁派僧人数的 3.16 倍;班玛、达日、久治宁玛派宗教从业者占各县僧人总数的比例更是分别高达 88.3%、84.26%、64.10%,皆超出果洛州宁玛派宗教从业者的比例;在地理位置偏北的甘德县,这一比例也达到 37.54%;与玉树州相邻的玛多县的藏传佛教寺院则皆属宁玛派。其他州的宁玛派宗教从业者比例在各县差异悬殊。比如,黄南州的宁玛派宗教从业者占僧人总数的 22.35%,其中,这一比例在泽库、尖扎县较高,分别达到 47.71%、43.50%;在海西州,天峻县的宁玛派宗教从业者人数在其各县中最高,占比达到 62.89%,都兰县的宁玛派宗教从业者占该县僧人总数的 60%。由于前述民族迁移、宗教传播的历史,这些寺院又多与果洛的宁玛派寺院存在渊源或主属关系。事实上,由于宁玛派居士除了进行日常的宗教活动以外,在宁玛派寺院周边的一些居士,还参与寺院的宗教活动,但在统计中很多时候未把他们列入其中。从这个角度看,宁玛派寺院较多的地区,其僧尼人数往往要大于政府统计数。宁玛派信徒具有强流动性,数量也极不稳定,而且其与周边省区的宁玛派寺院有高频度的互动关系,故对这些寺院的管理难度较大,给当地民族宗教工作提出了新的要求。

表88　　　　　　　　　　部分地区藏传佛教不同教派寺院分布　　　　　（座、人）

地区 （州、县）	格鲁派		宁玛派		噶举派		萨迦派		觉囊派		苯教		州地总计	
	寺院	僧侣	寺院	僧侣	寺院	僧侣	寺院	僧侣	寺院	僧侣	寺院	僧侣	寺院	僧侣
玉树州	22		21		81		28						152	7712
称多	6		3		8		8							
果洛州	9	1655	47	5225	1	39			9	1330			66	8249
玛沁	3	739	4	322										
甘德	2	443	4	809					5	903				
达日	2	254	8	1590						43				
班玛			20	1321	1	39			2	136				
久治	2	219	7	834					2	248				
玛多			4	349										
黄南州	57	3213	31	967							3	147	91	4327
同仁	30	1787	5	96							1	73		
尖扎	14	400	15	308										
泽库	9	543	11	563							2	74		
河南	4	483												
海西州	20	243	8	239									28	482
德令哈	2	70												
格尔木	2	7												
天峻	3	72	6	122										
都兰	10	78	2	117										
乌兰	3	79												
海东地区	132		21		1						3		157	2887

　　注：表中所指玉树州寺院指政府批准开放的寺院；黄南州的寺院数包括政府批准的64座、未批准的2座和25座宗教活动点。

三　农牧民眼中的藏传佛教教派

　　在信教者看来，其所虔诚拜谒的寺院究竟属于藏传佛教的哪个教派，对其并不重要。问卷显示，问及"您周围的寺院属于什么教派"时，在447个回答有效样本中，在格鲁、宁玛、噶举、萨迦派及苯教和"不清楚"等选项中，选择所列4大教派的分别占40.5%、25.8%、4.0%、5.3%，选择苯教的占17.0%；而选择"不清楚"的，分别占到回答有效样本和有效样本的 27.1% 和 25.4%。加上未作答的 29 个样本（多数属于不清楚其周围藏传佛教寺院的派别），对周围寺院教派不甚知晓的受访者达到样本的 1/3 以上，见表 89。而且，对周围寺院教派作答明确的受访者（尤其是农牧民），在很大程度上是在调查者的进一步解释下作出的。而单就农牧民而言，在 351 个回答有效的样本中，选择"不清楚"的占到 28.77%。96 个回答有效的党政干部样本中，有 26.32% 选择"不清楚"。

表 89　　　　　　受访者对周边寺院所属教派的认知　　　　　　（例、%）

	频率	百分比	有效百分比
格鲁派	193	40.5	43.2
宁玛派	123	25.8	27.5
噶举派	19	4.0	4.3
萨迦派	25	5.3	5.6
苯教	81	17.0	18.1
不清楚	121	25.4	27.1

上述分析结果一方面说明，藏传佛教寺院内部从信仰、修法等各方面，并无十分明确的教派分别（至少在给群众的印象中是如此）；另一方面说明，寺院在满足信教者信仰需求上，具有基本同等的作用。这在藏文化变迁比较迅速的藏文化圈边缘带体现得更明显。比如尊为宁玛派的海南共和县当家寺，其寺院大经堂内，不但供奉着莲花生，也有格鲁派始祖宗喀巴的佛像；僧人所穿袈裟，也并未突出其维持教派边界的颜色符号，却与"黄教"别无二致。当笔者以"宁玛派与格鲁派有啥区别"一问，请教该寺一位年轻僧人，得到的回答是：这两个教派的历史长短不同，宁玛派的历史比格鲁派长。这位刚成年的住寺僧人，平日颇爱学习钻研，这种对藏传佛教教派的认识，当是在寺院传承而来的文化。而历史上，不同教派寺院管辖其特定的属民，是封建特权的产物。这种历史上寺院与社区民众之间的供施关系，已经随着斗转星移发生了根本变革。一些地区，这一关系的残留，只是特定群体寻求归属感和信仰习惯使然。供施关系紧密或疏散，也在一定程度上影响信众对藏传佛教派别的认知。

信众自创的风力嘛呢康（共和）

寺院数量的增长与减少抑或多与寡，根本的决定因素是信教者的信仰需求。针对此，问卷涉及两个问题：一是关于受访者对其所在地寺院数量的；二是关于对其所在地寺院质量的。

由表90可知，在328个回答有效的农牧民样本中，认为"建的过多"的不到10%，有36.59%的人认为"建的偏少"，认为"建的刚好"和"说不清楚"的分别占28.66%和26.52%。就各个乡（镇）来说，认为"建的过多"的样本同样居于少数。这说明，总体上仍存在寺院数量增长需求。就各个选项之间比较，明显偏向于"建的偏少"的是龙羊峡、子科滩、当洛、和日、快尔玛、巴藏沟，这几个乡镇选答"建的偏少"的受访者占各乡镇回答有效样本数的比例皆在40%以上。在隆务、日月和哈尔盖3个乡（镇），认为"建的刚好"的受访者所占比例在各乡（镇）个案中最高，分别达到56.52%、51.61%和41.94%。而扎麻什、军功、南门峡3个乡（镇）分别有50%、54.17%、53.57%的受访者不甚清楚是否应增加或减少寺院数量。根据访谈内容看，群众对寺院数量多寡的看法，往往与信仰的虔诚度、宗教活动可及范围、居住分散程度、对寺院在经济发展中地位的认识等因素有关。如果村社有比较大型的寺院，而受访者认为现有寺院仍然不够信仰需求，那么就可以认为该区域信仰虔诚度高；反之亦然。当然，在牧业区，即使有大型寺院，由于牧人居住相当分散，若寺院数量相对较少，同样会影响到信众宗教活动的可及性和便利性。这样，可以看到和日、子科滩、当洛3个乡镇是对寺院数量增长需求比较高的个案，日月、南门峡、扎麻什3个乡（镇）则相反。

表90　　　　　　　　　　农牧民对寺院数量的评价　　　　　　　　　　（例）

乡（镇）	您认为您所在地方宗教活动场所的数量				合计
	建的过多	建的刚好	建的偏少	说不清楚	
日月	0	16	6	9	31
巴藏沟	3	6	12	7	28
南门峡	1	2	10	15	28
军功	0	3	8	13	24
当洛	8	8	15	0	31
龙羊峡	2	9	13	0	24
子科滩	2	7	14	4	27
隆务	3	13	2	5	23
和日	1	5	13	8	27
快尔玛	4	5	12	5	26
哈尔盖	4	13	9	5	31
扎麻什	1	7	6	14	28
合计	29	94	120	87	328

在366个农牧民样本中，对寺院等宗教活动场所质量（即单个寺院的建筑规模、层次等）问题作出明确选答的样本仅占70.49%，远低于对其数量作出明确选答的样本比例。由表91可知，占回答有效样本38.76%的受访者认为目前其所在地的寺院等宗教活动场所建的标准刚好，有35.66%的受访者选择"说不清楚"，认为建的标准偏高和过低的样本总和所占比例仅为25.58%。虽如此，认为"建的标准偏高"的样本比例并不高，倒是对寺院等宗教活动场所数量持较高要求的当洛、龙羊峡2乡（镇）分别有占其回答有效样本的22.58%、21.43%的受访者选择"建的

标准偏高"。回答"建的标准刚好"的样本占各个案乡（镇）回答有效样本的比例从高到低依次为隆务（65%）、日月（64%）、哈尔盖（62.5%）和当洛（38.7%）4乡（镇）。认为所在地寺院等宗教活动场所标准过低的样本，集中在子科滩（52.17%）、当洛（32.26%）以及南门峡（24%）、和日（26.32%）4个乡（镇）。选择"说不清楚"的样本所占比例明显较高的是军功（69.57%）、南门峡（60%）和扎麻什（53.85%）3个乡（镇）。由此说明：一是农牧民对宗教活动场所质量的关注程度不及对其数量的关注；二是对寺院等宗教活动场所数量有所要求的乡（镇），对其质量的要求也相对要高，反之亦然。

当家寺的主殿

表91　　　　　　　　　　　**农牧民对寺院建筑质量的评价**　　　　　　　　（例）

乡（镇）	您认为您所在地方宗教活动场所的质量				合计
	建的标准偏高	建的标准刚好	标准过低	说不清楚	
日月	0	16	0	9	25
巴藏沟	1	6	2	7	16
南门峡	1	3	6	15	25
军功	2	3	2	16	23
当洛	7	12	10	2	31
龙羊峡	3	9	2	0	14
子科滩	1	6	12	4	23

乡（镇）	您认为您所在地方宗教活动场所的质量				合计
	建的标准偏高	建的标准刚好	标准过低	说不清楚	
隆务	1	13	1	5	20
和日	1	5	5	8	19
快尔玛	0	5	2	5	12
哈尔盖	2	15	2	5	24
扎麻什	1	7	4	14	26
合计	20	100	48	92	258

第二节 宗教从业人数的定额与超员

藏传佛教寺院规模的扩大和宗教从业者的增加，必然会给信众施加布施负担，也会浪费一定的劳动力资源。其负面影响是显而易见的。因此，从 20 世纪 80 年代开始，将寺院僧尼人数的定员和限额作为一项政策来实行，以图控制寺院人数的"膨胀"。青海省曾指出："对入寺宗教人员数量要严格控制，不能放任自流。喇嘛寺的小寺一般十人到三十人，中等寺院五十人左右，个别大寺院不得超过一百五十人。"此后，以法律的形式规定：寺观教堂要"确定宗教教职人员数额，报乡（镇）人民政府审核，由县以上民族宗教事务管理部门审批"，"宗教教职人员收徒须经民主管理机构同意，但不得突破寺观教堂教职人员的定额"。[①] 但实际上，这些规定很难落到实处，定员管理名存实亡。屡屡突破限额规定，反映的是寺院所在地宗教信仰需求和发展形势，这些寺院的分布呈现出地域特点，蕴含藏文化圈不同圈层信仰文化的层级化特点。

---

① 《青海省宗教活动场所管理规定》《青海省宗教教职人员管理规定》，1992 年经省人大常委会通过，参见青海省民族事务委员会、宗教事务局《民族宗教政策问答》，1998 年内部印发。一般称之为"两个规定"，其成为青海各地落实宗教政策可依据的具有更强可操作性的重要法规。2010 年 9 月，国家宗教事务局从国家层面对此做出规定："寺庙根据容纳能力、自养能力、自我管理能力、当地信教公民的供养能力确定定员数额"，"寺庙定员数额由该寺庙管理组织向所在地佛教协会提出申请……所在地佛教协会审核同意后，报所在地县级人民政府宗教事务部门，由县级人民政府宗教事务部门逐级报省级人民政府宗教事务部门备案"，"寺庙住寺教职人员人数不得超过该寺庙的定员数额"。国家宗教事务局：《藏传佛教寺庙管理办法》，http://www.gov.cn，2010 年 10 月 8 日。

一 超员与有寺无僧：以果洛州与海东地区为主的比较

藏传佛教宗教从业者定额政策，在一定程度上对其人数的畸形增长起到一定的抵制作用，但是客观地讲并未根本改变宗教在不同地区的发展规律。如果把定员数额视为政府认可、"信众可承受"的宗教从业者人数标准，那么在不同地区实有的藏传佛教从业者数量呈现在这一标准上下变化的有趣形态。这种形态与人口分布与变化所呈现的藏文化圈形态十分吻合。大体描述之：严重超员（可以定义为超过定额人数的一倍）现象主要出现在果洛、玉树、黄南州和临近青南地区的较大寺院；与之相反，青海东部地区则呈现有寺无僧或少僧的另一番情景。以下，主要以果洛和海东地区的比较，来对此加以进一步说明。

（一）寺院从业者的超员及其区域差别

由表92可知，2009年果洛州66座藏传佛教寺院，超员人数达到4809人，占定额人数的139.8%。其中，甘德、达日和久治县超员人数占定额人数的比例皆超过此平均值：超员人数最多的甘德、达日县，其超员人数占到定额人数的216.91%、214.5%；其次为久治县，达到124.31%。玛沁、班玛、玛多3县超员数占定额数比例虽不及果洛州的平均数，但也分别达到89.46%、82.44%、74.5%。从藏传佛教寺院宗教从业者超员人数占各地区藏族人口的比例看，甘德、达日和久治县同样排在果洛州前三列，亦超出果洛州的平均数（3.8%）；最高的甘德县达到5.97%；达日、久治县的这一负担比例分居其后。其他县超员僧人占各县藏族人数之比从大到小分别为班玛、玛沁和玛多县，其比例均不及果洛州的平均值。这一次序与前述超员数与定额数之比所呈现的略有不同。

当然，拿各地区藏族人口来比较时，必须看到寺院僧人来源地区的广泛性（一些大型寺院尤然）。但毋庸置疑的是，从宗教布施负担的角度看，依据寺院的部落归属和属地化管理的历史和现实，基本可以把宗教从业者"负担"人口放在一个县的区域范围内来分析。相对来说，这个角度更为客观一些。也就是，单从绝对数量说，在几个宗教信仰基础大致相当的地区，如果其中某一地区的人口较多，就需要更多的宗教从业者满足信众的信仰需求，其数量自然就会多，拿其比例来比较，就会有更强的说服力。由此，不妨把果洛的几个县按这个标准分为两类区域：甘德、达日、久治3县为一个区域类型，其超员人数占各县藏人的比例在3.9% ~

6%之间；班玛、玛沁、玛多县，这一比例在 1.5% ~ 3.3% 之间。这种分类，在很大程度上反映了果洛地区藏族文化分布的地域差异。

表92　　　　　　　　果洛州藏传佛教寺院僧人的定额与超员　　　　　　（人、‰、%）

地区	定额与超员数			超员数与各地藏族人数之比	2009 年与 2008 年比较	
	定额数	实有数	超员数		增加人数	增加人数比例
玛沁	560	1061	501	16.95	316	42.42
甘德	680	2155	1475	59.73	224	11.6
达日	600	1887	1287	55.07	311	19.73
班玛	820	1496	676	32.99	628	72.35
久治	580	1301	721	39.16	356	37.67
玛多	200	349	149	15.09	106	43.62
全州合计	3440	8249	4809	38.05	1229	17.5

注：定额与超员人数统计截止时间为 2009 年底。各地藏族人数按 2000 年第 5 次人口普查数据（见表29）为准，以每千人计。"增加人数比例"指 2009 年增加人数占上年僧人数的百分比。

2009 年在青海省范围，采取僧人基数统计、宣传教育、健全组织、依法查处违法活动、补习培训等措施，对寺院进行了清理整顿。从清理整顿时的统计数，可以看到不同地区藏传佛教宗教从业者增长势头。以果洛诸县为例，班玛、玛多和玛沁县近年来宗教从业者增长势头较强；达日、甘德和久治县宗教从业者超额显然是长期发展的结果。这其中，可能存在寺院之间宗教从业者流动、出现不同寺院之间僧侣数量比悬殊而总量维持一定平衡的情况。从实地调查的情况看，玛沁县由于城镇化进程加快，全州各县人口向州府所在地迁移、流动频繁，因此该地宗教从业人数呈现较快增长势头非常明显。一个显见的例子是处于大武镇镇区的喇日寺近几年的迅速发展。该寺是为满足大武镇及周边信教群众开展宗教活动便利，于2004 年 12 月由政府批准成立的格鲁派藏传佛教寺院。短短几年时间，该寺规模不断扩大，已成为大武镇及周边信教群众参与宗教活动的重要场所。据 2009 年统计，寺院总占地面积 251 亩，主要建筑由因明院、密宗院、印度八十大成就殿 3 个经堂组成，独具民族特色。寺院有大小经轮21 个、大小佛塔 111 个、石刻经文垒墙 4 座，经幡占地约 80 亩。有活佛1 名，即夏智曲阳活佛，任喇日寺院民主管理委员会主任，系甘德县人，

1956 年被认定为次成达吉转世灵童，1956 年至 2004 年曾在各地拜师学经。因其素食布衣，生活俭朴，在信众中具有极高威望，被当地干部民众亲切地称为"阿克曲阳"，被青海东部地区汉族人称为"济公活佛"，深得尊重。有住寺僧人 120 人，其中玛沁籍僧人 69 人，其他亦主要来自果洛州。寺院每年的传统佛事活动主要有藏历元月的祈愿大法会、三月的大威德修供仪轨、四月的文殊冬祭仪轨及斋节、六月的夏修、八月的度母、十月的百日诵经、十一月的空行母修供仪轨及五供节、十二月的朵玛仪轨。每逢大型佛事活动，全国各地有声望的活佛纷纷来该寺讲经说法，前来朝拜的信教群众和僧人人山人海，规模宏大。据称，2010 年 3 月举办的"万人大法会"，实际参加人数达到 2 万人，远远超出大武镇的非农业人口数（2008 年为 1.45 万，镇总人口为 1.49 万人）。寺院的主要经济来源为群众布施和供奉以及一处小卖部和卫生院收入。玛沁县大武镇宗教活动的复兴，可以称为青海牧业区城镇宗教发展的一个典型。

法会期间的僧众（兴海）

　　果洛以外青海牧业区州县藏传佛教寺院宗教从业者的超额同样十分突出。比如，定员只有 100 人的玉树结古寺、龙西寺的实际住寺僧人 2009 年达 500 多人。超额也普遍存在于果洛、玉树以外的不少大寺，如石藏寺、隆务寺、塔尔寺等在寺僧尼均超出定额。管理部门只能对编外僧人拒发《宗教教职人员证书》。虽有"未取得宗教教职人员资格的公民不得以宗教教职人员的身份进行教务活动"的规定，但寺院宗教活动和信教群众中编外和编内僧人并无区别，无证僧人照样念经、收取布施①。这样看，政府对寺院宗教从业者的限额规定实际上成为一纸空文。

（二）有寺无僧或少僧

与上述地区寺院宗教从业者超额或严重超额形成鲜明对照的是有的区域寺院在寺僧尼未达到定额，出现有寺少僧和无僧的现象。这种情况主要出现在青藏铁路沿线的海东、西宁市和海西、海北地区。以下主要以青海海东地区为例，对此作一说明。

由表93可知，海东地区有寺无僧的寺院有65座，这是其寺院总数（包括政府批准开放的和宗教活动点）的32.83%；其中，依法登记的有寺无僧寺院有29座，占依法登记寺院总数的18.47%。寺院从业者最多的是化隆县，其次为循化县；互助、民和县较大型寺院较多，僧人人数也在乐都、平安县之上；处在湟水南岸、面积相对狭小、在湟水流域海东范围人口最少（总人口和藏族人口）的平安县，藏传佛教从业者仅3人。从寺院从业者占藏、土、汉3个民族总人口比重看，循化县最高，化隆县次之；其他4个县的比例皆低于海东地区的平均值。以上数据与果洛州比较，差异悬殊：宗教从业者最多的化隆县，与果洛宗教从业者最多的甘德县，绝对人数相差746人，这个数字甚至比海东地区各县寺院从业者的平均数还多265人；从人口比重看，最高的循化县与果洛州比例最低的玛多县相差8个千分点。

此外，从表93还可以看出，海东地区各个藏传佛教寺院宗教从业者主要来源于本地区；化隆、循化县分别有325人、18人来自于区外，其占寺院从业者总数的比例仅分别为23.07%、2.15%，而且绝大多数来自省内，省外僧源仅化隆县有3人。其他县中，只有乐都县有1例来源于区外（省内）。这种差别也说明了"两化"地区与湟水流域各县在宗教文化上的不同。就宗教从业者的民族构成看，主要以藏族为主，占83.51%；土族次之，还有占2.8%的汉族。藏族以外其他民族藏传佛教从业者，数互助县最多：集中在互助的土族、民和的汉族藏传佛教从业者分别占两个民族在全地区宗教从业者总数的73.67%、81.48%。显然，无论从绝对

---

① 参看加：《关于合理确定寺院定员及解决超员问题的意见》（未刊稿），2009年。

数还是从比例上说，该民和县的土、汉族和互助县的土族从业者皆高于藏族。从中可窥见，民和县藏传佛教信仰独有的特点：藏传佛教为土、汉、藏族共同信仰，甚或可以说该县土、汉族笃信程度甚于当地藏族。处在青海东缘的民和县，其所具有的这种同一种宗教，多民族共同参与、共同信仰的多元性特征，体现了文化圈边缘带的属性，是藏传佛教文化在文化圈边缘地带传播、变迁的表征。

表93　　　　　　　青海海东藏传佛教寺院宗教从业者基本情况

地区	寺院数（座）	信教民族总人口数（万人）	寺院僧尼情况（人、‰）								有寺无僧寺院数（座）
			总人数			来源		民族构成			
			合计	活佛	比重*	省外	区外	藏族	土族	汉族	
平安	3	8.75	3		0.034				2	1	2
乐都	17	25.22	52	4	0.206		1	44	5	3	11
互助	13	34.99	366	13	1.046			71	291	4	1
民和	59	21.01	220	9	1.047			57	97	66	27
循化	29	3.21	837	12	27.259		18	837			3
化隆	77	9.23	1409	30	15.265	3	325	1402		7	21
海东合计	198	98.41	2887	68	2.934	3	344	2411	395	81	65

注："寺院数"包括依法登记的寺院数、依法登记和未登记的宗教活动场所。*指僧尼总数占各地多数或部分信仰藏传佛教的藏、土、汉3个民族总人口比例①（在海东地区分布的蒙古、裕固等民族人口较少，忽略不计）总人口（每千人计）的比重。总人口数以2000年第五次人口普查数据为准。

出现上述有寺无僧现象，最为直接的原因是宗教从业者补充不足和还俗者的增多。这在海东地区宗教环境较好、氛围较浓厚的"两化"地区亦是如此。比如，循化县尕楞乡央吉寺（系1982年秀日寺、曲卜藏寺、

---

① 按照政府估算，到2009年，海东地区信仰藏传佛教人口为20万人。这个数字的算法是：信仰群众人口数＝民族总人口数－干部职工人口数－12岁以下人口数。据2009年统计，海东仅藏族人口14.54万，加上多数信仰藏传佛教的土族、蒙古族人口，总人口近30万。20万藏传佛教信仰人口，是藏、土、蒙古族人口的71.7%。其实，还有一部分汉族特别是处在各山沟脑山区的汉族是笃信藏传佛教的。而且，不能完全说干部不信仰宗教（虽有中共党员不能信教的规定，但有些党员退休后多皈依佛门）。这样说来，信仰藏传佛教人数为20万，此数明显有些低估。笔者以3个民族全部人口来平均该地藏传佛教从业者人数，意在强调藏传佛教实有的或未来可能有的影响力，亦可在同一尺度下，与牧业区的宗教发展形势作比较。

比塘寺合并而成，处在尕楞乡西北的比塘村），1996 年前后在寺僧人有三十八九人，到 2010 年仅剩下十四五人；文都乡牙训村，1996 年有宗教从业者 12 人，到 2010 年仅有 2 人。整个海东地区亦然：据 2004 年统计，有宗教从业者 3012 人；到 2009 年，入寺与出寺人数相抵，净减少 125 人。这种减少，主要是由于年少宗教从业者还俗所致，其次是僧人自然减少却难有新的人员补充的缘故。据粗略估计，从 2004 年到 2010 年初，海东地区藏传佛教寺院僧人还俗者有五六百人之多，平均每年有七八十人脱下僧服，从佛门复归俗世。

环青海湖地区（包括海南、海北、海西州的一部分及西宁市湟源县，简称"环湖地区"）的藏传佛教寺院则呈现的是少僧现象。据 1997 年的调查，海南州的寺院数从 1958 年的 199 座减少到 130 座；海北、海西 2 州由于寺院基数小，变化不大，一直保持稳定。青少年僧人还俗的人数有上升的趋势，一些寺院的入寺人数与还俗人数基本持平，有些寺院还俗僧人多于入寺僧人，加之自然死亡，致使寺院僧人趋于减少。如海北州祁连县的百户寺，1998 年有寺僧 14 人，到 1999 年 8 月有 5 人还俗，余下 9 人。[①] 阿柔大寺定员 70 人，实有 27 人；门源朱固寺定员 35 人，实有 5 人；海晏白佛寺，到 21 世纪初先后还俗 70 多人，占全县僧人总数的 25.8%；门源班固寺、乌兰柯柯寺等原有 10 余僧人，后只剩 1 人守寺。[②] 海南州共和县 20 世纪 90 年代初统计，格鲁派寺院从业者有 1000 多人，到 2009 年剩下 800 多人。在没有新的僧源作补充，加之还俗现象不断的情况下，寺院就缺乏维持该地区正常宗教活动的宗教人士。

二　寺院教育与学校教育之间的博弈

寺院的定额与超员、无僧或少僧，其实反映的是寺院所应补充新鲜血液的匮与丰、盈与衰。这对寺院的维系和发展至关重要。历史上，一经出家为僧就必须终生为僧，否则，寺院内部有相应的措施惩戒。以青海海南州为例，类似措施计有：一是罚款。海南的许多寺院原来规定，若家中有僧人还俗，要罚没其家庭 30 头牛、500 只羊。二是鞭笞。海南州石藏寺

---

① 陈元福等：《青海环湖地区藏传佛教的现状调查》，《青海民族研究》（社会科学版）2000 年第 3 期。

② 蒲文成：《青海的民族宗教及管理工作现状分析》，《青海研究报告》2003 年第 1 辑，内部编印。

还设有监狱，专门惩处还俗者。由此可见，僧源的补充问题对寺院生存与发展的重要性。这种重要性，并没有随时代的演进而改变。因此，一般认为，私自认定"活佛"、18周岁以下未成年人入寺、非法开放寺院和非法设立宗教固定活动点这3个宗教领域的历史遗留问题，是政府宗教工作中存在的"老大难"问题。吸纳未成年人入寺，对寺院如此重要，故控制其入寺工作，就会显得十分棘手。具体分析不同地区未成年人入寺问题，可对文化圈不同圈层藏传佛教发展环境和态势有进一步的掌握。

法会时用手机拍照的"完德"（左）、绘制沙画的僧人（右上）、转经轮的孩童（右下）

从表94可知，就果洛、黄南州和海东地区的情况看，藏传佛教寺院从业者以18岁以上的为主，分别占从业者总数的89.08%、82.76%和86.42%。这就说明，藏传佛教在青海的发展态势，是信众长期参与其中、逐步积淀的结果；换言之，不能把藏传佛教从业者人数的"膨胀"，归因于近几年来藏传佛教的发展。从整体而论，果洛、黄南州的宗教从业者保持着相对较为合理的倒金字塔型年龄结构，即从小的年龄段到大的年龄段，人数逐渐上升。这两个州，在未成年僧人各年龄段中，上一个年龄段人数与其下一个年龄段的人数相比，基本在 2 倍上下。海东地区 18 周岁以上藏传佛教从业者占总僧人数比例接近果洛州，超出黄南州 3.66 个百分点，但其各年龄段未成年者人数和比例稍有不同。分不同年龄段看，12 周岁以下年龄段僧人数占各地宗教从业者总数的比例，果洛、黄南州和海东地区分别为 1.88%、2.40% 和 3.05%；三地 13 ~ 15 周岁僧人比例分别为 2.79%、5.34% 和 4.75%；16 ~ 17 周岁僧人比例则分别为 6.26%、9.50% 和 5.78%。从中可见，从海东 6 县整体看，其藏传佛教发展的基础并不逊色于果洛、黄南州。这显然也是成年僧人不断流失的结果。

表 94　　　　　　青海部分地区藏传佛教僧人的年龄结构　　　　　（人、%）

地区	从业人数		未成年僧人		不同年龄段僧人数			
	总数	活佛	总数	比例*	12 周岁以下	13 ~ 15 周岁	16 ~ 17 周岁	18 周岁以上
玛沁	1061	24	236	22.24	85	64	87	825
甘德	2155	95	241	11.18	12	47	182	1914
达日	1887	120	102	6.36	0	20	82	1785
班玛	1496	63	168	11.23	41	61	66	1328
久治	1301	98	104	7.99	6	28	70	1197
玛多	349	38	50	14.33	11	10	29	299
果洛合计	8249	438	901	10.92	155	230	516	7348
同仁	1956	34	379	19.38	60	95	224	1577
尖扎	708	12	83	11.72	4	27	52	625
泽库	1180	17	140	11.86	12	54	74	1040
河南	483	12	144	29.81	28	55	61	339
黄南合计	4327	75	746	17.24	104	231	411	3581
平安	3	0	0	0.00	0	0	0	3
乐都	52	4	5	9.62	1	2	2	47
互助	366	13	27	7.38	7	8	12	339
民和	220	9	11	5.00	2	4	5	209
循化	837	12	141	16.85	29	46	66	696
化隆	1409	30	208	14.76	49	77	82	1201
海东合计	2887	68	392	13.58	88	137	167	2495

注：＊指未成年僧人数占各地宗教从业者总数的百分比。数据截至 2009 年。

海东地区未成年僧人相对较高，这是其藏传佛教发展相对有利的一面。但其未成年僧人在各县极不平衡，主要集中在"两化"地区，其比例甚至超过了果洛玛沁、黄南河南、同仁县以外两个州的其他县。海东地区其他县未成年僧人数所占比例在10%以下，平安县仅有3名18周岁以上的僧人。这就说明，作为临近藏文化圈外层文化带的地区，其藏传佛教发展所具有的雄厚基础及其与边缘文化带的巨大差异。

果洛州未成年僧人绝对数最多的是甘德县，占宗教从业者总数的比例最高的是玛沁县，玛多县的比例亦在玛沁县以外的各县之上。各县未成年僧人不同年龄段人数有所不同。前述"三果洛"地区各县12周岁以下僧人数明显少于玛沁县，久治县仅有6人，达日县更无12周岁以下僧人。黄南州亦存在同样的现象：同仁县12周岁以下僧人数比其他3县之和还多16人，占其僧人总数的3.07%；其次为河南县，12周岁以下僧人有28人，所占僧人总数的比例高于同仁县，达5.8%。

这种低年龄段的僧人向自治地方政府驻地城镇集中或该地寺院低年龄段僧人数增长快、比重较大的现象，多少含有藏传佛教从业者群体城市化的意味。而城镇多少具备这样的条件，正如安东尼·吉登斯所说：城市（镇）"已经前所未有地成为各种令人困惑的文化、语言和社会背景得以相遇的十字路口"[1]。单就这一现象而论，与以下两方面的因素紧密相关：一是寺院分担的社会救助功能，促使其未成年僧人增长；二是城镇所具有的较多的解决衣食的机会和较丰富的生活环境，促使一部分僧人或需要社会救助的人向城镇流动。据2009年统计，海东地区僧人总数中，弃、孤儿有83人；在未成年僧人数（尤其12周岁以下）比重最高的"两化"地区，这一数字达到78人（这一人数与其12周岁以下僧人数相等），占海东地区寺院弃、孤儿僧人总数的93.98%。果洛州（特别是县城）诸藏传佛教寺院弃、孤儿人数当不在少数。玛沁县大武镇喇日寺旁的"光辉慈善收养院"便是一所专门收养弃孤儿的兼有寺院与孤儿院功能的场所。调查期间，笔者对该院两位年轻僧人作了访谈。

访谈个案30：城镇一隅孤儿的容留之处——集慈善、教育、宗教于一身的"收养院"

时间：2010年8月25日，上午，晴。地点：果洛州玛沁县大武镇。

---

① ［英］安东尼·吉登斯：《社会学》（第4版），第727页。

受访人：多某，藏族，僧人，19 岁；班某，藏族，僧人，18 岁。

收养院是四川佐钦寺所办。现在有 1 名活佛，是佐钦寺负责在大武地区找的，因为年龄小，就派上师来教活佛和大家学经。周围的孤儿多，活佛和上师发慈悲，收养这些孤儿到身边，一边学经，一边学做人。最初搭着帐篷，活佛借着别人家的房子住。后来筹钱在单位车库处建了现在的这个寺院。

现在有上师 1 人，另有老师 3 人，僧人全是孤儿，有八十五六人，长大后，可以出去念经。现在可以出去念经的有四五人，一般都是到家乡所在地念经，赚点钱。也去自己亲戚家念经。到别的人家，都是亲戚朋友联系，很少有机会到别的地方念。对孤儿院，政府也管，供僧人的日常开支主要是信教群众来寺院给的布施。另外，收养院还与上海的一些社会组织联系，他们把孤儿的照片挂在网上，愿意的人与孤儿结对子，资助供养费用，每个月要 180 元。年底的时候，在网上挂出费用支出清单，供资助者掌握资金的使用情况。还经营着一家小商品（食品为主）零售店，生意还不错。

在收养院前，是原来搭建帐篷处，立着两张桌布被拆开的台球桌，桌面为大理石。笔者问：为何不经营台球？年轻的僧人回答：本为和尚，不经营娱乐项目。其中的孤儿僧人中，亦有非婚生或单亲家庭的儿童。他们平时除了念诵经文外，还自食其力，参与采集虫草及收养院的劳务活动；亦可到佐钦寺进一步深造学习，但费用要由其供养家庭（一般是直系亲属）来承担。受访的僧人，勇于接受新的知识。其中一位僧人，经常上网，了解周遭发生的事，并告诉笔者他的网名和 QQ 号，叮嘱我要时常与他保持联系。另一位，则讲着一口流利的汉语（这在他的家乡甚少见），还对新知识特别是国语中文抱有强烈的学习欲望：

去年跟着活佛去内地，真正感觉到不懂汉语、汉文的困难。回来后打算学，但没有学的地方。要是去吉美坚赞学校，但要考试，我肯定考不上。听说西藏有这样一所学校，专门针对学习汉语文的，我准备去学习。学了汉文，我还可以搞翻译。我 9 岁出家，藏文学得很好，但达到格鲁派的格西学位水平，仍然有困难。到佛学院学习，不但需要在寺院学经达到一定时间和水平，而且要有一些关系才行。估计，我学汉文学上 3 个月就行。

笔者到过该年轻僧人的家乡做调查，与那里的牧人相比，在他身上有了更多的睿智、热情、包容以及对知识的渴求。这无疑是城市生活在其固有的优秀品质之上所形塑的新特质。

年轻僧人的 QQ 高清头像

从上可以反衬社会公益事业的缺位，宗教正是利用这种缺位，找到在城镇发展的空间。但此仅仅是呈现未成年人入寺动因的一个（或多个）极端个案。放眼整个青海牧业区，普遍存在着寺院（教育）与学校（教育)① 就稀缺的学龄资源展开的博弈。宗教管理部门称之为寺院抢学校"生源"。事实上，"抢"有些言过其实，其中起关键作用的是学龄儿童家长的教育观念和投资选择。笔者调查发现，其教育投资行为实际上是权衡两种教育利弊的十分理性的选择。下面，不妨用图 25 来表示藏族牧人对寺院教育与世俗教育的基本认知与投资选择。

---

① 亦可分别称之为宗教教育与世俗教育。

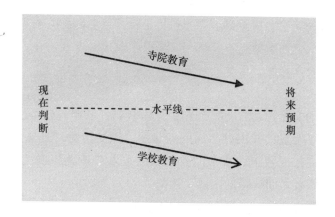

图24 藏族牧人对两种教育的投入判断和预期

先从一例个案开始，来对此作一详解。该个案是移居兴海县赛宗寺入口处小集贸市场做生意（零售小商品）的当地牧人。在诸个案中，就两种教育的访谈较为细致，亦具有一定的代表性。

访谈个案31：宗教教育抑或世俗教育——孰优孰劣，孰轻孰重

时间：2010年10月1日，下午，晴。地点：海南州兴海县子科滩镇。受访人：青某，藏族，牧人中的商人，45岁。

在原来的家庭，父母有7个儿子、1个女儿。分了家后，草场太少，不够养牛羊。现在的两百多亩草场由自己的长子管着，有20多头牦牛，不养绵羊。每年产的五六头牛犊，长到2岁时就可以出售五六头牛或宰了吃，能满足基本的生活需要。加上每年挖点虫草，生活能维持。自己育有3儿1女，其中1个儿子在赛宗寺当僧人，是完德，另外2个在兴海县的学校上学。上学学生每人每学期费用是200元，一年下来，2人800元，这些钱自己能承担得起。以后是不是要上高中、上大学，关键要看他们自己的能力和努力，如果没能力、不努力，就回来帮自己做生意。识了字，对做生意肯定有很大的帮助。与上学比较，完德的费用是一次性的，就是建僧舍，平时供应一些燃料（牛羊粪），冬季要供500公斤取暖用的煤。完德与他同样是和尚的叔叔共同生活居住。以后成年了，要是继续在寺院待，也可以，出去念经，生活各方面完全可以自理，家里再不用管他；还俗了也可以。

就对我们来说，学习藏族传统的东西，肯定是应该让孩子去寺

院。但是寺院里的学习，与自己的生活、经济发展关系不是很大，学成了对我们的帮助也不是很大。要是学现代的东西，肯定要让他去学校。学校和寺院，两种没法比。

从主人的实际行动看，4个子女，其中1名事牧、2名上学、1名当完德，表明了明显的倾向性。而问卷显示，该受访者"非常愿意"送子女到寺院当完德或阿卡，从中能看到藏族牧人在传统与现代、宗教与世俗、寺院与学校之间选择的困惑、迷茫。

上述选择之两难，来源于寺院和学校两种教育在现在判断与将来预期之间的不平衡。如图24所示，以牧人所能承受①的一般投入能力作为"水平线"，就现状看，对寺院完德的投入要高于对世俗学校学生的投入（至少在自我感知上是如此）；而将来预期的投入与此恰恰相反。以海南州赛宗寺为例，其香火旺盛，一年的布施和念经收入不低。比如2010年9月举办的法会（称为"姜根切"，意为"冬天的法会"，由整个"姜域地区"的信众参与），仅主办法会的赛宗寺僧人每人可得到1000多元的布施。此外，寺院每年还有其他收入来源：一是产虫草的草场外包，每年有20多万元收入；二是医院外包，费用2万~3万元；三是商店外包，收入2万~3万元；四是信众布施，有23万多元。这些收入主要维持寺院的正常运转，剩余的要分给每个僧人。这样，寺僧（包括完德）生活费用和日常开支可以完全依赖寺院。而其家庭的投入，除了取暖费用外，主要在僧舍的建设上。政府民政部门在寺院施行危旧房改造工程，即便如此，建设房屋也要自筹1.3万元。此外，还要投入僧舍附属设施的建设。比如有一僧人给自己僧舍房沿前装置铝合金封闭设施，每平方米投入达85元，花费3300元，加上自愿支付了本该由承包者承担的运费，共计花费近4000元。僧人之间在建房上还存在相互攀比的现象。这样，建设僧舍的费用对僧人供养家庭是一项负担很重的支出，压力很大。但在牧人看来，当下的这种投入，尽管远远高于对学校学生的投入，却是一次性的，也是一劳永逸的。完德在寺院学成后，可有多种出路，至少可以凭借所学自谋生计，家庭不必再过多地为其担忧。在牧业区，无论是僧尼的家庭地

---

① 指不影响正常的生产生活。因为寺院的有效吸纳，在其他地区存在的为子女求学"砸锅卖铁"的事例，在牧业区并不多见。

位还是社会地位，都要高于其他成员（包括在职干部职工），是一个受人尊敬的职业。这样，对牧人来说，送子女入寺为僧，真正成为花钱少、回报多的出路。对学校教育的投入则不同，除了"回家帮忙做生意"以外，可以预期的将来回报不但远逊于寺院教育投入，而且其出路还有很多不确定性。在牧人看来，最大的隐忧是沾染了社会不良风气的学校毕业生毕业返家后，难以约束甚至成为不务正业者。

法会期间的赛宗寺（局部）

视野尚不宽广的牧人，显然未能看到当下大中专毕业生面临的严峻就业形势；已可经济自给的学生家长，也不能完全体察到因"教育布局调整"给牧区家庭增加的额外负担。就前者而言，已经成为足以影响基层社会秩序和发展的严重社会问题。比如黄南州，2004年有未就业的大中专毕业生600人，到2010年达到3000人。另据调查，2003年到2009年，玉树州大中专毕业生有2347人，就业者仅占19.2%，其中已就业农牧民子女更是寥寥无几；待业者对人生迷茫、对前途渺茫之感普遍存在。中小学校布局调整是青海省于2008年初先期在海南州试点、后在各地推广的一项改革政策，旨在优化学校和教师布局、改善办学条件、提高办学效益，根据"州办高中、县办初中、乡办小学、村办学前教育"的原则，"解决农牧区学校布点多、容量小、条件差、效益低的问题"。到2009年试点结束，海南州原有的372所中小学减为104所；有3.1万名学生从乡村转移到州县城镇，5.1万多名学生寄宿就读，7.2万多名学生享受到

"相对均衡的教育"。无疑，这项改革有效解决了牧业区由马背小学、帐房小学演变而来的教学点过于分散、效益低下，教师供需矛盾尖锐、配置失衡等问题，极大地推进了牧业区"教育现代化"的进程。然而，主要由于改革后各级学校之间仍然存在的教学水平差异，特别是"乡办小学、村办学前教育"的严重滞后，导致了两个关系文化和教育发展的后果：一是学生过早地脱离了家庭，缺失藏族传统文化"濡化"环境，学生蜕变成"现代人"的同时，宛然与生养的社区和孕育的文化趋远，这在藏族传统文化（包括语言文字）教育未实行或实行不全面的地区尤显征兆；二是居住十分分散的牧人不得不腾出劳力，或在城镇、乡镇附近租（买）房陪读（一般为老人），或风雨无阻地往返十几公里甚至几十公里接送，无意中增加了牧人的教育成本。

放学归途中的学生和老人（祁连）

　　在相同的教育环境中，如果把这种政策调整所带来的影响置于上述寺院教育与学校教育的关系格局中，就不能不发出牧人心中那杆理性的天平可能失去平衡的隐忧。笔者在泽库县调查时，一位担任省、县、乡人大代表的牧人就表达了这样一种倾向。

　　访谈个案 32：就业困惑下的无奈

　　时间：2010 年 10 月 17 日，上午，晴。地点：黄南州泽库县和日乡。

受访人：才某，藏族，牧民，56 岁。

在到寺院当完德与去学校上学之间比，还是当完德好，因为代价低。完德在没学成前，家里要给他提供吃、用、烧的，还得盖僧舍。即便这样，也是当完德好，学成了以后，他可以自己养活自己，家里再也用不着操心。你看我家里，3 个毕业生，都没有一个稳定的工作，没啥收入，长大了，还要老人来给他们操心。

比较而言，在玉树州，未成年人（18 周岁以下）入寺为僧的现象更为突出（见表 95）。其人数达到 3575 人，占到该州僧尼总数①的 15.5%。这一人数是果洛州未成年僧人数的近 4 倍。13～15 周岁和 12 周岁以下的僧人，分别占该州同龄人的 3.15% 和 1.9%。与前述两个州相同的是，玉树州未成年僧人保持着一个相对合理的年龄结构。其中，16～17 周岁僧人所占未成年僧人总数的比例最高，反映了玉树州藏传佛教长期发展、积累的过程。

表 95　　　　　　　　　　玉树州未成年人入寺为僧情况

	16～17 周岁	13～15 周岁	12 周岁以下
僧人数（人）	1642	1055	878
占州未成年僧人人数的百分比（%）	45.9	29.5	24.5
占州同龄人的百分比（%）		3.1	1.9
占州僧尼总数的百分比（%）	7.1	4.5	3.8

注：数据截止时间：2008 年。

由于缺乏确凿的论据，尚不清楚玉树州未成年僧人的集中程度和流向。但现有的数据足以反映玉树宗教信仰文化所特有的浓厚程度，更进一步证明玉树在青海藏文化圈中传统中心的位置。

---

① 由于统计口径不一，玉树僧尼数据多有矛盾之处。笔者掌握的数据有 3 种：一是称玉树有寺院 152 座、僧尼 7712 人（其中僧侣 6809 人、尼姑 903 人），僧尼总数占总人口的 2.73%（数据截至 2007 年）。前文亦采用此数据。二是称玉树有大小寺院 218 座，僧尼 17000 余。另一种：由表 95 所给出的比例推算，玉树僧尼总数为 23065 人。三种数据差距悬殊。此处遵照数据来源作分析。

与某乡政府毗邻的宗教活动场所（玉树）

　　问卷亦涉及这一问题。从表 96 可以看出，对是否送子女（主要是男孩）到寺院当完德的意愿，在各个地区亦有不同。总体而言，当问及"您愿不愿意送您的孩子到寺庙当阿卡或完德"时，在 446 个回答有效的样本中，选择"非常愿意""比较愿意""不太愿意"和"很不愿意"的分别占 24.9%、22.9%、34.5% 和 17.7%。就农牧民而言，对这一问题的回答在不同乡镇区别明显。在 354 个回答有效样本中，选择"不太愿意"的所占比例最高，达到 33.33%；其次为选择"非常愿意"者，占到 27.4%。前者主要集中在青海东部地区 3 个乡，后者集中在泽库和日乡、玛沁当洛乡和兴海子科滩镇。同时，回答"不太愿意"和"比较愿意"的样本也多集中在这两个区域。回答"非常愿意"的样本比例，最高的是和日乡；而扎麻什、军功、南门峡、巴藏沟和日月 5 个乡镇选择这一答案的样本，仅占其总数的 9.28%，尚不及龙羊峡、哈尔盖各镇选择这一选项的样本。回答"比较愿意"的样本比例，最高的是当洛乡，较低的是东部地区 3 个乡和天峻快尔玛乡。如果把 4 个选项从"非常愿意"到"很不愿意"作为判断农牧民是否送孩子到寺院当完德或阿卡的意愿两端，那么可以发现，生计以牧业为主导的区域与以农业为主导的区域分处此两端。或者更确切地说，两个区域对此两端选择的倾向性十分明显。其他乡镇个案的选答则处于其中间（个案的选答集中在"比较愿意"和"不太愿意"）。其中，就所选择答案的比例来说，比较而言，隆务镇偏向于"愿意"一端，军功、快尔玛、扎麻什等乡镇偏向于"不愿意"一端。显然，问卷结果可进一步佐证上述不同地区藏传佛教生存、发展环境的差异。

表96　　　　　　　　不同地区受访者的宗教从业意愿　　　　　　（例）

乡（镇）	您愿不愿意送您的孩子到寺庙当阿卡或完德				合计
	非常愿意	比较愿意	不太愿意	很不愿意	
日月	0	1	6	24	31
巴藏沟	1	2	21	10	34
南门峡	2	3	14	10	29
军功镇	3	9	16	3	31
当洛	16	14	2	0	32
龙羊峡	10	10	9	0	29
子科滩	15	6	7	0	28
隆务	7	9	8	1	25
和日	23	8	2	0	33
快尔玛	7	2	12	2	23
哈尔盖	10	10	5	5	30
扎麻什	3	8	16	2	29
合计	97	82	118	57	354

三　对藏传佛教信仰地域差异的民间解读

对于不同地域面对僧源这一棘手问题之所以呈现出的不同处境，上面已经涉及了一些相关致因，比如寺院功能的转化、社会公益中政府的缺位以及教育政策调整可能带来的影响等。从微观的层面上考察，宗教从业者还俗、寺院无僧或少僧主要由以下几个因素决定。

一是计划生育政策带动下的不同结果。青海实行农牧有别、汉族与少数民族有别的计划生育政策[①]以来，人口增长速度大大降低。同时，加大对独女户、双女户及独生子女户的奖励扶持力度，人们"多子多福"的旧观念有了很大改变，生育政策遂由控制人口增长向稳定低生育水平转

①　即在达到生育间隔的前提下，农村一对夫妇可以生2胎，牧区一对夫妇可以生育3胎；在城市（镇），夫妇双方或单方为少数民族的，允许生2胎，夫妇均为汉族的，只允许生1胎。

变。这项政策带来的必然影响是，大量核心家庭的出现，这就使得"家有二男，必遣一子为僧"的旧有习惯在多数地区失去了存在的土壤。但是，在不同地区政策及其实施力度的差别，导致家庭人口结构和规模的地域差异。这种差异，自然反映到各地僧源的供给上。

二是现代学校教育发展。长期以来，各地为"两基"（基本普及九年义务制教育、基本扫除青壮年文盲）攻坚，作了不懈的努力，可谓投入增长、检查不断，效果不能说不理想。但由于现代教育资源分布不均，现代教育发展水平在农牧区之间、城乡之间存在巨大差异。此为痼疾，久难治愈。在由唯物论主导着的中国现代教育知识体系熏陶下成长起来的一代，对传统宗教理论和知识多少会产生一些抵触心理和行为。这种心理，可能会在很长时期影响新一代人的人生观和价值观。传统宗教就无法从中得到广泛认同。而在不同的现代教育发展水平下，这种心理或行为的抵触程度和对宗教的认同程度就有所不同。比如，海南州自实行教育布局调整、推广"两免一补"（免学杂费和书本费，补寄宿生生活费）后，寄宿学生人数成倍增长。这是在政策试点、投入资金集中的条件下取得的成效。对学生而言，寄宿制学习在住宿、伙食、教学环境等方面比以往有极大改善，这种生活无疑对来自牧业区的学生有一定的吸引力。学校学生人数的增长，或许反映了学习环境改善带来的学生人数短期反弹。而相对更为偏远的玉树州的教育发展则不容乐观，到 2007 年，该州"两基"人口覆盖率只有 22.5%。其中，前述寺院比较密集、僧尼数较多的囊谦县，"文盲"率高达 37%。2008 年该县小学教师与在校生的比例为 1:70，寄宿制学校均无后勤管理人员编制，雇用的炊事员月工资只有 200 元。全州寄宿学生有 1 万多名，上级财政按 7000 多人、每人每年 1300 元标准发放的生活补助费，难以保障学生生活。这些世俗教育中遇到的实际问题，导致世俗学校对当地学龄儿童、少年的吸引力弱化，寺院教育就有了极大的拓展空间。

三是僧人待遇的变化。在青海多数牧业区，入寺为僧后，在经济收入方面的变化是极为明显的。比如，玉树囊谦县 2008 年农牧民人均收入仅 1600 多元，这样的收入供养子女进入高一级世俗学校就读，显然会捉襟见肘。而一名普通僧人每年的布施收入少则几千元，多达上万元。这种巨大反差，是由于各地经济发展方式局限和水平低下所决定的。青海东部地区则完全不同。除了一些较大型寺院外，占多数的中小寺院布施来源少、自养困难，僧人收入微薄。大部分僧人仍然需要其家庭来供养。同时，随着社会交往扩大，僧人日常支出项目增多，比如电费、通信费、天然气费、交通费、油费等，这种支出在原来的寺院宗教生活中是很难见到的。因此，东部地区的群众有这样的说法："养一个阿卡，不如养一个残疾人。"意思是说，残疾人尚能干些力所能及的事，对家庭中出去的僧人的投入则只有付出没有回报。诚如在社会垂直流动中，一般向经济收入高的职业或行业流动，开放社会中不同地区对宗教职业的选择，在很大程度上取决于职业为个体所带来的经济收益。

四是僧人社会地位的不同。历史上，藏族知识分子大都集中于寺院，尤其是许多高僧大德学识渊博，具有很高的社会声望和地位。在现代牧业社会，僧人同样具有较高的社会地位。

访谈个案33：僧人的职业声望与社会地位

时间：2010年10月18日，中午，阴。地点：黄南州同仁县和日乡和日村。受访人：更某，藏族，待业者（高校毕业生），27岁。

> 在这里，僧人在社会中倍受尊重。即便年龄小的僧人，进了房间，大家都要站起来让座，平时与僧人见面，都很恭敬。僧人要是还了俗，群众会瞧不起他，就会议论：他以前是阿卡，现在还俗了，真是不应该。还俗僧人面临很大的社会压力。因此，这里还俗的僧人很少。僧人也很少有招惹是非的。

显然，僧人的职业声望在很大程度上是由信众赋予的，这种声望下获得的较高的社会地位和产生的舆论压力，使僧人很难拥有职业选择的自由。青海东部地区及半农半牧区则完全不同。职业的多元化和寺院与社区关系的疏离，使得僧人的处世道德和社会行为不大受社区民众的关注，僧人还俗也就不会受到像牧区那样来自民众的强大压力。

一般认为，社会组织包括规范、地位、角色和权威4个构成元素，其架构成社会组织的基本结构。寺院作为一类社会组织，离不开这4个元素的维系。如上所述，计划生育政策和学校教育在青海各地区的影响程度不同，造成寺院僧源不同。它对寺院生存和发展带来的影响各不相同：在玉树、果洛及其临近地区，寺院规模较大，僧源丰富；在其与东部地区的过渡地区，虽频频出现寺院宗教从业者还俗的现象，但尚未危及寺院的生存和发展；在青海东部地区，多数寺院出现生存危机。职业的变动，相应地使僧人角色发生转变。而不同的宗教环境中，藏传佛教寺院及其僧侣所具有的社会地位和社区中的权威各不相同，反过来影响到寺院的生存和发展。就寺院内部的规范而言，尽管东部地区寺院以格鲁派为主，青海腹地以宁玛、噶举派等为主，但基于不同地区与其社区的联系紧密性相异，东部地区的格鲁派寺院较为严格的规范（比如学经制度、对还俗僧人的惩戒①等）却成为制约其吸纳僧源的一个因素，而规范较为松弛的青海腹地寺院却能一以贯之的社区影响力保持着稳定的发展。

使用与珍藏："廊罗"（嘛呢筒）的传统与现代（左：果洛；右：海东）

从更加宏观的层面上解释，还有必要把寺院的超员和少僧或无僧现象，置于整个藏文化圈场域中考量。有研究将其因总结为三点：社会经济发展滞后，宗教氛围浓厚；定员相对较少；超员清退难度大。② 更准确地说，后两者不是超员的结果而不是其致因。另有一项内部研究称：

---

① 宁玛派和格鲁派对还俗僧人当下的限制程度不同：宁玛派僧人还俗后仍可穿僧衣、到信众家中诵经、接受布施并娶妻生子，还可以参加寺院内部除"夏令安座"（亦称"雅尼"，属于宗教仪式）之外的所有活动；格鲁派僧人还俗后则完全成为"俗人"，无宁玛派僧人所具有的权力。

② 参看加：《关于合理确定寺院定员及解决超员问题的意见》（未刊稿），2009 年。

　　由于历史、地理及经济社会发展不平衡等原因，藏传佛教在全省不同地区的影响程度也存在差异，呈现出不同的发展趋势。六个藏族自治州自然条件差，生存环境恶劣，经济社会发展滞后，党的宗教政策落实以来，寺院基本上恢复开放，宗教人员数量增加快。世居在这里的藏族、土族、蒙古族基本全民信教，宗教氛围浓厚……西宁、海东地区人口相对集中，教育、文化等事业相对发达，除化隆、循化、互助三个民族自治县外，信教群众的宗教观念已趋淡化，今后藏传佛教寺院数量不会有大的增加。①

另有一项调查称：

　　全省藏区宗教现状存在地区性差异：南部的玉树、果洛、黄南3个州，1980年代以来，藏传佛教寺院基本上完全恢复开放，僧尼人数增加较快，群众宗教观念比较浓厚；环青海湖的海北、海西、海南3个州，僧尼人数在信教人口中所占比例大大低于青南3个州，群众宗教观念相对趋于淡化；东部农业地区，宗教职业人员在信教人口中所占的比例更小，各族群众中的宗教气氛更加淡漠。②

　　把最根本的原因归结为生存环境和经济社会发展程度，如果放到青海范围，或许尚可用以阐释这一文化现象，却没有触及其根本的一个原因。从区域之间比较，这种原因的解释是合情合理的。如果把它置于藏文化圈的视野下，可以得到更为准确的解释。很显然，从定额与超员的角度看，玉树、果洛（部分）地区的文化圈核心带的地位是明显的。抛开对宗教的价值判断，作为藏文化传统而言，藏传佛教文化作为其核心，信仰的浓郁程度是衡量藏文化特质集中度的一个重要尺度。事实上，从文化结构看，藏传佛教对于维系藏文化结构的完整性和独立性具有不可替代的作用。因此，从藏传佛教超员这一文化现象，可以反观作为青海藏文化圈核

---

　　①　青海省委政研室课题组：《关于青海藏传佛教寺院管理问题的调研报告》，《调查研究报告》2008年第47期。
　　②　曾传辉：《藏区宗教现状概述——藏区宗教现状考察报告之一》，《世界宗教研究》2003年第4期。

心的玉树、果洛（部分）地区藏文化其他特质的传统性及集中度。

对于从藏传佛教文化信仰程度的差异和人口分布地域差异所见到的藏文化圈形态，二者呈现的略微异位：一方面，是由于文化圈形成的复杂性使然；另一方面，还要到地域文化的形成那里找原因。以果洛为例，玛多县与玉树临界，地广人稀（实施生态移民后，实有户籍总人口不及 1 万人）；玛沁县自然条件相对较优，人口所占比例较大、密度较高，经济社会发展相对迅速。二者的藏传佛教从业者超员比例相当。显然，无法用上述原因来解释这种同异性。前文所述玉树寺院在不同地域的分布情况，也同样呈现出这样的特点。在果洛当地，流传着一句对不同县人基本性格的评语，颇耐人寻味，道："无法无天的达日、甘德人，有权有势的久治人，老老实实的玛多人，自以为是的玛沁人，无依无靠的甘德人。"这种多少有些许贬义的顺口溜，说出了果洛不同地域文化上的差异。据寻访众里，得到的解释综合如下：

> 文化上，达日与甘德、久治与班玛相近。玛沁分三"派"，北边靠海南州（兴海、同德县），西边靠玉树、海西及本州玛多，南部三乡为"三果洛"之北端。玛多服饰古怪，穿法接近玉树，从这边看上去不上眼。"三果洛"封建旧俗最重，血价、命价倡行，民族关系的一些事件也常在此发生。其中，达日特别是其上下红科乡、桑日麻乡人自古剽悍、好斗。围攻政府机构，不屑于要国家济困物资的事，多发生在达日县。久治县在历史上与甘肃甘南州拉卜楞关系紧密，20 世纪中叶以来教育抓得紧，发展基础好，现在州县久治籍干部特别是领导干部多，故"有权有势"。在语言上，久治与四川阿坝、甘南玛曲较近（距离不到 100 公里，近于到州府所在地距离），玛多与甘德、达日较近。玛多县系从玛沁县析置，人口多是从邻近的县迁移而去，文化相对多元。而且该地海拔高，气候极端恶劣，不产虫草，作为支柱的畜牧业由于生态退化而衰败，因此，牧人经济收入不高。玛沁为州政府所在地，处在"皇城根下"，加之属于果洛冬虫夏草主产区，收入高，经济条件相对较好，玛沁人故有优越感。

整体上说，玛沁县境阿尼玛沁山以北地区，在行政建置、主体族源上，多与青海海南州有渊源关系，称为"然囊"地区，加之城市文化的影响，成了一个以多元文化、城市文化为特征的文化带。这一文化带内，以州府所在地的大武镇为中心，呈向南部的辐射状。可以把这种形态称为青海藏文化圈之次级文化圈（对此，将在后文进一步论及），正如青海东部地区特别是湟水流域的汉文化圈之形态。在这个区域，相对而言，其藏传佛教从业者人数表现出有别于传统文化深厚的阿尼玛沁雪山以南地区，凝聚出世俗文化与宗教文化互动的惯常结果。而玛多县同样具有的多元文化特征以及区别于其他县的极其低密度的人口格局所致，宗教从业者数量增长遂失去了必要的土壤。

第三节　寺院经济的兴与衰：湟水流域的个案

对中国僧官制度的研究表明，"最初的寺院还只是一个宗教共同体，僧众一律靠乞讨或檀越供养生活，并无自己独立的经济基础"[①]。虽就主体而言，青海藏传佛教属于佛教东传的结果，但青海早期寺院的经济来源与乞讨和檀越状况别无二致。明、清两代，青海藏传佛教飞速发展，尤其是湟水流域寺院发展更为突出。这些寺院多是卫藏高僧往返西藏与中原时留下的弘法遗迹，其初建、扩建得到政府财政的大力支持，同时敕赐、分封得大量资源、属民。当时卫藏寺院经济多元形式方为湟水流域寺院所承袭，寺院成为富甲"实不亚于康藏"的经济实体。[②]湟水地区处于青藏高原藏文化圈边缘文化带，处在这一地域作为藏文化核心元素的藏传佛教，总体上表现出寺院与社区关系越来越疏离、寺院的影响力不断萎缩、信众的宗教生活日益向世俗生活贴近等变迁特点。是为藏传佛教存在的重要支撑，寺院经济在很大程度上决定着它的发展走向。在具体考察湟水流域寺院经济在 20 世纪初以来的变化过程时，可以看到，分踞湟水南北的塔尔寺和广惠寺仅一河之隔，但寺院和寺院经济发展命运迥然、反差强烈，两相比较，可以窥测藏传佛教在藏文化圈边缘文化带兴衰的部分因由。

---

① 谢重光、白文固：《中国僧官制度史》，青海人民出版社1990年版，第22页。

② 白文固：《明清以来青海喇嘛教寺院经济发展情况概述》，《青海社会科学》1985年第4期。

一 传统寺院经济比较

（一）广惠寺的传统经济

广惠寺位于青海大通县东峡镇衙门庄村。"广惠寺"为清雍正帝赐名。因其创始人为卫藏名僧赞波·端智嘉措，故亦名赞波寺。又因赞波来自哲蚌寺郭莽扎仓，加之寺僧学经采用其教程，故当地信众多称之郭莽寺。还依其所在地名"赛柯"而称为赛柯寺。该寺初建于清顺治七年（1650 年），后屡遭兵燹，历经几起几落。寺院存续不稳，寺院经济逐渐衰败。综合而言，其传统寺院经济主要有以下几种经营形式。

1. 农牧业

广惠寺的土地主要来源于：一是中央和地方政府的封赏赖赐，这是其寺院经济发展初期的形式；二是占有无主荒地，往往借"款封神山"的名义，侵占公有的荒地山林为寺有，或收寺属无嗣信众耕地为寺有；三是接受施舍，广惠寺的一部分土地原来是大通川李土司施舍的①。据《安多政教史》②《甘肃新通志》（卷 42）的记载和《广惠寺志》的印证，其属田曾覆盖今大通、互助、门源等县的广大牧业区和半农半牧区。虽受清雍正元年罗卜藏丹津事件和民国改土归流的影响，但到民国末年，该寺"领地极多，其已垦者约 4 万亩"③，"未垦与山地为数更多"④。寺院原领有"五族"400 多户，多是寺院佃户⑤，寺院与属民间是一种具有极强人身依附性的供施关系。"田地统租于土汉人民耕种，纳租五成于寺，总计全寺每年收入当在三十万元以上。"⑥《广惠寺志》称：民国年间，广惠寺出租土地年收入租粮约 70 余万斤。土地改革期间，寺有耕地约 1500 石（约合 46000 亩）。⑦

---

① 白文固：《明清以来青海喇嘛教寺院经济发展情况概述》，《青海社会科学》1985 年第 4 期。

② 智观巴·贡却乎丹巴绕吉：《安多政教史》，第 106 页。

③ 张承编著：《边疆一览初编》（上册），《边疆丛书》之一，蒙藏委员会 1947 年印。

④ （民国）黎小苏：《青海喇嘛教院》，载甘肃省图书馆书目参考部编《西北民族宗教史料文摘·青海分册》（下），第 655 页。

⑤ 白文固：《明清以来青海喇嘛教寺院经济发展情况概述》，《青海社会科学》1985 年第 4 期。

⑥ （民国）黎小苏：《青海喇嘛教院》，载甘肃省图书馆书目参考部编《西北民族宗教史料文摘·青海分册》（下），第 655 页。

⑦ 《广惠寺志》编纂组：《广惠寺志》，青海人民出版社 2008 年版，下同，第 189 页。

20 世纪中叶前，广惠寺统治区域长 150 余里、宽 30 余里，领有大量耕地和数量可观的草山牧场，所占田地为当地总亩数的 55%。① 《广惠寺志》对其拥有的畜牧场及牲畜数量有较实记述②，分布在门源朱固、皇城，兴海，大通宝库，河北张家口等地的有羊 1500 只、牛 300 头、马 120 匹。从十六世敏珠尔开始，在内蒙多伦诺尔的汇宗地留下自己的佛仓及以畜牧业为多的财产。民国 23 年（1934 年），第二十一世敏珠尔驻锡东黄寺佛仓，管理着僧徒 60 余人，牧丁 100 余户 300 多人；在多伦汇宗寺有属民 42 户 91 人，近 800 头（只、匹）牲畜。③ 寺属牲畜除少部分自用外，多数用来交换物品；主要由寺院塔哇放牧，也有拉让（即佛邸）派僧人放牧的。

2. 林业

广惠寺地处鹞子沟林区，林产曾在其寺院经济中占有一定地位。《甘肃通志稿·民族八实业》载："西宁道属大通县东北兴隆保鹞子沟山林区一处，面积约三百余亩，多松（广惠寺公有）。"④ 民国时，"该寺对面山岭森林有数十百公里，尽系松柏，均为寺产"⑤。寺属森林由寺院所派山头常年严格管护。但寺院修建、维修所需木材和领地内佃户盖房用材，均在寺院林区砍伐，也有部分木材出售。比如，因清同治时两次毁于兵燹而于光绪年间重修，木材尽取于寺前鹞子沟山中。⑥ 加之寺院和林区民户薪炭柴均取自林内，林区面积逐步萎缩。民国 23 年（1934 年），范长江所见："广惠寺附近山上，森林畅茂，盖为数百年老林，现寺僧只知砍伐变卖，年有缩减，未知稍加培植，过十数年后，青海又少一避暑住地矣。"⑦ 在民国 26 年至 27 年（1937—1938 年）对寺属林区施行毁灭性砍伐，将其多处原始林中一人高以上松树全部伐完。⑧

---

① 房建昌：《青海大通县广惠寺的创建历史及活佛考》，《青海社会科学》1990 年第 1 期。
② 《广惠寺志》编纂组：《广惠寺志》，第 200—201 页。
③ 房建昌：《青海大通县广惠寺的创建历史及活佛考》，《青海社会科学》1990 年第 1 期。
④ 王昱主编：《青海方志资料类编》（上），第 219、221 页。
⑤ （民国）黎小苏：《青海喇嘛教寺院》，载甘肃省图书馆书目参考部编《西北民族宗教史料文摘·青海分册》（下），第 655 页。
⑥ 蒲文成主编：《甘青藏传佛教寺院》，第 11 页。
⑦ 范长江：《中国之西北角》，载吴坚主编《中国西北文献丛书》（128·012）。
⑧ 《马步芳滥伐鹞子沟森林的前前后后》，原文出自《大通林业志》《西宁景观览胜》《大通县文史资料》（第 1、7 辑），转引自《广惠寺志》，第 199—200 页。

3. 房租、放债、布施等

广惠寺地处甘、青、藏和内蒙古交通要道，历史上信众远道朝佛，人员流动频繁。为方便僧侣佛事往来和过往商旅开展商贸，寺院租赁多处房屋。初建时，寺外百余间房屋，年收房租不下 600 银元。1937 年，马鹤天考察该寺，看到距寺约 3 里的衙门街"有商号三四十家，半为晋人"，其中 2/3 为寺产，由商人租用。① 寺属佃仆佃户租种寺院土地后所建房屋，10 年后便随土地归寺所有。放债利息收入是该寺经济来源之一。活佛、管家和各拉让有资本的僧人，将钱粮借给农牧民和小商贩。此外，不少寺僧掌握缝制、油漆、绘画等手艺，主要面向僧众提供方便，从中获取部分收入。少部分僧人来往于藏区和内蒙古等地贩卖绸缎、氆氇、茶叶、牛羊毛、红花、马牛羊等产品，获取利润。该寺曼巴扎仓培养的藏医人才虽数量不多，但水平较高，其中不乏藏医名家。② 曼巴扎仓衰落前，蒙、藏各地和寺院周边来寻医问药和邀曼巴看病者很多，病家贫富不一，所给酬资多少不等。

除上述经营性收入外，广惠寺有过数量较大的布施收入。一是皇帝、王公、贝勒、台吉、千户、百户等以官方或个人名义向寺院及僧侣添布施。比如乾隆五十二年（1787 年），大通川千户曹通温布殁后无嗣，将所辖地方约 480 户及印信皆布施给该寺，由大拉让的大管家充任千户。③ 寺院牧场的牲畜大多来自布施。《青海通史》记述，大通松巴部是早年蒙古王爷连同草场、牲畜一并布施给广惠寺活佛的。④ 二是大寺院或主寺给小寺院或属寺的布施。如《佑宁寺志》载，郭隆寺赐予广惠寺"哇刺一带的八个游牧部落近两千户人家作为庄园"⑤。三是广泛的民间布施。其形式大体有为亡者念超度经（包括牧业区主持天葬）、集体诵经活动（法会）、僧侣化缘及富户捐赠等。《西宁府新志》载，"番、土人死，则以产业布施于寺，求其诵经，子孙不能有。故番、土益穷而僧寺益富"。寺院给念经的僧人依不同宗教地位作明码标价，法台、经院堪布与一般僧人诵

---

① （民国）马鹤天：《甘青藏边区考察记》，甘肃人民出版社 2003 年版，下同，第 180 页。

② 陈华：《藏医药学的发展与传播》，台北中研院民族学研究"医疗与文化"研讨会报告论文，2002 年。

③ 陈庆英主编：《中国藏族部落》，第 308 页。

④ 崔永红等主编：《青海通史》，第 349 页。

⑤ （清）土观·洛桑却吉尼玛：《佑宁寺志》，尕藏译，青海人民出版社 1990 年版，第 88页。

经酬劳差异悬殊。① 民国时期，寺院仍可通过收受死者遗产等途径，从信教群众特别是藏人中获取大量资源，归为寺产。民国 25 年（1936 年）调查，"番民多信佛教，皆务农、牧畜，若有遗财，死后即舍施佛寺"②。后来，随着其他收入减少，布施渐成僧侣生活主要来源和寺院收入主渠道。《大通县回族土族自治县概况》称：普遍信教的大通土、藏、蒙古族群众虔诚佛寺，"不少信徒不惜牛马财物，广为施舍，平时或为禳解灾害，或为超度亡人，常请寺僧诵经。人死后，其遗产亦多捐赠给寺院，所以布施成为寺院的主要收入之一"③。

（二）塔尔寺的传统经济

地处青海湟中县鲁沙尔镇的塔尔寺的寺院经济在佛教寺院经济发展中具有十分典型的意义。塔尔寺自明神宗万历五年（1577 年）创建之后，规模不断扩大，政治和宗教影响不断增加，一个重要的原因在于它拥有自己的寺院经济。④ 与广惠寺相比，其寺院经济具有持续性，而且其形式、规模及所产生的社会影响，都要丰富、浑厚而广泛。仅其形式有地租、房租、布施、放债、经商、念经、家庭供给、综合经营收入等，尤其是地租、经商、放债等收入为广惠寺所不能及。正如民国的观察家言："该寺之富，甲于青海，寺之周围二百余里，皆其财产。"⑤ 对塔尔寺寺院经济的关注较多，以下仅就其主要收入来源作简略比照。

1. 土地收入

民国时期，塔尔寺有土地 9424 亩。1950 年寺院上报的土地清册统计，有水地 1796.33 亩、旱地 84877.39 亩。⑥ 1957 年调查，有耕地 102321 亩，僧人人均占有耕地 60 多亩。这些耕地主要通过向农牧民租种来获得收益。除此之外，还利用控制湟中一带脑山水源的条件，向下游川水区农民收取粮食柴草，仅此一项，年可收入粮食数十万斤。正所谓：宗

---

①　《广惠寺志》编纂组：《广惠寺志》，第 205—206 页。

②　王昱、李庆涛编：《青海风土概况调查集》，第 63 页。

③　修订本编写组：《大通县回族土族自治县概况》，民族出版社 2009 年版，第 33 页。

④　青海省社会科学院塔尔寺藏族历史文献研究所编著：《塔尔寺概况》，青海人民出版社 1987 年版，下同，第 143 页。

⑤　（民国）李化方：《塔尔寺之宗教源流与蒙藏社会》，载甘肃省图书馆书目参考部编《西北民族宗教史料文摘·青海分册》（下），第 669 页。

⑥　湟中县地方志编纂委员会编：《湟中县志》，第 395 页。

教改革前的塔尔寺是湟中一带最大的一家封建地主。①

2. 经商、放债收入

民国后期，塔尔寺僧众开始经商。除寺院和各昂欠均经营长期性商店外，经商僧人"入寺披袈裟，出寺着便装"，或在本地，或东走津、沪、平、汉，贩运"洋货"，西入西藏、印度，贩运藏货，买入卖出，获得暴利。民国26年（1937年），马鹤天考察塔尔寺后既云：塔尔寺"许多喇嘛，多经营商业，或在本地，或西上拉萨，得利甚多"②。贩运品种更多，计有枪支弹药、绸缎、茶叶、牲畜、陈醋、挂面、银包木碗、水獭皮、氆氇、手表、藏红花、藏香、藏斜布、藏礼帽、藏靴等。③ 1950—1953年，塔尔寺各吉哇僧人经商者总计286户，销售总值81.8万余元，获纯利润20.5万元。④ 此外，也有一些活佛与上层僧人或把商业资本贷给善于经商的僧人，或贷给鲁沙尔一带的商人，也有向商人经营的商号投入股金的，每年分得利润，有的利润竟达130%⑤。在当时，塔尔寺宛如一个高效运转的商业金融机构。

二　新型寺院经济比较

1958年宗教改革后，废除封建管理及地租、高利贷、劳役等旧有制度，寺院丧失了封建特权；青海各大寺院内部则留少量僧人，走自食其力之路。之后，各寺院原有土地、僧人逐年减少。20世纪80年代初期恢复正常的宗教活动，提倡"人间佛教""农禅并举"，寺院逐步开发一些力所能及的自养活动，寺院经济步入新时期。

然而，在相同的新政策环境下，广惠寺和塔尔寺寺院经济的发展大相径庭。在宗教改革中，广惠寺的经济资源悉数归为公有。"文革"中该寺所有公用房屋被拆毁变卖，僧众移住民家。1988年，根据"寺院房屋谁占有，谁归还"的政策，对其被占房产进行清查、清退或作价偿还。政府划拨土地20亩给其僧侣耕种，提倡以寺养寺，但经营性收入为数不多。

---

① 青海省社会科学院塔尔寺藏族历史文献研究所编著：《塔尔寺概况》，第145页。

② （民国）马鹤天：《甘青藏边区考察记》，第188—189页。

③ 湟中县地方志编纂委员会编：《湟中县志》，第395页。

④ 王恒生主编：《中国国情丛书——百县市经济社会调查：湟中卷》，第518页。

⑤ 陈永龄等：《青海塔尔寺情况》，载《青海省藏族蒙古族社会历史调查》，青海人民出版社1985年版，第165页。

该寺开放后，占有林地 7.5 亩，但林业收益十分有限；"出租房屋 25.5 间"①，房租收入归寺所有。在其他经营性收益锐减的情况下，布施收入成为支撑寺院生存的重要物质保障，主要是信民朝拜和邀请念经的酬谢。以上主要是《广惠寺志》对该寺寺院经济新时期发展情况的记述，寥寥数句，足见寺院经济的衰落景象。

与广惠寺新型寺院经济一蹶不振形成强烈反差的是，作为青海首屈一指的名胜古迹和全国重点文物保护单位，塔尔寺主要依靠旅游业带动和布施收入，新型寺院经济得以迅速恢复和发展。宗教制度改革后，该寺僧人减少，不去外地募化布施，但信教老人仍来寺院献布施。1961 年 10 月至 1962 年 6 月，其大经堂收布施 11089.5 元、银元 101 元，喇嘛个人得布施 112.6 元，大金瓦寺收布施 4924.59 元。② 这些收入可解燃眉之急。1984 年，该寺集资兴办旅游饭店，还在原藏医门诊基础上办起藏医院。印经院除保留原有木版印刷外，又购进新的印刷设备，提高了生产能力。据 1981—1985 年累计统计，塔尔寺旅游门票、藏医院、印经院、旅游饭店及其他收入分别达 34 万余元、3.94 万元、29.56 万元、14.8 万元和 5.49 万元，年均收入达 24.08 万元。1990 年自养收入为 37 万元。1992 年先后投资 9 万元，新建商店、照相馆、停车场、茶司、建筑队各 1 座（个、处），大大提高了寺院的自养能力，1992 年寺院总收入达 63.69 万元。③ 1995 年自养收入增加到 204 万元，2002 年达到 600 余万元（其中，门票收入 510 万元)④，逐步实现了完全自养，寺院经济走向自我良性循环的道路。

三　寺院经济的兴衰因由

（一）宗教传统地位的不同

塔尔寺与广惠寺宗教传统地位的不同在于：一是建寺历史及由来不同。塔尔寺因宗喀巴诞生地而建并闻名，这种地位在众多寺院纷纷改宗格

---

① 年海治、白更登主编：《青海藏传佛教寺院明鉴》，甘肃民族出版社 1993 年版，第 243 页。

② 湟中县地方志编纂委员会编：《湟中县志》，第 396 页。

③ 王恒生主编：《中国国情丛书——百县市经济社会调查：湟中卷》，第 516 页。

④ 普日哇等：《塔尔寺典型模式研究报告——兼析藏传佛教与社会主义社会相适应》，《中国藏学》2006 年第 2 期。

鲁派后显得更加突出。甘青藏区的宗教首领以塔尔寺法台为其心目中的崇高职务，常到塔尔寺活动，有的不惜花重金当一任塔尔寺法台以提高自己在藏族社会的身价和名望。① 二是宗属关系不同。格鲁派执掌西藏地方政权后，通过革新，形成以拉萨三大寺以及扎什伦布寺、塔尔寺和拉卜楞寺为格鲁派诸寺之宗的主属寺分布网。而广惠寺是哲蚌寺属寺。在法缘关系上，可以说后者是前者的"侄辈"。况且，由于距离遥远，其与哲蚌寺的宗属关系难有实质性的维系和巩固，只能以建筑、教程、艺术等形式留存于记忆中。从清代至民国末，广惠寺有时还被视为佑宁寺的属寺。② 三是社会影响不同。历史上，第三、四、五、七、十三、十四世达赖喇嘛和六、九、十世班禅大师均驻锡塔尔寺，讲经弘法；其中，七世达赖喇嘛曾驻锡4年，十世班禅大师则驻锡长达8年之久。明王朝对寺内上层人物多次册封名号。清康、乾帝皆亲为该寺题写匾额，赐赠法器、佛像、经卷、佛塔等物。两个寺院驻京呼图克图的数量和座次这一重要的政治地位象征，也表现出微妙的差别。民国时期多位上层要人，先后亲临该寺。宗教传统地位的不同，必然会影响到寺院在信众心目中的地位，朝觐塔尔寺犹如朝觐宗喀巴本人，成为信众的无上光荣，其寺院经济就有持续发展的深厚历史基础。

（二）传统经济结构的差异

广惠寺和塔尔寺寺院经济的共性是皆经营土地，区别在于：畜牧经营为广惠寺所擅长而塔尔寺欠缺，商业经营为塔尔寺所擅长而广惠寺不足。清杨应琚《为边口亟请添驻县佐以资治理议》称："南部藏人集市，多在寺院有定期，凡会期将届，商贩不远千里而来。"以至20世纪中叶前，在藏区，寺院僧众经商蔚然成风。藏区没有不经商的寺院，每个寺院都设有专事商业的充本（商官），寺院几乎垄断了藏区商业。③ 然而，面对商业环境，塔尔寺僧众的角色转变要比广惠寺快得多。广惠寺历史上也有活佛从商的，但善经营者不多，形式及货品亦有限。寺院商业对宗教发展的影响在短期内可能是负面的，但从长期来看，却能成为寺院及藏传佛教发展的维系力量。相反地，由地租、畜牧、林业及少量的租赁收入构成的广

---

① 青海省社会科学院塔尔寺藏族历史文献研究所编著：《塔尔寺概况》，第27页。
② 房建昌：《青海大通县广惠寺的创建历史及活佛考》，《青海社会科学》1990年第1期。
③ 绒巴扎西：《藏族寺院经济发生发展的内在缘由》，《民族研究》1993年第4期。

惠寺寺院经济，由于缺乏较强势的商业，故在急剧变革了的社会环境下，显得异常脆弱。这种结构，在生计方式革新、森林资源遭到大肆破坏（尤其在马家军阀统治时期）、行政区域分割的影响下迅速瓦解。

（三）宗教改革的巨大影响

1958 年宗教改革，旨在废除"宗教中的封建特权和封建剥削制度"。其后在"破四旧"（破除旧思想、旧文化、旧风俗、旧习惯）运动中，由于受"左"的思想影响，有些违背了政策界限，主要是干涉和限制了群众的正常宗教活动，寺庙与宗教职业者也留得过少，在清除宗教界"牛鬼蛇神"过程中，打击面过宽，制造了一批冤假错案。[①] 广惠寺、塔尔寺未能幸免。面对政治环境的突变，广惠寺未能实现从传统寺院经济向新型寺院经济的有效过渡；在改革开放的社会背景下，缺乏经济基础也就缺少吸纳新生僧源的力量，入寺僧人数量急剧下降。清康熙末年，该寺僧侣达 700 余人。这种规模虽与塔尔寺历史上几千人的僧侣规模不可相提并论，但也不愧其"湟北四大寺"之一的名分。清代，广惠寺两遭兵燹，寺僧人数几起几落。民国初期一度复兴，寺僧恢复至 700 余人。新中国成立初期，寺有僧人 250 人。[②] 1953 年民族社会现状调查称，该寺"有二百七十多个喇嘛，藏、汉、土族皆有"[③]。1958 年，寺僧增至 300 多人。1958 年寺院被迫关闭，宗教活动停止。"文革"时，广惠寺被夷为平地，僧众被迫还俗，遣散回家。1981 年批准开放时有寺僧 27 人。[④] 1988 年进寺人员 32 人，1996 年底减少至 25 人。[⑤] 由此看到，在恢复宗教政策后的 10 多年间，广惠寺僧人规模趋于萎缩。历史上，塔尔寺因政治社会环境变化而遭罹难要比广惠寺轻微得多。清雍正元年（1723 年），川陕总督年羹尧在青海平叛罗卜藏丹津，采用诱使叛军出寺而歼灭的办法，该寺建筑和僧人所受冲击较少。"文革"爆发，寺院大门被紧紧锁闭，几乎未受破坏。"破四旧"的各种运动，也始终未损伤到其建筑文物。1979 年恢复开放，成立寺管委会，将散居农村牧区、生活困难的未还俗老弱僧人全部召回寺

---

① 陈云峰主编：《当代青海简史》，当代中国出版社 1996 年版，第 147—148 页。

② 青海省委统战部、省宗教事务局：《青海宗教问题研究》，1997 年，内部编印。

③ 陈永龄等：《佑宁寺情况》，载《青海土族社会历史调查》，青海人民出版社 1985 年版，第 54 页。

④ 蒲文成主编：《甘青藏传佛教寺院》，第 11 页。

⑤ 青海省委统战部、省宗教事务局：《青海宗教问题研究》，1997 年，内部编印。

院，安排在四大学院、五明哺育院，学习藏传佛教文化及相关专业。正是寺院建筑和部分僧侣得以保全，寺院经济度过短暂困难期后，很快复苏，僧人数量自然得以快速增加。1981—1985 年塔尔寺累计收布施 32.59 万元，1992 年布施收入从 1989 年的 46885 元增加到 174664 元。① 相应地，僧人数由 1981 年的 186 人增至 1985 年的 277 人（有粮户关系的)②；到 1990 年达到 496 名，且僧人年龄结构相对合理：7～15 岁、16～30 岁、31～50 岁及 51 岁以上的分别占 11.8%、21.8%、27.8% 和 38.6%。③

（四）生计方式变革的波及

有学者研究发现，各地寺院兼营买贱鬻贵的商业活动外，寺院经济与青海社会的经济结构相适应，分农业经济型、牧业经济型和半农半牧型三种模式。④ 可见寺院经济的存续和发展与寺院所在地生计方式关联密切。20 世纪中叶前，广惠寺所处地属半农半牧区，其传统的寺院经济具有一定的形式多元性。20 世纪中叶后特别是 80 年代初期后，一方面，改革使寺院所拥有的可独立支配的农牧业资源锐减；另一方面，随着农业面积扩张，牧业草地向脑山地带退缩。自雍正初年，大通一带藏族居住地确定后，邻近农业区的南部一带宜耕草地逐步被垦并渐次北缩，至道光三年，向化、新顺、归化 3 族"日需口粮出自己田"⑤。到民国年间，当地藏族聚居区已基本垦为农田，藏人已由牧民转化为农民。⑥ 其影响：一是寺院不可能获取过去那样的牧业收入，二是生计方式的变革带来僧众饮食结构的改变。传统上，寺院僧人多以奶茶、酥油、糌粑、牛羊肉为食。⑦ 若在民众兼营牧业时，信众所供牧业产品，能够维持僧人日常生活和正常的宗教活动；然而在农业经营形势下，非但畜产品供给成为问题，而且供予僧人所需产品，需信众付出多于以往的努力。在信众信仰趋于淡化的情况下，无论意愿抑或能力，足够的布施供给显得越来越艰难，寺院经济衰落自然在情理之中。

---

① 王恒生主编：《中国国情丛书——百县市经济社会调查：湟中卷》，第 519 页。
② 湟中县地方志编纂委员会编：《湟中县志》，第 398 页。
③ 王恒生主编：《中国国情丛书——百县市经济社会调查：湟中卷》，第 520 页。
④ 白文固：《明清以来青海喇嘛教寺院经济发展情况概述》，《青海社会科学》1985 年第 4 期。
⑤ 《甘肃新通志》卷 46。
⑥ 陈庆英主编：《中国藏族部落》，第 341 页。
⑦ 同上书，第 200 页。

（五）主属关系与区划布局变化的影响

广惠寺所辖子寺和部落（属民）一般称为"九寺五族"。但其"九寺"很不稳固，在该寺强盛时，所辖寺院纷纷归属，在其衰败时，复又支离。所辖兴马、那楞、向化、归化、新顺部落中除少部分在今大通县境，大部分在今门源县境。这种从属关系本身比较脆弱：一是区域内自然地理多元，部落间地距远且有天险达坂山阻隔，管理及信众拜谒多有不便。二是主属关系的确立，多起于个别活佛个人魅力型权威，由于转世或扶持力量变更等而使个体行为或地位一旦发生变化，主属关系就会松动。加之清代"分而治之"，屡次调整"五族"归属，兼施瓦解之策，客观上造成二者关系疏远。组织结构的变化引发寺院与信众关系的改变。寺属部落从得到清政府安置之时起，成为寺院属民，接受寺院统治，俗官也由其委派。这时的组织结构是"寺院→千户→部落→小部落→个体"形式，具有科层化特点；随后千户衰败，其变为"寺院→部落→小部落→个体"形式。光阴荏苒，原部落组织随着经济生活改变而瓦解，致使人们只知寺院，不知部落[1]。于是，管理模式演变为"寺院→属民（个体）"，组织与组织的关系演变为组织与个体的关系，寺院直面广大个体，与社区关系变得愈加松散、疏离。行政区划的调整则在客观上加剧了这一过程。"九寺五族"所在区域属同一藏文化地理单元，即华热地区，文化同质性强。清代设大通卫，治今门源县浩门镇，后移卫治于现大通城关镇。民国设县起，门源一地长期归大通县管辖，民国18年（1929年）从大通县析置。行政区划被明确化、固定化后，实施和强化以县为单位的行政管理体制，加之部落组织形式逐步销蚀，进一步解构了原有同质化的关系格局。相对而言，塔尔寺为诸寺之宗而无确定的属寺，其属辖"六族"较为明确，归属关系变化不多，且无县域行政区划布局调整之虞，这在客观上对其周边信众起到信仰上的稳定作用。

（六）周边信众信仰的淡化

周边信众信仰的淡化，则从根本上促使广惠寺寺院经济走向衰敝。时任民国大通县知事聂守仁在比较了大通各种宗教的发展形势时总结道："总计各宗教中，而比较其盛衰变迁，则佛教久已消沉，不过假托礼佛，

---

①　陈庆英主编：《中国藏族部落》，第341页。

收徒以资豢养而已，于宗教毫无发展。"① 20 世纪中叶后，各项改革和运动无疑在客观上加速了这种淡化过程，信众逐步转变"重来世，轻现世"的观念，尤其是年青一代，致富、置业、脱贫、奔小康的愿望日益强烈，人生的着眼点逐渐转向对现世幸福的追求，不再把有限的资金和精力放在佛事上，不少人甚至反感宗教募化和摊派②。加之其相对偏远地理位置的局限，以及大型寺院兴盛的冲击，多数信众的信仰需求可凭借便利的交通，通过大型寺院（如塔尔寺等）即可得到满足。新时期广惠寺寺院经济，就越来越缺乏赖以存在和发展的社会基础。

第四节　宗教文化变迁留下的负面影响

藏族宗教信仰特别是藏传佛教文化的变迁，留下的并不都是积极的、正向的结果，这种结果既已危及宗教本身的发展，也会影响社会的良性运行，必须先由相关政策调整，对之予以正确引导。

一　宗教"世俗化"命题

作为藏族社会文化变迁的重要部分，20 世纪中叶以来藏传佛教从形式到内容发生着剧烈的变革。前文已经从地域差异的角度分析了藏传佛教变革所呈现的特点。如何看待藏传佛教本身的变化，不少研究者采用世俗化的理论视角进行阐释，但也有人表示强烈反对。美国宗教社会学者罗德尼·斯达克和罗杰尔·芬克就指出：

> 在将近三个世纪的预言和对于古今的错误解释彻底失败之后，时辰已到，该把世俗化教条抬到失败理论之墓地去，并轻轻道一声："安息吧。"③

他们所称的世俗化命题是指：人们将"成熟到不再需要"相信超自然之物，从而出现宗教制度的社会权力衰落。其中一个有力的证据是看到

① 王昱、李庆涛编：《青海风土概况调查集》，第 61 页。
② 蒲文成：《河湟地区藏传佛教的历史变迁》，《青海社会科学》2000 年第 6 期。
③ ［美］罗德尼·斯达克、罗杰尔·芬克：《信仰的法则——解释宗教之人的方面》，杨凤岗译，中国人民大学出版社 2004 年版，第 97 页。

世界上大部分国家确实不是世俗的，而是非常宗教的。就藏传佛教而言，有人提出其本身就与社会生活具有十分紧密的联系，其中只有不到 1/5 的内容是关于宗教的，比如转世轮回、宗教仪规等。对于青海藏文化圈边缘文化带的藏传佛教变迁，有学者曾经做过细致的考察并指出其变迁体现在：寺院规模变小、学经制度弱化、宗教观念淡化、世俗化倾向日益明显、宗教影响减弱。① 其中所指的世俗化倾向表现在："人间佛教"思想的倡导；僧人学习领域扩大、藏传佛教界知识分子在社会各领域中发挥作用、某些现代化生活进入僧侣生活。② 一些宗教事务管理者对藏文化圈内层文化带的藏传佛教变迁现状也持与此基本相同的看法。

访谈个案 34：对藏传佛教变迁的总体评价

时间：2010 年 8 月 26 日，下午，雨。地点：青海省果洛州玛沁县大武镇。受访人：昂某，男，藏族，干部，50 多岁。

> 宗教世俗化很正常。改革开放后，大的环境发生变化，但宗教寺规、戒律未变，世俗生活诱惑太大，世俗化是必然趋势。去过佑宁寺、却藏寺，寺院对周边群众的影响力非常弱。却藏寺周边群众还准备赶寺院。改革开放初期，果洛有宗教狂热，但总体上在淡化，有的寺院招不上完德，每年寺院还俗僧人越来越多。有时，比如有 200 个僧人，年底，新入寺与还俗者比，还俗者多。寺院规模大、增长快，这是表面现象。偏远寺院破破烂烂，里面没几个阿卡。喇日寺仅是一例个案，2004 年只有一个转经房、玛呢石、经幡。其规模快速增长，与近几年政策有关，它是移民信仰拜佛的所在地。寺院本身经济不济，至今没盖成大经堂。它的转经廊是群众出资兴建的。

如果真正存在宗教的世俗化或世俗化趋向，那么它是按照两种路径来行进的：一是寺院内部宗教人士（包括活佛、管理人员、一般僧侣）信仰及其行为的世俗化，如宁玛派允许居家诵经、娶妻生子；二是信教群众信仰和信仰行为的世俗化。如宗教消费理性化、宗教狂热消退等。两种路径的影响显然不同：前者意味着宗教教规松弛了，是宗教本身可能走向衰

① 蒲文成：《河湟地区藏传佛教的历史变迁》，《青海社会科学》2000 年第 6 期。
② 蒲文成：《历史进程中的藏传佛教》，《青海社会科学》1995 年第 6 期。

败的表征。倘若藏传佛教尤其是其格鲁派从业人员不遵守清规戒律，就脱
离了或与其本意或本质（内核）渐行渐远了，甚至有可能走向邪恶。在
谈论世俗化时，显然也没有考虑到藏传佛教不同教派的区别。所谓世俗化
或世俗化倾向的外在表现，实际上并不是宗教本身而是部分地区藏传佛教
信教群众信仰和信仰行为与世俗社会的接近，这并不能说明人们对藏传佛
教价值认同的消退。而且从历史变化（宗教本身的世俗内容）和藏传佛
教在世界各地（包括中国东部沿海地区）的兴盛看，藏传佛教的"权力
地位"在提升。从这个意义上说，藏传佛教世俗化命题是很难站得住
脚的。

二　值得关注的宗教文化变迁影响

在很大程度上，正是在世俗化这个伪命题的鼓噪下，藏传佛教有可能
走向背离宗教本意的变化。笔者在调查期间，不止一次地听到当地藏人对
此变化的无比忧虑。以下是很有代表性的一个访谈个案。

访谈个案 35：藏传佛教面临着危机

时间：2010 年 7 月 24 日，下午，晴。地点：青海省果洛州玛沁县大
武镇。受访人：加某，男，藏族，干部，37 岁。

> 现在都拿钱买活佛头衔。活佛之间相互攀富的风气十分盛行。宗
> 教信仰已经脱离了它的本源。我的爷爷为活佛，其信仰十分虔诚，不
> 轻易接受别人的施舍。现在的活佛，利用东部发达地区对藏传佛教的
> 盲从，到这些地方募集大量资金，还有可能收受某些财团的巨额援
> 助，因此大多数活佛很有钱。有了钱就攀比，比如你今天买了一辆 6
> 缸的凌志，我明天就要买 8 缸的"牛头"。也比谁的寺院建得堂皇，
> 修的塔多。群众也是很注重外在的东西。因此，大武镇所在地的喇日
> 寺的规模迅速扩大。僧侣、僧人热衷于追逐世俗名利，而忘了对自身
> 佛行的静修。这样下去，如果不改革，最多 20 年，藏传佛教就有灭
> 亡的可能。

这种危机的社会影响已经逐步显现：一是削弱基层党政权威。现在不
是宗教干预政治，而是干涉政治。不少官员在群众中的影响力不大，几乎
没有号召力，开展工作只有依靠宗教上层人士。政策要求"五大班子"

领导联点寺院、与宗教上层人士交朋友，就是要借助他们，做好信教群众的工作，但这绝对不是依赖甚至依存。活佛手里有钱了，修寺庙、办学校，施舍困难人群，加上群众浓厚的信仰，活佛在群众中很有权威。政府虽然做了大量的工作，比如基建、医保、老保等，但与宗教界声势浩大相比，就有些相形见绌了。党委政府解决藏区基层疑难问题，还得请宗教人士出面。有时候，政府掏了钱，提高的却是宗教界的威望，也就是等于政府给宗教权威垫了单、做了嫁衣。党的基层组织也缺少足够的号召力，像曾经的果洛玛沁县东倾沟乡当前村党支部书记那样的先进典型[①]，现在已经不多见了。想当年，老支部书记真正起到党员先锋模范作用，当前党组织也真正起到"战斗堡垒"作用。这个战斗，说白了，就是与宗教争夺群众的战斗[②]。宗教与政治之间博弈，谁占优势，谁的决策、意志就能深入人心。现在的牧业区多是宗教占尽优势。但有的地区，宗教在世俗和金钱的影响下，偏离宗教本质，很少起到引人为善的真正作用。当前村老书记后来被提拔为乡领导（副乡长或副书记）。上面领导来了，吃过、喝过后，就随意应诺给项目、办好事，老支书为人实诚，信以为真，就将此意转诺于群众。但上级领导并非能件件落实、样样兑现，久而久之，群众就觉得老支书在糊弄、忽悠他们，过去的威望就一点点地这样被销蚀掉了。给了他官职，就走到了与群众有所不同的另外一个世界。在群众的世界里，人与人交往是非常注重人情、感情的，讲究一诺千金，重滴水之恩涌泉相报。但在行政世界里，就呈现着与此完全不同的道德操守生态。两个世界按照自己的逻辑运行。在一个世界里如鱼得水，在另一个世界里就会四处碰壁。这是村干部处境尴尬的重要原因，也是村干部一旦离开了他赖以生存的土壤，进入行政系统，就难以发挥作用的原因所在。事实上，这种办法并不可行，后果是人力资源的极度浪费。在国家力量偏软而宗教的影响力很强的情况下，基层行政组织只有依靠个人魅力和决断力来保证牧区乡镇国家机器的正常运转。

　　二是误导信教群众的社会伦理。宗教界人士尤其是宗教上层人士是道

---

　　① 据《玛沁县志》载：时任当前村支部书记于1987年获"省级优秀党务工作者"，1995年获"国家级劳动模范"称号。

　　② 这里并不是说宗教与政治是完全二元对立的。在我们看来，政治与宗教的关系大致可分为逐步递进的3个阶段：非此即彼、此消彼长和相得益彰。但现在还没有见到达到第三阶段的环境条件。

德楷模，在群众心目中具有崇高的地位。他们是牧区社会伦理道德的引领者。但是，现在一部分人坐着高级轿车，领着女秘书，进出各种场合，热衷于赚钱。这些与宗教普度众生、修身养性、净化人心之宗旨背道而驰。这也势必会冲击传统伦理道德。

三是制约宗教文化本身的发展。一些僧人甚至高僧活佛热衷于出外讲经，影响正常的宗教活动、宗教事务。部分宗教人员很难像往常那样潜心佛学，接受系统的宗教教育或寺院教育，教规也变得相对松弛。如果活佛不能住寺，寺院就缺少必需的宗教权威。寺院改善了经济条件，特别是年轻僧人直接面对寺外精彩的大千世界，很难抗拒诱惑，只能欣然受之，进而电脑、电视、手机、网络这些传输现代的、全球信息的传播工具，开始进入僧侣的生活。这个世界的信息混杂，僧人很难辨别，诸如色情、反社会等类不良信息就会不断充斥僧侣本该静谧的宗教生活。这种境况下，再要求僧侣面对外界的波动坐怀不乱，无疑是一厢情愿。

四是诱发社会不安定因素。宗教从业人员素质有别、良莠不齐，这是自然的事。加之学经制度弱化，很多僧侣尤其是新成长起来的年青一代活佛对藏传佛教理论缺乏规范、系统的研习和认知，却过多地涉及群众的生产、生活，因此当这部分宗教人士对群众生产、消费等行为提出的要求或建议，有可能很不成熟甚至对发展、稳定十分有害。比如在青海部分地区，个别活佛倡导群众"不杀生"而禁食牛羊肉，有的还身体力行，到县城的牛羊屠宰场劝导甚至威逼屠宰户清退待宰的牛羊。在社会压力下，很多群众效仿之，从而给当地的畜牧业发展和民族互动关系蒙上了又一层阴影。再如个别宗教上层人士在给信教群众宣讲宗教时，有意无意地强化不利于和谐民族互动关系发展的历史记忆，人为地树立民族之间的心理隔阂。诸如此类，虽然是个别现象，但却确实影响到局部地区的民族互动关系和社会安定。

在藏传佛教变迁中，之所以出现这样的"乱象"，很大一部分是制度设置造成的。这也是需要反思之处。在改革开放、宗教政策恢复后，国家对宗教事务采取一系列新的管理办法、政策，比如"以寺养寺"，国家宪法规定宗教要与政治、教育相分离。"以寺养寺"的初衷是要切断宗教与信教群众的供施关系，切实减轻信教群众的宗教负担。这种政策在实行之初，确实弱化了宗教或寺院与信教群众和当地社会过于密切的关系，解开了群众的宗教束缚，对解放信教群众的思想，使其生产生活从过分侧重宗教和寺院中脱离开来，走向世俗领域。当然，这种转变也受到外部政治、经济环境的促动。但是，俗话说物极必反，以寺养寺从最初的小卖部经营、小生意及部分寺院的旅游业发展，向更宽广的领域扩展。供养关系的变化，使一些寺院出现生存危机，比如贫困僧侣增多、香火减弱等。而因初步的以寺养寺，给寺院僧侣打开了一扇走进、了解、体验世俗生活的大门，这扇门是充满各种诱惑之门。面对诱惑，宗教的力量已无力收回一颗颗年轻而躁动的心。这里，寺院与寺院之间、活佛与活佛之间、僧人与僧人之间攀比之心滋生，一些活佛慢慢走出寺院甚至踏出省门、国门去讲经宣教，从中获得丰厚的经济回报。出于竞争、攀比的压力，越来越多的宗教从业者把供养网络扩大到省外、国外。

在制度设置上，为宗教上层人士预设政治空间，也在一定程度上扩大了藏传佛教变迁的负面影响。党委、政府任命宗教界人士为各级人大、政协的领导职务，这本是密切党群关系、政群关系，发挥宗教上层联系和纽带作用的一项举措。或许认为，在中国的政治管理或行政体系里，人大、政协领导并非是举足轻重的职务，但宗教界、信教群众中，因任了行政职务而拥有了一些行政资源（比如不菲的工资、座驾等）、扩大了交往圈的活佛，有了地位的再度提升。这种提升不仅提升的是被任职活佛的社会地位，也提升了活佛所在地寺院香火地在地缘关系中的地位，所以行政职务成为各个寺院眼羡和有可能暗自争夺的社会资源。被任职活佛所在地寺院在传统上可能并不一定是主寺，任职活佛并不一定是寺主活佛，也并不一定是主寺里排位靠前的。众所周知，政治上可靠并不一定佛学造诣就更高。这样就打乱了原有寺院之间的主属或"母子"关系，也打破了寺院内部历史上业已形成的活佛之间相对平衡的宗教地位和角色定位，实际上造成的是混乱和无序。因为历史上主寺与属寺之间的管理关系，是一种从属关系。活佛之间先后顺序也是历史定制，即使排在前的活佛年幼，这种顺序也不会轻易地被打破。旧有关系体系遭破坏，就出现活佛另立寺院且此事不断增多的现象。

三　宗教管理政策的适时调整问题

根据变迁着的社会实际，对现行宗教事务管理政策加以适时调整，就显得十分必要。其一，要尊重传统，部分恢复藏传佛教寺院传统管理模式，还宗教其本来面目。其二，所提倡的"宗教与社会主义社会相适应"

应仅限于信教群众信仰和信仰行为范围。其三，以寺养寺也应当提倡寺院内部政教分开，活佛不应当兼任寺管会主任。活佛作为一种职业，其布施收入应当缴纳个人所得税，从而客观上增强其公民意识、国家意识。其四，慎重进行寺院"民主管理"等办法。把政治管理中的"民主管理"放到寺院，也是不尊重历史、增加寺院内部矛盾和寺院内不稳定因素之所为。其五，因教派不同管理方式与方法亦有所区别。前文已从青海藏传佛教教派数量、比例及分布等作了地域差异性分析，从中可以看到不同地区藏传佛教教派（寺院、信众）有所不同：格鲁派分布于青海全省，宁玛派以果洛居多，噶举派以玉树居多；在同一州，教派分布亦有差异。不同教派的传承、修持方式也有差异。因此，用同一种方法管理，就势必会产生管理不当、不济的问题。这也是造成很多基层政府对宗教事务"不愿管、不敢管、不善管"的重要原因。这样看，制定因不同教派有别的管理方法、方式，就显得十分必要。在藏传佛教寺院及其教职人员管理上，政府已经出台有一些管理办法。在此基础上，地方政府在坚持宗教事务管理总的方针、政策不变的前提下，掌握政策实施的灵活性、可行性，有必要出台符合各个地区教派实际的管理办法。在藏文化圈内层文化带、外层文化带，这种政策变通执行以县为单位较为适宜。比如海南州，因共和县以宁玛派寺院居多，故共和县可以制定突出有利于对宁玛派寺院及教职人员进行合法宗教活动的管理办法；其南部3县的管理办法则要体现格鲁派寺院居多的实际针对性。再如果洛州，玛沁县以格鲁派寺院居多，其南部3县以宁玛派居多，以县为单位制定的管理办法就要体现这种差异。在内部寺院教派差别不明显的地区，则可以州、地、市为单位制定、实施符合本地实际的寺院及教职人员管理办法。

第七章 变迁的新趋势及现代化

前文从藏文化的主要元素，对其变迁作了描述和阐释，由此可以对藏文化变迁中一个曾被忽略的结果即藏文化圈的形成和形态有较清楚的认识。其形态在20世纪初已初见雏形，在之后80余年的文化互动与变迁中逐步明晰、完整，又为藏文化的深入互动与加速变迁提供了独特的环境和场域。纵观这一变迁与互动进程，大致可以看到，虽然文化圈的边界没有十分明显的变化（移动），但在各个圈层尤其是在外层文化带和边缘文化带，藏文化的地域文化的异质性、多元性大为增强，同时藏文化圈的圈层多元化的特点逐步凸显出来。这是藏文化适应迅速变化的各种功能的过程，体现了藏文化的适应功能和特殊的现代性取向。

第一节 文化圈层多元化

青海藏文化圈层的多元化，亦即青海藏文化圈不同圈层内次一级文化圈的形成。次级文化圈的圈状形态并不完整，但总体上必为"圈"的一部分且具有前述文化圈区别于文化区的属性。限于篇幅，对其形态不作具体描述。大致来说，在农业和半农半牧区域，这种次级文化圈多以族群的形式存在；在牧业区，以城镇为中心，形成以主流文化特质为主导、多元文化共存的文化圈。作一个形象的比喻：如果把自东而来的杂糅着主流文化、中原文化、汉文化、西方文化等混合文化的传播视为潮汐，其在不断地冲刷着青海原本同质性强、分布广泛的藏文化，那么次一级的文化圈层则可视为潮落后的孤岛或未被冲走的巨石。

一 以次级族群为中心的文化圈

"由于文化系统不同，不同的民族或群体面对相同的环境可能会采取不同的适应方式"①，相反地，由于环境不同，相同的文化系统面对各自所处的自然和社会环境必然会采用不同的适应方式。这是藏族文化在从卫藏地区向外传播过程中，逐步分化为卫藏、康巴和安多三个群体，其中再分化出更小的群体（如安多藏族中的华热、卓仓藏族等）的重要依据。从语言学的角度看，卫藏、康巴、安多藏族各自所持的语言间的区别，是因为所凭借周边族群（社会环境）语言的元素而产生的。从这个意义上说，藏文化的分化是常态，整合是非常态的。社会环境中参与互动的族群越多元，族群分化会越明显。安多藏族周边有汉、回、土、撒拉、蒙古等多个民族，往往与他们杂居（大分散、小聚居）。如果把卫藏、康巴、安多3种类型称为主要是以语言为标准的第一层分类，那么各个类型之下的分类就包含了认同、语言、地域等多重标准，是第二层分类。对此，可用图25直观地表示，并进一步作简要说明。如果把民族理解为历史上（或现在）建立过政权或与国家、地域有联系的族群，那么在藏民族之下，至少有3个层次的族群。这些族群的边界更多是通过对共同族源的认同或文化因素上的一些相同性或相似性来维持的。其中，卫藏、康巴、安多这一层次族群边界的维持，主要是基于语言（藏语方言）上的相似或相异性；囊谦、德格、松潘、卓尼等（此外还有热贡、巴燕等）这一层次族群边界的维持是基于认同、语言以及地域等因素；其下还有以较小部落（如百户部落）为单位、主要以共同的祖源记忆为边界的族群。就藏族内部的认同，还存在卓巴（从牧的藏族）、戎娃（从农的藏族）以及土房家、帐房家等认同差异。概而言之，就藏族而言，随着族群人口规模及分布地域趋小，认同边界由语言到地域再到祖源文化。

对于各个藏族次级族群，参与研究者主体往往就来自于那个族群，这种研究因此是主位的。故而这种分类不是普遍的、基层族群成员的直接诉求，而反映了各族群知识界在追求自身的精神家园、寻找族群归属感，主要是自我认同的体现。正如表97、图26所示，在435个回答有效样本中，有69.7%的受访者首先认同为安多人，但有17.1%的受访者却认同

①　林耀华主编:《民族学通论》（修订本），第394页。

为卫藏人或康巴人。实际上，问卷调查所涉及的严格意义上的卫藏人和康巴人远远低于这个比例。

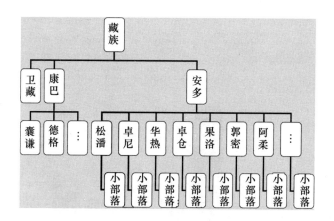

图 25 藏族族群认同分层

表 97　　　　　　　　　　受访者民族内部主要的族群认同　　　　　　　（例、%）

族群分类		如果您是藏族，那么您认为您首先是藏族人里的哪个族群			
		频率	百分比	有效百分比	累积百分比
有效	卫藏人	52	10.9	12.0	12.0
	康巴人	22	4.6	5.1	17.0
	安多人	303	63.7	69.7	86.7
	华热人	8	1.7	1.8	88.5
	卓仓人	18	3.8	4.1	92.6
	巴燕人	2	0.4	0.5	93.1
	郭密人	6	1.3	1.4	94.5
	其他	24	5.0	5.5	100.0
	合计	435	91.4	100.0	
缺失（系统）		41	8.6		
合计		476	100.0		

在问到"如果您是藏族，那么您然后认为您是藏族人里的哪个族群"时，没有作答的样本占有效样本的36.1%；作出有效回答的样本中，仍然有30.2%的受访者选择"安多人"，有18%的受访者选择"卫藏人"

或"康巴人"。由此可见，如果说青海藏人对主要基于方言和地域性的第一层次认同尚较清楚，那么对藏族认同类型所涉及地域变小的第二层次族群分层的认识就相当模糊了。

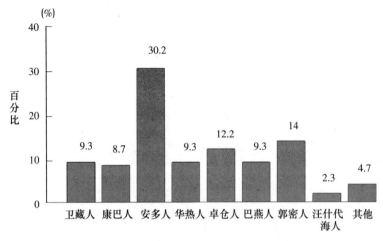

如果您是藏族，那么您然后认为您是藏族人里的哪个族群

图26　受访者民族内部次级的族群认同

尽管如此，卓仓、华热等第二层次的族群作为一个文化群体单位是客观存在的，只是其内部认同的程度不同而已。比如，长期通过事实上或假定的婚姻范围的限定来维护族群边界的卓仓藏族，其中的受访者在回答前述涉及族群认同的两个问题时，就非常明显地偏向"安多人"和"卓仓人"。在面对第1个问题时，选择"安多人"和"卓仓人"的样本占该个案回答有效样本的40%和34.3%；在选答第2个问题时，选择"安多人"和"卓仓人"的样本比例分别为34.6%和46.2%。因此，卓仓藏族通婚的地域范围所呈现的婚姻圈可以视为青海藏文化圈之内的一个次一级文化圈。从上文的分析可以看到，这一文化圈在20世纪初以来的变化，是卓仓文化不断调适社会环境、与主流文化互动的结果。这一文化圈中，与恪守骨系内婚的文化圈中心离得越远，对这一婚姻规则的遵从越松弛，与中心的关系越松散、疏离。而青海东部地区的华热等处在汉文化圈包围之中的诸多族群，其内部结构就显得十分破碎。尤其是其对祖源的记忆变得十分模糊而多元，比如南门峡北沟脑的藏人（对地方性知识较为感兴趣者）

认为该地藏人系元代从南京珠玑巷迁来的蒙古人。

访谈个案 36：尚可辨识的族源记忆

时间：2010 年 11 月 25 日，下午，晴。地点：海东地区互助县南门峡镇北沟脑村。受访人：祁某，藏族，村民，78 岁。

　　这个地方以前是空地。最初来的人是南京珠玑巷人，大部分为蒙古人，住的时间长了，成了藏族。为啥说是蒙古人？因为当时奸臣为了排挤，害蒙官、满官，让他们莫名其妙地充军，到人烟稀少的地方。受迫害的蒙官就带家眷到了这个地方。以前这里的一个部落叫沃科措哇，因为草地被开了荒后，没有了放牛羊的草地，就跑到门源乱石崖（北山乡）。他们现在是蒙古族，说蒙语，与我们是姑舅亲戚。他们经常来却藏寺朝拜，平时来寺院"滚芒茶"、搭布施，很积极，宗教上态度特别好。他们多是招武威那里的汉人为婿，就是先挡羊，后成女婿。却藏寺的蒙古族来的时间比从南京珠玑巷来的汉族要早。这个地方仍然属于华热。汉族来的时候先住在边滩土城墙以南，以后逐渐往山脑这里迁，藏族也就往里迁。这个地方原来都是森林。开宅基地的时候，能挖出特别粗的树桩。这些知识都是从老和尚口里听来的。

从前文民国时期青海湟水北岸藏族人口围寺院聚居到后来藏族文化诸元素剧烈变迁的过程可以看到，20 世纪初以来华热藏文化圈经历了一个逐渐萎缩的过程。在门源、天祝等华热文化特质较为集中、突出的地域，通过近几年对华热非物质文化保护的强化①，华热藏族族群内部的认同看似又重新被树立起来，华热藏族文化圈的形态亦呈恢复和从点到面逐步扩大的态势。

卓仓、华热两个族群文化表现出的圈状形态，是青海藏文化圈在其东部边缘文化带呈现出圈层多样化的典型表现。青海东部地区各藏族族群，原属同一级别的部落组织，在生产发展和社会环境变动的影响下，所属部落组织乃至其下的小部落已经解体，"部落"在多数地区已经演变成一种

---

① 2006 年，门源县"华热"婚俗被列为省级非物质文化遗产，2008 年"华热"服饰被列为第二批国家级非物质文化遗产名录。同时，还挖掘华热藏族民俗文化资源，建立文化中心户，发展旅游业。互助县侧重于华热藏族语言的搜集和整理，开展非物质文化遗产保护工作。

地域或姓氏概念。而部落原来所发挥的诸多组织功能被家族、亲族所替代。基于这些原因，青海东部地区藏文化圈的形态变得不甚规则，边界亦不甚清晰。

二 以部落为形态或以城镇为中心的文化圈

在牧业区，藏文化圈层的多元化则更多地表现为部落文化为特色的组织形态的多元化及部落文化与城市文化之间的互动交融。部落文化最具特点的文化元素当属其诉讼机制。见血要血价、见命要命价，这是部落习惯法的规则，也是藏族基层社会惯常的诉讼方式。在青海牧区，现代法制建设长期滞后的情况下，部落习惯法在协调社会运行方面所发挥的作用仍然十分突出。笔者就此请教一位长期担任村、乡、县各级调解委员会委员的果洛牧人，他称：

> 现在的司法所、派出所，起不了大作用。出了问题，他们不管，要求我们内部解决。我们调解委员会有调解不了的，有的属于矛盾大，有的不听中间调解人的话。打架、偷盗的事，应该由公安、司法、法院来管，为什么要推？有人喝酒，拿出刀捅了人，这些事，应该由上面来管，是犯法的事。但这些事也推给我们，我们只能用旧社会的办法处理解决。原来，县上领导骑上马，到乡上，一住就是二三十天，工作做得扎实。现在不一样，汇报上去一个问题，一个结论不敢下、下不了，我们的工作就更不好做，问题就容易变严重。

牧委会调解委员会成员由牧委会老干部、现任干部、事发双方亲属中有威望的老年人组成。这是基层矛盾冲突事件的最先介入调停者。这个组织，虽然与传统的部落组织关系不甚紧密，但其成员的产生在很大程度上受到传统部落组织的影响，而且其调解规则也是参照习惯法的。2008 年果洛州玛沁县尤云乡发生一例"刑事"案件，被视为国家力量与民间力量协调妥善解决的一个典型案例。具体过程如下：

> 一成年男孩子"偷"走一户几包茶叶，尤云乡调解委员会处理中，未作详细调查，就匆忙下了结论。男孩称不是自己所偷，两家矛盾越闹越大。事后，其扬言要杀"诬告"自己的人。一天去找，那

家有三兄弟，长子不在家，该男孩就一狗棒打死了次子。后此事交给当洛调解委员会处理，据调查，茶叶并非男孩所偷，而杀人是气愤所致。最后核定"命价"为22万元。这是经过好几人研究的结果，参与讨论的人中包括两家各自所找的3人，同时参考达日、甘德等县类似例子。核定时要考虑子女上学、老人赡养、未成年人抚养等因素。法院所核刑事附带民事责任赔偿额为17万～22万元。最后采纳22万元。打死人者没被判死刑，根据：一是凶器为打狗棒而非刀或枪；二是只打了一下，可以归于过失致人死亡；三是小伙打死人后，给派出所打电话报案，属于自首。

　　所核定的赔偿额一旦被双方认可，就不能变更。被认可的标志是众调解委员会委员签字，当事人双方中户主按手印，以示同意，然后就要执行赔偿。如果支付赔偿一方家中贫穷，就要对家中牛羊、马、摩托车等存有的财产进行估价，并写入协议书，余额限期一个月支付。这时候，就由亲戚、部落成员帮忙，给钱，或给牛羊、马等抵钱，限期一到，一次性交清赔偿款。这些钱，大部分并非借，而是"给"，不用当事人偿还。打死人的案例并不多。州县干部子女亦有发生此类"命价"并由基层调解委员会予以调解的。干部可以借，也可以贷款。一般地，若发生"血价"案，赔偿额多为几百元或几千元，一般不存在亲戚支持的问题。

　　如果说20世纪初以来的80多年里，把20世纪80年代前青海牧业社会视为传统社会，那么80年代后随着牧业社会内部流动与互动加剧、资源竞争日益激烈，从中所呈现的诉讼程式变化，给以部落为形态的文化圈增添了新的色彩。从上面的事例可以明显看到，不同于传统牧业社会的诉讼程式的变化，比如诉讼参与者增多、诉讼成本有所增大等，使部落组织要素得以复振，其凝聚性和在基层社会运行中的调解力复燃，进而使以部落为形态的文化圈再次浮现。

　　牧业区以部落组织为文化特质的文化圈，其特性还表现在寺院在社会结构和社会生活中的重要地位，其中一个重要体现是与部落相互依存着的寺院及其在部落宗教社会活动的组织中心位置。在笔者调研期间，恰逢果洛查雀寺举办法会。法会期间，由寺院出资，举办赛马会，参加者除了参与经济交易的外地商人、部分管理者以外，皆为部落组织成员。赛马会也是一个大规模的集市贸易会，但除个别顶风冒险外，见不到销售寺院明令禁止的烟酒的商人，从中足以见到寺院的中心地位和对部落成员行为的约束力。相对而言，乡镇政府所在地经济中心地位并没有凸显出来。

草原上的赛马与骑手（果洛）

社会学芝加哥学派认为，"城市绝对不是人和建筑物的任意群集。它是一个广阔的活动范围的核心，它从这个广阔范围中吸取自己所需的资源，同时以自己的功能影响着这广阔的地区"①。在青海牧业区，城镇尤其具有这样的吸取力和影响力，特别是随着生态移民和牧民自主移居城镇的促使下明显加快的城市化，在城镇开始聚集越来越多的藏族人口，藏族牧民的生产生活方式发生巨大变化。但是，政府的司法制度和诉讼模式并没有随之发生改变，这种制度和模式仍然是自上而下的，多凌驾于民意、民情之上的。特别是司法援助不够，司法成本高、程序烦琐，这样本来就不吃政府强压下来的那一套的牧民，基本不屑于依赖政府。而用部落习惯法解决问题，这是历史的遗留，更为众人熟知，更便利而被人强烈认同，因此也成为解决个体与个体、群体与群体之间矛盾和纠纷的首选方式。这种情况，随着生活方式改变，并没有发生多大的变化。因此，聚居于牧区城镇的藏族，与牧区发生着更加频繁的互动与联系。以下在果洛州府所在地大武镇发生的一件事就说明了这一点。

---

① ［美］R. E. 帕克、E. N. 伯吉斯、R. D. 麦肯齐：《城市社会学》，宋俊岭、吴建华、王登斌等译，华夏出版社1987年版，第194页。

2010 年 7 月某日，A 之轿车停靠在大武镇某条街的路边，一辆本地藏族开车碰到 A 之车，毁坏严重。A 系果洛某县藏族人，其所属部落在当地具有一定势力。A 在大武镇某单位工作，同在一城镇的有其父及兄弟姐妹、堂兄弟姐妹、堂叔、姨等共 20 多人。A 在第一时间打电话叫来在该镇的父亲及亲兄弟姐姐等若干人。双方叫骂对立，相持不下。A 的姨得知此事也打电话通知自己在党委任职的长子。事后，该长子抱怨，到现场后无人搭理，很是无趣。他的观点是，先由交通警察部门来认定事故，然后再作定论。事后，A 之父亲批评该长子及其他多在行政事业单位工作的外甥，在现场未能表现出应有的气势，态度不坚决。A 则在现场表现活跃，称："我在××县也是出了名的，今天就是进监狱，也要让你出血。"事后其姨说，这句话可能内含带有枪的意思，给对方起到很大的震慑作用。最终结果是，对方赔了 4000 元，作为汽车修理费用。

在大武街道觅食的牦牛（玛沁）

由此可见，青海牧区部落文化与城市文化之间在新的环境下发生着更为紧密的互动和联系，进而促进了文化的多样化发展。这种多元化还体现于因发展层次不同的城镇（州府所在地、县府所在地、集镇等）而出现的城市文化中包含的不同程度的藏文化元素。比如，与同处海北州和青海湖北岸的州府所在地西海镇、刚察县府所在地沙柳河镇和哈尔盖镇三者比较，作为乡镇政府所在地的哈尔盖镇城镇文化具有更多的藏文化特质，比如牧人对城镇经济活动的参与，全镇规模最大的旅社为镇属贡公麻村畜牧业发展协会经营；有越来越多的牧民定居到城镇，甚至其中有的放弃牧业而完全依赖副业维持生计；等等。处在青海腹地的州，即便是州府所在地，其城市文化亦有独特的一面。比如果洛州州府所在地大武镇，能够随处见到觅食的牦牛。这些牦牛，毛发斑驳，性情温和，不见避让行人和车辆，宛然融入城镇，成为大武镇一道别致的风景。

第二节　环境作用下的藏文化变迁

笔者比较赞同这样的文化观："人类对环境的反应，不是一定的而是灵活的。不同的人类社会由于他们与环境的特殊关系而发展出完全不同的生活方式。"① 20 世纪初以来青海藏族文化的变迁，主要是各具传统性特点的不同地区藏族文化与环境互动的结果。这种环境首先是文化所处的自然环境。一方面，文化与自然环境发生互动；另一方面，自然环境的演变促使不同地区藏族文化发生地域性变迁。这种变迁首先发生在物质文化领域。

一　自然环境演变对藏文化（圈）变迁的影响

在青海腹地，如当洛乡、拉加镇，藏人更愿意牧养牦牛，尽管牧养牦牛所耗费精力很大，尤其是妇女，其大部分劳动时间倾注于牧养牦牛的生产劳作中。而牦牛能提供衣食住行的必需品，比如酥油、曲拉以及制作衣裘、日常用具等的原料。有了这些，再购置些炒面、面粉等，生活就能自给。牦牛因此具有了十分重要的文化地位。但牧养牦牛要有足够的草山，这种草山不仅面积要足够，而且牧草质量要好，否则，牦牛难以抵制因高寒而产生的一般疾病，体质也必然下降。在藏文化圈核心和内层文化带的多数地区，就具备这样的草场条件。所以，这些地区的藏人情愿养牛，而不愿养绵羊。

在藏文化圈的外层文化带，比如海南共和瓦里关、海北祁连的扎麻什等地，迫于生态退化带来的压力，在 21 世纪初期，人们纷纷放弃养牦牛，

---

① ［美］F. 普洛格、D. G. 贝茨：《文化演进与人类行为》，吴爱明、邓勇译，辽宁人民出版社 1988 年版，第 16 页。

把精力集中在养绵羊上。羊的食草量较低，较能适应植被稀疏和地势相对陡峭的草山。这里的畜牧业是主要的经济来源。但是，在牧养牦牛时自产的生活必需品，需要从外面购进，开展宗教活动时所必需的资源（如酥油），需要从市场上购买。在这些地区，藏人进早茶时，放的酥油少、曲拉细（粉状），而不像当洛、拉加等地，用酥油块和粗曲拉。饮食结构也发生了改变，更注重面食和蔬菜，这样，生活成本大大增加，对市场也越来越依赖。相应地，这种依赖使得抚养孩子的成本大为增加；或者说，实际成本未变化（除教育成本），但与牧养牦牛时代相比，现在的成本更显见。因此，这些区域的很多新一代夫妇，不愿意多生养孩子。在瓦里关所见，家庭中一两个孩子的较多，三个孩子的家庭十分罕见，政府实施的优惠生育政策失去效用。在调查时，与在当家寺当"家麻"（寺院法事活动中僧人饮食提供者，即"炊事员"）的年轻藏人就此问题作了交流。他今年25岁，20岁结婚，次年生育1子，按照农村虚岁的算法，孩子已经有5岁了。他说最好再有一个女儿。笔者问：再要一个，有什么好处。年轻人回答：再有一个孩子，孩子在家中有一个玩伴，会很开朗，性格好。看来，在再生一个的问题上，他的想法所体现的生育观，与多数城市人具有出奇的一致性。身居城市的笔者曾以为，每多生一个孩子，家庭的生活水平就下降一个档次；而且，更令人苦恼的是家中无可看护孩子的长者，从农村找寻保姆则费神，从家政公司找保姆则耗钱。这是多数在城市定居、工作、生活的人在生养孩子问题上所面临的共同困惑。但这一问题在农牧区并不普遍。当"家麻"的年轻人，其父母不过四五十岁，抚养孙辈是完全有能力的。但是，他很坚定地说，已经完全打消了再生养一个孩子的打算。所以，在农牧区，藏人生育观念的变化，完全是社会生态条件变化的结果。由此可见，自然生态环境演变带给藏文化变迁的影响。

泽库县和日乡和隆务镇四合吉社区的藏文化变迁受到的自然环境的影响更为直接。前者是迫于自然生态环境的退化，在政策的倡导下迁居集镇的。生态退化主要表现在鼠害造成的草场退化。在公路沿线，满目的黑土滩触目惊心，硕大的鼹鼠、鼢鼠等在一个个土堆中穿行。在狂风作用下，黑土滩极易沙化，并引起生态环境系统的完全失衡。2009年统计，和日乡可利用草场73.33万，其中黑土滩、沙化面积分别占10.61%和31.37%，也就是说该乡有40%以上的草地已经退化或严重退化，特别是冬春草场鼠害严重，极大地限制了畜牧业的发展乃至存续。面对生态的恶化，牧人甚至自发组织、自筹资金，进行灭鼠，但成效甚微。和日村属于三江源自然生态保护区（生态实验区）核心区，政府亦投入资金，进行生态治理。生态移民即是其中一项保护措施。但即使在生态好转的情况下，草原文化对牧人特别是年青一代的吸引力已经大为减弱。牧人面临的是由牧业社会向城市社会的直接跨越，而藏族文化同样面临由传统牧业文化到现代城市文化的转型。后者则完全是由城镇地域和文化的扩张带来的。

"家麻"为寺院法会准备膳食（当家寺）

满目疮痍的泽库草原

二 文化对社会环境的功能调适危机

与和日村有所不同，四合吉社区的藏文化变迁受到社会环境（如社会设置）的巨大影响。其藏人原来从事农业，兼事少量牧业。其现在社会设置下的身份是居民，但实际上是失地农民（或征地农民）。与其他城市郊区农民的命运一样，他们也是被城市化狂潮所席卷而去的一个群体。如果对和日村的藏人来说，居住格局和生计方式转变带来的困惑才刚刚开始，那么四合吉社区的藏人已经对其有了深入的体察和不同程度的感悟。由于其角色和身份转化路径的特殊性，这种感悟显然不同于作为国家公职人员、定居城市（镇）的藏人。其坚守或放弃、如果坚守则如何坚守藏族传统文化，在很大程度上能给在生态压力下被迫进入城镇但有回旋余地的和日藏人某种启迪。但显而易见的是，在四合吉社区，虽然有地处社区的隆务寺起到一定的维系作用，但文化的危机已经到来。据笔者调查发现，这种带有普遍性的危机主要表现在管理模式、语言文字和家庭伦理三个方面。

四合吉原来的社会，由村社组织直接管理。在制度设定上，由村民选举产生的村民委员会和由村党员选举而成的村党支部为核心的基层社会组织（一般称为"准行政组织"），行使行政权力。而对城市社区的管理，已经有一套模式，一般称之为社区自治。这套模式虽然弊病众多，但尚在艰难行之，看似有效。两种管理模式的产生机制虽然一致，但所面临的环境大不相同。在藏族传统文化影响深厚的农牧区，前者要面对家族、部落、宗教等复杂环境的挑战，其组织运行有自身的逻辑和特点。或许缘于两种模式的差别，对四合吉社区，在实践中，采取了完全不同的管理方式：名义上，社区有主任、副主任和社区委员会委员，可谓结构健全；但实际上，包括主任、副主任在内的管理人员直接由镇一级政府委派，享受国家干部薪资待遇。而原有的村"两委"成员被悬置，基本不参与村务管理。在笔者调查中，试图找到原村主任和书记，但走访多次未能谋面，对其去向和联系方式，家人更是讳莫如深。为获得"居民"的广泛支持，现有的社区组织在面对管理中的棘手问题时，唯与村中年老者有所联系。社区组织已经与由村社演化而来的"四合吉社会"基本疏离，从而使国家力量直接面对民众。这样一来，在大传统与小传统、国家力量与民间力量之间，由于缺乏建立在民众意愿之上的管理组织和人员作为缓冲，政策所带给文化发展的负面影响极可能被扩大甚至扩散。这样，这一区域的藏文化变迁必须在相对更为开放的互动环境、政策强制力之间寻找平衡。

社区藏人家的庭院（四合吉）

由于缺乏这种缓冲、衔接的社会组织，造成政策落实中一些意想不到的现实困难。笔者在四合吉调查时就遇到一例。当时政府正在推行"生态畜牧业"①，但很多牧民一听说要搞合作社，纷纷贱卖家中牛羊。于是，市场上牛羊肉的价格一路下跌，一头牛一千三四百元就能买到，这个价相当于夏季一只活羊的价格。牧民们在担心要回到生产队、合作化时那个样子，也就是政府要把牲畜收回去。显然，这是传统的管理方式被摒弃但科层化的管理模式又缺位（或运转低效）的必然结果。

语言文字和家庭伦理的危机来自语言与濡化环境的变化。城市（镇）社区的语言环境发生了根本变化。这种变化，一方面由于就业环境的改变，另一方面由于社会互动空间范围的扩大。社区藏人日常生活中互动对象已经由原来的相对一元变为多元。这样，藏语言的使用范围，无论是其量还是面，与原来相比大为缩小。这种改变，往往是突变

---

① 这项政策先是在青海海北州试点，然后在全省牧区推广，意在转变畜牧业发展方式，实际上是为了解决实行"双承包"（牲畜、草场）留下的后患。

性的，全然不同于藏文化圈外层文化带藏语言文字在 20 世纪初以来整体上相对缓慢的变迁。而且，就成长的新一代来说，世俗生活和主流文化的影响面远远要广于藏文化圈外层文化带。因此，在这些地域，藏语言的变异就来得十分突然。在笔者与社区老人的访谈中，能够感受到对这种趋势的无比忧虑。相对而言，和日、郭米等村落所在地或邻近的城镇，其发展水平远远比不上州府所在地城镇，环境的变迁尚不剧烈，但语言变迁（可称之为遗失）的端倪初显。正如笔者讲述青海东部地区藏人在不到 20 年时间内基本放弃民族语言的形势时，和日村一位老者的回应："东部地区语言使用情况的现在就是我们这个地方语言使用的将来"，不禁使人惊愕不已。

环境剧变的另一个影响是传统伦理教育的缺失。在传统上，藏族伦理教育主要是在家庭中通过代际口承的形式实现的。这是藏族口头文学、民间传说十分发达的重要条件。新一代正是在老一辈讲述的藏族民间故事中，获得藏族历史和文化知识，从而习得藏族文化，进而塑造其基本人格，培养具有本民族特点的传统伦理和民族感情。但是在社区环境甚至就业范围大为扩展的瓦里关、郭米等村落环境下，新一代已经没有足够的耐心倾听老人的讲述。在调查中，接受访谈的老人无不对此心生抱怨，称当下的年轻人不太愿意老人讲述过往的事情，更不用说藏族民间故事。

访谈个案 37：代差影响文化"习得"

时间：2010 年 8 月 19 日，上午，雨。地点：果洛州玛沁县当洛乡五社。受访人：白某，藏族，退休干部，64 岁。

以前，宁愿在家里放牛羊，也不愿送到学校。上学的名额下来后，大家抓阄儿，谁抓上就让自己的孩子上。要是还不愿意上，就掏钱让别家的去上学。现在人们的教育观念一下子改变了，越来越清楚地认识到它的重要性。但是，考不上大学的人，回到家，不愿意挡羊，工也拉不上，管不住，就到处抢、摸。这样的人多。大学毕业回来没有工作的人也一样。表现好的人也是有的，但很少。可是，没有办法，不上学也是不行。

泽库县和日乡牧人曾经为应付政策，家庭经济条件好者，让不同村的亲戚子女上学顶数，并给一两头（只）牛羊作为补偿。

因缺乏代际的伦理传承，新一代容易身陷伦理真空。据海西州的受访藏人反映：现在离城镇近的青年人，传统的东西接受得少，特别是传统信仰淡漠，新的文明道德没有养成，因此抽烟、酗酒，不受管束，甚至受黄、赌、毒的影响至深，"浪荡子"甚多。

上述社会环境的变化，对藏文化的影响是广泛的。海西州一位原籍为天峻县的受访者给笔者谈了环境变化对民间文学的影响。

访谈个案 38：民间文学传承的危机

时间：2010 年 11 月 9 日，上午，阴。地点：海西州政协。受访人：旦某，藏族，干部，56 岁。

> 民间文学，如说唱、谚语，以前丰富。唱酒歌，如拉伊，以前有唱得特别好的人，几千首，几天几夜地唱。特别是年轻人，白天放牧，晚上点上篝火唱，有的甚至一天一夜地对答。没有电视、电影，就由老人讲民间儿童故事。民间故事十分丰富，知道 10 到 100 个故事的人特别多。在讲话中，一般民间谚语应用得多，讲话时头头是道，语言十分丰富、讲究。多数人能说会道。说起来时，开头、中间、结尾，一切都娴熟在心，特别讲究。但是现在，大的文化的冲击，会说唱、会讲故事的人已经非常少了。

受访人所讲述的大致是海西州天峻县的情形。与此不同的是，在果洛州牧业区，仍然保持了丰富的民间文学。其中，除了"说不完的格萨尔艺人"的神奇外，甚为人们津津乐道的是社会冲突中间调解人出众的文采、口才。据称，多数中间人所要具备的重要条件是能说会道。这些人一般是子承父业，从小耳濡目染，往往得到父辈手把手的真传。在调解现场，他们往往能做到口若悬河、滔滔不绝，并且旁征博引、引经据典，尤其是能把以往的类似或不类似的案例娓娓道来，从而迅速稳住局面。最后还能把所有说辞落脚到一点（中心）：你该赔多少钱，显露出其缜密的逻辑思维能力。这样的调解人，多参与"血价"案调停。但是，这种保持同样面临着自然和社会环境突变带来的巨大压力。

第三节　藏文化的现代化

主张从比较和跨学科的方法研究现代化的美国学者布莱克说：现代化是"反映着人控制环境的知识亘古未有地增长，伴随着科学革命的发生，从历史上发展而来的各种体制适应迅速变化的各种功能的过程"①。为此，他主持的研究小组把视点放在了不同的特殊体制模式内部，主张对"各类正在现代化的社会内部文化传统的研究"，从而"为现代化理论指出了新的研究方向"②。从上文对青海藏文化变迁的分析中看到：一方面，环境的改变对藏文化变迁施加了巨大的影响（甚至有些方面是方向性的）；另一方面，藏文化并不是一味地被动接受外来的导向，而是在积极地适应变化了的社会环境。这种交错进行着的"影响—适应"，正是藏族社会文化现代化的内在机理。

一　民众对文化未来的态度

民族个体是文化现代化的承担者和实践者。对于席卷全球的现代化浪潮的冲击，民族个体对文化未来的态度如何，在一定程度上决定着"影响—适应"的结果。因此，笔者主要从民族个体对传统文化保护的立场、对民族未来的看法、对民族发展与自我发展关系的认识三方面作了调查。

如表 98 所示，对如何对待看似逐渐遗失的藏族传统文化问题，有占有效样本96.4%的受访者作出了有效回答，其中，有85.8%的受访者认为应当积极保护藏族传统文化。

笔者在访谈调查中，处处能感受到藏族民众对藏族传统文化浓浓的情怀以及对日渐遗失的藏族传统文化的忧虑。地区间比较而言，这种忧虑在藏文化圈的核心和内层文化带表现得更为突出一些，而在边缘文化带（包括一部分外层文化带），藏人对藏族文化的变迁透露出一丝无奈。但无论持怎样的态度，多数人认为政府和民间都应该采取一些切实可行的措施，来积极推进藏族传统文化的保护。

---

① ［美］C. E. 布莱克：《现代化的动力》，段小光译，四川人民出版社 1988 年版，下同，第 11 页。

② 杨豫：《比较现代化·译者前言》，载［美］西里尔·E. 布莱克编《比较现代化》，杨豫、陈祖洲译，上海译文出版社 1996 年版，第 4 页。

表98　　　　　　　　　对民族传统文化保护的立场　　　　　　（例、%）

对本民族的传统文化，应当		频率	百分比	有效百分比	累积百分比
有效	积极保护	394	82.8	85.8	85.8
	顺其自然的发展	56	11.8	12.2	98.0
	无所谓	9	1.9	2.0	100.0
	合计	459	96.4	100.0	
缺失（系统）		17	3.6		
合计		476	100.0		

　　分职业来看，认为应当积极保护的样本占各职业回答有效样本的比例，自我认同的农民（80.4%）低于牧民（87.7%），宗教人士、党政机关与行政事业单位管理人员分别为86.7%、90.5%。分户籍类型看，如表99所示，认为对本民族的传统文化，应当积极保护的样本占各户籍回答有效样本的比例，城镇户籍的样本高于农村户籍5.3个百分点，征地农民的样本高出城镇户籍样本6.8个百分点。结合访谈的情况可以说明，游离于城镇社区和传统社会的藏人对藏族传统文化的忧患意识最为强烈；更为迅速的文化变迁给牧民造成的强烈的心理震荡，增强了牧民对藏族传统文化危机的认识；处在城镇的藏人对藏族传统文化的认识则更为理性。

表99　　　　　分户籍类型藏人对藏族传统文化保护的立场　　　　（例、%）

户籍类型	对于本民族的传统文化，您认为应当			合计
	积极保护	顺其自然的发展	无所谓	
农村	278	44	9	331
城镇	83	10	0	93
征地农民	24	1	0	25
合计及占比	385	55	9	449
	85.8	12.2	2.0	100.0

　　就对民族未来的看法而言，认为"会取得更大发展"和"会取得一定的发展"的样本占到回答有效样本的93.4%（见表100），可见藏族民众对藏族及其文化发展普遍地持乐观态度。这种态度来自于对民族文化的自信。

访谈个案 39：可预见的藏文化美好未来

时间：2010 年 11 月 19 日，下午，晴。地点：黄南州泽库县政府民语办。受访人：才某，藏族，干部，约 40 岁。

藏语文消失不太可能。藏文化的亮点是医学，而藏医的重要性越来越明显。现在人们对物质的追求越来越急，浮躁之心弥漫，这方面，藏族民众的心态值得学习。因为宗教信仰的原因，西方对藏族文化的兴趣很大。青藏高原这一特殊环境对藏文化的继承和弘扬能够起到一定的保障作用。而且藏族人口多，若人口少，文化有可能会消失。

表 100　　　　　　　　　　**对民族未来的看法**　　　　　　　　　（例、%）

	您认为本民族的未来	频率	百分比	有效百分比	累积百分比
有效	会取得更大发展	237	49.8	54.2	54.2
	会取得一定的发展	171	35.9	39.1	93.4
	会停滞不前	14	2.9	3.2	96.6
	会倒退	15	3.2	3.4	100.0
	合计	437	91.8	100.0	
缺失（系统）		39	8.2		
合计		476	100.0		

上述个案显示了藏文化传统有可能"适应迅速变化的各种功能"的几个有利条件。但在多数藏族民众那里，对藏族及其文化未来发展的认识，更多是将这种发展与个体的发展结合起来考虑的。问卷显示（见图27），分别有 58.65% 和 31.69% 的受访者认为藏族未来的发展"与自己关系密切"和"有一定的影响"。在藏族传统文化特质保持相对完整的牧业区和藏族传统文化与现代经济发展结合得较好的地域（比如隆务四合吉），持这种看法的样本比例较高。认为藏族未来的发展如何"不会对自己造成影响"或"与自己无关"的样本大多分布在农业区域。

综上可知，绝大多数藏族民众对藏族文化及其未来发展保持着一种自信、乐观、开放的态度和立场。这对藏文化的现代化是至关重要的。

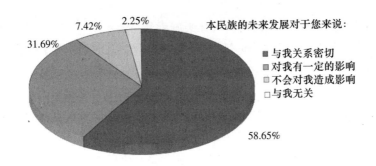

图 27　对民族未来与自身关系的看法

二　对文化现代化趋势的初步判断

应当看到，上文所述藏人生计方式、语言文字、宗教信仰诸方面的变迁，是藏文化努力适应环境的结果，也是实实在在发生着的藏文化现代化的过程。至于这种变迁和现代化走向何处的问题，也就是现代化研究者为其确定某些目标那样所惯常采用的研究范式，对此应当慎视、慎行。正如比较现代化研究所批评的那样，"只有借助于想象才能猜度这些国家的哪些特征可能是一切现代社会的共同特点，哪些只是源自各个独特社会之文化的特点"①。因此，所谓现代性或现代化目标只能从各个正在进行现代化的社会内部去寻找。但有一点是可以肯定的，那就是抱着民族虚无主义的态度，完全背离民族传统文化的现代化不能说是成功的，正如在中国及中华文化现代化问题上已经被唾弃和否定的全盘西化一样。为此，笔者认为，可以将传统与现代文化的结合和调适视为一个衡量现代化水平的可行维度。根据这个维度，对青海藏文化现代化的趋势作出以下初步判断。

如图 28 所示，如果把 X 线视为传统文化与现代文化结合得最为完美的标准线，那么青海藏文化圈不同圈层的现代化现状有所不同：A 线至 B 线，可视为相对倚重藏族传统文化的文化圈核心；B 线至 C 线，可视为藏族传统文化变迁迅速的文化圈内层文化带；C 线至 D 线，可视为偏离标准线的藏文化圈外层文化带文化现代化的现状；D 线至 E 线，则属藏文化圈边缘文化带藏文化现代化现状。作出以上判断，是基于上文对 20 世纪中叶以来藏文化变化的讨论。需要指出的是，该图表示的是藏文化现代化的

---

① ［美］C. E. 布莱克：《现代化的动力》，段小光译，第 13 页。

整体现状，各个圈层现代化之间并不存在先后次序之分（虽然在制度设置层面上可能有这样的预想），也就是说，如果条件发生改变，其中的 B、C、D 各线之间的走向有可能会随之改变。同时，笔者十分乐观地看待藏族文化现代化的未来（即 E 线至 F 线）。理由如下：

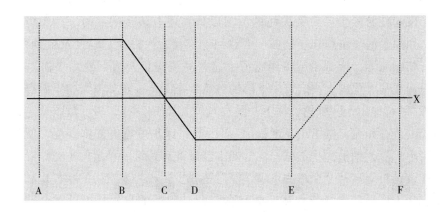

图28　青海藏文化现代化现状及趋势

　　一是自然生态保护力度的加大。自然生态系统与文化生态系统是紧密联系在一起的。从 20 世纪中叶以来青海生态演变看，自然生态系统的被破坏，引发了文化生态系统的连锁反应。比如上文所述自然生态退化致使藏族牧人不得已迁居城镇，随之生计方式和居住格局的改变也促使语言、习俗、民间文学等的文化环境发生改变，进而藏文化发生结构性的变迁。相反，自然生态系统的恢复，有赖于文化生态系统的恢复。过去，在自然生态保护问题上，由于过分强调当地居民给自然生态环境施加的影响，而忽视了两种生态系统之间相互依存的关系，使政府主导下的自然生态环境保护努力走了不少弯路。特别是在经济产业发展导向选择上，无论从政策还是实践层面看都缺乏一个明确的思路，出现不断反复、不统一的问题，给良性的藏族文化现代化造成了一定的负面影响。国内经济学界为此提出要拯救和振兴三江源有机畜牧业，协议保护与移民保护同时并举的建议。① 但目前仍然缺乏对自然生态与文化生态关系的明确共识。

---

　　① 张孝德等：《重构三江源生态保护模式——关于三江源生态移民工程存在的问题与对策建议》，《学习时报》2010 年 2 月 1 日第 4 版。

进入 21 世纪，非传统安全的重要性与日俱增，已成为各国高度关注的安全内容。青海拥有丰富的资源，具有气候源、"万水之源"等生态地位，越来越成为重要的非传统安全保障区域。特别是在全球普遍出现水危机和水患的情况下，青海作为"江河之源"的地位显得尤其突出。除我国两大江河——长江、黄河（列为"四渎之宗"①），国际河流——澜沧江，风起狂暴沙尘后广为关注的黑河以外，还有诸多的江河一、二级支流，如湟水河、雅砻江、杂曲、大渡河、洮河、大夏河、岷江及疏勒河、巴音郭勒河等，皆源于或流经青海。这些河流担负着为下游"供血"的重任，在很大程度上决定着中下游的自然生态平衡。正如黑河中下游群众所称："祁连山上一棵树，树下一眼泉"，"山上一片林，山下数眼泉。破坏了山上乔和灌，旱了山下米粮川"。因此，保护好青海的水环境，使江河清水长流，湖泊面积不减，巨大的水资源发挥持续、稳定的生态、经济效能，是对全国乃至全球的贡献，能对正在发生或将要发生的水危机和水患起到不可限量的缓解作用。而且青海及其独特的自然环境，对全球气候、大气环流、生物多样性诸多方面产生着重大而深远的影响。青海生物特别是植物物种多样性是特殊的、不断变迁着的高原自然环境条件下，经过无数次变异、适应后的结果，也是大自然历史选择的结果，它对保护生态系统的动态良性平衡，修复已部分破坏的高原生态链并使之趋于完整，抑制世界上日益减少的生物多样性②具有重要的间接使用价值（生态功能）③ 以及科研价值。

基于以上生态地位，进入 21 世纪后，青海自然生态环境的保护逐步上升到国家行动层面，受到越来越多的人的重视和参与。三江源国家级自然保护区已经提升为三江源国家生态保护综合实验区，三江源生态保护遂成为国家战略。因此，可以预见的是青海藏文化所依存的自然生态环境可能会重获生机，加之自然生态系统与文化生态系统的紧密联系，藏文化现

---

① 古称江、河、淮、济为四渎。《汉书·沟洫志》："中国川原以百数，莫著于四渎，而河为宗。"

② 地球上曾经产生的 25 亿物种到 20 世纪末有 99% 灭绝，灭绝的物种又有一半是在近 300 年内消失的。这一半的 60% 则在 20 世纪内灭亡的。世界《图片报》曾报道，全世界每天灭绝的动植物物种竟有 160 多种。德国自然保护联盟警告说，如果这一趋势得不到控制，在 1994 年后的 25 年中将有 150 万物种告别人类。

③ 生物多样性的价值分三类：使用价值（又分直接使用价值和间接使用价值）、选择价值（亦称潜在价值）、存在价值（亦称伦理道德价值）。

代化有条件走向传统与现代并行不悖的良性道路。

公路旁观望的沙狐（玛沁）　　　　**寺院附近成群结队的石羊（兴海）**

街头的广告牌（果洛）

　　二是在藏文化不同圈层程度各异的"民族（文化）自觉"行动。面对藏族传统文化特质不断遗失的危机局面，藏文化圈不同圈层的藏人表现出积极的自觉行动，突出地表现在藏语言的保护上。黄南尖扎、果洛玛沁、海北刚察等县近年出现"纯洁藏语组织"，提出"继母语之风采，扬传统之精髓"的号召，主张说藏语不夹汉语，如果说汉语就说标准的汉语。寺院僧侣（尤其是高僧群体）也在积极地倡导藏语的标准化。从调研的情况看，这种倡导在民众中所产生的影响巨大，必然对日益解构的藏语起到保护作用。另外，藏族（特别是东部地区藏族）民众对藏语言的诉求在不断高涨，要求增设藏语文中小学校、开设藏语文课的愿望迫切。在民间团体、个人等的努力下，青海东部地区的大通县朔北乡、平安县巴藏沟乡等地先后开展了民族语文教学。其中，朔北乡代同庄民族小学自20世纪90年代末最早在东部农业区恢复藏语文教学，得到藏族民众的积极响应。互助县松多乡松多村办有一个由一名退休老教师任教的藏文教学点，取名为"松多藏文明知院"，学生主要是本乡因贫困辍学或逃学的学生和农闲时节的农牧民，据2003年调查，有固定学员7名，农闲时有近30名。该乡还有家长送子女到尖扎县直岗拉卡地区的一所藏文私立学校学习藏语文，人数曾达到20多人。另外，根据群众的要求，2003年寒暑假期间，利用青海民族学院藏学系学生实习的机会，组织青海互助县巴扎、松多乡的学生和社会青壮年，举办藏、英文短期培训班，参加学习的学员每乡达到60多人。[①] 再如在乐都县李家乡西马营村，一名旅居海外的本地藏人寄钱回来，出资让本村的藏族孩子到海南州共和县学习藏语文，假期请老师到村里教授藏语文。[②] 笔者调查所及的平安县巴藏沟回族乡郭尔中心小学从2006年开始，自筹资金聘用专职教师，开设藏语文课。在此之前，已利用假期作试点，由本地教师（进修学得藏语文）教藏文拼音。2009年底，在该小学挂牌成立青海首个藏汉双语教学监测点。2009年，藏人文化网[③]是这样报道这则新闻的：

> 卓仓地区郭尔民族中心小学藏汉双语教学监测点终于挂牌，算是2009年终的一份喜报，无论是关注卓仓家乡双语教育还是参与过该地区双语项目前期项目的年轻人，当然更是对我们前期所做的各种工作的一个回报。该地区的双语教育项目和政府嫁接也是我们的最终目标，该地区和学生最终受益双语教育，正是我们的初衷。郭尔双语教学监测点也是得到一些政府重要人士关注后批示，使得此事快速得以落实，当然，也离不开各个层面人士的共同努力。郭尔的双语教育项

---

① 群克加、乔生华：《互助、循化两县藏族乡学习使用藏语文情况的调查报告》，《青海民族宗教工作》总第22期。
② 该个案由笔者同事参看加副研究员提供。
③ http://www.tibetcul.com.

目有了眉目，该民间组织项目也将继续调研与延伸至其他地区。

从中可见在青海藏文化圈的边缘文化带，一些民间团体和民间人士对继承和弘扬民族文化而孜孜以求。

跳藏舞和背诵藏文的民族小学学生（平安）

三是不同地域藏人共同的民族认同。在用某些客观的标准界定"民族"显得越来越困难的当今时代，认同对维系一个民族共同体显得十分重要。对藏族而言，民族认同尤其对青海东部地区民族文化特征逐步遗失了的群体尤显重要，认同可使他们重燃民族信心，复活民族记忆，共同参与文化多样性保护。问卷为此涉及以下两个问题。

从受访者对其自身民族身份的认同看，如表101所示，有占96.6%的受访者作了明确回答。其中，有69.1%的受访者认为自己是"地道的藏族人"，有23.7%的受访者认为自己"基本具有藏族人特征"，而认为自己"更像是汉族"或"同汉族没啥两样"的受访者仅占7.1%。

由表102可知，小茶石浪和北沟脑村藏人各有占该个案（村）回答有效样本57.7%和50%的受访者认为自己是"假西番"，两个村样本中选择该项的样本占总有效样本中选该项样本的79%。尤其在小茶石浪村调查时发现，当地多数藏人毫不避讳地、坚定地认为自己就是"不会说藏语的'假西番'"。但在对自己民族性的认识上，两个村的受访者中，分别有76.7%和70%的藏人自认为是"真正的藏族人"或"基本具有藏

表101　　　　　　　　　　**对自我民族性的认同**　　　　　　　　（例、%）

	您认为您是	频率	百分比	有效百分比	累积百分比
有效	地道的藏族人	318	66.8	69.1	69.1
	基本具有藏族人特征	109	22.9	23.7	92.8
	更像是汉族	13	2.7	2.8	95.7
	同汉族没啥两样	20	4.2	4.3	100.0
	合计	460	96.6	100.0	
缺失	系统	16	3.4		
合计		476	100.0		

珍藏着的传统（互助）

表102　　　　　　　　**青海东部地区藏人对民族身份的认同**　　　　　　（例）

村	如果您是藏族，那么您认为您是				合计
	真正的藏族人	戎娃	假西番	说不清	
小茶石浪	7	0	15	4	26
上郭尔	13	2	0	0	15
堂寺尔	7	1	0	0	8
下郭尔	9	0	0	0	9
北沟脑	7	1	15	7	30

族人特征"；认为"更像是汉族"或"同汉族没啥两样"的样本比例，处在青海农牧交界的藏族乡的小茶石浪略低于北沟脑，但均在 1/3 以下，见表 103。

表 103　　　　　　青海东部地区藏人对自身民族性的认知　　　　　　　（例）

调查地点（村）及比较项		如果您是藏族，那么您认为您是				合计
		地道的藏族人	基本具有藏族人特征	更像是汉族	同汉族没啥两样	
计数	小茶石浪	6	17	6	1	30
	上郭尔	8	6	0	0	14
	堂寺尔	4	5	0	0	9
	下郭尔	8	2	0	0	10
	北沟脑	9	12	3	6	30

发展道路上传统与现代的选择（泽库）

尽管由于在不同环境下的文化变迁，带来了藏族文化特质分布地域差异，特别是农区和牧区藏文化差异性十分明显，但在受访的藏人那里，有占回答有效样本84%的受访者认为牧业区和农业区的藏族是同一个民族；只有4.1%的受访者认为两地的藏族不是一个民族，见表104。

表104　　　　　　　　对民族内部不同地域群体的认同　　　　　　（例、%）

您认为牧区的藏族和农业区的藏族		频率	百分比	有效百分比	累积百分比
有效	都是藏族	372	78.2	84.0	84.0
	不是同一个民族	18	3.8	4.1	88.0
	说不清楚	53	11.1	12.0	100.0
	合计	443	93.1	100.0	
缺失	系统	33	6.9		
合计		476	100.0		

第八章　文化圈场域中的民族互动关系

　　民族互动关系作为一种社会关系，是"不同民族的人们以民族成员的身份出现在社会生活中所形成的交往和联系的关系"①。当下学术界常用的衡量、分析这种关系的指标多来自移民国家或移民社会的研究，引入中国时，或许可以开阔研究、分析视界。除本书"绪论"所述或宏观或微观的考量民族互动关系的因素以外，是否还有其他重要的因素，可以纳入这个评价、分析体系中？尤其是对于一个地域广阔而自成一体、民族交往互动历史久远而关系复杂、文化多元而差异明显的地区，是不是有其他的分析、考量民族互动关系的角度或因素？不难理解，无论是表现出竞争、冲突还是共享、互惠、协作，民族互动关系都是基于族群之间的文化差异而产生的关系。或者可以说，文化差异是产生民族互动关系的一个基本前提。有研究者甚至指出："文化差异赋予民族矛盾和民族冲突更广泛、更全面、更深刻的意义"，与因政治上或经济上的差异而产生的冲突比较，更难以消弭。② 安东·布洛克（A. Blok）认为，种族暴力常常是因为担心"差异即将丧失"而引发的。③ 就某个族群的文化而言，其内部就同一文化要素同样存在着差异。这种差异性的大小，取决于族群历史长短、分布地域广狭、周边族群影响力大小等。无论如何，这种差异性是同一族群文化在不同场域所发生程度不同的互动变迁所致的。通过前几章的分析发现，青海藏文化在 20 世纪初以来的变迁呈现出明显的圈化形态。这种文化圈场域，为分析民族文化互动关系提供了一个独特而可透析的视界。在文化圈的边界地带，往往是文化差异展现得最为明显，民族（文

---

　　① 金炳镐：《民族理论通论》，中央民族大学出版社 1994 年版，第 263 页。
　　② 周庆智：《文化差异：对现存民族关系的一种评估》，《社会科学战线》1995 年第 6 期。
　　③ A. Blok, (2001) Honour and Violence, Cambridge. 转引自［英］彼得·伯克《历史学与社会理论》（第 2 版），世纪出版集团 2010 年版，第 62 页。

化）互动最为剧烈的。那么，民族互动关系问题是否会呈现得更为突出？本章将着重探讨这一问题，并以此为出发点，寻找青海和谐民族互动关系新构建的思路。

第一节 民族互动关系问题呈现的地域性特点

一般认为，民族关系问题是指"民族在交往过程中产生的矛盾"①。也就是说，民族关系（问题）是民族文化互动的结果，没有互动自然就形不成关系，也引不起问题。民族互动关系领域的矛盾冲突事件，往往是民族互动中极为常见的矛盾被激化的极端表现，无疑是考察民族互动关系问题的重要角度。笔者在研究之初所作出的基本假设是，由于自然生态对于民族互动关系产生、演变的重要影响，该领域的冲突事件多发生在不同文化圈层的边界这一特殊场域。就某个族群的生存和发展而言，边界地带具备这样的自然文化生态。因此，学术界常说的中国汉藏边界地带（汉藏走廊、河曲走廊、藏彝走廊）往往是族群多样性最为丰富的地区。就青海地区民族互动关系问题多发且潜在隐患居多的藏穆关系而言，善于经商的穆斯林民族最容易在藏文化圈不同圈层的边界地带觅得尤为丰富的农牧商互惠的商机。在这些场域藏穆互动频繁，发生矛盾甚至演变为冲突的可能性就要大一些。而且，随着文化圈边界的变化，民族互动关系问题的呈现也会有相应的改变。研究证明，这一假设并不完全成立，但也绝非毫无依据。

一 文化圈边界与民族互动关系问题的呈现

在青海各地陆续建立新政权后一直到"文革"开始，青海民族互动领域的冲突事件只是出现在青海东部即青海藏文化圈的边缘文化带。这一时期发生的事件，多具有阶级斗争性质而且介入冲突的民族成分多元。比如，1958 年 4 月发生的"循化事件"，也就是在十世班禅大师故乡、青海省循化撒拉族自治县的藏人和撒拉人的暴动。这个事件是一个地方性冲突，并且是当时诸多"反革命武装叛乱事件"中的一个。在青海各地陆续归入新中国过程中，青海地方军阀叛匪向青海腹地方向败退，多窝藏在

---

① 徐黎丽：《论民族关系与民族关系问题》，民族出版社 2005 年版，第 10 页。

青海藏文化圈外层文化带与边缘文化带的交界区藏族社会，与藏族部落头人相互勾结，图谋反叛。在 20 世纪中叶至 90 年代初，青海民族互动领域的冲突事件多发生在藏文化圈边缘文化带，比如 1989 年的"性风俗事件"、1993 年的"脑筋急转弯事件"等。这类事件多是因主流（世俗）文化与少数民族宗教文化之间的曲解所引发的。

进入 20 世纪 90 年代，青海范围民族互动领域的冲突事件呈高发态势。据笔者粗略估算，从 1994 年玉树治多县发生排斥撒拉族事件，到 2008 年"3·14"事件结束，青海前后发生影响较大的类似事件共 9 起，见表 105。之所以说影响较大，表现在：一是多发生在民族群体主要是藏族与穆斯林民族之间，并涉及宗教信仰问题；二是往往转化成打砸的恶性刑事案件；三是多有人员伤亡、财产损失；四是有的事件还带有民族主义情绪，与境外分裂势力存在一定的联系。这些事件无疑影响到良好的社会秩序。有研究者把藏族与穆斯林民族之间的关系简称为"藏穆关系"，并对藏穆互动关系的地位、内容、动力及趋势等作了分析。① 但很少有人对上述藏穆关系领域的重大冲突事件作具体的、理性的分析。

对 20 世纪 90 年代以来民族互动领域冲突事件的具体分析，从表 105 可知，事件发生地主要集中在县城，县城所在地域与藏文化圈不同圈层的边界并不完全一致。但其中也不乏发生在藏文化圈不同圈层边界的，最为突出的是 2003 年发生在黄南州尖扎县的族群冲突事件。其大致经过是：当时，化隆回族自治县德恒隆乡牙曲滩村两名到尖扎县影剧院门前打台球的回族男青年，与黄南州尖扎县马克塘镇李加村的两名藏族男青年因销赃汽车价格发生口角以致相互厮打，并用刀捅伤一名藏族男青年，引发化隆和尖扎双方群众群体性殴斗，尖扎县出动 40 余名民警未能制止。冲突中，前去劝架的李加村村主任被打致重伤且医治无效死亡。化隆牙曲滩村有人在斗殴中使用自制手枪，但未造成人员伤亡。事态不断升级，以致化隆回族群众集结 3000 余人，尖扎藏族群众集结 400 余人。尖扎县部分群众在县城打砸化隆籍回族商人开的饭馆、旅馆、商店等；化隆群众则冲击尖扎县公安局、马克塘镇派出所，此后联络其他地区回族群众，在五河（五道岭至河南县）公路牙什尕至隆务河大桥段设置路障，抢砸黄南州、尖扎县过往车辆，并殴打个别过往车辆的司乘人员。比较而言，无论是其参

---

① 段继业：《青藏高原地区藏族与穆斯林群体的互动关系》，《民族研究》2001 年第 3 期。

与人数还是所造成的社会负面影响，都在其他事件之上。在地理位置上，发生地尖扎县城马克塘镇处在表列诸事件发生地的最东缘。以黄河为界，县城以东为青海海东地区化隆回族自治县。203 省道在黄河东岸，自西北向东南走向。该处黄河和 203 省道是前文所指藏文化圈边缘文化带内次级不同圈层的边界。正是在这样的场域环境中，族群个体之间日常的矛盾纠纷，极易上升到族群层面，进而演变为民族冲突事件。如果看不到这种宏观的文化圈边界的地域背景，就很难对这类事件作出合理的解释。公路东侧土地之争和化隆境内靠近黄南一侧山区极不安定的治安条件，进一步促使事态升级。

表105　　　　20 世纪 90 年代以来青海藏穆互动领域的重大冲突事件

年份	地区	地域	起因	呈现的关键符号
1994	治多县	全县	社会事件	盗猎、"排撒"
2002	泽库县	县城	商品交易争端	屠宰户、宗教活动点、挂猪头
2003	尖扎县	县城	日常争执	台球、枪械、群殴
2003	刚察县	县城	谣言	标语、清真寺、"驱回"
2007	甘德县	县城	修建清真寺	宗教活动点、挂猪头
2007	玛沁县	州府所在地	饮食纠纷	餐馆、面食中的异物
2007	曲麻莱县	跨县	商品交易争端	冬虫夏草、商铺、"驱回"
2008	久治县	县城	商品交易争端	宗教活动点、群殴
2009	班玛县	县城	宗教禁忌	屠宰场、僧侣、肉食交易

对民族互动关系领域的冲突事件，表 105 所列仅是影响较大的几起。事实上，"在稳定压倒一切"，特别是"3·14"事件发生后维稳工作一票否决的政治环境下，一旦发生类似事件，往往是下级怕上级知道，层层遮掩。因此，小的事件并未销声匿迹，其中在文化圈边界发生的事件更为多见，特别是藏文化圈边缘文化带与外层文化带的过渡带，是民族互动关系异常敏感的地域，隐患众多，小的事件不断，需要给予更多的关注。

二　圈层多元化与民族互动关系问题呈现

从整个 20 世纪中叶以来的历史看，20 世纪 90 年代发生的类似事件已经由藏文化圈的外层文化带，向青海腹地即藏文化圈的核心地域推进。

这种推进，与前文所述藏文化圈演化的一个结果即圈层多元化有关，也就是其中随着藏文化（圈）变迁，其内层文化带、文化圈核心地带以部落为形态或以城镇为中心的文化圈的形成与互动。特别是随着各地城镇化发展，城镇宛然成为以主流文化为主要特质、多元文化共存而且具有极强辐射力的文化单元。这种多样化文化圈的形成与牧业区城镇商业贸易的变化、发展是联系在一起的。如前文所述，民国时期青海商业集散地集中在湟水谷地一带，比较知名的是丹噶尔（湟源）、西宁和鲁沙尔（湟中）。临近的蒙古族牧人每年秋冬到这些商贸重镇集市贸易。而藏族聚居的地区则是在寺院或集镇以物易物。这些地区的城镇，多数是依靠寺院宗教活动、商业贸易、交通枢纽等条件而起源、发展起来的。当时，到藏族聚居地区进行经商贸易者，以汉族商人为主，回族商人极少，而且多为流商。这种局面一直持续到20世纪80年代初期，没有多大改变。比如果洛州，历史上藏族世居，穆斯林民族经商者或从事其他职业者为数极少。

20世纪80年代以来，多数藏族聚居地区的行政事业单位才有了回、撒等民族成分的干部，当地的穆斯林商人也逐渐增多。穆斯林在藏文化圈内层文化带甚至文化圈核心经商的形式越来越多元化，大体有：一是在当地落户的坐商。他们一般在各地建立新政权初期即进入该地域（以翻译者、采金者、驻兵等角色），最初多留居于生计方式上侧重农业、汉族人占一定比重的地域（多为乡村）；随着城镇商业的发展，逐渐向牧业区城镇集中，并逐步成为“当地人”。二是未在当地落户的坐商。一般是在20世纪80年代以后，原籍地耕地、宅院等赠予或转包于他人，举家迁往牧业区城镇，从事服务业。三是流商。其主要经营农畜副产品、土特产品收购。此外，还有居无定处，常年走帐窜户而且参与人数可观的收购牲畜（主要是牛羊）、从事“西繁东育”或贩卖的穆斯林商人。20世纪80年代以后尤其是进入20世纪90年代，主要居于藏文化圈边缘文化带的穆斯林社会与多聚居于藏文化圈内层文化带、核心文化带的藏族社会之间社会互动尤其是商业贸易达到空前的规模。同时，在藏文化圈核心和内层文化带、城镇与乡村牧区之间还发生着两种文化的强烈互动；城镇的物化环境及社会规范、文化氛围等诸方面，则越来越多地具有地域和民族文化特点。这是青海民族互动领域冲突事件多发生在城镇的重要原因。由此来看，民族互动领域的冲突事件与藏文化圈层多元化是有密切联系的。

三 同一层级文化圈与民族互动关系问题的呈现

调查发现，民族互动关系问题特别是其中的冲突事件并不是孤立的，而是在不同地区之间社会、群体互动中发生的。这种互动及其影响往往在文化圈的同一圈层内部最容易产生，因为其内部文化同质性强，历史上或现实中皆有天然的文化联系。比如青海湖北部的藏族部落多数是从其南部的黄河以南地区迁来，其部落成员虽然已经与黄河南的部落少有亲属关系，但也有婚丧嫁娶中互相往来的。以下是在青海海西蒙古族藏族自治州天峻县的访谈。

访谈个案40：不同地域之间文化上的天然联系

时间：2010年11月13日，下午，晴。地点：青海省海西州天峻县新源镇。受访人：罗某，男，藏族，本地籍退休中学教师，63岁。

> 天峻县有18个部落，称为沃特秀麻（也叫下沃特）。共和县有中沃特。上沃特在兴海县。这个部落是马步芳打部落时，从兴海（大概在赛什塘）迁"下来"的。现在跟兴海县的部落还是有联系，比如人亡了，那边的外甥要来奔丧；婚事上，特别亲的要来贺喜。

《中国藏族部落》称：天峻县有18个百户部落，即环仓、厄化、夏日果、阿日沟、拉果什结、扎查、沙年、特哈、花什江、尕雪、年乃亥、莫合欠、莫合穷、那格扎、多巴娘娃、块日寺藏、多巴索玛、郭那，其总称为汪什代海部落（千户），是"环湖八族"之一。[①] 受访者所指"沃特秀麻"所指为何，其与海南州的藏族部落是否有"上、中、下"之分别和联系，尚需考证。但史料对天峻县诸部落与黄河南北藏族部落的历史渊源关系是清楚的。从访谈个案可明确的是，青海湖北部藏族部落与黄河南北部落之间仍然存在着千丝万缕的联系。

因此，社会互动中不可或缺的信息，包括不利于社会秩序安定的信息，往往通过这种亲缘、地缘关系往来传播。比如在一些重大事件发生前，非本地僧人以走亲访友的形式异地诵经。这种行为属于正常的宗教活动，谁也不能干涉。但在诵经过程中，有可能向信教群众散布（口头或

---

① 陈庆英主编：《中国藏族部落》，第312—322页。

文字）不良信息。政府发现时，诵经僧人可能已经返回原籍，而影响已经形成。这就给政府管理工作提出了很高的要求。

具体到民族互动领域的突发事件，因为缺乏不同地域之间传播、演化的详细记载，尚不能对其发生、演化的过程作出如上述一样明确的结论。但从前文所述"双语"教育之争所引发的游行、静坐事件中地域之间的联动反应可以对此作出佐证。该事件于 2010 年 10 月 19 日在黄南州首发后，与黄南州北部属同一文化圈层的海南州（郭密地区）20 日接着出现游行事件，与海南州北部属于同一文化圈层的海北刚察县于 21 日上午发生类似问题，此日下午便涉及环湖八族之一阿柔部落迁出地果洛州。可见，某种思潮或社会舆论，是按照文化同质性原则在不同文化区域之间传播的。黄南同仁、尖扎与共和属于同一文化圈层；环湖八族、刚察九族部落文化同质性及阿柔部落北迁等原因，刚察的藏文化与共和有同质性联系。文化同质性强，意味着其间存在亲缘关系、共同或相近的族源认同、更多的经济互动交往，这样，就有更多、更广泛的信息互动和策应动力。

除了部落之间渊源或主属关系外，寺院之间存在的主属关系也是同一文化圈层同质性关系的一个重要表现。有关资料显示，"3·14"事件在青海的影响同样表现出同一文化圈层内较强的影响和传播性特点。2008年，在黄南、果洛、海南州的一些寺庙和地区，不可避免地发生一些影响社会安定的问题，如聚众闹事、静坐、绝食、游行等事件，甚至出现打砸乡镇政府、派出所，焚烧国旗、悬挂"藏独"旗帜等行为。据不完全统计，青海先后有 15 座寺院发生不同程度的问题，1500 多名僧人不同程度地聚众闹事，在国内外造成了较恶劣的影响。从对这些事件发生时间先后的分析发现，历史上具有特定宗教关系或属于同一学经系统的寺院连环爆发，而且带有明显的传统地域性特点。比如，青海发生打砸乡政府、派出所的 3 个主要寺院中，果洛久治县白玉寺、德合龙寺，同果洛其他各地相比，与安多地区打砸抢烧最严重的甘肃拉卜楞寺和四川阿坝地区有密切的社会往来、宗教关系和姻亲关系。如图 9、表 38 所示，这两个地域（B2和 B3）同属于藏文化圈的内层文化带，在宗教上的联系尤其紧密。比如，果洛久治县不少宁玛派寺院的主寺多在四川境内；而格鲁派寺院多与拉卜楞寺有宗教关系和人员往来，体现了藏文化圈不同圈层之间的文化联系（表 38 所示文化圈第二层次 B2、C3 和 D1 之间）。在这起事件中，历史上与拉卜楞寺关系密切的康赛、康干等部落所属久治县各乡村和寺院，集中在 3 月 17 日和 18 日爆发冲击政府、烧毁国旗、举画像等同类事件。在藏文化圈第二层次的同一文化圈层亦是如此。比如尖扎县的 3 个重点寺院和示威游行的若干村落，都带状分布在加让河流域，尤其几个村传统社区结构上都属于措西和洛哇麦日①，地理、宗教和群体关系上都比较密切。

在上述藏文化圈不同圈层及同一圈层内部，每当在一地发生有可能影响到和谐民族互动关系的事件时，在传统上，主要是通过个体面对面互动来传递信息。随着交通通信的发展和社会互动的加速，这种信息的传递在速率和频度上大大加快。尤其是手机、互联网络等新型媒体和通信技术的逐步普及，一些影响和谐民族互动关系的言论信息可能流传的范围和传播速度，已经远远超出了民众对信息的辨识能力。

总之，民族互动领域的冲突事件与地域关系密切。在青海，主要表现为藏族和穆斯林民族之间的民族互动关系问题一般发生在城镇；但也不乏发生在藏文化圈不同圈层边界的，而且在这些地域发生的事件，其激烈程度和负面影响甚大。

第二节　民族互动关系问题的发生场域

作为社会关系的一种，对于民族互动关系发生机理的分析，更需要场域这一视角的独到解释。从青海民族互动关系领域的突发事件看，其主要发生在经济贸易和日常生活交往两个具体的场域。

一　互动场域：经济贸易和日常生活交往场域

（一）经济贸易交往场域

从 20 世纪中叶以来青海民族互动关系领域的突发事件看，多数即发生在经济贸易交往场域。从中可以看到，文化（如价值观、社会规范等）是如何影响民族互动关系的。历史上，正如前文所述，在青海尤其是牧业区，以寺院或集镇为中心，实行茶马互市、物物交换，藏人处在相对封闭的社会中，轻商贱利甚至贬商、鄙商，交换的目的是满足基本的生产生活（包括宗教生活）需要，而不是再生产或投资的需要。丹珠昂奔在研究藏族文化与现代化时，把"重牧农，轻工商"视为藏族文化六大弊症之一。

---

① 措西（tsho bzhī）和洛哇麦日（lo ba rme ru）为藏族部落名。

对于青海藏人的商业态度，他举例：改革开放及包产到户以来，一些藏族农牧民也看到经商有大利可图，于是一位40多岁的藏族牧民宰了两只羊，去赶6月物资交流会。当他驮着羊肉走至中途，遭到同部落人的嘲笑："××，你穷急了，我可以给你几块，干吗去干这下贱的勾当，给我们部落丢人。"于是这位牧民又把羊肉驮了回去，为自己的这种举动而惭愧，进行道德反思。① 说明到20世纪80年代，青海不少地区藏人的商业观念并没有发生根本转变。

随着体制改革、社会开放和市场经济发展，藏族社会与外界的交流增多，互动频繁，无论农业区、牧业区还是城镇，藏人的市场观、价值观都发生了一些变化。一部分藏人传统的商业观念和商业态度发生了巨变，更多的藏人开始投身商业领域，与其他民族展开看似无声实则激烈的交锋。但由于现代教育不发达，藏人对利润、商机、商业符号等的辨识力并不强，与其他民族特别是善于经商的穆斯林民族交往竞争时，往往处于下风，劣势明显。正如有研究所指，"藏区所处的地域较封闭，商人为了获取利益，曾将藏区视为市场。由于没有经商经验，凭良心办事，经常遭到欺骗。据说解放前可以用一盒火柴换一张羊皮，用半斤茶叶换一只羊。直到现在仍然没有摆脱这种被动挨打的局面"②。2009年发生在甘肃省甘南藏族自治州的假钞事件，便是一例。促动商品交易的中介已由传统上多是汉族的流商，变为以穆斯林商人为主。藏人很容易把本属正常经济现象（如价格波动）给自己经营、生活带来的不良影响归咎于作为竞争对手或商品提供者的其他民族成员。比如在牧业区，城镇牛羊肉经营（屠宰、销售等）者多为穆斯林人，而消费者多为藏人。在资源紧缺时，经营者往往唯利是图、哄抬物价，肉价起伏过大，当地牧民感到食肉困难，民众就把责任推到经营者身上。虽然蔬菜经销者多为山东、河南等地汉族人，但消费者依然要迁怒于旁人。

由于信仰使然，穆斯林民族在异地经商时，为了方便进行宗教活动（主要是礼拜），往往需要固定的符合一定人员需求的宗教活动场所，然后围寺而居，形成类似社区组织的"回坊"。此后，便自然要设法聚集商业人气，扩大经营规模。这是再自然不过的事了。但在当地民众看来，这

① 丹珠昂奔：《藏族文化散论》，中国友谊出版社1993年版，第59页。
② 同上书，第60页。

对"共同的地域"构成了一定的威胁。问卷问及"您认为穆斯林民族的
人在藏族集中居住的地方做买卖"起了什么作用时，受访者的回答表明
的立场和态度有明显的倾向性。在有效样本中，有 452 个样本对该问题作
出有效回答。从表 106 可知，受访者的选答偏向于正向的（活跃了经济、
方便了群众），占回答有效样本的 42.8%，偏向于负向的（抢了藏族人的
工作和地盘）占 29.4%，另有 27.8% 的受访者回答"说不清楚"。从访
问式问卷调查中获得的信息看，作出负向回答的受访者都是态度比较明确
的；而回答正向的和"不清楚"者，也有出于访谈环境的顾虑。但从总
体来说，藏人对穆斯林到青海纵深地带从事商业贸易活动所产生的积极作
用，是相对比较认可的。

表 106　　　　藏人对穆斯林在其集中居住的地方做生意的看法　　　　（例、%）

| 对影响的看法 | 响应 | | 个案百分比 |
（可多选）	频率	百分比	
活跃了经济	125	21.6	27.7
方便了群众	123	21.2	27.2
抢了藏族人的工作	85	14.7	18.8
占了藏族人的地盘	85	14.7	18.8
说不清楚	161	27.8	35.6
总计	579	100.0	128.1

　　从不同地区（州、地、市）比较，藏文化圈不同圈层藏人对穆斯林
商人在藏族集中居住的地方做生意的看法大为不同。由表 107 可知，西宁
市、海东地区的受访藏人明显认可穆斯林商人对促进当地经济发展所起到
的积极作用。其中西宁（小茶石浪）的受访藏人中，有占回答有效样本
64.5% 的人认为"活跃了经济"；海东地区的受访藏人中，持同一看法的
人也达到 54.2%。此外，在西宁市和海东地区，占各地对此问题作出有
效回答样本的比例分别为 29% 和 49.2%。而在两地回答"不清楚"的样
本比例相对较小。由此说明，藏文化圈边缘文化带藏人对该问题正向效应
的态度比较鲜明。

表107　　不同地区藏人对穆斯林在藏族集中居住的地方做生意的看法　　（例）

| 对影响的看法（可多选） | | 调查地点（州、地、市） | | | | | | | 总计 |
		西宁	海东	果洛	海南	黄南	海西	海北	
计数	活跃了经济	20	32	9	31	9	7	17	125
	方便了群众	9	29	11	17	35	3	19	123
	抢了工作	0	4	21	35	5	6	14	85
	占了地盘	0	3	12	33	5	17	15	85
	说不清楚	7	11	36	12	38	16	41	161
	总计	31	59	72	85	79	37	89	452

　　5个州的情形则与处在青海藏文化圈边缘地带地区的情形明显不同。对上述问题的看法极端偏向于负面的是果洛州，在其有效样本中，分别只有12.5%和15.3%的受访者认为活跃了经济、方便了群众；就两个比例之和比较，在各个地区中也是比较低的；另有一半的受访者选择"不清楚"。这种偏向也得到个案访谈资料的佐证。

　　访谈个案41：对穆斯林商人的极端态度

　　时间：2010年8月22日，上午，阴。地点：青海省果洛州玛沁县。受访人：才某，男，藏族，干部，40余岁。

　　这里，经济交往中出现的问题不是太多，只是在畜产品交易领域存在的隐患比较多。在本地无流商、经济实体，只能把牲畜和畜产品卖给回族。回族人大约在20世纪80年代来这里，主要进行商业活动，也就是做生意，然后定居。在大武，最初来的是高家。现在把大武的东街末端叫高家。那个地方，改过三四次名，比如曾起过"雪域商城"，但都没有成功。现在很多回族办了大武户口，而不是流动人口。回族常住人口越来越多。对回族有排斥心理，没有好感，这种心理谁都有，包括自己。他们到某一个地方，霸占欲望强，要占土地、占资源。他们中有的人说，"四条腿的收拾完，二条腿的就好收拾"。大武的类似清真寺的活动点没有公开，要是公开，肯定会出乱子。甘德有一个活动点，地下的，最后还是没有建成。

　　对穆斯林在当地经商持负面态度的受访者，在谈及经济交往时，总是能听到"经商""占地方""清真寺"这样几个符号。由此说明,穆斯林商人特有的信仰形式和居住格局,给民族互动中的当地民众留下了深刻印象。

海南、海西州的受访者对这一问题的看法偏向于负面的同时,亦有不少受访者认可其正向的作用。如表107所示,海南州的回答有效样本中有56.5%选择"活跃了经济""方便了群众"。这一比较仅次于处于藏文化圈边缘带的西宁和海东。此外,有41.2%的受访者认为"抢了藏族人的工作",有38.8%的受访者认为"占了藏族人地盘"。无论是二者中的前者还是二者之和,都居于各地区之首。在海西州,回答有效样本中选择"占了藏族人的地盘"的样本占45.9%,是各地选择该项的最高比例。其与选择"抢了藏族人的工作"的样本比例之和达到62.2%,这一比例在各地仅次于海南州。同时,持正向看法的海西州受访者比例亦达到27%。

在黄南州,选择"说不清"的受访者占回答有效样本的比例高达48.1%,选择"方便了群众"的受访者达到44.3%。而选择负向选项的受访者比例仅为12.6%,在5个州最低;选择正向选项的受访者比例高达55.7%,这一比例在各州略低于海南。海北州的受访者对这一问题的看法,除选择"说不清楚"的比例(46.1%)外,选择其他4个选项的受访者比例相当,在15%~22%之间。这体现出两州藏人对该问题看法的复杂性和不确定性。

综上对表107所显示数据的分析可以看到,不同地区藏人对穆斯林商人在藏族集中居住的地方做生意的看法呈现出十分明显的地域差别。这种差别与前述藏文化圈的圈层化状态基本一致。略有出入的是黄南州。如果说所选择四合吉社区个案因为居民面对受访者具有"应付"能力而回避问题,问卷结果并没有显示出藏人的明确态度,那么作为地处青海腹地的和日村问卷结果亦与此雷同,但显然隐藏着更多的信息,有对其作进一步分析的必要。从和日村的个案访谈资料发现,该村受访者明显认可穆斯林商人的经营行为,其原因除了穆斯林商人经营人数、规模有限这个因素外,宗教的正向引导起到十分有效、有利的作用。

访谈个案42:团结与不团结

时间:2010年10月18日,中午,雪。地点:青海省黄南州泽库县和日乡和日村。受访人:更某,男,藏族,待业青年,近30岁。

这里经商的穆斯林不少。平时，只有 1 人在周五做礼拜；节日里，则去同德县的清真寺进行宗教活动。如果在这里建清真寺，牧民肯定不答应。但在这里，两个民族很团结，原因：一是穆斯林很温和，跟人说话很客气。经营者与本地藏人发生争执，都会主动退让。二是本地藏人素质高。比如在饭里发现不洁物，顶多要求免了饭钱，不会过多纠缠。他们的生意很好，乡政府对面循化街子撒拉族开的饭馆，每天的营业额能达到 1500 元。他们老家有耕地，都是水地，产量不低。现在这些地租由别人耕种。餐馆由舅甥经营，加上母亲、妻儿一共 6 人，主要经营面食。餐馆里，一家人说撒拉话，小孩能听懂藏语，这是上本地小学、学习藏语文的结果。三是寺院活佛的宣传。这里，藏回之间冲突少。当年泽库县发生打砸清真饭馆时，和日寺的活佛劝诫：回族、藏族都是一样的人；中国 56 个民族，都是一家人，要团结。所以，群众没有闹。

上述个案所谈及的"穆斯林很温和"，显然由悬殊的人口结构所决定。在民族互动中，一旦发生矛盾或冲突，若双方剑拔弩张，必然酿成大的甚至民族层面的矛盾冲突。和日村乃至整个和日乡藏穆关系比较和谐，寺院活佛的正向引导应当是最重要的原因。宗教上层人士在藏区的权威和号召力，已经在禁穿饰有濒危动物皮张的衣服、禁忌肉食等社会动员中得到直观反映。和日村（乡）也出现不少类似青海其他藏区有可能引起民族互动关系问题的事件。比如该地因穆斯林屠宰户的经营行为，藏人奉行的"不杀生"要求曾十分高涨。据牧人回忆，曾有一段时间，牛羊屠宰户为节约成本，有的在街边屠宰牛羊，血淋淋的场面让路人胆寒。在专门屠宰场宰杀牛羊的，也因条件简陋，随意摆放被宰杀牲畜，加之屠宰量不小，引来当地藏人抗拒。笔者在该地调查时，见到张贴在藏人开设店铺部分门面的宣传图，虽篇幅不大，但还是很引人注目。贴图中照片下藏文大致的汉译是：

　　藏区具有同情心的藏人，性格直爽、善良的人：从远古到现在，没有出现过这种粗暴的事情。具有同情心的人，对此谁也不能忍受。所以。我们要团结起来，从根本上消除这种行为，不符合佛法的行为

在信仰佛法的这个地方要永远根除。兄弟们，为了真理、和平，我们
死而无悔。

橱窗上的贴图（泽库）

措辞如此尖锐，其影响然在，但最终在社会的自我调整下，有可能会
演变成民族互动关系问题的苗头息事宁人了。当地村（牧）民和屠宰户
都做出了必要的让步。这不能不说在宗教引导下相对和谐的社会环境起了
化解作用。

宗教力量在协调藏穆商业贸易关系中的正面作用，在海南州得到突出
呈现。以下是一位长期从事民族宗教事务管理工作干部的访谈，反映了该
州比较繁荣的民族商业背后的宗教（藏传佛教）推动力。

访谈个案43：宗教与经济影响下的民族互动关系

时间：2010年5月16日，上午，阴。地点：青海省海南州同仁县恰
卜恰镇。受访人：华某，男，藏族，干部，50多岁。

经济、商贸领域出的事少。前年买大肉、买羊肉的汉回间打了一架。他们在市场的两边做生意，要是完全分开，谁也不答应。收虫草、贩卖牛羊中，利益达成一片，存在共赢，利益互补，无矛盾。不比其他周边州。藏族人不杀生，回族人经过一定程序杀生，就这个区别。群众能看到长远利益。给活佛讲道理，八九个活佛达成一致，讲经时，宣讲：要是倡导"不杀生"而不宰食牛羊，藏人体质会下降。这样，群众容易接受。只是个别小活佛，不太注意言语，给群众造成误导，影响不好。政府要求活佛只讲宗教，不要干涉群众生活。

在藏穆商业贸易比较发达却相对缺乏这种宗教力量正面引导的地区，藏穆之间因价值观的不同，极容易发生群体性的矛盾和冲突。比如2008年在青海玉树发生的一例。当时，回族商人买了当地的牛羊准备运回西宁销售。商人因故将装载有牛羊的载货车停在结古镇街头多日，车上牛羊极度困乏。当地藏人见此情形，觉得牛羊受到虐待，劝其早运走，遂发生争执和纠纷，引来一场风波。有学者评价：这种行为尽管合理，但不合情，实际上违背了反动物虐待的共识。此背后实际上折射的是藏回民族对生命的不同看法，是价值观不同而引发的。

藏穆关系体现出上述地域差异，除了价值观的影响外，更应见到的原因是藏穆民族在经济交往中各自所代表的文化背后所遵从的规范不同，对纠纷或摩擦的处置方式不同。无论是个体还是群体之间，在商业贸易交往中发生摩擦，是很正常的。有一个交易双方所共同认可的处置纠纷的规范，是化解这种摩擦的基本前提。但在藏穆民族之间，如果发生摩擦，各自所依据的规范略有不同：藏族为部落规范（所谓"习惯法"），穆斯林民族为国家法律为主或金钱至尊。因此，深入到藏文化圈边界地带，找寻商业机会的穆斯林民族，在与当地藏人发生冲突时，不可能认同部落规范来处置冲突。而藏人的这种社会规范延续了千百年，不可能一下子改变。而且，正如前文所述，在国家力量延伸不够的环境下，这种规范在青海部分藏族聚居区至今仍然十分流行而且有效。冲突双方没有一个平衡点，在没有其他规范力量进行调解时，小矛盾演化为大冲突就不可避免。在很大程度上，正是因为藏族部落规范在青海藏文化圈不同圈层的影响不同，藏穆关系也就在不同圈层有了相异的呈现。在笔者调查所及的藏族聚居区，果洛州在这方面尤其典型。

访谈个案 44：传统束缚社会关系的地域差异

时间：2010 年 8 月 12 日，上午，晴。地点：青海省果洛州大武镇。受访人：刘某，男，汉族，司法干部，50 多岁。

> 经济比较发达的地区好一点，比如靠近大武的地方，出现纠纷，要求民事调解的多。东倾沟乡的一位牧民，发生口角，打了架后，到法院起诉。在这些地方，这样的例子越来越多。边远、落后地方，比如达日红科乡，私下解决的多。在班玛、久治，这样的事也多。达日、班玛最突出，红科乡、莫坝乡等地最为严重。县城附近好一点。很多不好的信息是从四川色达、石渠等地方传过来的。几年前，一牧民骑摩托车撞上了商场建筑物，要求商场经营者赔偿。这些地方是"三果洛"的发祥地，寺院也多。百姓居住偏僻，普法不深入，过去的意识没有多少改变，主要是文化素质较低、法律意识欠缺。而且百姓看不到政府的工作，发生纠纷肯定不找政府。但总的来说，从纵向比较，特别是从出台"关于禁止赔偿'血价命价'的决定"到现在，进步多了。主要是经济建设力度加大、法制宣传和牧民见识面扩大的原因。对信访纠纷，政府也加大了调解力度。

个案中所谈及"靠近大武的地方"就是果洛"然囊"地区，在藏文化圈中处于外层文化带，而班玛、久治、达日等地处于内层文化带，见表 38。在前一地域，正如受访者所言，有藏族部落规范逐步让位于国家法律规范的倾向；而在后一地区，则多由部落规范调解纠纷，而且这种规范仍然是维系社会存在的重要力量。这样就不难理解，为什么在果洛南部三县，20 世纪 90 年代以来，藏穆互动领域的冲突事件如此多发。与果洛相邻且其"然囊"地区的原属地——海南州，则由于社会环境的变化，部落规范的调解范围已经大为缩小，且大有部落规范向各民族认可的一般社会规范的整体转向。

访谈个案 45：文化关系向地域关系的转向

时间：2010 年 9 月 26 日，下午，晴。地点：青海省海南州共和县恰卜恰镇。受访人：周某，男，藏族，司法干部，40 多岁。

在海南，部落习惯法影响也在。比如，贵南有1例，是与泽库县的婚姻纠纷，当时聚集了很多人，造成了一些负面影响。这里的部落观念已淡化。发生社会问题，一般反映县与县之间的关系，不存在血价、命价，也没有要出兵费的叫法或做法。这可能是群众素质高的原因，是普法、宣传教育的结果。

到藏文化圈的边缘地带特别是湟水流域（图9中D3的一部分），部落规范的影响力已经式微。况且，在这一地域，随着商业的普遍发展和当地常年外出的穆斯林人口越来越多，无论从纵向还是横向比较，穆斯林商业流通中坚的作用已大为逊色，基本上不具备在商业贸易领域发生群体层面冲突的必要条件。对此，从以下访谈个案可见一斑。

访谈个案46：东部回族干部眼中的藏穆关系

时间：2010年3月25日，下午，晴。地点：青海省海东地区平安县城。受访人：韩某，回族，民族宗教事务管理干部，50多岁。

很久以来，这里的藏回之间没有纠纷，个人与个人之间矛盾也不会上升到民族之间。原因是民族文化素质高、法制观念强。回族外出经商的多，特别是脑山的回族，退了地，大部分外出搞副业，比如从事"拉面经济"，老人在留守。还有不少人在西宁或内地搞虫草买卖。

（二）日常生活交往场域

无论是藏文化圈边缘文化带、外层文化带的大部分和内层文化带的部分地区的杂散居区藏族以外的民族，还是在内层文化带的坐商，都不可避免地要与藏人发生日常互动交往。这样，就出现了有别于商业贸易交往场域的日常生活交往的民族互动关系发生场域。这种场域更加微观，可谓随风潜入夜，润物细无声：其中所产生的民族互动关系问题，更具有累积性；协调好这一场域的一般社会关系，对构建和谐民族互动关系更具基础性。

笔者此前于2004年10月在黄南州尖扎县调研时，正是"2·15"事件平息不久，当地民众对事件的前因后果记忆犹新。该县县治所在地马克塘镇所属解放村和回民村，是尖扎县南部回族人口占比较高的地区。当河（路）东化隆县的回族与河（路）西尖扎县的藏族闹得不可开交时，两个村的回族没有人加入到东岸的回族阵营中。回族村民认为，"自己与西岸的尖扎人是一个镇的村民，不该闹事"，是把地缘利益置于族缘利益之上。对此，政府官员的解释是：宣传教育、引导工作起了大作用。的确，在日常交往中，该地藏、回族群众相互尊重对方的风俗习惯（尤其是禁忌），婚丧嫁娶时互相帮助，逢年过节相互登门拜访；还时常在政府、组织的引导下，藏、回族间吃"团结饭"，"你请我，我请你"。实际上，这种日常生活交往背后，还有更深层次的文化交流，两村回族通识藏语文便是其一。据反映，尖扎县马克塘河西各村回族大多通识藏语甚至藏文，老年人如此，中青年人亦如此。粗略统计，回民村有90%以上的回族使用藏语。老年人通藏语，多是由于民族日常交往互动的需要和带动；而中青年人，则是小学双语教育起到直接的促进作用。对于人口居少数的回族来说①，学习藏语文主要是出于日常交流之便、在藏语人口占优势的社区立足等工具性目的，正如商业俗语言：学会藏语吃金子，学会汉语吃银子。部分回族通识藏语，也在客观上强化了回族对所居住社区的认同，并对藏回之间的团结起到十分重要的纽带作用。

　　问卷从民族个体交友、族际通婚、对个别地区藏穆间走亲访友的态度、对其他民族的信赖度等几个角度，对藏人与其他民族尤其是与穆斯林民族个体之间的日常交往互动等的意愿作了调查。结果显示（见表108），在回答有效样本中，有96%的受访者"同意"或"基本同意"在其他民族的人遇到困难时，伸出援助之手，体现了藏族文化"人性主义精神"和"利他主义精神"②。

　　对于结交朋友的民族选择意愿，如表109所示，有431个受访者作出有效回答，其中偏向于民族内部建立类似朋友的紧密社会关系者仅占29.5%，有68%的受访者在结交朋友时不考虑民族因素。

---

　　① 调查时（2004年），尖扎县总人口5.1万人（包括流动人口，其中户籍人口4.97万人），其中，藏族占63.4%，回族占20%，汉族有5000余人。马克塘镇1.36万人，农村人口为0.67万人。其回民村有111户470人，其中多数为藏族人口，汉族人口占25.53%；解放村80%以上为藏族。

　　② 丹珠昂奔：《藏族文化发展史》（下），第1414页。

表 108　　　　　　　　　　　**帮助其他民族的意愿**　　　　　　　　（例、%）

	我愿意帮助其他民族的人				
		频率	百分比	有效百分比	累积百分比
有效	同意	342	71.8	80.3	80.3
	基本同意	67	14.1	15.7	96.0
	不同意	9	1.9	2.1	98.1
	说不清楚	8	1.7	1.9	100.0
	合计	426	89.5	100.0	
缺失	系统	50	10.5		
合计		476	100.0		

表 109　　　　　　　　　　**结交朋友的民族选择意愿**　　　　　　　（例、%）

	您的好朋友				
		频率	百分比	有效百分比	累积百分比
有效	必须是本民族成员	43	9.0	10.0	10.0
	最好是本民族成员	84	17.6	19.5	29.5
	哪个民族的都可以	293	61.6	68.0	97.4
	说不清	11	2.3	2.6	100.0
	合计	431	90.5	100.0	
缺失	系统	45	9.5		
合计		476	100.0		

　　族际通婚可以反映民族互动关系的深层状况。"每一个人只有对另一个人在感情和心理上都认为'可以接受'和感到十分亲近的时候，才有可能考虑到与他（她）缔结婚姻的问题。"[1] 而婚姻本身所涉及的规范变化、财产继承、社会关系更迭等复杂性，使得族际通婚成为超越个体而成为群体层面的命题。因此，在我们周围，屡屡可以见到因家人甚至家族人以门户、信仰、民族等为由反对并"棒打鸳鸯散"的例子。这样，群体对族际通婚的态度，成为衡量民族互动关系发展去向的可观察指标。问卷先后从下面两个互相证伪的问题对藏人族际通婚的意愿作了调查。结果表

---

[1]　马戎编著：《民族社会学——社会学的族群关系研究》，第436页。

明，受访藏人对此持有极为矛盾和复杂的心态。

"对跟不同民族的人通婚的态度"这个问题，是从更为宏观的角度考察受访者对族际通婚态度的。如表110所示，在回答有效样本中，有56.6%的受访藏人对此问题持"很赞同"或"赞同"的态度；持"不赞同"和"很不赞同"者仅占29.3%。但是，如表111所示，在相对微观的层面上，当问及个人在确定婚嫁对象时，如何考虑民族因素时，有占回答有效样本44.1%的受访者认为"是一个重要的考虑因素"，还有24.4%的受访者认为"会成为考虑的因素"。两个比例之和达到68.5%。认为是不是同一个民族"不会影响自己的婚配选择"或根本不考虑这个因素的受访者比例仅为31.5%。从中可以看到，在婚嫁对象选择问题上，是把个体、家庭、家族与民族、社会区别开来对待的。也就是说，在社会层面，甚至在藏族范围内，绝大多数藏人不反对族际通婚，但到了家族、家庭的层面，则意味着不能忽略这个因素。

表110　　　　　　　　　对跟不同民族的人通婚的态度　　　　　　　　（例、%）

您对跟不同民族的人通婚的态度					
		频率	百分比	有效百分比	累积百分比
有效	很赞同	76	16.0	16.6	16.6
	赞同	183	38.4	40.0	56.6
	不赞同	106	22.3	23.1	79.7
	很不赞同	28	5.9	6.1	85.8
	说不清	65	13.7	14.2	100.0
	合计	458	96.2	100.0	
缺失	系统	18	3.8		
合计		476	100.0		

当问及"民族交往中对距离感的体认"时，有超过一半的受访者认为有距离感（同意或基本同意），而称"不同意"有距离感的受访者占36.9%。由于问卷设计过于书面化的缺陷，作访问式问卷时，对该问题往往要拿外出与其他民族成员交往时感受的例子作一番解释。访问员所普遍反馈的一个体会是，拉萨"3·14"事件后，火车（站）、公交车（站）、宾馆、机场等种种公共场合，藏人对所受到诸般不公正待遇的强烈情绪反

应，这使得藏人尤其是外出频繁的藏人"民族交往中的距离感"有所强化。这不能不说在这一问题上的"扩大化"和具体做法失当，对藏人的国家认同、其他民族的认同产生一些挫伤，这或许在一定程度上影响到受访藏人对族际通婚的认识和态度。

表 111　　　　　　　**确定婚嫁对象时民族身份的选择意愿**　　　　（例、%）

您确定出嫁或结婚的对象时，对方的民族身份		频率	百分比	有效百分比	累积百分比
有效	对于我是一个重要的因素	200	42.0	44.1	44.1
	会成为我考虑的因素	111	23.3	24.4	68.5
	不会影响我的选择	81	17.0	17.8	86.3
	无所谓	62	13.0	13.7	100.0
	合计	454	95.4	100.0	
缺失	系统	22	4.6		
合计		476	100.0		

表 112　　　　　　　　　**对民族交往中距离感的感受**　　　　　（例、%）

与其他民族的成员在一起，我会有距离感		频率	百分比	有效百分比	累积百分比
有效	同意	115	24.2	27.0	27.0
	基本同意	109	22.9	25.6	52.6
	不同意	157	33.0	36.9	89.4
	说不清楚	45	9.5	10.6	100.0
	合计	426	89.5	100.0	
缺失	系统	50	10.5		
合计		476	100.0		

基于藏穆关系对青海民族互动关系和谐的重要性，问卷特别对藏人对穆斯林民族的认同尤其是其间缔结婚姻关系的看法作了调查。结果发现，这种认同并不是特别高。当问及对"穆斯林民族的人值得信赖"的看法时，如表 113 所示，有占回答有效样本 39.3% 的受访者作出否定回答，超过持"同意"和"基本同意"看法的受访者比例之和（38.2%）。不

少受访者的说法是，"回民的饭可以吃，话不能听信"。实际上，据称，这个说法的出处是回族先民最初或经商或从军而来时，当地居民听不懂其语言，却对其饮食甚为称道。如此，个别穆斯林商人的欺诈行为，使这一传统说法的含义发生了变异，变成对其诚信度的评价表述。

表113 　　　　　　　　对穆斯林民族的人的信赖程度 （例、%）

		穆斯林民族的人值得信赖			
		频率	百分比	有效百分比	累积百分比
有效	同意	66	13.9	14.5	14.5
	基本同意	108	22.7	23.7	38.2
	不同意	179	37.6	39.3	77.6
	说不清楚	102	21.4	22.4	100.0
	合计	455	95.6	100.0	
缺失	系统	21	4.4		
合计		476	100.0		

同时，当征求受访者对"穆斯林民族的人值得交朋友"的看法时，如表114所示，有占回答有效样本33%的受访藏人持反对意见。但与前一问题相比区别明显，持"同意"和"基本同意"的受访者比例达到51.5%。说明在藏人社会中，发展藏穆个体之间深层次的、民间的社会交往关系所具有的社会基础。

表114 　　　　　　　　与穆斯林民族的人结交朋友的意愿 （例、%）

		穆斯林民族的人值得交朋友			
		频率	百分比	有效百分比	累积百分比
有效	同意	108	22.7	23.6	23.6
	基本同意	128	26.9	27.9	51.5
	不同意	151	31.7	33.0	84.5
	说不清楚	71	14.9	15.5	100.0
	合计	458	96.2	100.0	
缺失	系统	18	3.8		
合计		476	100.0		

青海个别民族杂散居地区藏穆民间在节日和婚丧嫁娶中互相走访的活动，的确对构建和谐的藏穆互动关系起到十分重要的推动作用。笔者想了解的是，多数藏人对这种个案现象究竟持什么态度。问卷结果显示（见表115），占回答有效样本42.5%的受访藏人对此"很赞成"和"比较赞成"，远高于持"不赞成"和"很不赞成"的受访者（占29.1%）。

表115　　　　　　　　　　对藏穆民间走亲访友的态度　　　　　　　　　　（例、%）

对非穆斯林民族群众与穆斯林群众之间节日和婚丧嫁娶时互相走访的态度					
		频率	百分比	有效百分比	累积百分比
有效	很赞成	64	13.4	13.8	13.8
	比较赞成	133	27.9	28.7	42.5
	不赞成	93	19.5	20.0	62.5
	很不赞成	42	8.8	9.1	71.6
	说不清楚	132	27.7	28.4	100.0
	合计	464	97.5	100.0	
缺失	系统	12	2.5		
合计		476	100.0		

历史上不乏藏穆缔结婚姻关系的广泛个案，比如现居住生活于青海藏文化圈边缘文化带的"藏回"族群，婚姻关系在其族群性演变中起着十分重要的作用。[①] 民间还有"藏族是撒拉的阿舅"的说法，表明历史上曾有过藏族姑娘嫁给穆斯林（尤其是撒拉族）男子和藏族男子入赘穆斯林家庭的情况。这是历史上穆斯林因传教、经商等起因，到藏区定居时，女性人口较为缺乏的情况下所出现的文化现象。藏族社会女性的相对剩余，也为这种现象的发生提供了社会条件。但它也显然局限于"男穆女藏型"婚姻关系，少有"藏男女穆"型，也就是穆斯林民族的女性鲜有嫁到藏人家的例子。因宗教、习俗等的限制，非穆斯林民族的女性嫁到（包括入赘男性）穆斯林家庭时，往往有一个前提便是改信伊斯兰教。此外，虽然以牧业为生的藏人与穆斯林在饮食禁忌上没有根本区别，但若产生藏穆婚姻关系，信仰的迥然不同也会在一定程度上影响到双方家庭的社会互

①　丁明俊：《中国边缘穆斯林族群的人类学考察》，宁夏人民出版社2006年版，第157页。

动往来。因此，在访谈中，受访者十分认可族际通婚（如前述），可一旦提及与穆斯林民族之间通婚，普遍的反应是频频摇头。这也反映在问卷调查结果中。如图29所示，在456个回答有效样本中，有高达72.8%的受访者"不同意"与穆斯林民族间缔结婚姻关系，"同意"和"基本同意"的受访者比例仅为14.7%。

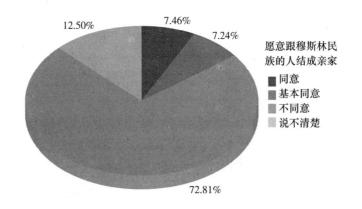

图29　与穆斯林民族缔结姻亲关系的意愿

　　分地区比较，由表116可知，处在青海藏文化圈边缘文化带的西宁市和海东地区的藏人对与穆斯林民族缔结姻亲关系的意愿与6州藏人略有不同，持"不同意"态度的受访者比例接近一半；6州藏人中持同一看法的受访者则在70%以上。正如前文所述，青海农业区特别是其脑山地区，普遍存在婚龄女性极度缺乏而大龄男青年婚配难的问题，因此在这些地域，在婚配对象的选择问题上，已经至少在意愿上放弃了民族划别，但此仅仅是就男性而言的。这样，在这些地域，男女性婚配对象选择意愿上可能有所不同，但问卷未能对此作出分别。一言以蔽之，青海藏人对与穆斯林民族缔结姻亲关系较普遍地持反对意见。

　　总之，就藏穆社会交往来说，藏人所持同意或比较同意的意愿程度是沿着"缔结姻亲关系→可信赖→交友→走亲访友"这条线递增的，反之亦然。从中可以看到，由藏穆间个体性日常社会交往与群体性日常交往两相比较，藏人更认可后者。这对通过增进有组织的日常社会交往来进一步促进藏穆关系和谐有启发意义。

表 116　　　　　　　**与穆斯林民族缔结姻亲关系意愿的分地区比较**　　　　（例、%）

是否愿意跟穆斯林民族的人结成亲家	调查地点（州、地、市）						
	西宁	海东	果洛	海南	黄南	海西	海北
同意	19.4	7.7	5.4	6.0	6.3	8.1	6.9
基本同意	19.4	15.4	4.1	1.2	6.3	5.4	6.9
不同意	48.4	47.7	82.4	86.7	70.9	78.4	78.2
说不清楚	12.9	29.2	8.1	6.0	16.5	8.1	8.0
计数（回答有效样本）	31	65	74	83	79	37	87

此外，从 20 世纪 90 年代以来发生的民族互动领域的冲突事件中可以看到，不少事件焦点集中在清真寺，甚至有的冲突以清真寺为发生场域，或者说往往围绕清真寺展开（扩）建与不（扩）建、进与退的争执。这一问题，也正在成为民族宗教事务管理部门较为棘手的问题之一，不得不在调查研究中予以关注。

问卷分析结果显示（见表 117），有占有效样本 97.1% 的受访者对"愿意在您居住的地方或您所在的城镇修建或者扩建清真寺吗"这一问题作出了回答。其中，分别有 34.2% 和 37.2% 的受访者回答"不愿意"和"很不愿意"，二者之和达到 71.4%；而回答"很愿意"和"比较愿意"的受访者比例仅为 10.8%。难怪乎，在青海各地在是否修建或扩建清真寺的问题上，民族之间分歧较重。

表 117　　　　**藏人对在其所在城镇或社区新建或者扩建清真寺的看法**　　　　（例）

调查地点		愿意在您居住的地方或您所在的城镇修建或者扩建清真寺吗					合计
		很愿意	比较愿意	不愿意	很不愿意	说不清楚	
计数	西宁	1	6	18	1	5	31
	海东	4	10	24	13	13	64
	果洛	1	2	20	34	17	74
	海南	3	12	15	44	11	85
	黄南	1	2	32	37	11	83
	海西	2	0	13	15	5	35
	海北	0	6	36	28	20	90
	合计	12	38	158	172	82	462

若不同地区比较，受访藏人在这一问题上所持看法虽有区别，但总体上相对一致：不愿意和很不愿意在其所在的城镇或社区新建或扩建清真寺的受访藏人比例在57%～83%之间。即便处在藏文化圈边缘带的藏人中，也有一半以上的受访者不大情愿作出肯定的回答，西宁、海东的受访藏人选择"很愿意""比较愿意"的人数比例仅1/5稍强。在这一问题上，较普遍地持反对意见且态度较坚决的是黄南州和海西州。黄南州就该问题持不愿意、很不愿意态度的受访者比例高达83%，而持"很愿意"和"比较愿意"的受访者比例仅为3.6%；海西州（天峻县）的这两个比例分别为80%和5.7%。果洛州不愿意和很不愿意在所在城镇或社区新建或扩建清真寺的受访者比例为73%，而持很愿意和比较愿意的态度的受访者仅为4.1%。果洛州是当前青海6州中唯一未建清真寺的州。回族人口相对较多的海南州和海北州，两项比例分别为69.4%与17.6%、71.1%与6.7%，是各个州中对宗教的多元发展相对宽容的地区。在青海特别是藏族聚居区清真寺的新（扩）建与否的争论，实际上反映的是民族互动关系中的宗教关系。由此可见，宗教关系的和谐在民族互动关系中所具有的地位。

综上所述，在藏文化圈核心和内层文化带，民族互动关系集中呈现于商业贸易交往场域；而在外层文化带，民族互动关系又往往发生在日常生活交往场域。边缘文化带民族互动关系问题已日趋缓和，社会关系指向已由民族层面转移到社会层面。按照布迪厄的观点：

> 场域是一种人为的社会建构，是经历漫长的自主化过程后才逐渐形成的产物。场域中斗争的焦点在于谁能够强加一种对自身所拥有的资本最为有利的等级化原则。①

如此，可以把不同民族在商业贸易交往场域的"斗争"关系理解为围绕稀缺资源的竞争关系。这显然是在开放、交流的背景下，藏文化变迁和藏文化圈不断演化的结果。而日常生活交往场域的"斗争"关系，则是"人为的社会建构"背景下对未来可能的竞争局面的预期中呈现的社会关系。但无论是处在经济贸易和日常社会交往关系被动局面下的民族（如

---

① ［法］皮埃尔·布迪厄、［美］华康德：《实践与反思——反思社会学引论》，第168—169页。

藏族），还是处于主动处境下的民族（如穆斯林民族），并不是一味地激化分歧和矛盾，而是努力地通过自身的调适，积极应对、化解分歧、矛盾甚至冲突。

二　"改弦易辙"：不同民族应对冲突的策略

（一）逐渐熟知经商之道

无论如何强调商业经营中义、信等的重要性，舍弃了利的商业是站不住脚的。也可以说，逐利性甚至唯利是图乃商人的本性。藏族传统社会轻商甚至视商人为下等的社会阶层，有研究者认为这与藏人传统的生活方式及经历有关。经历就是屡屡经受商人的盘剥和欺诈行为的过程。事实上，与藏人传统的商业观念与出世观宗教的影响、农牧业的自给自足性等的关联要更加紧密一些。随着藏文化加速变迁，而且藏人"吃一堑，长一智"，受欺诈的经历却成为促使藏人商业观念发生变革的推动力。首先表现在藏人对商业职业的态度发生了根本改变。据对"西北"藏族商业观念的调查发现，随着改革开放和市场体制的建立，一些市场化和商品化的观念逐步被藏人接受，"重牧轻商"的观念发生了根本改变，职业选择注重利益所得，从单一趋向多样。[①] 笔者的问卷调查结果也证实了这一点。

当问及"您认为做买卖的人应不应该得到尊重"时，在 408 个作出有效回答的样本中，高达 82.1% 的受访者选择"应该"，选择"不应该"的占 14.95%（见图 30）。这反映了藏人商业价值观整体转型的情形。不同地区（县）比较，如表 118 所示，地理位置相对偏远的玛沁、兴海县，藏人商业观念转变要相对缓慢一些。比如玛沁县，占回答有效样本63.5% 的受访者认为应该尊重做买卖的人，有 30.2% 的受访者则认为做买卖的人不应该得到尊重。在兴海县，作出如此回答的受访者比例与其相当。

若进一步分析可以发现（见表 119），在同一县，以牧业为主、地理位置更加偏远的地域，藏人商业观念相对传统和保守。比如在当洛乡，认为做买卖的人应该得到尊重和不应该得到尊重的受访者分别占回答有效样本的 46.2% 和 42.3%；而在同处一县的军功镇，这两个比例分别高（低）

① 赵德兴等：《转型期西北少数民族居民价值观的嬗变》，第 172 页。

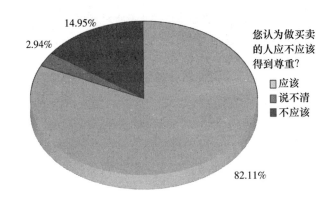

图30　藏人的商业价值态度

表118　　　　　　　　　　藏人商业价值态度的分地区比较　　　　　　　　（%）

调查地点（县）	您认为做买卖的人应不应该得到尊重		
	应该	说不清	不应该
湟源	100. 0		
平安	81. 3	3. 1	15. 6
互助	85. 2	3. 7	11. 1
玛沁	63. 5	6. 3	30. 2
共和	97. 4	2. 6	
兴海	68. 8	9. 4	21. 9
同仁	84. 2		15. 8
泽库	97. 1		2. 9
天峻	80. 6		19. 4
刚察	78. 9	2. 6	18. 4
祁连	82. 2	2. 2	15. 6

于其26. 2个和18. 2个百分点。龙羊峡镇与子科滩镇、哈尔盖镇与扎麻什乡之间的差别与此相似。同处青海海东地区的巴藏沟乡与南门峡镇，作出3种回答的受访者比例相当。已经接受了商业历练的隆务镇社区藏人与面对生态压力、初为生计所困的和日乡"居民"，以及忍受了"花山"与迁移之苦的龙羊峡藏人，则表现出基本一致的商业价值态度。结合访谈看，社区藏人显然经过了商业阵痛，对商业抱着一种既爱又恨的矛盾心态。

表119　　　　　同一地区（县）不同乡镇藏人商业价值态度比较　　　　（%）

调查地点 （乡镇）	您认为做买卖的人应不应该得到尊重		
	应该	说不清	不应该
巴藏沟	81.3	3.1	15.6
南门峡	85.2	3.7	11.1
军功	72.4	3.4	24.1
当洛	46.2	11.5	42.3
龙羊峡	95.8	4.2	
子科滩	63.0	11.1	25.9
隆务	90.0		10.0
和日	95.8		4.2
哈尔盖	89.7	3.4	6.9
扎麻什	79.3	3.4	17.2

　　相对而言，商业观念的转变在那些迁居城镇或社区集中居住点的藏人身上体现得尤其明显。前述和日乡的受访者如此；与龙羊峡镇藏人比较，商业观念变迁稍显滞后的子科滩镇亦如此。

　　访谈个案47：生活水平在多种经营下大幅提高

　　时间：2010年10月1日，上午，晴。地点：青海省海南州赛宗寺切卜藏市场。受访人：多某，藏族，牧民，44岁。

　　2003年弃牧从商，来到这个市场。原来想，经商后，可能生活会好一些。现在除开铺子外，还经营一辆货车。平时妻子售货，自己运建筑材料。自己早先有扩大经营规模的打算，先扩大经营场地。现在的经营房是从别人手里买的。卖得最好的是油、盐、酱、醋，鞋也卖得好。如果卖藏服，肯定生意更好。原来有到大城市批发商品的想法，但自己不太会汉语，只能听懂一点，不会说。现在主要是在兴海县批发，批发商是内地汉族。以前只到一家批，后来发现那一家的东西价钱高，自己有上当受骗的感觉。今年到好几家批发商那里批商品，"货比三家"，感觉价钱低了，利润高了。周围有的人懂点汉语，到上一级批发市场批商品，赚得多。所以自己有时很想学习汉语文。自家的250多亩草山，现在租给别人放牧，每年有两三千元的租金收入。与原来比较，家里的生活水平有了很大提高。

赛宗寺入口处的"市场"（兴海）

由上可见，青海藏人商业观念的变化是在宏观社会背景下，经由微观的民族互动而发生的，也可解释为对商业贸易和日常生活场域中竞争或冲突关系的一种适应。正所谓青海民间有言："藏民尖成汉民了，汉民尖成回民了，回民尖成鬼了。""尖"有"精明"的意思。"尖成鬼"，只是说明一种精明的程度，正如形容某人很是精明，就说此人"鬼精鬼精的"。这种"尖"主要是指商业交往中不同民族的表现而言的。显然，在民族商业互动中，各个民族的经商能力都在提高。就藏人而言，虽然商业能力整体不及汉、回族等民族，但足可与曾经的汉族相媲美。基于此，20世纪中叶以前那种"用1盒火柴换1张羊皮，用半斤茶叶换1只羊"的现象，现在已经很少能看到。尤其是城镇、交通沿线藏人的商业观念今非昔比。调查中，有海西州的干部回忆，天峻县藏人过去遭外来商人欺骗的例子屡见不鲜，商业贸易领域的个体乃至民族矛盾异常尖锐，后来，政府"以发展经济淡化民族宗教意识"，藏人在出售畜产品时讨价还价、随行就市等能力大为提高，已经使外来商人很难获得曾经那么丰厚的利润。很多藏人特别是那些从事大宗商品（如冬虫夏草）贸易的藏人，为了避免在交易中不慎收到假币，尽可能通过商业银行渠道汇兑收支。需要再次指出，这种适应、变化在地域上的差异是，民族互动发生越早、越频繁的地方，藏人商业观念变化越早、越快；反之，在偏远地区，因民族间商业观念差别较大，越易出现因经济交往而起的民族矛盾或冲突。因此，藏人对商业及商业环境的适应，对青海和谐民族互动关系深入发展是十分有利的因素。

（二）招用藏族女性服务员

作为穆斯林经济的一个重要形式——清真餐饮业，其触角已深入到藏族聚居的乡镇、集镇，为繁荣藏区经济、方便群众生活、提高穆斯林群众的经济收入，起到十分重要的作用。但是，正因为它与藏区群众生活联系密切，所以每当冲突、风波来临，清真餐饮业成为首当其冲的受损者。比如2007—2008年盛传在清真饭菜中有不洁物，不少地区藏人不食清真饭，有的地区出现在清真餐馆吃饭藏人受到嘲弄甚至人身攻击的事。更有甚者，每当藏穆群众间出现矛盾、冲突，多数情况下会出现藏人打砸清真饭馆的事，个体之间的矛盾、冲突就很容易演化为群体性事件。事件被平息后，在最初的一两年，清真餐饮业一般作休整，藏区餐饮业故而进入萧条期、调整期。之后，清真餐饮业会卷土重来，以填补牧业区城镇餐饮业的"留白"。这种重来的方式，在各地有所不同。笔者在黄南州所了解到的情形是，清真饭馆经营者以招用藏族服务员来应对可能的冲突。以下是对在黄南州隆务镇中山路上一家清真饭馆从业的中年藏族妇女的访谈内容。

访谈个案48：在清真餐饮业的惬意工作

时间：2010年11月2日，下午，阴。地点：青海省黄南州隆务镇。受访人：益某，藏族，女，清真餐饮服务员，40多岁。

我是循化县的藏族。这个饭馆里，加上师傅有6个人，里面的3个是回族，他们是炒匠、面匠和配菜师，都是尕小伙；3个女服务员都是藏族，另2个，1个是循化人，1个是同仁人。这里的老板是循化街子的回族。但怎么说呢，他的父亲是回族，母亲是汉民。他平时在家里闲坐着，有时候来饭馆里转一转。白天，我们几个人谁都可以收钱，把钱存到柜子里，晚上老板要来清一次白天的账。我们收钱，老板当然放心。这里的清真饭馆里，百分之七八十都是招的藏族服务员。

70% ~ 80% 这个比例是否准确，笔者未能作进一步全面的调查。在同一条街上，不懂藏语的服务员甚少。就是在一些川、湘等菜馆，从业服务员也多是藏族女性。在一家川菜馆，还遇到一位在印度生活了6年、自学英语4年的藏族女服务员，其英语水平达到自如地交流程度。笔者问其为何"屈就"于这样的小饭馆，得到的回答是，在大饭馆，虽然每月工资有一千三四百元，但每月因迟到、打碎碗碟、客人投诉等不可避免的事，要扣掉至少300元，这样就不划算。就同一问题，社区干部的解释是：藏族服务员"价钱"低。的确，所遇到的藏族服务员每月工资都在700~800元，这在劳务费用普遍高涨的当下，已经是很低的收入了。显然，这种解释所看到的仅是表象，深层次的原因还是在于清真餐饮业应对冲突、避免徒受损失的一种策略起到吸引作用。

（三）经营招牌和服务理念的改变

除了招用藏族女性服务员外，冲突、风波过后的青海牧业区城镇清真餐饮业，还在经营招牌和服务理念上有明显变化。一般而论，清真餐饮业招牌（包括门牌、服务着装等）有突出的"伊斯兰风格"，比如东来顺、西来顺、清真老字号等店名，这是作为清真饭馆的主要象征符号。比如果洛州玛沁县雪山乡，在20世纪90年代末，回、撒拉族人经营的清真饭馆甚多，此外还有商铺。这些店铺外在的伊斯兰文化特征十分明显。21世纪初，因为发生多起藏穆之间的冲突事件，多数店铺被撤，只剩下藏人（包括当地和青海东部地区藏人）开的商铺。果洛州府所在地大武镇的情况与此相似。冲突事件过后，穆斯林商人复设的店铺，则多将原来的名称改为从外在较难识别民族归属的店名，比如"××饭馆"，还有的店铺使用与当地文化相结合的名称，比如在"饭馆"前加雪域或其他当地地名等。同时，店铺经营者的服务理念也在悄然发生着改变。这是两种文化互动交融的表征，无疑也是穆斯林商人面对冲突的适应策略。

第三节　民族互动关系的历史记忆影响

历史记忆（historical memory）作为对历史事件的一种态度，属于无意图地传承的历史实践与形成的社会记忆。社会记忆是在历史和过去之间建构的各种关系。韦尔策曾说过："对自己的过去和对自己所属的大我群体的过去的感知和诠释，乃是个人和集体赖以设计自我认同的出发点，而且也是人们当前——着眼于未来——决定采取何种行动的出发点。"① 前文说，民族群体之间价值观、社会规范的不同，是青海民族互动关系问题的致因，其中社会规范是根本原因，但这些并不能穷尽所有原因。在调研过程中，每当谈及当下的藏穆关系时，很多藏人特别是普通民众不约而同地提到历史上民国时期马家军阀的残暴统治，似乎尤其对其屠杀藏人的过往记忆犹新。这种记忆并不是对历史的简单回溯，而是为了确认认同边界，并深刻地影响到民族互动关系。

一　历史记忆的广度

从访谈的情况看，这种历史记忆在果洛州最为强烈，在藏文化圈的边缘带也不乏其例。以下便是有代表性地体现这种记忆的个案。

访谈个案 49：传统束缚社会关系的地域差异

时间：2010 年 8 月 12 日，上午，雨。地点：青海省果洛州大武镇。受访人：刘某，男，汉族，干部，50 多岁。

> 藏族和回族之间，矛盾还是存在，仇视回族的情绪也有。这是历史上马步芳的影响，特别是马家军阀七进果洛屠杀，其影响还在。个别小案件，因处理不当而演变成大案件。其中，有的寺院在挑拨事端。历史事件的影响，很大一部分是由于宣传。个别寺院阿卡在教唆，他们脑袋灵光，随便说几句，就有影响。整顿寺院工作力度大、作用大，之后，情况有所改变。解决这些事，要在法制宣传教育、管委会调整、阿卡活佛管理等规范化上下大的功夫。

访谈个案 50：农业区藏人的民族关系记忆

时间：2010 年 4 月 23 日，上午，晴。地点：青海省海东地区平安县巴藏沟乡郭尔村。受访人：田某，男，藏族，农民，54 岁；李某，男，藏族，农民，50 多岁。

---

① ［德］哈拉尔德·韦尔策编：《社会记忆：历史、回忆、传承》，季斌、王立君、白锡堃译，北京大学出版社 2007 年版，第 3 页。

巴藏沟曾经发生回族烧杀藏族的事。具体在啥时候，不太清楚，可能是马步芳父亲干的。那时候的回族人太狠了。好房子都烧掉了。人到河滩担水，也要杀。原因是，杀人，要灭亡，要把一个民族消灭掉，或者赶走，占地盘。现在回族占着好地方，都是因为马家军阀统治青海时，对藏族烧杀抢掠。回族占了路，藏族被迫进了脑山或山根。这里，以前藏、汉人见不得回族，认为与回族人不是一个教门，他们是伊斯兰教，与我们比，做的两样事，觉得不是一路人。这一道沟里，没有藏族姑娘跑到回族人家的。现在民族平等的政策好，回族人好了，关系也好多了。

显然，历史上的积怨，特别是马家军阀统治青海时期统治阶级对藏族民众的血腥迫害所留下的记忆，影响着现在的藏穆关系。毫无疑问，马家军阀统治青海时，对藏人实施了极其残暴的统治。陈新海的《青海藏族史》将这一时期的青海称为"藏族人民的'监狱'"①。但正如法西斯不能代表日耳曼民族一样，马家军阀不能代表回族。可是，因为马家军阀上层主要是回族，同样为军阀统治受害者的回族大众，俨然成为了马家军阀所奉行"种族主义"的当下替罪者。

从上述个案也不免生发出这样一些疑问：这种记忆究竟有多大的普遍性，普通民众是如何获得这种记忆的，所存在的记忆对现在的民族互动关系有多大影响？问卷也对此给予了特别的关注。当问及"您是否知道民国时期地方军阀对本地区部落人民的镇压"时，在总有效样本中有443位受访者给出了答案，如图31所示，其中有48.3%的受访者回答"不知道"，选择"知道得很清楚"、"知道得较多"和"知道一点"的分别占4.1%、8.1%和39.5%。总体而言，对这段历史的记忆只是模棱两可的，但程度不同地知道这段历史的受访藏人达到一半以上，这样的人数比例足以影响到藏族大众的社会互动行为。况且，正因为对具体的历史不得其详，这样更容易以讹传讹，并成为影响和谐民族互动关系的心理导因。

---

① 陈新海：《青海藏族史》，青海人民出版社1997年版，第529页。

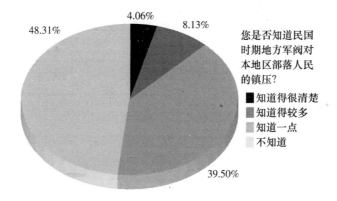

图31　藏人对军阀迫害历史的记忆程度

　　不同地区（县）之间比较，由表120可知，平安县的受访者中，了解这段历史的藏人占比最高；其次分别是兴海、天峻、同仁、祁连和玛沁县的受访者。其中，兴海的受访者中，对其"知道得很清楚"者高达24.2%。在刚察、共和、湟源、泽库、互助等县的藏人对这些历史事件的记忆总体上有所淡化。实际上，民国时期马步芳军阀迫害藏人事件并不发生在藏人聚居的每个地区①，但是不同地区藏人之间的社会流动，有可能使这种记忆得到广泛的散播和影响，进而成为被建构历史的"引子"。

表120　　　　**不同地区（县）藏人对军阀迫害历史记忆程度比较**　　　　（%）

调查地点 （县）	您是否知道民国时期地方军阀对本地区部落人民的镇压			
	知道得很清楚	知道得较多	知道一点	不知道
湟源		10.0	30.0	60.0
平安		51.7	48.3	
互助		7.4	40.7	51.9
玛沁		7.0	49.3	43.7

---

　　①　据研究称，马步芳家族统治青海时，实施民族压迫政策，制造了无数次惨无人道的屠杀、迫害藏人的血案，比较大的有：焚毁赛力亥寺；对果洛的七次大镇压；屠杀玉树藏族部落；火烧色航寺；杀害邦卜寺活佛；抢劫拉秀寺；屠杀同仁长牙昂，焚毁达日江寺；劫杀同仁和日只桑部落；没收兰采；屠杀藏寺僧众等。参见陈秉渊《马步芳家族统治青海四十年》，青海人民出版社2007年版，第212—231页。

续表

调查地点（县）	您是否知道民国时期地方军阀对本地区部落人民的镇压			
	知道得很清楚	知道得较多	知道一点	不知道
共和	2.0		35.3	62.7
兴海	24.2	6.1	36.4	33.3
同仁	4.8	7.1	50.0	38.1
泽库		4.9	41.5	53.7
天峻	12.9		25.8	61.3
刚察		2.3	20.5	77.3
祁连	6.8	6.8	47.7	38.6

二　历史记忆的途径

问卷结果亦显示，这种惨痛记忆，多是通过代际传承来获得的，新兴媒体信息传播在其中的影响也不容忽视。在问及"您是怎样知道民国时期地方军阀镇压本地区部落人民的事的"时，有占总有效样本64.7%的受访者给出了有效答案[①]。由表121可知，在245个回答有效样本中，有66.5%的受访者选择了"听长辈谈论过"，其次通过阅读书籍获取这种记忆，通过网络来了解那段历史的受访者也占到回答有效样本的6.1%。

分地区（州、地、市）看，由表122可知，除西宁外的青海其他各地皆未脱离主要靠长辈言传来了解民国那段历史的状况。在这一问题上，网络的影响力在海西（天峻）数最大，电视（为主）、报刊的影响力在西宁、海西和海东较大。而西宁（小茶石浪）"通过阅读书籍"来了解军阀迫害历史的受访者比例超出"听长辈谈论过"的受访者比例。在其他各地，"通过阅读书籍"是仅次于靠长辈言传的记忆传承途径。相对而言，海西（天峻）的各个传承民国历史记忆途径的影响力较均衡，而选择"听长辈谈论过"的受访者所占比例在州地属最低。

---

① 这一结果与图31有出入。该图所示，除去214例回答"不知道"者，余下有229例个案，但表121的回答有效个案达到245例（较有效样本缺失231个）。按照问卷设计，这两个数字应当是一致的。表中多出的16例个案是问卷中就相应问题选答"不知道"却未跳答的，仍视为回答有效样本。

表 121　　　　　　　　军阀迫害历史记忆的传承途径　　　　　　　（例、%）

获取历史记忆的途径（可多选）	响应		个案百分比
	频率	百分比	
听长辈谈论过	163	52.9	66.5
通过与同事、朋友等的交流	32	10.4	13.1
通过阅读书籍	67	21.8	27.3
通过新闻媒体	22	7.1	9.0
通过网络	15	4.9	6.1
其他	9	2.9	3.7
总计	308	100.0	125.7

表 122　　　　　　　　对军阀迫害历史记忆的分地区比较　　　　　　　（例）

途径及比较项（可多选）		调查地点（州、地、市）							总计
		西宁	海东	果洛	海南	黄南	海西	海北	
总计	听长辈谈论过	8	19	41	30	34	8	23	163
	与同事等的交流	0	3	6	5	7	4	7	32
	通过阅读书籍	9	9	9	11	12	5	12	67
	通过新闻媒体	4	4	2	2	2	6	2	22
	通过网络	0	0	2	3	4	4	2	15
	其他	0	2	1	0	2	4	0	9
	合计	21	37	61	51	61	31	46	308

　　民国时期军阀迫害藏人的历史，还成为藏族民间文学的重要素材，固化在藏族文化中。尤以长篇叙事诗的形式较为常见，比如《流奶记》叙述的是青海同仁地区的一个藏族青年陪生病的哥哥到拉卜楞寺求医，走到"尕浪沟"时，被那里的马步芳军队围困杀害的情况；《卡吉嘉洛》讲的是去卫藏地区学法后回到故乡的卡吉嘉洛受冤屈而被杀害的故事。这些长诗是一种悲愤的哭诉，通过文学的形式唤醒人们对那段历史的记忆。诗中还发出要报仇雪恨的誓言，比如《卡吉嘉洛》中有一段写道：

　　　　我是受屈的清白人，
　　　　跪着不死要站着死，

> 后面别砍前面砍，
>
> 砍断头颅眼不眨，
>
> 不淌鲜血要喷鲜奶，
>
> 今生无处评公理，
>
> 因果报应看后世，
>
> 手持青白长短剑，
>
> 我地狱门前等百年！①

显然，这些长诗流传藏族民间，传唱诗歌遂成为代际传承历史的一种形式，从而不断强化着藏人对这段历史的记忆。

三　历史记忆影响民族互动的程度

对于民族互动关系史上的这种不良遗产，有不少藏人认为应当宽容地对待，要把历史与现在分开来看，不能把历史上的反动军阀与现在的兄弟民族混为一谈。

访谈个案51：宽容地正视历史遗产

时间：2010年8月23日，下午，晴。地点：青海省果洛州玛沁县当洛乡。受访人：才某，男，藏族，退休干部，68岁。

> 据老人讲，马步芳军队来果洛，割脖子、奸女人、抢牛羊，留下坏影响。班玛、甘德问题最大。在玛沁的二当一尤（当洛、当项和尤云），回族来时，没打、没抢。现在，寺院阿卡说，牛羊不要宰，所以很多人就不卖牛羊，但这样就没钱花，有的人就偷着卖。历史上的事也一样，光阿卡说，没有用。旧社会的事，已经过去了，人也不在了，再没必要讲那些。对这些事，上面管、宣传，就能解决。

但在多数受访者看来，历史上的这种事件，必然会影响现在民族之间，特别是藏族与穆斯林民族之间的交往互动。由表123可知，有256例个案对"您觉得历史上发生的这些事情，会不会影响到现在的非穆斯林民族跟穆斯林民族群众之间的交往"这一问题给出了回答。其中选择

---

① 转引自马学良主编《藏族文学史》，四川民族出版社1985年版，第904页。

"没有影响"的仅占 14.5%；而认为"影响很大"和"会有一些影响"的样本分别达到20.3%和37.5%，二者之和是前一比例的近4倍。

由此可以得出如下结论：民国时期马家军阀迫害藏人的历史成为多数藏人不甚明了的记忆，这种记忆主要在家庭濡化环境中由父辈言传，而且深刻影响着当下青海的民族互动关系（特别是藏穆关系）。

表123　　　　　对历史记忆是否影响藏穆交往的看法　　　　　（例、%）

	影响程度	频率	百分比	有效百分比	累积百分比
有效	影响很大	52	10.9	20.3	20.3
	会有一些影响	96	20.2	37.5	57.8
	没有影响	37	7.8	14.5	72.3
	说不准	71	14.9	27.7	100.0
	合计	256	53.8	100.0	
缺失	系统	220	46.2		
合计		476	100.0		

第四节　藏文化环境中回族民族身份的传承：以一个家族口述史为例

身份是指"个人在某一社会制度中的地位，包括政治、法律以及阶层、职业上的地位"①。它一旦被确认后，便"界定了一种社会关系并赋予其对他人的某种权利和义务"②。因此在英语中，identity（身份）与status（地位）之所指基本相同，而且都包括"认同"的含义。民族身份则是不同的人群自我认同和相互区分以确定其在社会（或民族构成）体系中位置的标志。21世纪以来，随着社会分化更细致、更深入，社会的流动性越来越强，于是"身份"和"认同"（包括民族身份和民族认同）逐渐成为中国社会学、人类学等学科研究的关键词。其中所讨论的一个重要问题是：民族身份是"想象"的、被建构的还是通过实实在在的文化

---

① 覃光广、冯利、陈朴主编：《文化学词典》，第403页。

② ［挪威］托马斯·许兰德·埃里克森：《小地方，大论题——社会文化人类学导论》，第68页。

符号得以延续的，确立民族身份的决定因素有哪些。虽然回族形成历史久远，具有十分明确的族群边界，但对于处在藏文化环境（即藏族人口占大多数或藏文化特质主导的社区）并且与其他民族互动密切社区的回族而言，同样存在确立民族身份的问题。基于藏、回族文化的异同，对这一问题的研究，具有深远的学术价值和实际意义。通过对一个拥有特殊民族身份——回族的家族口述史的阐释，发现拥有在这样的文化环境中传承下来的民族身份的个体或群体，在协调民族互动关系中能够发挥更大的作用。

一　社区：民族身份得以传承的场景

对于果洛州、玛沁县、军功镇、赛什托牧委会这几个同一地区不同级（准）行政区的具体情况，在第二章已有所交代。赛什托牧委会所辖 5 个社中，洋芋原属与海南州兴海县毗邻的洋芋牧委会的农业点，2001 年撤乡设镇时归入赛什托牧委会。据村民称，这一带原来的地名为切娃，意思是"摆渡人"，说明大约在清朝中晚期和民国早期的沿河居民（藏族）多以在黄河摆渡谋生。这个时期，藏族人口极少。汉族人口主要是在 20 世纪生活极其困难的六七十年代，从青海湟中（占多数）、大通、乐都等县迁来，属于逃难者，也是此地农业的早期拓荒者。这是该地藏汉两族人对本地历史的共同记忆。回族迁入较早，但来源地单一（见下文）。此后，藏、汉、回各族相互婚配，互通有无，共同发展。从事种植业的人口主要分布在黄河南岸，经营着数量极少的耕地，翻过南边的山头，就是各牧委会的游牧草场。5 个社的多数藏族和少数汉族经营着数量不等的牲畜。虽然同属于一个牧委会，但此地黄河河谷南侧之山北麓的耕地和少量草地由 5 个社的农业（属半农半牧，称为农业点）人口经营，以南至县、乡边界的大片草地由 5 个社的牧业人口经营（其中洋芋社的牧业点在黄河西边与海南州兴海县中铁乡毗邻处），二者泾渭分明，这在冬虫夏草"贵比黄金"后表现得尤为明显。据村人回忆，这种局面是历史造成的：包产到户前，几个农业点地多人少，种地人生活非常殷实；到包产到户，政府征求、尊重群众意见，大部分村民进了南山，少部分留下来从事农业；征收牧业税时，牧民不堪重负，弃牧从农，纷纷下山；取消牧业税后，这部分牧民又返回原有草场从事牧业。而现在，这种农牧之间紧密的联系逐渐被现实的经济利益所割裂，在资源竞争的压力之下，不得不"同室操戈"。

5 个社从军功镇政府所在地依次沿黄河南岸分布，麻什堂是最上（东）边的社。据社长介绍，麻什堂有 34 户人家，其中有 16 户汉族（包括男汉女藏型），其余为藏族（这里，显然没有把在军功镇经营副业的两户回族算进去）。这里，除个别最近几年入赘或娶（较少）进来的汉族以外，多数汉族村民能讲一口流利的藏语，自我认同为藏族（子女尤甚）。学生多数被送到开设有藏语文课的军功小学，因此这些学生毕业时，其藏文也能达到一定的水平。

军功镇有黄河上游谷地著名的藏传佛教格鲁派寺院——拉加寺。其建寺及活佛传承历史久远，建筑规模宏大，学经制度完善，大型法事活动甚多。系西藏拉萨色拉寺属寺，又在青海果洛、海北、海南等州有诸多属寺。时有僧侣 500 多人。该寺与赛什托隔黄河相望，是村民主要的宗教活动场所。军功镇无清真寺。

二　家族亲属谱系图：基于母系的身份延续

接受重点访谈的马木合麦原名马吉元，1957 年生人。"马吉元"是以前工作时（见下文）所用名；后来到军功，始用马木合麦（户口本、身份证、土地证上皆用此名），周围的人称呼时用木合麦。另一受访者红心，经名尤素福，此经名是后来请西宁的阿訇所起。马木合麦与红心是舅甥关系，二人各立门户，是麻什堂社仅有的两户回族。在军功镇，属于本地农村户籍的回族还有 1 户，居住在该镇红旗社。

（一）家族亲属谱系图及图解

二人的家族（姑且称之为军功马氏家族）史比较复杂，为了直观起见，以红心为"Ego"，用图 32 表示其亲属关系。图 32 展示了以红心为自我的 4 代共 40 多人的亲属关系。下面根据受访人的讲述，按辈依次对其作一简要的说明和解释。4 代跨八九十年，而且未撰立家谱，因此追溯先辈即便对年过半百的马木合麦来说，可能会有些不详甚至混乱之处。所以图 32 的绘制和以下的分析也参照了其外甥红心和部分村人的描述。

1. 曾祖父母辈（图中编号 1—3，下同）

"1—3"是青海省海东地区民和回族土族自治县马营乡（现为镇）人，回族。"3"在民国 18 年（1929 年）由民和官亭土司掠去为妻，其后代为土族，现在与马氏家族互为亲属，遇春节、开斋节时互相走访拜年。到官亭亲戚家时，要单设房间招待，使用的餐具也是单独的。

2. 祖父母辈（4—9）

红心的祖父（4）在军功当地名叫尕马营，学名为马焕章，乳名为三星保。马焕章原为民和马营回族人，家中排行老三，两名兄长（8、9）中一位夭折，另一位在1960年因生活困难而被饿死，其遂成"单传"。其结发妻（7）亦为马营回族人，育有2男3女（18—22）。其中一子（子嗣不详）人长得俊秀，马步芳要征其担任传令兵，马焕章遂携其逃到军功，以淘金为生，随后娶当地藏人玛洛（5）为妻，故于1979年。玛洛系军功哈夏牧委会藏族牧人，生马木合麦（14）时，被要求随回俗，"不随不让孩子吃奶"，遂于1957年随了回族，平日里戴着盖头。玛洛亡故于2009年，享年113岁。

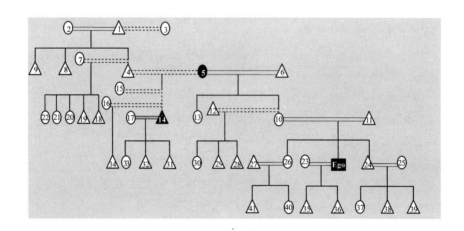

图32　军功马氏家族的亲属谱系

注：图中所示符号与文化人类学用法基本相同，比如〇代表女性、△代表男性、△△表示同胞关系、══代表婚姻关系等。此外，图中的┅┅表示离异或丧偶的多偶关系，代表代际关系，表示婚姻和代际关系（在代表婚姻关系时，排除代际关系）。编号的排列顺序除了显而易见的辈分外，还兼顾缔结婚姻时间的先后和与受访者及其主要亲属关系的亲疏远近两个因素。

3. 父母辈（10～22）

玛洛后与一军功曲哇藏人（6）成婚，育有2女（10、13）。红心的母亲为其次女，名叫梅兰措（10），藏族，现年73岁；其先与民和一后子沟回族人即红心之生父马海山（11）成婚，后改嫁于一湟中汉族人

（12）并育有 2 男 1 女（28～30），子女皆称藏族。马木合麦结了 3 次婚，第 1 次于 1980 年与军功红旗一藏人（15）成婚，无子嗣；第 2 次于 1988 年与西宁一回族人（16）成婚，育有 1 男，但与其无抚养关系；第 3 任妻子即现妻（17）。马木合麦之妻肉措，系军功红旗藏人，略懂汉语，打算随了回俗，但这样做"娘家人不同意"。马木合麦用"人在曹营心在汉"来形容其妻现在的民族认同心理状态。

4. 己辈（Ego 及 23—34）

红心兄妹共 3 人，其兄（24）娶军功本地藏人（25）为妻，育有 2 男 1 女（37—39），称藏族；姐姐（26）嫁给青海互助汉族人（27）为妻，系单位人，育有 1 男 1 女（40、41），亦称藏族。红心之妻系海南州贵南县过马营镇藏人。红心说："她已经随了回民。"马木合麦之现妻生有 1 女 2 男（31～33），长女名海夏（证件上用"索飞娅"），长子名海心，次子名海川。海夏的身份证民族一栏填的是藏族。马木合麦说，他想重新办，把民族改成回族，但要交 20 元钱，"没拿下来"。

5. 子女辈（35—41）

红心夫妇育有 2 男，分别叫马乃（35）和家宝（36）。二人皆在军功小学读书。

（二）家族亲属谱系图所蕴含的身份认同

尕科河谷曾经的采金地和避难处

首先，可以明确的是，红心的回族身份是经由母系来延续的，属于

"获得身份"（achieved statuses）。这种延续主要在其祖母玛洛、舅舅马木合麦与自己三人（在图33中用深色的圆或三角或方框表示）之间展开。玛洛在其中起到非常关键的作用。尽管她先嫁给来自于回族社区且与马家军阀有密切交往的回族，后改嫁与藏人，但其之前的婚姻生活经历，尤其是或许在育儿的压力下民族身份由藏到回的变化，对她的民族归属感的形成产生了重要影响。在社区里，玛洛已经成为一位戴盖头的回族妇女。母亲改嫁的1975年，红心年幼，其祖父马焕章健在，于是采用果洛藏族传统社区惯常的隔代过继的办法，祖孙三人生活在一起。4年后，马焕章亡故。这是红心基本人格的成型期。红心谈起爷爷的事，记忆犹新，说明马焕章在其民族身份萌生期所给予的巨大影响。之后，祖孙二人相依为命，生活艰难。这段生活经历，对红心显得刻骨铭心。他回忆：

> 当时住在尕科河边的一个土洞里。土洞门口用石头垒起来，上面用木条搭起塑料。这就是房子了。给别人看护水磨，有人来磨面，给我们一两勺炒面、面粉，俩人倒是没有饿着肚子。有了儿子后，曾带他俩去过那个地方，让他们看看父亲以前的生活是多么不容易。现在这个地方住着准备在黄河修水电站的职工。

尕科河系黄河流经军功时的一条支流，属于麻什堂与军功镇哈夏牧委会的交界线。因察看修路而遭破坏的生态，笔者与村人去过尕科河岸，俯瞰祖孙俩曾经的住处。那里距麻什堂社10多公里，其间还有一陡坡，路并不好走。可以想到，当时的生活是相对脱离于藏族社区的，是他在祖母讲述的过往关于爷爷、关于藏汉民族故事中度过的。"涵化过程的取向是受相互交往的群体的性质和规模制约的。"[①] 显然这段在尕科河边孤苦的生活，在一定程度上形塑了红心的回族身份。红心祖母玛洛的长寿，在果洛是不多见的。玛洛伴随着他成长、成人、成家、成材，一直影响着他的回族身份的生长和变化。这是与红心具有自然血亲关系的兄、姐皆称藏族而他称回族的一个关键原因。

　　其次，在马木合麦、红心与玛洛之间存在的共同的赡养关系，维系并

---

① ［黎］萨利姆·阿布：《文化认同的变形》，萧俊明译，载《第欧根尼》中文精选版编辑委员会《文化认同的变形》，商务印书馆2008年版，第15页。

强化了红心的回族身份。马木合麦用信仰、姓名、与父辈出生地的联系等符号，一直坚守着他的民族"归属身份"（ascribed statuses）。以血缘、继嗣关系而言，玛洛是他的亲生母亲，二者具有更紧密的关系，他应当是尽赡养义务的第一人。而红心基于与玛洛的特殊关系，一直与马木合麦争夺赡养责任。对此，马木合麦感触颇深：

> 自己的母亲，在自己和红心家轮着住，两家争着养。别人家讨厌老人，为了不养打架。我俩为了争着养打架。孝顺老人，大家看得起，牧业上的阿舅们服气。

以高寿的玛洛为中心的三人之间形成的亲属与回族民族身份关系中，因为马木合麦的存在而对红心的回族身份起到强化作用。马木合麦对于红心与自己的舅甥关系看得很重，他说："阿舅是骨头的主儿，藏、回、汉三教都这么说。"他也极为看重红心的民族身份，认为："根子上是回民，再变骨头变不了。"马木合麦关于民族身份变化的逻辑是，因为自己有从身为回族的父亲和随了回族的母亲那里传下来的"骨头"，所以作为外甥的红心肯定也必须是回族。尽管从血统论来看，如果不存在马海山的介入，红心在血缘上是藏族的；而且其父母的婚姻关系并不稳固。

三 生计：商业与农业的矛盾

作为决定文化的经济基础，生计方式的演变可以从一个侧面反映马氏家族回族民族身份的传承。舅甥二人并没有完全继承淘金这个"祖业"（马海山也是循着淘金这个路来的）。尕科河两岸次生林茂盛，是黄河的水源涵养地之一。随着生态保护力度的加大，在河谷地的淘金活动被禁止。可能是有着上述"打断骨头连着筋"的关系的缘故，二人在生计方式选择问题上的矛盾有很多相似之处。

（一）对副业的追求

在一般意义上，"回族善经商"是人所共识的。经商也成为划分回族与其他民族（或族群）边界的一个重要符号。笔者最初去拜访马木合麦，是按照"开铁匠铺的木合麦"而去的。结果找到铁匠铺却未见其人，随后在街边遇到马木合麦时才知道，他已经不干此营生多日。马木合麦最初在果洛州公交局汽车队工作，1983年离职。那时，自己是机械工，有校正机械的手艺。开铁匠铺时，主要经营宗教铁制品和平常人家日常金属用品的打制。12 年前，一家人从麻什堂搬到现在镇政府所在地（玛吾）。同时，把原来家中饲养的 20 多只羊悉数卖出，以便盖房、让孩子上学、给老人治病。所住的庄廓院是从别人那里花 400 元钱买来的；因为原来的主人认为修业导致家中人常年生病，故视之为不吉之源。这在马木合麦看来是捡了个大便宜。他说：虽然房子十分破旧，可有了这样一个立脚的地方，孩子上学、老人治病都十分方便。现在，他给准备重修机房的移动公司看管发电机，得些报酬。平时，也从黄河边捡些奇石，但没有出手；也喜好收集些古旧的东西，希望通过买卖增加点收入。

红心一家在村中的院落

红心的从业经历比较丰富。他在尕科河边淘过金，不过那只是挖点沙，在簸箕里筛，属于"小打小闹"而已。搬到镇上以后，借钱买了一辆夏利出租车，主要是在镇上跑，也在拉加镇到果洛州府所在地大武一线跑。不过，现在已经以 2 万元卖出。他说：出租车不好经营，因为路不好，一旦出点事故，可能就赔得倾家荡产。其妻在镇建筑工地打零工，挣点零花钱。在冬虫夏草采挖时节，俩人就去牧业点挖虫草，2010 年挖了 1 斤，全卖了出去，但此收入（3 万元左右）偿还了购买出租车时从私人手里借的款。他想贷款做点生意，却说：现在贷款实在太难，就是有担保人也是如此。一家 4 口在镇上还没有固定的院落，目前只是租住着别人的房子。

（二）对农业的依赖

在人口数量不多、商业贸易不甚发达的军功，觅得一个可以丰衣足食而且比较稳定的副业（包括商业）职业，并不是很容易。因此，舅甥二人都认为在镇上住只是暂时的。木合麦力图通过对耕地和低保金的争取，保持住一家人与麻什堂的联系。联产承包时，木合麦尚在单位工作，没有分到耕地；1987 年，分到 6 亩；2007 年土地第二轮调整时，分到 8 亩。红心一家有 9 亩地（其中退耕还草地有三四亩）。但由于不经常住在村里，而且承包地无偿给村里人耕种，所以村中因人口增加而调整了耕地面积，在离开村社的最初几年，自己的耕地变得越来越少。前几年，两人拿着 1998 年所办的土地证（承包截止时间为 2028 年），去村、乡要地，后来还了些地。现在，木合麦越来越看重耕地，他说：后来分的地多是地梗地，位置、土质都不好；给红心的地则要好一些。木合麦一家在麻什堂原有的院子和房屋，看上去十分破落。红心则时常跑回去，看一看自己家的院落和虽然破旧但尚可住人的土木平房。因为生活并不宽裕，二人都有回到村里从事种植业的想法，而且这种愿望随着时间的推移变得越来越强烈。

从以上可以看到，舅甥二人有意无意试图通过居住点的变化以及与之相适应的生计方式的改变，努力地与社区内其他民族保持一定距离。但是生计的重压使他们与原属村社形成"剪不断，理还乱"的关系。

四 认同：在藏与回之间的抉择

生计方式上的矛盾并不是木合麦和红心二人所遭遇困惑的全部。上述弃农从副（商）的努力对他俩目前的境况而言，结局看似失败。但客观上，对原皆为藏族的妻子和民族身份随时有可能发生变化的子女来说，即便返回到农耕的生计状态，这段经历对他们坚定"随了回族"的信心或继承从祖辈那里留下来的民族身份，显得十分必要。然而，他们依旧没有走出回族民族身份认同的迷局。

（一）命名与称谓

"红心"，显然有"一颗红心跟党走"的意思。为什么起这样的名字？红心说：自己出生在革命热情尚未完全消退的时代，这样起名，表达了父亲的革命志向。在藏族传统社区里，也曾有过这样的命名方式。类似这样的命名，虽然看上去丢了自己的马氏父姓（这在藏族传统社区里并不被看得像汉、回族那样严重），却也巧妙地利用人们的革命热情，回避了因姓名而引起的误解或误会，对其更好地适应并融入当地社会起到一定的作用。这是在藏、回文化的命名方式上"取其中"的选择。在子辈的命名上，与民族传统近了一些，"家宝""马乃"分别具有汉、回文化意蕴。在这一点上，木合麦显得更坚定一些。从他弃工从农时起，就坚持使用马木合麦或木合麦这个彰显着民族身份内涵的姓名。在其子女的命名上同样如此。海夏、海心、海川三姐弟中，年幼的海川在就读的军功小学似乎受到些微不甚公正的待遇。笔者问木合麦：身处藏族社区，为何不起一个藏族名字？他说：

> 自己是回民，根子忘不掉。种麦是麦，种豆是豆。所以姓不能丢，不能改名换姓，要是改就变了祖先的规矩。"然麻（藏语，指山羊——笔者注）死好要尾巴翘着死哩！"

尽管如前文所述，木合麦面对红心的民族身份归属时，坚持认为"阿舅是骨头的主儿"，但对于与自己孩子的舅舅，他保持着一种若即若离的关系。他说：

> 孩子的阿舅们在牧业上，他们家里经济条件好。但人要强，我们不去，要是去了怕人家说我们穷，是来要东西。要是去了，阿舅们会给酥油、炒面、曲拉。

在称谓上，受到藏族文化的影响，同时也保持了从父辈那里继承来的内容。称父亲为阿大，母亲为阿嘛（声调为上声，与回族称母亲时的阴平声调有区别）。木合麦的孩子称其表兄红心为阿尕，这与当地藏人对哥哥的称呼一致。

（二）信仰与丧葬

信仰是确定回族与其他民族（或族群）边界的一个比经商更为重要的符号。这在木合麦看来是自己作为回族必须要坚守的，但也做了一定的变通。下面的叙事体现了他的宗教观。

> 平时，宗教上做不到，尤其是不做礼拜，因为条件达不到。对于

伊斯兰教，大框目知道，但不知细节。要是知道得再细，就不好做人，比如看一眼女人，是长得好还是丑，这在宗教上说都是罪过。

红心的情况与其类似，比如因不懂念伊斯兰经文，所以在家不做礼拜。但他的交往面显然比其舅舅要广。

> 经常去西宁，有时也去东关清真大寺做礼拜，但只是跟随在别人屁股后面，有点浑水摸鱼的意思。在西宁有不少回族朋友。不会去藏传佛教寺院，因为自己信的是伊斯兰教，这是两种教，教门不一样。

在丧葬问题上，两人所花费的精力更多。马焕章亡故时，木合麦还在果洛汽车队工作；病重时，他就利用工作之便把父亲带到民和老家，就是为了按照回族习俗治丧。玛洛的丧事则完全按照回族习俗所办。木合麦说：

> 我俩把母亲拉到西宁东关清真大寺，人家胡都喜欢藏民随成回民的，相当当人。我们没触手。主麻日时，三万人念经，一点钱没有收。钱是阿訇从众人手里收的，算是大家"舍散"的。藏、汉民随了回民，地方上殁下，众人来送，花费众人担。这是规矩。我们到西宁的几天，众人给吃的，还提供住的地方。

"胡都""殁下""当人"皆为汉语青海方言，意思分别是"非常""死亡""照顾"的意思。虽然在西宁的丧事所耗费的钱不多，但对舅甥二人来说，为此丧事从军功到西宁往返近800公里的奔波实属不易。这既表现了"孝"，也体现了两人对传承回族民族身份的执着。

（三）习惯与语言

对回族饮食习惯的遵从与伊斯兰教信仰是紧密联系在一起的。红心称：

> 自己不吃大肉，这是肯定的，因为是回族。自食羊肉，要拉到军功镇的屠宰场去宰杀，他们不收屠宰费用。镇上有1个屠宰场、2个清真饭馆，都是回族人开的。

在饮食习惯上做了些许变通。木合麦家的饮食偏重于面食，因为那样相对肉食而言要经济很多。平时也吃炒面和酥油。红心到村中藏人家时，会喝茶、吃馍和具有地方特色的"加卡"。

两人操持一口流利的藏语。木合麦 16 岁的女儿海夏就读于果洛民族高级中学，于时年 8 月高中毕业，平时说汉语，但懂藏语文。长子现年 15 岁，"能说汉语"，小学六年级毕业后，于 2008 年跑到西宁市东关大街一家餐馆打工。海川平日说藏语，能听懂一点汉语，但很少说。教师用红笔批改过的海川的考卷，都是用藏文书写的。

社会学家认为："人们对待使用语言的选择时，面临着把它在感情上看作'文化象征'和在理性上看作'交流工具'这样一种双重性，前者注重族群以往的演变历史和文化价值，后者注重族群成员在目前生活中的实际应用价值和未来的发展机会。"① 这说明了语言使用中工具性和象征性的区别。木合麦和红心两家人使用藏语文，首先是出于理性上的工具性目的，否则，语言不通，就很难得到社区的认同。在交流中不难发现，木合麦试图表现出回族传统社区所特有的语言习惯，比如在说青海汉语方言时把"说"（fō）变成"说"（shuō）。

（四）民族互动关系

近几年，在果洛地区藏族与回族的关系总体上比较和谐，但在局部地区处于不甚稳定的状态，这种不稳定起于微观的个体互动。在拉加镇，民族之间基本和睦，据村人观察，这是因为：一是拉加寺活佛的正向宣传引导；二是电视媒介的影响；三是酗酒者减少；四是上学的孩子多了，街上游散的年轻人少，而且上完学后回来，有了知识、法律观念，故意闹事的人少了。这种相对和谐的民族互动关系，为民族身份的传承营造了宽松的空间。但时常外出的红心，也接触到民族互动领域的一些突发事件，敏锐地觉察到影响民族互动关系不和谐的一些因素。他说：

> 发生这样的事，自己从不参与，既不倾向于藏族，也不倾向于回族，始终保持中立。自己在牧业点有藏族朋友，在拉加寺还有阿卡朋友。阿卡朋友来时，在门外喊："老回回，你出来！"我就在里面回应："老藏民，你来啦！"都是玩笑话，谁也不会介意。

---

① 李培林主编：《社会学与中国社会》，社会科学文献出版社 2008 年版，第 333 页。

　　一次从大武到拉加的路上，搭车的一位本地人一路抱怨"这个不好，那个不好"。我拿出玉树地震后国家和全国各地支援的例子，跟他辩论，最后说得那人没话说，直咬牙哆嗦。

　　红心回到村中，能得到村民的盛情邀请。在村民家中，相互寒暄，深入攀谈，关系十分融洽。木合麦对民族关系的感知则倾向于宗教方面。

　　别人把藏民污蔑好自己不喜欢，回民给污蔑好自己也不喜欢。两口子在家，一般不说哪个宗教好，哪个宗教不好。古兰经从右往左写，佛经从左往右写。就这个区别，其他的一样，比如"南根麻""胡大"都是老天爷。做坏事的下场，两个宗教说的都一样，就是下地狱——藏民叫"念娄哇"，回民叫"到在海"。

五　小结

　　处在藏文化环境中的木合麦和红心，既要传承自己的回族民族身份，又不能不与当地藏人发生关系（比如婚姻、语言等方面），因此与村落社区和藏人保持着非远非近、既疏又密的关系。这种困惑，虽然舅甥二人并未体会，但却实实在在地存在着。这样的关系，在一定程度上几近使他们的生活陷入困境。无论未来其民族身份何去何从，目前二人对回族民族身份的执着传承，必然会对后辈和所居住的社区留下深刻的影响。

　　军功是果洛藏族自治州的东大门，是从东而来的人流、物流、信息流的主要经过地。因此，它对果洛地区民族互动关系（特别是藏族与回族之间）、社会安定有着重要的影响。在执着地传承着回族民族身份，却有着特殊而复杂的家族亲属关系的社会个体或群体，在日常社会互动中，起到了很好地化解社会矛盾的作用。可以说，他们是民族之间实实在在的沟通桥梁和紧张关系的"调和剂"。

结语:优化互动进而促进良性
变迁及和谐关系

通过以上分析发现,作为青藏高原藏文化圈的一部分,青海藏文化圈有着比较完整的形态,而且这种形态在 20 世纪中叶以来经历了明显的演化,具有新的特点。而这一形态及其演化,与青海民族互动关系的走向密切关联。这一发现,对通过政策调整促进青海藏文化良性变迁与和谐民族互动关系具有启发意义。对此,上文多有涉及,以下着重从优化互动角度,提出理性应对问题的建议。

一 加强城镇民族宗教事务管理

如何加强城镇民族宗教事务管理问题,是随着农牧区城镇化加速发展、藏文化圈层多元化而呈现出来的。这一问题,也因生态移民推进、城镇商业贸易繁荣等而表现得越来越突出。从 20 世纪末以来出现的民族互动领域突发事件看,多数就是在城镇发生并演变的,这种现象与牧业区以城镇为中心的次级文化圈的形成及牧业社会与城镇社会互动加剧不无关系。由此,城镇民族宗教事务管理的重要性不言而喻。

解决这一问题,首先遇到的可能是基层民族宗教事务管理部门能力不足的困难。一些地区的统战民族宗教部门工作力量和管理能力有待进一步加强和改进,其中,当下工作力量的加强和改进尤显迫切。据笔者调查了解,州县多数民族宗教事务管理部门处在"缺人(编制)、缺经费、缺支持"的状态。多数工作人员身兼数职,就日常事务管理,疲于奔命。巧妇难为无米之炊,民族宗教事务管理部门工作力量不足,免不了在党政工作领域被"边缘化"。鉴于财政负担人口压力,解决这一问题应该逐步进行,即一些异常敏感的区域要优先解决民族宗教事务管理部门的"三缺"问题。

笔者以为,作为时下民族互动关系最为敏感的果洛、黄南等州,加强其民族宗教事务管理部门社会管理能力是当务之急。这2个州横跨藏文化圈的内层文化带、外层文化带和边缘文化带3个圈层,3个圈层又与相邻或次一级的文化圈层在文化上有更紧密的联系。正是这种文化关系的存在,青海诸多影响和谐民族互动关系的因素,或是从其相邻的文化地域传入或从该地域产生,然后向青海其他地区传播。在一定程度上可以这样说,果洛、黄南稳则青海稳,果洛、黄南动荡则青海必然陷入不安定的局面。因此,若要迅速扭转自20世纪90年代以来有所升温的民族互动关系问题局面,必须发挥民族宗教工作的优势,加强其管理能力,尤其是处在文化圈层边界地区的民族宗教事务管理部门的工作力量和管理能力需要强化。应当根据需要(服务半径)适当增加或调配(包括不同区域之间的调配)人员编制,通过必要的监督手段提高并保障工作经费。对于能力建设,除了学习培训、严把人员进入关等以外,很多地方所采用的党委统战部门与民族宗教事务管理部门分设的办法值得在需要优先保障地区推行。其中,赋予民族宗教事务管理部门执法权问题尤其重要。这不但有利于民族宗教事务管理部门从其他部门获取更多的支持,而且有利于民族宗教工作真正有效地介入民众的社会生活。

青海地域广阔,特别是在广大牧区,各个单位、部门管理人员的服务半径很大。就民族宗教事务管理部门目前的情况,即便是个别地区,要完全满足人员、经费等需要,都可能不是很现实。那么,基于城镇已经成为民族宗教问题突发的敏感地区这一现实,州县民族宗教工作应当向城镇有所侧重。如果以城镇民族宗教事务管理工作为圆心,然后以其中出现的突出问题为线,向周边区域延伸,这样既符合工作力量和管理能力实际,又能抓住问题要害,从而达到事半功倍的效果。

二　强化藏文化圈核心带、内层文化带的工商管理服务

从上文的分析可以看到,一些民族互动领域的冲突事件,大致存在于民族商业贸易交往和民族个体日常交往两个场域。既然如此,民族宗教事务管理工作中就需要对这两个领域给予特别的关注。前文还发现,商业贸易交往场域多出现在青海藏文化圈核心带和内层文化带,至多扩散到藏文化圈外层文化带与内层文化带相邻的区域。如此说来,这些地区直接面向市场管理、服务的政府部门,尤其如工商管理部门的服务和管理水平就大

有提高的必要。当下亟待解决的是，地方政府（包括其民族宗教事务管理部门）与经济金融服务性部门，尤其是工商税务部门的沟通和联系问题。在工商、税务等系统垂直管理体制下，地方政府倡导并建立这种联系，似乎有不少难度。而相关部门管理手段滞后、方法粗暴、服务缺位等问题的存在，是城镇经济贸易交往领域民族宗教问题突出的一个重要诱因。这些问题，在地方出台一系列针对商业贸易、投资等的优惠政策后，表现得更为明显，实为青海民族宗教关系良好局面的大隐患。这样看来，通过国家或省级层面，采取学习教育、培训考核等多种方式，强化基层工商服务部门工作人员的民族宗教观和民族宗教视角，就显得十分必要。另外，需要探索更加符合青海农牧区实际、更能高效运转的工商、税务管理体制。

三 藏文化外层文化带民族宗教工作向日常化、细微化转变

风起于青萍之末。从以往的情况看，民族群体之间的矛盾冲突，往往起因于个体之间日常交往互动中的小摩擦、小冲突。这些小摩擦、小冲突，如果最先介入的管理人员不能见微知著而处理失当，就很容易酿成大事件。如前所述，起于民族个体之间日常交往的民族群体冲突往往出现于藏文化圈外层文化带。因此，需要在这些局部地区民族宗教部门工作力量和管理能力得到进一步加强和改进的条件下，通过更加细致的工作来对此加以防范。如此，各级政府民族宗教事务管理部门与公安部门之间建立联系机制就显得十分必要。如果第一时间接到信息或赶到现场的公安民警，一旦发现小摩擦、小冲突有向民族层面的事件演变的可能或倾向，应当首先告知民族宗教事务管理部门。同时，鉴于影响和谐民族互动关系的不确定因素跨地域甚至跨省（区）传播的事实，需要在地区之间甚至省（区）之间建立民族宗教、公安、安全等部门共同参与信息共享和联防机制。这样，民族宗教事务管理部门就可及时介入事件，并有足够的时间，商讨应对办法，化解矛盾冲突。

四 更加重视文化圈边界地带村落的综合发展

民族互动关系问题是发展中的问题。笔者也主张在不断的发展中，逐步解决青海的民族互动关系问题。这种发展，不是片面的发展，而是包括政治、经济、文化、生态等的全面发展；不是短期的发展，而是可持续的

发展。在这方面,中国已经有十分明确的方针、政策。如何在发展中解决青海的民族互动关系问题?除了方向、规划等方面的纠偏外,必然遇到的一个现实问题是:在不同地区或区域之间如何优先选择的问题。

在民族互动关系问题上,有没有一个区域,可以通过这个区域经济社会的发展,牵一发而动全身,进而引导整个地区民族互动关系的和谐发展?回答应当是肯定的。这些地区便是处于藏文化圈或其次级文化圈边界的村落,比如类似本书个案中的果洛州玛沁县军功镇赛什托、海北州祁连县扎麻什乡郭米村等。前文已围绕一个回族家族口述史,特别对赛什托回族民族身份的传承问题作了比较详尽的解释。之所以说这些村落的发展,可以对和谐民族互动关系的新构建起到这样的作用,主要是由于以下几方面的原因。

一是具有中间状态民族身份的个体,在日常生活中有效地缓和着民族之间出现的不愉快甚至矛盾,是藏穆之间实实在在的沟通桥梁和紧张关系的“调和剂”。这样的民族个体,既执着地传承着穆斯林文化,又对藏文化有着强烈的认同;在社会关系上同样如此,既与穆斯林群体主动地发生着交往,又在藏文化主导的社区与属于藏族身份的亲属保持着非远非近的联系。同时,由于其民族身份的复杂性,当地藏人对其有着更强的认同。正因为如此,在民族个体矛盾多发的地区有可能诱发冲突的语词、行为,在这种社区就变得无足轻重;而且,类似群体在日常社会互动中,主动地化解着有可能上升到民族层面的社会矛盾。

军功马氏家族民族属性及认同情形并不是孤立存在的。就民族边界的清晰度来衡量,如图33所示,如果将藏、回族视为民族性相对明确的社会群体而处于两端,那么军功马氏家族处于其间,而军功马氏家族与回族之间则存在类似于当下已经成为族群认同研究热点的卡力岗“藏回”。如果把青海多民族互动关系和谐论题纳入这个分析范畴,那么蒙古族与回族之间同样存在这样的社会群体,比如主要分布于青海海北州的托茂人。在蒙古族与托茂人之间,是否存在类似于藏族与卡力岗“藏回”之间如前所述军功马氏家族的群体(图33中用问号代替),尚有待学者们去发现。当然,不能从进化或演替的角度去看待这种文化联系,否则就有可能犯某些研究者以学术的名义,将民族边界模糊而且民族认同独特的族群强拉硬拽入某一民族范围的错误。

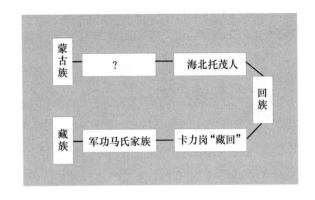

图33　青海藏、回、蒙古族之间的文化联系

　　青海不同民族之间文化上的紧密联系，说明了诸如回、撒拉等民族文化母体的极其复杂性。在现实微观的社会互动中，其间存在的社会群体，发挥着文化互动和联系的纽带作用。这是在讨论和谐民族互动关系以及中华民族多元一体格局时，往往被忽视的。

　　二是藏文化圈及次级文化圈边界地域的藏人，有着双向的民族认同。前文在论及藏文化圈圈层多元化时说到，在藏民族认同层面上，存在着除了对藏族整体认同以外的多层次认同。上述认同差异在藏文化圈边界地带表现得尤为复杂。笔者在海北州祁连县扎麻什乡郭米村调研中，村中藏人讲述他们的认同时称：他们到牧业区时，称自己为戎娃；到东部农业区时，称自己为卓巴。在果洛州玛沁县军功镇赛什托村，当本地藏人生活限定在当地时，一般自我认同为"然囊"（意为"住黑帐篷的人"）；当与多为亲属关系的军功牧业区藏人发生互动时，自我认同为果洛人或"三果洛人"。这种主要以生计、居住格局等为主要标志的认同边界究竟偏向哪一方，显然与经济发展水平以及来自不同方向的经济支持力度有关。表现在民族互动关系上，认同也在其中发挥着作用。比如曾经出现民族互动关系问题进而发生"排外"事件时，牧业区的藏人曾经提出颇耐人寻味的口号："杀光回族，赶走汉族，劝走东部地区的藏族。"其中，认同的差异暴露无遗。在同一族群或被认同的同一社会（地域或生计）群体内部，不利于和谐民族互动关系发展的信息更容易迅速传播，进而成为动员力量。如果来自国家（东向）的经济、文化等方面的扶持力度足够大，那么文化圈边界地带藏人东向的"戎娃"认同乃至国家认同、中华民族认同就必然会加强。在发生民族互动关系问题时,这些地域的藏人群体就有可能成为维护和谐民族互动关系的雄厚社会力量。

但事实上,这些地域村落处在国家扶持的真空地带,发展处在极其艰难的境地。以赛什托村为例,该村农、牧、工、商、副等各业皆处在逆水行舟状态。耕地面积极少〔一部分是由于退耕还林(草)使面积减少〕,而且大多数耕地贫瘠,农作物产量低下,品种单一。耕作方式主要是拖拉机动力耕作、二牛抬杠,还有一部分采用原始的人工翻种耕地方式。收获的农作物主要自给自足和补充畜牧业生产需要,极少形成商品进入市场。据果洛州农牧和林业局提供的数据显示,该州 2009 年农业经济收入为1496.8 万元,其中,种植业仅占 10.9%。而畜牧业发展因农牧分割、草场面积不足,规模很小,难成气候。由于实施生态保护工程、市场狭小、商业观念缺乏等原因,工商业发展举步维艰。务工技能普遍缺乏的村民,只能参与一些简单的劳务(如建筑小工),收入微薄。唯能支撑生产、生活的冬虫夏草采集业,则往往处在极不稳定的状态,特别是随着虫草价格看涨,村民有被排除在无偿或低偿采挖者之外的趋向。

经济发展如此窘迫,但政府的支持仅限于五保供养、贫困户救济、合作医疗等一般的社会救助和福利方面;即便退耕还林(草)补贴,也很难按时足额发放。村民为此怨声载道。村民与基层政府的联系也极为缺乏。据麻什堂的村民反映,尚未见到乡镇主要领导来过村里;知道有一名包村镇干部,但只来过 1 次。这在很大程度上是由于村级社会组织涣散所致。赛什托所在地山大沟深,面积较大,非社会设置方式产生的村党委书记和村主任,似乎无暇顾及处在相对低海拔的村落。村落成为被政府社会管理遗忘的角落。

访谈个案 52:望"组织"兴叹

时间:2010 年 8 月 6 日,下午,阴。地点:青海省果洛州玛沁县军功镇。受访人:胡某,女,藏族,退休的民办教师,50 多岁。

我们村有两名党员,我是其中之一。我还是县乡党代表和人大代表。在这里,没人来宣传政策,只是自己通过电视了解。现在的大队书记和原来的书记是亲戚,已经担任八九年了。主任年龄一到,老是换。我们要求上面在农业点上设一个村主任,但没答应。选主任时,大家投票,只是做样子,不唱票,不在黑板上画而是在纸上写。到现在，没选过书记。现在的书记是赛什托牧业点上的，这里，他根本管不上。书记和村主任在县上买了房，难得来这里。要是在这里选个大队干部，可能要好一点。

在经济发展问题上，村民亦在不断摸索，其中有失败的教训，也不乏成功的经验。军功镇所在黄河河谷气候相对温湿，比较适宜种植温棚蔬菜。而且蔬菜销售西可达果洛州府所在地，东可延至海南州兴海、同德等地，具有一定的市场前景。21世纪初，政府在该地推行蔬菜培植基础建设。此举被载入《果洛藏族自治州概况》，称：

> 玛吾农业点现有蔬菜温棚40座，红旗村有蔬菜温棚31座。"十五"期间，在县业务部门的大力支持下，着力建设拉加镇蔬菜基地，种植规模不断扩大，生产蔬菜除供应本镇群众食用外，还销售大武、同德等地，有甘蓝、芹菜、葱、韭菜、洋芋等10余个品种，人均收入达到1200元。①

玛吾是军功镇政府所在地。在笔者调查时，该地蔬菜温棚尚在经营，但红旗村的温棚已遭废弃。据红旗村村民讲，当时每个温棚政府投资1万余元，总占地（属于当地可灌溉的头等地）面积40多亩。温棚以分户经营的形式管理。温棚需要专人管理，技术要求较高；而且需要牛羊粪作肥料补充，否则村民很难承担成本。温棚所在地距离村落庄户较远，每户三口人，"顾牛羊顾不上棚，顾棚顾不上家"。特别是在冬虫夏草采挖季节，由于温棚收益难抵虫草收入，村民在这一季节难免放松对温棚的管理，这样蔬菜被窃的事经常发生。最终，村民被迫弃用，温棚附着物用于他处，造成投入的巨大浪费。这种管理不善所留下的教训，实际上是政府在实施项目时，缺乏可行性论证所致，未能对项目风险有足够的预期。

尽管这种尝试以失败告终，但丝毫不能抹杀村民对发展的渴望和温棚蔬菜种植的地方适宜性这一事实。调研时，村中有一位61岁的祁姓老人，就仍然在自家的庄廓院里经营着两座温棚。温棚为土坯墙，里面布局整齐，所种植的辣椒、西红柿、黄瓜等长势喜人。老人看到自己的果实，自

---

① 修订本编写组编：《果洛藏族自治州概况》，民族出版社2009年版，第404页。

豪感和喜悦洋溢在脸庞。他说，这些蔬菜除了自家食用外，自己还跑到军功镇去摆摊销售，收入可以补贴家用。但个别人的经营，难成规模，单打独斗显然难当发展之重任。

山崖上已弃用的引水管（右上）和村民自建的引水灌溉渠（左）、蔬菜温棚（右下）

因坡度、土层等比较适宜，近年来，红旗村的村民还自筹资金，修筑水渠，引用出自后山的泉水来浇灌农田。遗憾的是，由于建设资金为村民所筹而总量不足，加之距离较长（据笔者步测，从引水处到最近的耕地边，有四五千米），灌渠多处被雨水冲刷毁损，来年需修复方可再利用。

面对发展困境，村民生产生活似乎难以为继，正如访谈个案5所示，很多村民被迫借债（甚至高利贷）来维持农业再生产、渡过年关。安土重迁的农牧民对政府可能实施的迁移项目（如在当地黄河段修建水库大坝），抱着强烈的期待。

访谈个案53：已经萌生并在滋长的迁居念想

时间：2010年8月4日，下午，阴。地点：青海省果洛州玛沁县军功镇。受访人：毛某，男，藏族，农民，70岁。

这里要是挖不到虫草，人可能要往外溜，到能生活的地方。已经有1户，男的到铜矿开车，妻儿也跟着走了。现在，地就这么一点，要是租地，每亩要给 100 元，利润不大。牛羊已经很多，爬满了山，要是再多，草山就要退化掉，就像羊道一样。要是搬，好地方可以，坏地方，比如海南的同德滩，不愿意去。听说这里要修水电站，上游的要搬，下游的不搬。不少人希望修电站的时候能搬出去。

海北州祁连县扎麻什乡郭米村所面临的发展问题与此类似。这些村落为什么会成为被优惠、扶持政策遗忘的角落？一个重要的原因是，绝大多数情况下自上而下的扶持发展的项目，要么是针对农业，要么是针对牧业。类似红旗村、郭米村等半农半牧区，不能完全归入哪一方，因此就成了"两不沾"的地区。

生态畜牧业生产地一角（祁连）

由是观之，对这些地区加大经济社会发展投入，既具备一定的群众基础，又是促使和谐民族互动关系发展的利好之策。有必要由规划部门牵头，制定"半农半牧区经济社会发展规划"，优先选择、重点扶持这些地区的发展。应该充分尊重、合理引导群众的首创精神，挖掘资源环境潜力，积极寻找既利于经济发展又利于生态改善的发展项目，譬如红旗村的温棚、郭米村的牛羊育肥和奶牛养殖项目等。在村级组织设置上，应该按照地域相连、管理高效、文化同质的原则，进行重新划定；同时，加强村级组织建设，按照民主自治制度设定，把那些为村民所信任，真正能带领村民求发展、谋福祉的村中能人，选拔到村级组织管理队伍。对于冬虫夏草采集这个事关农牧民生存的资源开发方式,应当围绕其可持续利用,加以统筹谋划;特别要解决逐渐呈现出来的同一地区(州、县)冬虫夏草产区与非产区资源竞争愈演愈烈的问题,避免多属非虫草产区的半农半牧区农牧民生计陷入困境。要通过民族文化和地方文化发展,更加突出藏文化圈边界地带属主流文化和民族文化之间连接点和过渡带的地位,防止因经济发展割裂了这些地区民族文化与牧业区藏族传统文化之间的天然联系,进而形成在经济上与东向的国家力量联系更紧密、在民族文化上与西向的民间力量联系更紧密的局面。

五　给予特殊地域特殊的经济社会发展政策

除了在总体发展规划和战略上需要给予上述村落格外关注外,在州、地一级,还有需要在政策层面倾注更多注意力的,那就是果洛藏族自治州。对其特殊性所在,在前文已有所述及。比如说它以宁玛派寺院居多,是藏传佛教宗教信仰的特异区域之一。此外,果洛的地域及文化特殊性还特别体现于①:第一,它是当项羌的"摇篮"。史家对当项羌的源流问题,已得出大概一致的结论:它源于青海高原,之后在吐蕃文化的压力下,向南、向东迁移,一支到今川西留居,成为今尔雅等藏族族群的一部分,东迁的一支则建立了历史上的西夏王国。至于它的迁出地在何方,史家少有做深入的考订。据果洛当地学者初步考证,当项羌最初生活、居住的"赐支河"就是在今果洛阿尼玛沁雪山以南地区。笔者所选择的当洛乡之当项(原为乡),属于古地名;那里有许多具有古代当项羌文化的遗迹和记忆留存。

第二,它是"格萨尔"的故乡。这是为格萨尔学研究者所普遍公认的。

第三,它是神奇的"藏三角"。意思是说果洛处在卫藏、康巴和安多文化的中间地带,它的文化与这三种文化类型(或族群文化)既有区别又有联系:在宗教上,它与卫藏有渊源,并与四川诸多宁玛派寺院有现实的主属关系;在习俗上,与康巴文化有联系;在生计、语言等方面,与安多文化有诸多相同之处。但它在文化上有自己的独特性,加之历史上的尚武精神影响(部分地区长期以劫掠为荣、为生),当地藏人具有很强的叛

----

① 以下"特殊性"描述主要据笔者对果洛籍学者董·诺尔德的访谈。

逆性和对自由、平等（比如女性在部落社会尊享崇高地位）的更多向往。因此，果洛长期游离于中央集权统治之外。明清时所设置的千百户，只是名义上的管辖形式。它不比西藏，自元代设立直属中央的管理机构，并派驻中央官员，亦不如康巴地区实行有效的土流参治；与安多地区千百户制度及民国时期的保甲制度，更是别如天地。正是基于此，民国时期果洛各部特别是"三果洛"地区各部落因反抗掳掠和苛政及实践传统生计等起因，招致马家军阀的血腥迫害。

第四，它是民族互动关系的敏感区。在中国共产党行之有效的民族宗教政策的指导下，以"果洛工作团"为代表的工作队，不费一枪一弹，在果洛建立新的人民政权，实施了真正有效的统治。据称，当时的毛泽东、周恩来等中央领导人专门研究、讨论过果洛的有关问题。因此，果洛藏人对党和政府有很强的认同感。问卷结果对此有突出的反映。但同时，由于历史文化、现实因素的影响，以及与周边族群文化的区别和联系，在20世纪中叶特别是自20世纪90年代以来，果洛成为民族互动关系尤其是藏穆关系的异常敏感区域。这种敏感程度体现在，发生在果洛州的类似冲突事件，无论从数量还是激烈程度，都远远超出青海其他地区。

第五，它是重要的生态高地。果洛处在三江源国家级自然保护区的核心区。保护好果洛的自然生态环境，对维护高原、流域乃至全国生态平衡，具有不可替代的作用。故此，势必在发展道路上，面临诸多的环境束缚，保护与发展的矛盾异常尖锐。

正是上述特殊性的存在，使得果洛在地区秩序建构和发展中独树一帜，地位十分突出。仅从藏文化圈的角度说，果洛是其文化圈核心和内层文化带与外层文化带和边缘文化带的衔接、过渡地带。果洛在藏文化变迁和现代化中的地位自然不言自明。在经济发展方面，基于果洛南接巴蜀、西北连康藏、北接"聚宝盆"、东通河湟的位置，其经济发展可以起到有效的其他州地不可比拟的联结和辐射带动作用。在社会安定方面，假如果洛稳定，可以有效阻遏来自西部和西南方向影响社会安定因素向东的进一步散播，这样就可以在一定程度上保海南、海北等地一方稳定和平安。因此可以进一步说，果洛稳定是青海稳定的一个最为重要的必要条件。

由此，有必要建立果洛综合发展特区，并给予特殊的政策。在行政管理体制上，可以考虑其行政级别设置略高于目前的地级，譬如"高挂"

或直接设为副省级。实行青海不同州之间科以上干部的不定期大轮换制度,从根本上解决领导干部特别是州县主要领导干部任"同部落人"唯亲而极度浪费行政资源、影响党政决策力的问题。在经济上,在不违背生态平衡的前提下,通过财政、税收、资源补偿等各种手段,加大经济开发投入,加快经济可持续发展速度。特别是目前得到干部群众初步认可的生态畜牧业发展,可以着重在果洛地区推行。① 积极挖掘格萨尔文化、宗教文化、环境等旅游资源,大力发展文化产业,促进旅游业发展,以此促进社会流动与果洛对内、对外开放,进而疏通果洛与东向的文化交流,加快藏族传统文化与现代文化相互促进、融合的步伐。借助设立三江源国家级生态保护综合实验区的时机,把果洛作为调整高原生态环境保护和建设政策的实验地。组织行政和科研力量,重点对果洛地区的生态移民、小城镇建设、草地治理、退牧(耕)还林草、后续产业发展等原有的建设内容进行重新评价,以便对生态保护和建设作出更加符合实际的新调整,探索保护与发展相结合的可行之策。

六　谨慎进行试点经验向内层文化带及核心地带的推广

实践证明,民族地区的发展特别是有计划的社会变迁,必须与当地民族文化特点相结合,这样的发展和变迁才能经得起时间和历史的考验。这方面,有成功的经验,也不乏失败的教训。在失败的教训中,一些结合不紧密甚至失当的做法,往往成为诱发民族个体乃至民族之间矛盾冲突,从而影响和谐民族互动关系的一个因素。因此,在指导青海民族地区发展中,应当谨慎进行文化圈外层或边缘文化带的试点经验向内层文化带及核心地带的推广,特别要防止重蹈过去那种把青海东部农业区乃至中国东部地区的"经验"向青海牧业区"照搬照抄"的覆辙。在落实、推行中央政策时,要特别注意青海藏文化圈不同圈层的文化差异,尽可能地把一项政策的试点地加以分解,最好在青海藏文化圈的第一层级4个圈层皆有试

---

① 尤其在牧业合作组织发展方面,果洛已经有了良好的基础。比如,2009年8月成立、由兴办私立学校而享有盛誉的吉美坚赞担纲的果洛雪域牧业发展协会,到2010年初已具有900多户5000多人的规模。形成协会(州)—分会(县)—合作社(乡镇)—行业合作社(如虫草、农畜产品等)的三级网络,涉足小商品销售、农牧机械维修、农(主要是粮油)畜产品加工与销售、牧人手工艺术(裁缝)培训等领域,在进行集约化经营、引导牧民共享致富方面崭露头角。

点地分布，然后在试点地所在的文化圈层内加以推广，避免把"试点"范围扩大化。同时，要加大对试点后所施行项目的中期经济、社会、文化及生态等的综合评估，把政策与现实间可能存在的区隔带来的风险和负面影响最小化。畅通信息反馈的渠道，不断修正干预和定向藏区社会变迁的决策和计划，保证有计划的藏区社会变迁达到既定的目标。

七　进一步增进民族民间互动交流

正如上文所述，青海历史上（主要是民国时期）民族互动关系问题，有的虽然属于阶级问题，但很多事件固化在民族记忆中，深刻地影响着现在的民族互动关系。在正视历史、不忘记历史的情况下（对这段历史的追溯，可以限定在学术研究范围），应该以史为鉴，通过引导和交流，努力去淡化这种历史记忆。如何去淡化？首先，要通过媒介宣传，引导民族个体历史记忆向有利于和谐民族互动关系发展的一面转变。在主流媒体涉及历史内容时，要以严格的审查制度，杜绝有可能刺激这段历史记忆的描述、分析内容出现。在党委政府文件及面对大众话语中，亦应防止出现类似的内容，以免对民众产生误导。

更为重要的是，要进一步增进民族特别是藏穆民族民间互动交流。不断加深对民族互动关系中相互文化的了解，这是淡化不利于民族互动关系和谐的历史记忆、消除文化偏见、促进民族和谐的保证。这方面，一些地方（比如尖扎）已经有了有益的尝试，取得了实实在在的巩固和发展和谐民族互动关系的效果。但是，目前这种交往互动地域仅仅局限于藏文化圈外层文化带和边缘文化带范围，互动形式多局限于婚丧嫁娶、节日走访层面，可以说其形式大于内容、象征意义大于实际意义。应在政府引导、舆论导向作用下，使这种社会互动的深度、广度、频度和强度皆有所提升。在不断深化藏文化圈外层文化带和边缘文化带民族民间交往互动并衍生出强有力的示范带动效应的同时，要努力改变目前在藏文化圈内层文化带和核心带以及不同文化圈层之间民族民间互动交流匮乏的局面。在这方面，国际组织在推进巴以和平方面所采用的方法值得借鉴。比如建于 1996 年的佩雷斯和平中心（一家非营利性、独立、超党派的非政府组织），通过加强经济社会合作和人员交流，为巴以和平事业构建民间基础①。再如，联合国儿童基金会（UNICEF）在

---

① http：//world. people. com. cn/GB/57507/14994269. html.

2010年南非世界杯足球赛开幕时，组织巴以儿童共同组队观战；在此期间，巴以地区的和平组织发起巴以儿童共同参与的"迷你世界杯"活动，意在通过体育训练和比赛，促进巴以儿童间的合作与了解。① 虽然青海藏穆关系并不比巴以关系那样积怨深重，但是这种旨在通过民间交流、新成长起来的一代之间的交流来加深相互之间了解，消弭相互之间多因历史记忆而造成的隔膜之法，大可拿来所用。其中，既可由政府倡行，也可由民间组织实施，形式可灵活多样。比如教育系统可以组织跨不同文化圈之间藏穆儿童之间互访的夏令营活动。开展这项活动，具备先天的条件（比如基本相同的饮食习惯）。再如开展一些成人之间民间的文化交流，比如体育比赛，也不啻为一种加深相互之间文化了解的可行之策。

在藏文化圈内层文化带、核心文化带内民族个体之间组织化的互动交流也很重要。从目前来看，未在当地落户的外来商人（包括穆斯林商人），多游离于当地社会组织之外。一是其内部缺乏有效的自我管理组织，结构松散；二是基层政府组织鞭长莫及，无暇顾及。这样就无形中增加了民族个体间互动交往频度，个中风险也就相应增加；而个体之间这种高频度的互动难以被管控，其中一旦出现矛盾或冲突，极易殃及民族整体。对此，可以用构筑有组织的、广泛的互动加以防范。首先，应由工商管理部门牵头，组织多民族成员共同参与，涉及多行业的科层化商业协会。需要强调的是，协会组织必须打破民族或来源地域界线。这样一来，商业协会就可成为民族民间交流的有效组织载体；同时，在出现个体之间的矛盾或冲突，就有了一个非民族化或有可能牵涉尽可能少的民族因素的申诉渠道，协会无形中会起到减压器或缓冲阀的作用。当地政府应该有意识地拓宽外来商人参与当地社会发展和社会活动的渠道，促进外来商人与当地社会的深入适应。在学生入托、入学、招考、培训、落户等方面，政府要给外来商人创造享受平等待遇的平台，尤其是教育部门要努力消除外来商人子女在当地学校入学时的障碍和有可能遭遇到的歧视。党委政府及工会、共青团、妇联等在组织文化娱乐活动时，要把商业协会纳入进来。这样，外来商人就可具有对当地社会的归属感，不同群体之间就有可能通过增进交流来加深了解。

---

① http://www.unicef.org/chinese/media/media_53941.html; http://news.xinhuanet.com/sports/2009-04/24/content_11251200_1.htm.

参考文献[*]

《左传·成公四年》。

《史记·乐书》卷24。

《汉书·地理志》卷末。

《旧唐书·吐蕃传》。

《明太祖实录》卷122。

（清）马齐、朱轼等：《康熙王朝实录》（圣祖仁皇帝实录）。

（清）《甘肃省新通志》卷42。

（清）张庭武修、杨景升纂：《丹噶尔厅志》。

（清）龚景瀚编、李本源纂修：《青海·循化厅志》卷2，成文出版社
1968年版。

（清）杨应琚编纂：《西宁府新志》，青海人民出版社1988年版。

（清）李天祥纂、梁景岱鉴定：《碾伯所志》。

（光绪暨民国）邓承伟等纂修：《西宁府续志》卷9，青海人民出版社
1985年版。

张维、鸿订遗稿：《甘肃青海土司志》。

王尧、陈践译注：《敦煌本吐蕃历史文书》赞普系列部分。

达仓宗巴·班觉桑布：《汉藏史集：贤者喜乐赡部洲明鉴》，陈庆英译，
西藏人民出版社1986年版。

智观巴·贡却乎丹巴绕吉：《安多政教史》，吴均、毛继祖、马世林译，
甘肃民族出版社1989年版。

《马克思恩格斯选集》（第4卷），人民出版社1995年版。

吴坚主编：《中国西北文献丛书》（第11卷），兰州古籍书店1990年影印

---

[*] 限于篇幅，仅列著作。

出版发行。

吴坚主编：《中国西北文献丛书》（第 132 卷），兰州古籍书店 1990 年影印出版发行。

（民国）安汉：《西北屯垦论》，国华印书馆 1932 年版。

（民国）孔祥熙：《甘青宁经济纪略》，华丰印刷铸字所 1935 年出版，青海省地方志编纂委员会办公室复印本。

（民国）黎小苏：《青海之经济概况》，《新亚细亚》1934 年第 8 卷第 2 期，青海省地方志编纂委员会办公室复印本。

（民国）刘郁芬修、杨思等纂：《甘肃通志稿》。

（民国）丘咸初：《青海农村经济》，青海省党务特派员办事处 1934 年出版，青海省地方志编纂委员会办公室复印本。

（民国）汤惠荪、雷男、陆年青：《青海省农业调查》，资源委员会农垦组 1936 年编印，青海省地方志编纂委员会办公室复印本。

（民国）张其昀、李玉林：《青海省人文地理志》，《资源委员会季刊》1942 年第 2 卷第 1 期，青海省地方志编纂委员会办公室复印本。

（民国）周希武编著：《玉树调查记》，吴均校释，青海人民出版社 1986 年版。

［德］哈拉尔德·韦尔策编：《社会记忆：历史、回忆、传承》，季斌、王立君、白锡堃译，北京大学出版社 2007 年版。

［法］R．A．石泰安：《川甘青藏走廊古部落》，耿昇译，四川民族出版社 1992 年版。

［法］R．A．石泰安：《西藏的文明》，耿昇译，王尧校，西藏社会科学院西藏学汉文文献编辑室编印，1985 年。

［法］皮埃尔·布迪厄、［美］华康德：《实践与反思——反思社会学引论》，李猛等译，邓正来校，中央编译出版社 1998 年版。

［法］汪德迈：《新汉文化圈》，陈彦译，江西人民出版社 1993 年版。

［黎］萨利姆·阿布：《文化认同的变形》，萧俊明译，载《第欧根尼》中文精选版编辑委员会《文化认同的变形》，商务印书馆 2008 年版。

［美］C．E．布莱克编：《比较现代化》，杨豫、陈祖洲译，上海译文出版社 1996 年版。

［美］C．E．布莱克：《现代化的动力：一个比较史的研究》，景跃进、张静译，浙江人民出版社 1989 年版。

［美］C. E. 布莱克：《现代化的动力》，段小光译，四川人民出版社
　　1988 年版。

［美］F. 普洛格、D. G. 贝茨：《文化演进与人类行为》，吴爱明、邓勇
　　译，辽宁人民出版社 1988 年版。

［美］R. E. 帕克、E. N. 伯吉斯、R. D. 麦肯齐：《城市社会学》，宋
　　俊岭、吴建华、王登斌等译，华夏出版社 1987 年版。

［美］爱德华·希尔斯：《论传统》，傅坚、吕乐译，世纪出版集团 2009
　　年版。

［美］巴伯若·尼姆里·阿吉兹：《藏边人家——关于三代定日人的真实
　　记述》，翟胜德译，西藏人民出版社 1987 年版。

［美］查尔斯·蒂利：《身份、边界与社会联系》，谢岳译，世纪出版集团
　　2008 年版。

［美］戴维·波普诺：《社会学》（第 10 版），李强等译，中国人民大学出
　　版社 1999 年版。

［美］杜赞奇：《文化、权力与国家：1900—1942 年的华北农村》，王福
　　明译，江苏人民出版社 2006 年版。

［美］凡勃伦：《有闲阶级论——关于制度的经济研究》，蔡受白译，商务
　　印书馆 1964 年版。

［美］贾雷德·戴蒙德：《枪炮、病菌与钢铁——人类社会的命运》，谢延
　　光译，世纪出版集团 2006 年版。

［美］克莱德·M. 伍兹：《文化变迁》，何瑞福译，河北人民出版社 1989
　　年版。

［美］克利福德·格尔兹：《文化的解释》，韩莉译，林振义校，译林出版
　　社 2008 年版。

［美］克拉克·威斯勒：《人与文化》，钱岗南、傅志强译，商务印书馆
　　2004 年版。

［美］罗德尼·斯达克、罗杰尔·芬克：《信仰的法则——解释宗教之人
　　的方面》，杨凤岗译，中国人民大学出版社 2004 年版。

［美］马文·哈里斯：《好吃：食物及文化之谜》，叶舒宪、户晓辉译，山
　　东画报出版社 2001 年版。

［美］马文·哈里斯：《文化人类学》，李培茉、高地译，陈观胜校，东方
　　出版社 1988 年版。

［美］欧·奥尔特曼、马·切默斯：《文化与环境》，骆林生、王静译，东方出版社1991年版。

［美］塞缪尔·亨廷顿：《文明的冲突与世界秩序的重建》，周琪、刘绯等译，新华出版社2002年版。

［美］威廉·A.哈维兰：《文化人类学》（第10版），瞿铁鹏、张钰译，上海社会科学院出版社2006年版。

［美］威廉·奥格本：《社会变迁——关于文化和先天的本质》，王晓毅、陈育国译，浙江人民出版社1989年版。

［美］尤金·N.科恩、爱德华·埃姆斯：《文化人类学基础》，李富强编译，中国民间文艺出版社1987年版。

［挪威］托马斯·许兰德·埃里克森：《小地方，大论题——社会文化人类学导论》，董薇译，周大鸣校，商务印书馆2008年版。

［日］绫部恒雄编：《文化人类学的十五种理论》，中国社会科学院日本研究所社会文化室译，国际文化出版社1988年版。

［苏联］C. A.托卡列夫：《外国民族学史》，汤正方译，中国社会科学出版社1983年版。

［印度］沙钦·罗伊：《珞巴族阿迪人的文化》，李坚尚、丛晓明译，西藏人民出版社1991年版。

［英］E.利奇：《文化与交流》，卢德平译，华夏出版社1991年版。

［英］爱德华·泰勒：《原始文化：神话、哲学、宗教、语言和习俗发展之研究》，连树声译，上海文艺出版社1992年版。

［英］安德鲁·韦伯斯特：《发展社会学》，陈一筠译，华夏出版社1987年版。

［英］安东尼·吉登斯：《社会学》（第4版），赵旭东等译，北京大学出版社2003年版。

［英］彼得·伯克：《历史学与社会理论》（第2版），世纪出版集团2010年版。

［英］凯·米尔顿：《环境决定论与文化理论：对环境话语中的人类学角色的探讨》，袁同凯、周建新译，民族出版社2007年版。

［英］威廉斯：《关键词：文化与社会的词汇》，刘建基译，生活·读书·新知三联书店2005年版。

《平安文史资料选辑》（第1、3、4辑），1987年内部印发。

《社会学概论》编写组:《社会学概论》(试讲本),天津人民出版社 1984
　　年版。

《中国藏族服饰》编委会编:《中国藏族服饰》,北京出版社、西藏人民出
　　版社 2002 年版。

《甘孜藏族自治州概况》编写组:《甘孜藏族自治州概况》,四川民族出版
　　社 1986 年版。

安旭主编:《藏族服饰艺术》,南开大学出版社 1988 年版。

陈秉渊:《马步芳家族统治青海四十年》,青海人民出版社 2007 年版。

陈庆英主编:《中国藏族部落》,中国藏学出版社 1990 年版。

陈新海:《青海藏族史》,青海人民出版社 1997 年版。

陈云峰主编:《当代中国的青海》(上、下),当代中国出版社 1991 年版。

崔永红:《青海经济史·古代卷》,青海人民出版社 1998 年版。

崔永红等主编:《青海通史》,青海人民出版社 1999 年版。

丹珠昂奔:《藏族文化发展史》(上、下),甘肃教育出版社 2001 年版。

丹珠昂奔:《藏族文化散论》,中国友谊出版社 1993 年版。

丹珠昂奔:《藏族文化志》,上海人民出版社 1998 年版。

宕昌县志编纂委员会编:《宕昌县志》(续编),甘肃文化出版社 2006
　　年版。

丁明俊:《中国边缘穆斯林族群的人类学考察》,宁夏人民出版社 2006
　　年版。

东嘎·洛桑赤列:《论西藏政教合一制度》,唐景福译,甘肃民族出版社
　　1984 年版。

段继业:《青海社会文论》,青海人民出版社 2001 年版。

段继业主编:《青海农牧民的生活状态》,青海人民出版社 2005 年版。

范俊军编译:《联合国教科文组织关于保护语言与文化多样性文件汇编》,
　　孙宏开审订,民族出版社 2006 年版。

费孝通主编:《中华民族多元一体格局》(修订本),中央民族大学出版社
　　1999 年版。

冯天瑜、何晓明、周积明:《中华文化史》(第2版,上、下),世纪出版
　　集团、上海人民出版社 2005 年版。

傅千吉:《白龙江流域藏族传统文化特点研究》,民族出版社 2009 年版。

尕让·杭秀东珠、尕让·尚玛杰:《卓仓藏族源流考》,青海民族出版社

2002 年版。

甘肃省图书馆书目参考部编:《西北民族宗教史料文摘·甘肃分册》,甘肃省图书馆 1984 年版。

甘肃省图书馆书目参考部编:《西北民族宗教史料文摘·青海分册》(上、下),甘肃省图书馆 1986 年版。

高永久主编:《西北少数民族文化专题研究》,民族出版社 2004 年版。

格勒:《藏族早期历史与文化》,商务印书馆 2006 年版。

古岳主编:《忧患江河源》,民族出版社 2000 年版。

国家民族事务委员会经济发展司、国家统计局国民经济综合统计司编:《中国民族统计年鉴(2008)》,民族出版社 2009 年版。

国家统计局人口和社会科技统计局、国家民族事务委员会经济发展司编:《2000 年人口普查中国民族人口资料》,民族出版社 2003 年版。

海南藏族自治州地方志编纂委员会编:《海南州志》,民族出版社 1997 年版。

海西蒙古族藏族自治州地方志编纂委员会编:《海西州志》(卷 2),陕西人民出版社 1996 年版。

海西蒙古族藏族自治州地方志编纂委员会编:《海西州志》(卷 1),陕西人民出版社 1995 年版。

海西蒙古族藏族自治州地方志编纂委员会编:《海西州志·卷 4、卷 5》,陕西人民出版社 1999 年版。

何峰主编:《藏族生态文化》,中国藏学出版社 2006 年版。

胡序威、刘再兴等编写:《西北地区经济地理》(陕西、甘肃、宁夏、青海),科学出版社 1963 年版。

黄奋生:《藏族史略》,民族出版社 1985 年版。

黄淑娉、龚建华:《文化人类学理论方法研究》,广东高等教育出版社 2004 年版。

湟源县政协文史组编:《湟源文史资料》(第 5 辑),2000 年内部发行。

湟源政协文史资料组编:《湟源文史资料》(第 3 辑),1997 年内部印发。

湟中县地方志编纂委员会编:《湟中县志》,青海人民出版社 1989 年版。

金炳镐:《民族理论通论》,中央民族大学出版社 1994 年版。

金鹏主编:《藏语简志》,民族出版社 1983 年版。

黎宗华、李延恺:《安多藏族史略》,青海民族出版社 1992 年版。

李安宅：《藏族宗教史之实地研究》，世纪出版集团 2005 年版。

李立：《寻找文化身份——一个嘉绒藏族村落的宗教民族志》，云南大学
　　出版社 2007 年版。

李培林主编：《社会学与中国社会》，社会科学文献出版社 2008 年版。

梁钦：《高原藏俗录》，华艺出版社 1993 年版。

林聚任、刘玉安：《社会科学研究方法》，山东人民出版社 2004 年版。

林耀华：《民族学研究》，中国社会科学出版社 1985 年版。

林耀华主编：《民族学通论》（修订本），中央民族大学出版社 1997 年版。

刘锷、何润：《民族理论和民族政策纲要》，中央民族学院出版社 1989
　　年版。

刘洪记、孙雨志编：《中国藏学论文资料索引（1872—1995）》，中国藏学
　　出版社 1999 年版。

刘瑞主编：《中国人口·西藏分册》，中国财政经济出版社 1989 年版。

刘夏蓓：《安多藏区族际关系与区域文化研究》，民族出版社 2003 年版。

罗荣渠：《现代化新论——世界与中国的现代化进程》，北京大学出版社
　　1993 年版。

马成俊等：《神秘的热贡文化》，文化艺术出版社 2003 年版。

马戎、周星主编：《田野工作与文化自觉》，群言出版社 1998 年版。

马戎编著：《民族社会学——社会学的族群关系研究》，北京大学出版社
　　2004 年版。

马戎编：《西方民族社会学的理论与方法》，天津人民出版社 1997 年版。

马学良主编：《藏族文学史》，四川民族出版社 1985 年版。

玛沁县志编纂委员会编：《玛沁县志》，青海人民出版社 2005 年版。

穆赤·云登嘉措等：《中国少数民族现状与发展调查研究丛书·玛沁县藏
　　族卷》，民族出版社 2006 年版。

南文渊：《藏族生态伦理》，民族出版社 2007 年版。

潘允康：《家庭社会学》，中国社会科学出版社 2002 年版。

平安县地方志编纂委员会编：《平安县志》，陕西人民出版社 1996 年版。

蒲文成、王心岳：《汉藏民族关系史》，甘肃人民出版社 2008 年版。

蒲文成：《青海佛教史》，青海人民出版社 2001 年版。

蒲文成主编：《甘青藏传佛教寺院》，青海人民出版社 1990 年版。

乔高才让、洲塔：《华热藏族史略》，甘肃民族出版社 1998 年版。

切排：《河西走廊多民族和平杂居与发展态势研究》，民族出版社 2009 年版。

青海省草原总站：《青海草地资源》，1998 年内部出版。

青海省档案馆、中国藏学研究中心编：《青海省档案馆所存西藏和藏事档案史料目录》，中国藏学出版社 2002 年版。

青海省编辑组：《青海省藏族蒙古族社会历史调查》，青海人民出版社 1985 年版。

青海省地方志编纂委员会编：《青海省志·林业志》，青海人民出版社 1993 年版。

青海省地方志编纂委员会编：《青海省志·自然地理志》，黄山书社 1994 年版。

青海省环保局：《中国西部生态环境调查：青海省生态环境现状调查报告》，2001 年内部编印。

青海省统计局、国家统计局青海调查总队编：《2009 年青海统计年鉴》，中国统计出版社 2009 年版。

青海省图书馆编：《馆藏青海文献目录》，青海人民出版社 1988 年版。

青海省社会科学院塔尔寺藏族历史文献研究所编著：《塔尔寺概况》，青海人民出版社 1987 年版。

青海省政协文史委编：《青海文史资料选辑》（第 1—5 辑合订本），1985 年内部发行。

青海省政协文史委编：《青海文史资料选辑》（第 9 辑），1982 年内部出版。

石硕：《西藏文明东向发展史》，四川人民出版社 1998 年版。

史克明主编：《青海经济地理》，新华出版社 1988 年版。

司马云杰：《文化社会学》，中国社会科学出版社 2001 年版。

宋蜀华、白振声主编：《民族学理论与方法》，中央民族大学出版社 1998 年版。

宋蜀华、陈克进主编：《中国民族概论》，中央民族大学出版社 2001 年版。

覃光广、冯利、陈朴主编：《文化学词典》，中央民族学院出版社 1988 年版。

王恒生主编：《中国国情丛书——百县市经济社会调查：湟中卷》，中国大百科全书出版社 1996 年版。

王康主编：《社会学词典》，山东人民出版社 1988 年版。

王璐：《走出雪域——藏传佛教圣迹录》，青海人民出版社 2007 年版。

王明珂：《华夏边缘——历史记忆与族群认同》，社会科学文献出版社 2006 年版。

王明珂：《羌在汉藏之间——川西羌族的历史人类学研究》，中华书局 2008 年版。

王森：《西藏佛教发展史略》，中国藏学出版社 2002 年版。

王昱：《青海省志·建置沿革志》，青海人民出版社 2001 年版。

王昱主编：《青海方志资料类编》（上、下），青海人民出版社 1988 年版。

王昱、李庆涛编：《青海风土概况调查集》，青海人民出版社 1985 年版。

王子文：《极地文化学》，http：//www. univs. cn/univs/lzu/minzufengqing，2004 年 9 月 28 日。

西藏自治区土地管理局：《西藏自治区土地利用》，科学出版社 1992 年版。

夏建中：《文化人类学理论学派——文化研究的历史》，中国人民大学出版社 1997 年版。

夏铸主编：《藏族教育的改革与发展》，青海人民出版社 1993 年版。

谢佐：《瞿昙寺》，青海人民出版社 1998 年版。

星全成：《藏族传统文化及其现代化》，青海民族出版社 2002 年版。

邢海宁：《果洛藏族社会》，中国藏学出版社 1994 年版。

修订本编写组：《甘肃天祝藏族自治县概况》，民族出版社 2009 年版。

修订本编写组：《四川阿坝藏族羌族自治州概况》，民族出版社 2009 年版。

修订本编写组编：《果洛藏族自治州概况》，民族出版社 2009 年版。

修订本编写组编：《青海海西蒙古族藏族自治州概况》，民族出版社 2009 年版。

徐华鑫编著：《西藏自治区地理》，西藏人民出版社 1992 年版。

徐杰舜主编：《雪球——汉民族的人类学分析》，上海人民出版社 1998 年版。

徐黎丽：《论民族关系与民族关系问题》，民族出版社 2005 年版。

杨建新：《西北少数民族史》，宁夏人民出版社 1988 年版。

杨堃：《民族学概论》，中国社会科学出版社 1984 年版。

杨善华、谢立中主编：《西方社会学理论》（下卷），北京大学出版社 2006 年版。

永青巴姆编：《中国藏学论文资料索引（1996—2004）》，中国藏学出版社 2006 年版。

俞晓群主编：《中国地域文化丛书》（多卷本），辽宁教育出版社 1995、1998 年版。

扎洛：《菩提树下——藏传佛教文化圈》，青海人民出版社 1997 年版。

翟松天主编：《中国人口·青海分册》，中国财政经济出版社 1989 年版。

张尔驹主编：《中国民族区域自治的理论与实践》，中国社会科学出版社 1988 年版。

张海洋：《人类学导论》，中央民族学院民族学系内部教学印本。

张嘉选：《柴达木开发史》，兰州大学出版社 1991 年版。

张鹰主编：《服装佩饰》，重庆出版社 2001 年版。

张云：《青藏文化》，辽宁教育出版社 1998 年版。

张忠孝编著：《青海地理》，青海人民出版社 2004 年版。

张忠孝编著：《青海旅游资源》，青海人民出版社 1992 年版。

赵德兴等：《转型期西北少数民族居民价值观的嬗变》，人民出版社 2007 年版。

赵利生：《民族社会学》，民族出版社 2009 年版。

郑杭生主编：《社会学概论新修》，中国人民大学出版社 1994 年版。

周立华等：《青海省植被图·说明书》，中国地图出版社 1987 年版。

周锡银、望潮：《藏族原始宗教》，四川人民出版社 1999 年版。

周星、王铭铭主编：《社会文化人类学讲演集》（上、下），天津人民出版社 1996 年版。

朱玉坤、鲁顺元：《关注民族"生态家园"的安全——青藏高原环境破坏性生存战略替代与区域发展纵论》，青海人民出版社 2004 年版。

庄孔韶主编：《人类学通论》，山西教育出版社 2002 年版。

后　记

一　致谢

2011年6月，以《当代青海藏族文化变迁的地域性差异研究》为毕业论文，完成在兰州大学3年的学习。这本书就是在该博士学位论文基础上修改、补充而成的。求学期间，导师赵利生教授的严谨缜密以及西北少数民族研究中心杨建新先生的宽容大气、徐黎丽教授的勤勉敏锐、洲塔教授的广博宽厚、宗喀·漾正冈布教授的独到创新、武沐教授的平易近人都给我留下了深刻的印象，是足可受益终身的宝贵精神财富。

饮水思源。本书选题最初萌发于求学于中央民族学院（大学）之际。至今仍难忘怀即时即地丁宏、张海洋、徐万邦、金炳镐等老师对学术启蒙者的点拨和鼓励。走上学术研究道路后，先后得到谢佐、蒲文成、朱玉坤、曲青山、王昱、侯才、孙发平等学术前辈的极力提携和帮助。正是在这样令人羡慕的经历中，最初的学术理想逐渐变得清晰可及。

本书涉及的调研得到国家社会科学基金规划项目（批准号07XMZ001）和教育部人文社会科学研究规划基金项目（批准号XJA850003）资助。其中部分内容为其结项成果。感谢国家社科基金规划项目结项报告的评审专家，对该报告给予的高度评价以及提出的修改意见。这些意见多充分地体现在书稿的润饰中。

在试调查阶段，多杰才旦、参看加、苏昂欠等好友提出十分中肯、宝贵的问卷修改意见，避免了过多缺陷的出现。调研过程中，承蒙很多人的热情帮助，特别要提及的是协助调查的多杰才旦、李国庆、杨多才旦、才项多杰、华秀加、解永科、更嘎华旦、梅旦、田尖措等亲友，为调研提供便利的石砺、黄继成、扎西才让、彭毛才让、阿怀玉、王佐发、安正文、陈玉珊、陈玉荣、尹东曲、乔志良等各级各部门领导；还有给其添了不少麻烦的房东，他们是祁明善、谢东海、俄托、俄日东主、祁生文、华青加、旦巴达杰、才让南杰等及其家人，以及诸多接受访谈的父老乡亲。没有他们的帮助、配合，搜集相关资料、开展问卷调查并有理想结果，几乎是不可能的。问卷数据录入、分析阶段，河海大学石德生博士无私地帮助制作数据模板，并对数据分析软件使用方法作出具体指导；施伟妮、才吉尕等为输入数据付出了辛劳。在草成文稿却对其杂乱无序束手无策时，除赵利生老师外，另有周传斌博士、石德生博士指点迷津，助我走出樊篱。参看加副研究员不但帮助译介部分藏文资料，而且审读清样稿并中肯地指出了其中还存在的错漏。

特别是赵宗福先生对后学的研究给予了极大的鼓励和明确的指引，在修改完善本书中欲放弃时，给予了很多勇气和信心。青海省社会科学院给予本书出版资助。责任编辑刘艳博士忍让一再拖延，还提供专业书籍、润色文字、核准数据，为本书增色不少。

以上教诲、资助、帮助，包含着鼓励、希冀、鞭策、信任，是笔者继续前行的动力。如果说这本书有所另辟蹊径，那也是站在学界前人和藏族民间智慧的肩膀上摘到星辰。对此，除了表达由衷的谢意外，只有以更好的工作成绩来回报。

同时，也希望过早离世的父母在天之灵，能够看到孩儿的努力。感谢兄嫂的长期扶持和关心，还有操持家务的妻子和好学上进的女儿！他们是为学的精神支撑，是生命中最重要的人。

二　有关问题的补充说明

本书成稿于 2010 年，至今数易其稿，已五年有余。在润饰书稿过程中，只对结构、文字、数据作了调整、修改和核对，对一些观点、数据、行政建制等未作更新。比如，2010 年"六普"数据已公开，但依旧使用 2000 年"五普"数据，笔者相信，数据虽旧，但文化的生命之树常青。再如，2011 年，青海文化改革发展大会就青海文化作出"以昆仑文化为主体的多元一体格局"之定位，达到政治力量助推学术共识的结果。但由于本书对所涉时期的限定，对此未作补充述评，其他方面的文献回顾多如此。还有，近几年，青海新设了海东市和玉树市，其建制也相应地作了调整（如乐都县改为乐都区），基于同样的原因，书中仍保留了原来的称法。另外，书中述及基于果洛的特殊性，应该给予其特殊的政策。可喜的是，青海省已于2013年出台了《关于进一步加快果洛州经济社会发展的意见》，对此，也未作调整、补充。

书中照片除特别注明的以外，皆为笔者在调研时所拍。

本人深知，学海无涯，尤其藏族文化博大精深，并非常人所能参透。虽学习、研究中付出了百倍的努力，却愚钝才疏，不知这本著作是否企及众望？若有纰漏甚至谬误，诚望不吝批评指正。如果本书称得上为青海藏文化圈搭了一个架子，也希望有更多感兴趣的学界同仁批评、补充，使之真正丰满起来。

鲁顺元

2015年6月于西宁